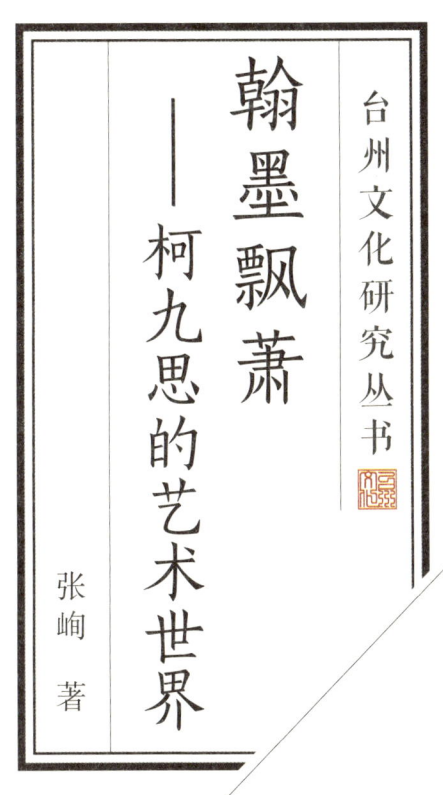

翰墨飘萧
——柯九思的艺术世界

台州文化研究丛书

张峋 著

上海古籍出版社

图书在版编目(CIP)数据

翰墨飘萧：柯九思的艺术世界／张岣著．—上海：上海古籍出版社，2017.12

（台州文化研究丛书．第三辑）

ISBN 978-7-5325-8668-4

Ⅰ.①翰… Ⅱ.①张… Ⅲ.①柯九思（1290-1343）-人物研究 Ⅳ.①K825.72

中国版本图书馆 CIP 数据核字（2017）第 273260 号

台州文化研究丛书·第三辑

翰墨飘萧

——柯九思的艺术世界

张　岣　著

上海古籍出版社出版发行

（上海瑞金二路272号　邮政编码200020）

（1）网址：www.guji.com.cn
（2）E-mail：gujil@guji.com.cn
（3）易文网网址：www.ewen.co

江阴金马印刷有限公司印刷

开本710×1000　1/16　印张20　插页12　字数317,000

2017年12月第1版　2017年12月第1次印刷

ISBN 978-7-5325-8668-4

K·2406　定价：88.00元

如有质量问题，请与承印公司联系

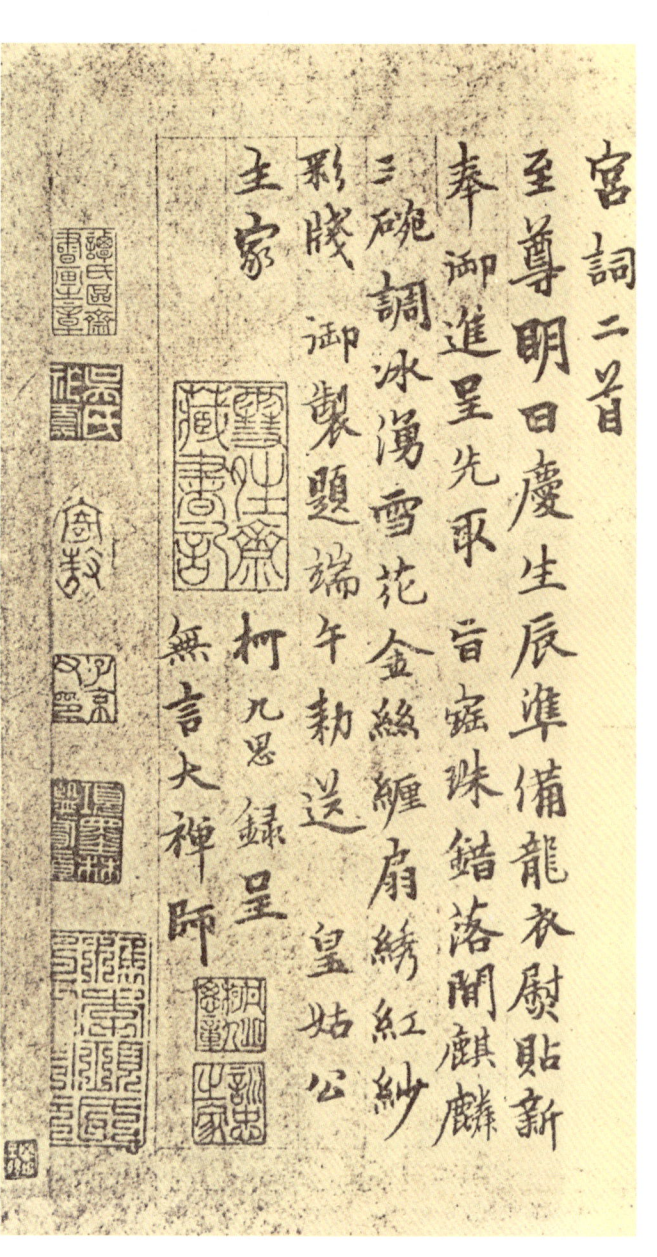

图一：上京宫词（局部）

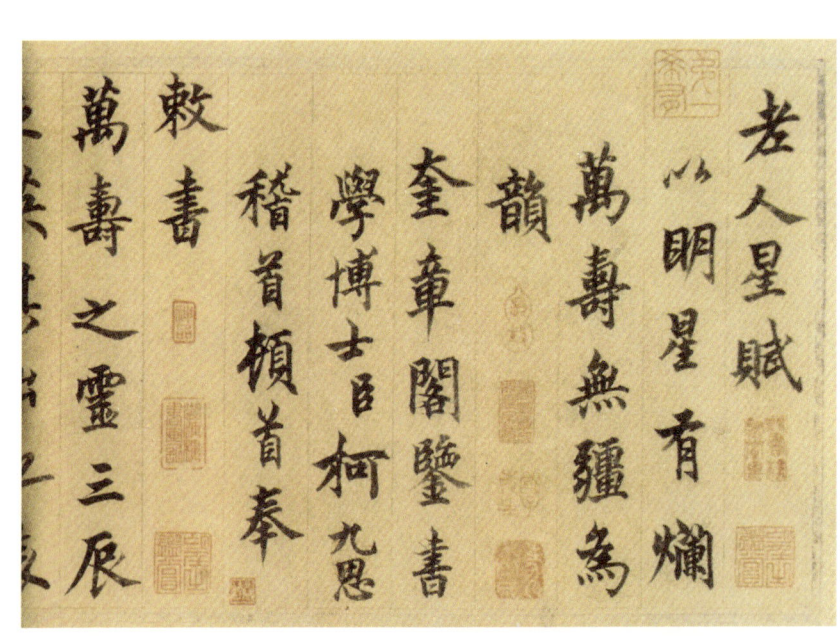

图二：老人星赋（局部）

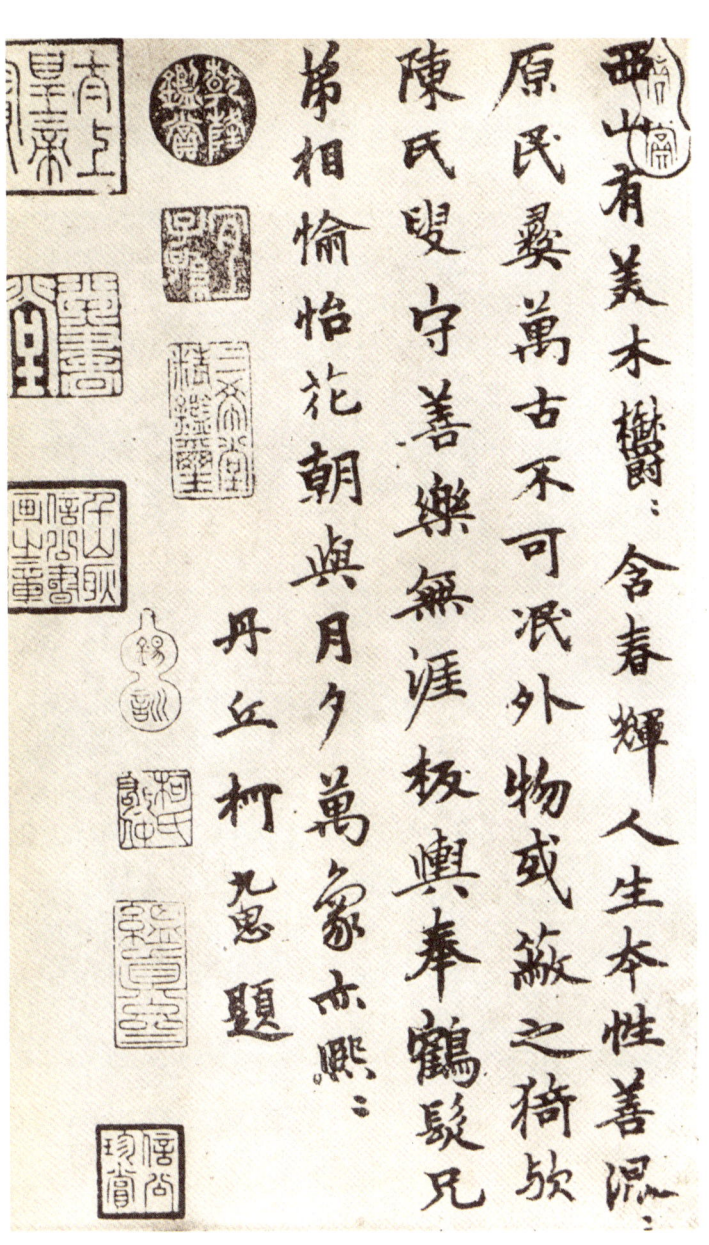

图三：题陈氏叟诗

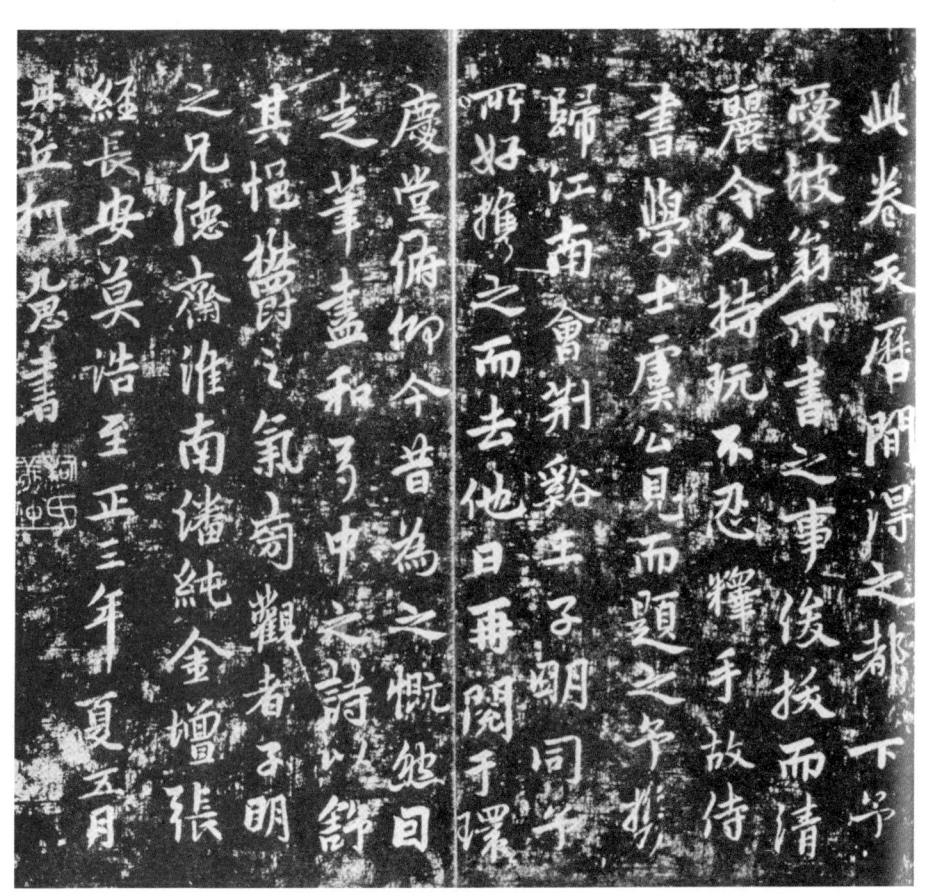

图四：题苏轼《天际乌云帖》

图五：溪亭山色图

图六：寒江独钓图

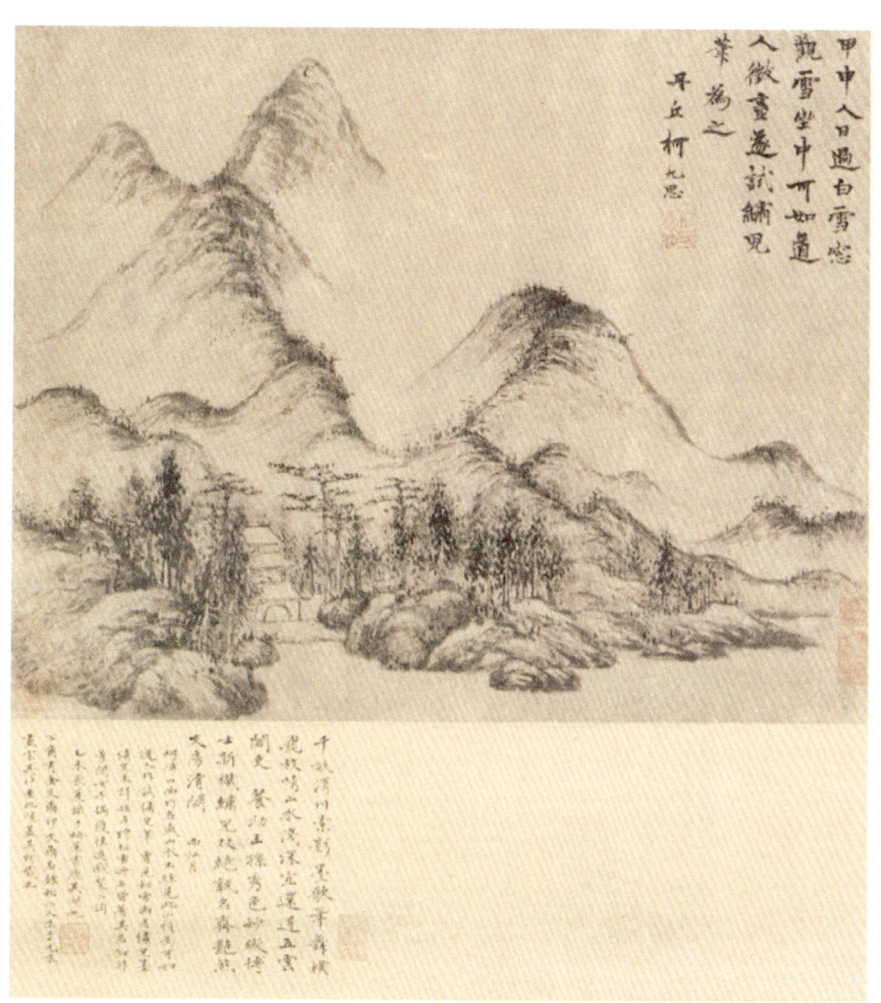

图七：渭川素影图

图八：夏山欲雨图轴

图九：亭林秋色图

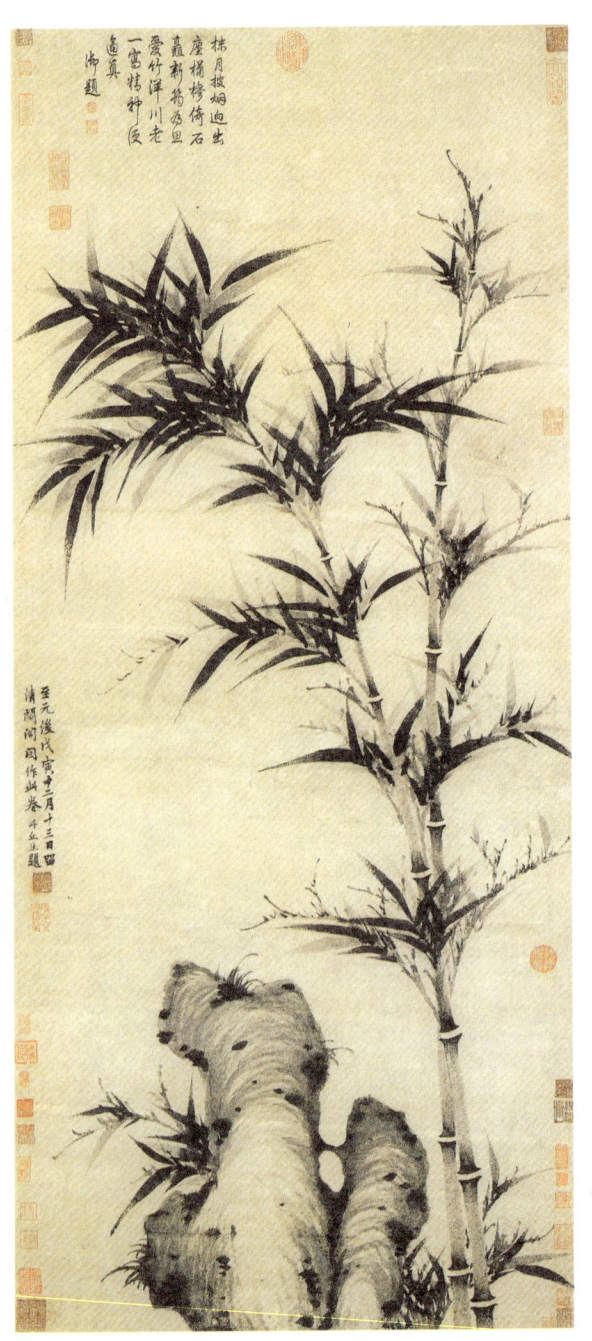

图十：清閟阁墨竹图

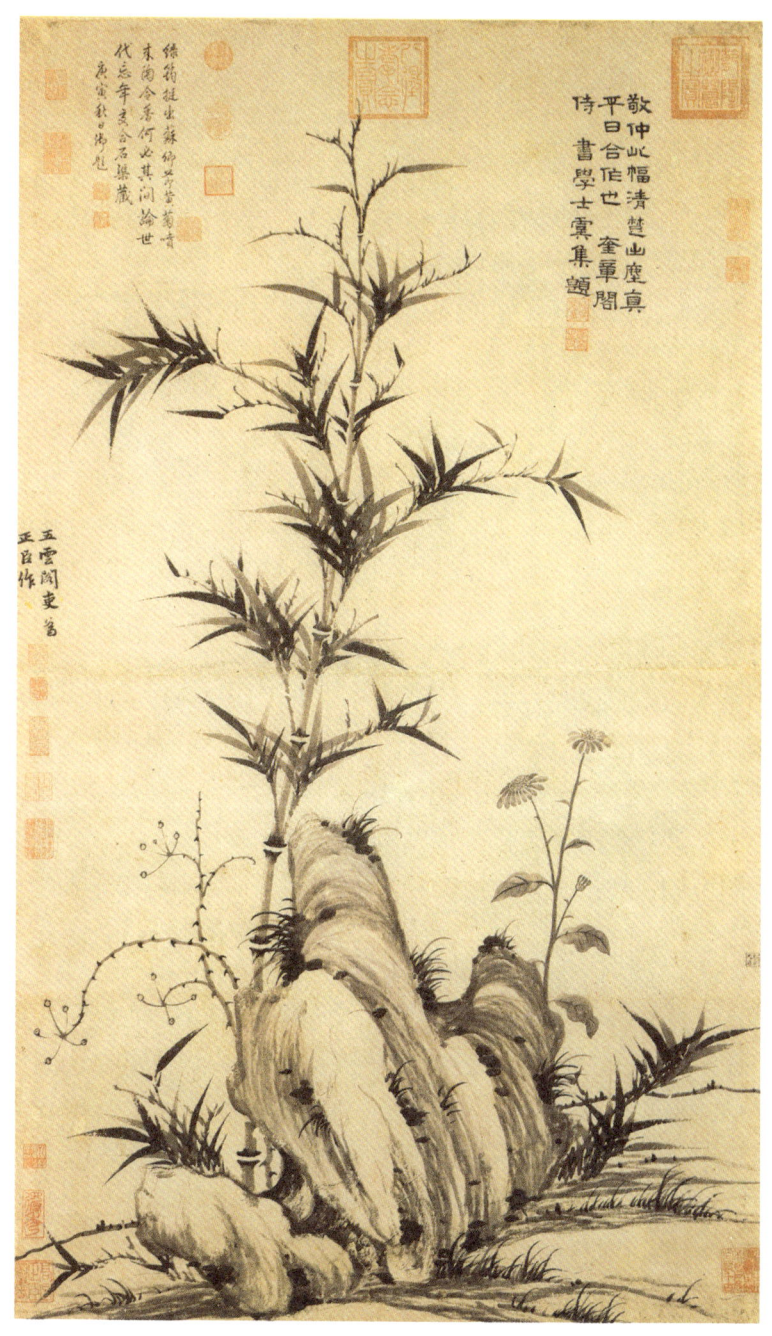

图十一：晚香高节图

图十二：双竹图

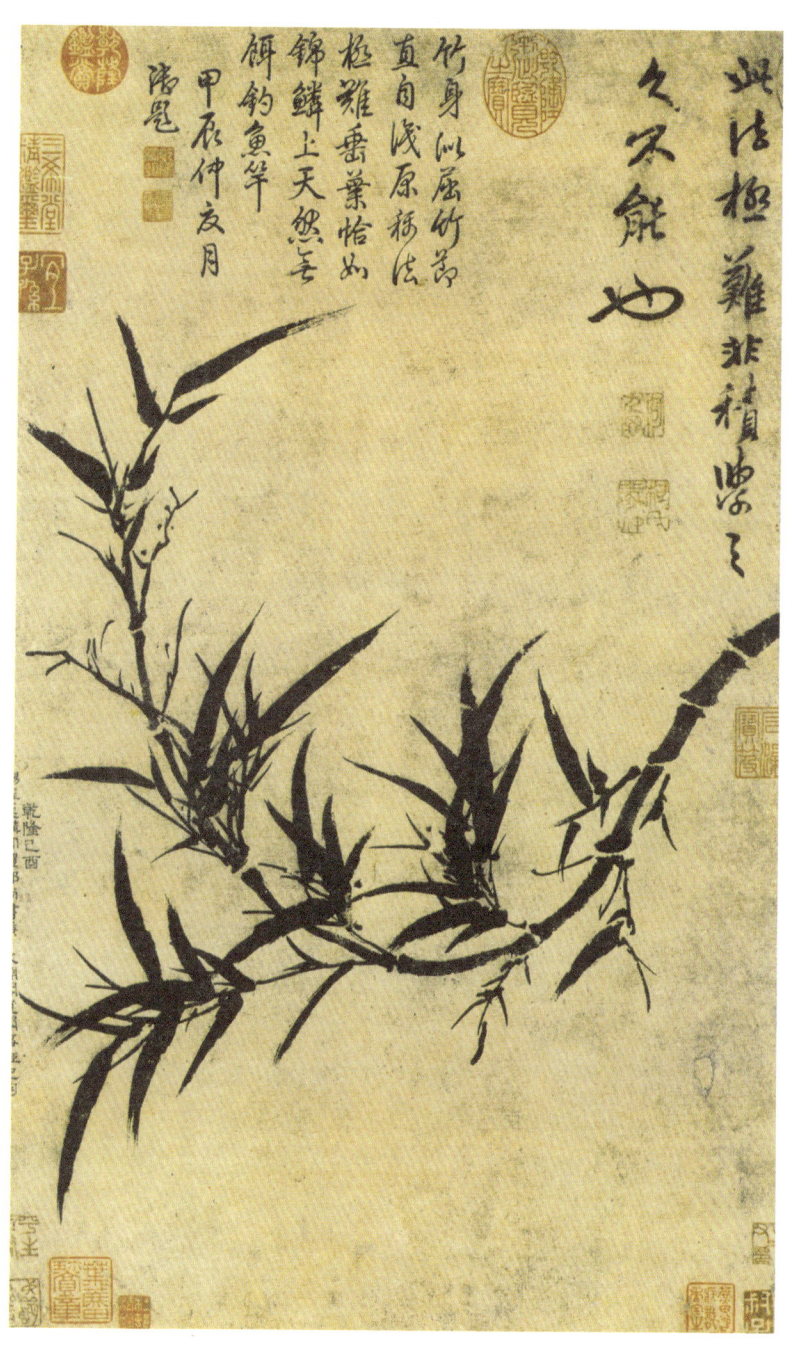

图十三：横竿晴翠图

图十四：竹石图

《台州文献丛书》编纂指导委员会

主　　　任　王昌荣　张　兵
副 主 任　叶海燕　柯昕野　吴丽慧　徐林德
　　　　　　金则新　林金荣
执行副主任　吴丽慧
委　　　员　颜邦林　李创求　柯婉瑛　陈光亭
　　　　　　周明瑶　姚兆芳　张贤连　杨哲华
　　　　　　朱建新　颜士平　戴冠福　林定刚
　　　　　　吕振兴　杨晓东　茅玉芬　林明达

《台州文献丛书》编纂委员会

主　任　吕振兴
副主任　陈　波　蒋天平　周　琦　徐三见
委　员　胡正武　毛　旭　劳宇红　李先供
　　　　周祯富　姜金宇　苏小锐　李东飞
　　　　舒建秋　王正炳　丁永德　陈钱明

《台州文献丛书》咨询委员会

主　任　陈高华
副主任　张涌泉
委　员　(按姓氏笔画为序)
　　　　　史晋川　吴秀明　林家骊　陈立旭
　　　　　龚贤明　董　平

《台州文献丛书》文化研究编辑部

主　编　周　琦

副主编　严振非

编　委　（按姓氏笔画为序）

丁式贤　马曙明　王　及　王岳飞

任林豪　许世琪　许尚枢　劳宇红

李建军　吴茂云　何善蒙　张　峋

陈　坚　陈　雄　周　霖　郑瑛中

胡平法　徐永恩　高　平　曾其海

楼祖民

台州文化研究丛书总序

台州历史源远流长,文化底蕴深厚。世世代代生活在这块富饶美丽土地上的人民,勤劳、质朴、向善,创造了富有个性又兼容并蓄的灿烂文化。千百年里,台州大地诞生了项斯、戴复古等一批历史名人,留传了天台济公传说、台州乱弹、台州刺绣等100多个省级以上非物质文化遗产,李白、杜甫、韩愈、白居易、陆游等都在台州留下了足迹或佳作。钟灵毓秀的天台山,儒、释、道三峰并峙,"和合文化"影响深远,成为台州文化的金名片。

优秀传统文化,是一个地方精之所存、气之所蕴、神之所附。历史向前,台州文化中所蕴含的自强不息的进取精神,和谐精致的处世理念,兼收并蓄的开放胸怀,独树一帜的创新风格,历久弥新,传承发展,滋养了这片古老而年轻的土地,也为台州这座"山海水城、和合圣地、制造之都"作出了生动的注解。进入新的发展阶段,我们更要从传统文化中汲取营养,以文化凝聚力量,以文化服务民生,以文化提升文明,以文化彰显城市品质内涵。

《台州文化研究丛书》的编纂出版,意义深远。丛书较为系统地展示了台州的名宦风采、文学风姿、民俗风情和名胜风光,通贯古今,图文并茂,雅俗共赏。丛书的出版,既对台州历史文脉作了系统梳理,也打开了一扇展示台州历史文化魅力的窗口,让台州深邃而浓重的区域文化跃然纸上,必将唤起台州人的文化觉醒,激发无数在外台州人对家乡的自豪感,也让更多读者从中了解台州、读懂台州。

希望更多的有识之士参与到发掘、保护和弘扬台州优秀历史文化的行动中来,续写无愧于先贤、无愧于时代、无愧于后世的文化新篇!

中共台州市委书记 王昌荣

2016年8月

目　录

台州文化研究丛书总序 ·· 王昌荣 1

引言 ··· 1

第一章　艺术人生与心路历程 ······································· 7
　一、元代：一个充满矛盾的时代 ································· 7
　二、元前期江南（浙江）的社会文化 ··························· 14
　三、居乡岁月 ··· 16
　四、钱塘十年 ··· 20
　五、壮游江浙京师间 ·· 26
　六、任职奎章阁 ·· 45
　七、流落江南 ··· 68
　八、卒年问题 ··· 159
　九、与多族士人圈的交游 ··· 170

第二章　别具只眼：柯九思的书画藻鉴 ························ 223
　一、鉴藏知识的储备 ·· 223
　二、奎章阁之魂 ·· 226
　三、收藏 ·· 230
　四、鉴赏 ·· 239
　　（一）经柯九思鉴定进入元内府的名画 ···················· 241
　　（二）柯九思鉴赏过的绘画 ···································· 242
　　（三）柯九思个人收藏的传世画作或已经佚失的画作 ··· 243

（四）柯九思鉴藏审题的法书名帖 …………………………………… 244

第三章　志道游艺：柯九思的诗、书、画创作 …………………… 245
一、每题诗句世间传 …………………………………………………… 247
　　（一）题材内容 …………………………………………………………… 248
　　（二）艺术特色 …………………………………………………………… 261
二、四体八法雅韵多 …………………………………………………… 265
　　（一）书法传世作品 ……………………………………………………… 266
　　（二）书法艺术特色 ……………………………………………………… 268
　　（三）学书轨迹及书学思想 ……………………………………………… 273
三、兴来挥洒出新意 …………………………………………………… 279
　　（一）"四家外别竖一帜"：柯九思的山水画艺术 …………………… 279
　　（二）"不减湖州古墨君"：柯九思的墨竹艺术 ……………………… 290
　　（三）"用意精到，悉有据依"：柯九思的绘画思想 ………………… 302

参考文献 ……………………………………………………………………… 308
后记 …………………………………………………………………………… 310

引 言

在台州的历史上,柯九思无疑是一位令乡人引以为荣的大人物,自明代谢铎的《赤城新志》起,台州地方文献对这位历史人物皆颇费笔墨,予以重点述论。在中国的文化艺术史上,柯九思无疑也是一位举足轻重的名家,自元代末年起,历代史籍对其生平事迹颇不乏载。翻开当代的各类艺术史,特别是美术史、书法史、鉴藏史方面的研究著作,柯九思更是绕不过去的人物,不但如此,不少学者、硕士研究生还以柯九思的生平以及诗书画为研究对象,进行专题研究,撰写论文,比如南京博物院万新华先生的《柯九思》、河北大学中国古代文学专业张嘉宇硕士的《柯九思题画诗研究》、中国美术学院书法系王钦贤硕士的《柯九思"奎章阁"时期的经典——〈上京宫词〉》、南京艺术学院美术学专业范琼伏硕士的《后奎章阁时代的柯九思及其书法》、中央美术学院人文学院美术史系陈婧莎硕士的《柯九思〈晚香高节图〉研究》,等等,洋洋洒洒,蔚为可观,更是将柯九思在艺术史上的价值和地位推向更高的层次。

作为元代中后期艺坛核心人物之一的柯九思,诗书画三绝,因才情、荣宠、遭遇相似,识者比之唐代郑虔,谓"其所画竹木,笔势生动,论者谓文同后一人"[1];其所画山水,"笔趣不凡,得荒寒之致"[2]。柯九思的书画作品在他生前即因具有极高的艺术价值,无数书画家、学者、诗人纷为赞叹和题咏;六七百年后的当今,他的书画作品(当然这里面也有一些赝品,需要甄别)一出现在艺术品拍卖市场上,就会引起极大的关注乃至轰动。2005年春季,他的存世真迹水墨纸本《渭川素影图》,在上海工美拍卖有限公司举行的艺术品拍卖会上拍卖,

---

[1] 宗典:《柯九思史料》,上海人民美术出版社,1985年,第5页。
[2] 同上,第103页。

成交价高达1 705万元!

　　对于这样一位前贤,我每次一听到或一看见他的名字,就会产生一种莫名的崇敬和景仰,更会产生一种积极探究他生平事迹、心路历程乃至艺术世界的欲望。如果要追溯一点因缘,则要略化一点笔墨。至今我还清楚地记得,在我读初中二年级的时候,仙居文化局编的《仙居史话》里有一篇《泽国桃花岸岸开》的文章,介绍的就是柯九思坎坷曲折的人生历程和巨大的艺术成就,而写这篇文章的就是我读小学时的美术老师方吕盈先生,从此,"柯九思"这个名字就深深地印在我的脑海里。1995年秋间,由于对文物工作的挚爱,我主动从一个乡下中心校教导主任的岗位调到了县文物部门工作。不久,我就到柯九思的故里仙居县田市镇柯思岙村考察,我记忆的深处至今还非常清晰地留存着那个下午看到的情景:四围青翠厚重的山色,一条清澈荡漾的溪流,怀抱着古老宁静的村子,村口,一座古朴典雅的文昌阁巍然屹立,门额上阳刻楷体"山辉川媚"四个大字。每次忆及这一情景,我的心灵就像那天下午那样激荡不已:地灵人杰,地灵人杰啊!这样一个长年烟霞缭绕、环境清幽而又颇具文风的山村,不出柯九思这样的艺术大家才怪!后来,我在浙江诗坛耆宿、我的古典诗歌创作的引路人和导师应光猷先生家里看到宗典编的《柯九思史料》,略一翻阅,就感到柯九思是一个了不起的艺术家。应光猷先生当时曾向县里文化部门建议成立柯九思研究会,可是由于各方面条件限制,未能如愿。但应老先生在诗歌创作中对柯九思情有独钟,多次深情地吟唱道:"一枝横出到松江,水色山光桥畔香。淡墨疏烟三五笔,惊将篆草染幽篁。""蜚声元季画坛笔,花里停骖博士名。坚节不饶知托意,胭脂桥畔哭诗魂。"诗作清隽飘逸,对柯九思的绝妙才华和凄惨遭遇深表钦佩和同情。二十一世纪初,台州文博界元老王及先生将自己编辑出版的《柯九思诗文集》赠送给我,我珍若至宝,时常翻阅,更觉柯九思是一个很值得探究的历史人物。应老、王先生等台州老一辈学人的文化情怀使人动容,也催发了我研究柯九思的想法,但接下来的三四年里,第三次全国文物普查工作全面铺开,野外调查的任务非常艰巨,我根本无暇开展对柯九思的研究。到台州博物馆工作后,适逢市委市政府积极推进台州文化研究工程,与妻子两地分居的我,业余时间少了家务的牵累,多有夜深人静的闲暇时光,真正起了研究柯九思的念头,于是网购《柯九思史料》及其他相关书籍,沉下心来仔细研读柯九思的诗文集,细细观赏柯九思的存世名迹。几个月下来,我的心灵又一次受到极大的震荡:原来柯九思有那么复杂幽微的心灵世界,原来柯九思在多族士人圈里的交游那么广泛,他在中国艺术史上的地位还有我们认知不到的地方,他的艺术世界那么丰富多彩,他的鉴赏文物书画的眼光那么老到、精准!更重要的是,通过研究,我认识到了柯九思的积极求仕的真实用心。

柯九思与元代艺术成就最高的人物赵孟頫一样,在历史上曾是一个有不少争议的人物,"有一些人指责他'晚途肮脏,流落江左'"①。为什么说他"晚途肮脏"呢?原来"柯九思早年积极谋求仕途,并一直游历于官宦贵胄之间,从而招来非议,以致明清的文人画家对其嗤之以鼻。正因为这样,后世文人把他作为一个典型人物加以批判"②。这到底是怎么回事?柯九思真的是那样的一个人物吗?我在研究过程中,头脑中常常萦绕着陈寅恪先生在《冯友兰中国哲学史上册审查报告》中的一段话:"凡著中国古代哲学史者,其对于古人之学说,应具了解之同情,方可下笔。"陈寅恪先生所论的着眼点是中国古代哲学史,但我以为,对一切历史包括历史人物的研究,都应该具有这样的态度,盖研究古人,往往需用双视角,一则以今日之价值体系为参照而视之;一则依当日之价值体系为参照而视之。前者即"所有历史都是现代史"之谓,后者即对古人"了解之同情",二者不可偏废。本着这样的精神,我在研究中发现,柯九思壮游江浙,几上大都,广为交游(特别是与以高昌正臣为代表的少数民族士人的交好),在表面看来是为了结交贵胄,谋求仕进,实际上是为了心中的理想,即积极响应赵孟頫的号召,举起复古的旗帜,为恢复和弘扬汉文化而积极努力!

研究者发现,元朝统一江南后,一部分士人自觉或不自觉地归隐溪山,另有大批江南士人纷纷游历大都,为了达到谋取官职和改变自身处境的目的,他们"各显神通,上书、议政、以文求仕、以才求仕、以技能求仕等成为他们达到目的的主要手段"③。

柯九思也是这批江南士人中的一员,他的壮游京师,广为结交,是不是也是出于同样的目的?纵览柯九思的诗歌,我们发现柯九思从营求仕进到深受

---

① 宗典:《柯九思史料》,上海人民美术出版社,1985年,第4页。
② 万新华:《柯九思》,河北教育出版社,2006年,第5页。
③ 申万里:《理想、尊严与挣扎生存——元代江南士人与社会综合研究》,中华书局,2012年,第5页。

文宗皇帝恩宠,其主观愿望乃是为了自觉地实现复古亦即恢复和弘扬汉文化的远大理想,也就是说,他是有着更自觉的文化担当。他的《送倪仲刚迁浙西》一诗开头说:"我昔少年气如鹘,万里肩书趼双足。归来思得人中雄,扪虱高谈破聋俗。"从这四句诗中,我们可以感受到少年时代起,柯九思就不甘平庸凡俗,而是意气如鹘,肩书万里;怀抱理想,志作豪杰。那么他心中的理想到底是什么呢?按照通常的理解,他是为了积极求仕,也就是走中国历史上大部分儒者所走的求取功名的道路。柯九思当然也有这方面的欲望和诉求。但考察他的人生履迹,笔者认为他的人生理想,不是这么简单。我们知道,在他二十五岁的时候,曾经出现了人生第一次出仕机会,即"以父荫,补华亭尉"。但他没有赴任。究其原因,一般论者都认为"因其武职未就"。这个推断有一定道理,但结合上述所引的"归来思得人中雄,扪虱高谈破聋俗"两句诗,我们似乎应该有更深层次的理解。柯九思在青少年时代随父亲定居杭州时,即已经结识当时文化界的领袖人物赵孟頫,而艺术创作上的"古意论",即书画艺术上的复古思想,是赵孟頫在杭州提出并积极践行的。柯九思从小即出入于赵氏居所,深受其艺术思想的熏陶、教育那是一定的。而复古思想从更深的层次理解,实际"是中国传统文儒在特定历史时期的文化宣言"[①]。元朝,是蒙古贵族占统治地位的封建王朝,蒙古族本是蒙古高原的游牧民族,统一南北大漠以后,逐步进入奴隶社会,至1279年统一天下后才正式跨入封建社会。这个长期游牧迁徙、靠武力征服、以武功自恃的民族在文化的建设和统治上不免薄弱。宋元鼎革后相当长的一段时期,科考中断、族分"四等"等象征着汉文化衰落的举措,曾经深深地刺伤了汉族特别是江南士人的心。后来,随着元朝廷对汉文化尊重政策的不断加强,许多士人重新燃起仕元的愿望,特别是像柯九思这样出身书香门第而有着传统文化基因的士子的价值观念和精神世界也发生了深刻的变化,他们积极把握住元廷对文人管制相对宽松的政策机会,积极争取更好的生存条件,用他们自己的方式施加对元朝政权的影响,进行社会网络的构建和文化权威的塑造;他们秉持"志于道,据于德,依于仁,游于艺"的儒者精神,希望在新的时代里,肩负起社会秩序整合、意识形态恢复的使命,而艺术活动和

[①] 姜金军:《"古意论"探微——以赵孟頫书画艺术为视角》,天津人民美术出版社,2015年,第61页。

文化言说,恰是实现自身文化价值和人生理想的重要途径。柯九思希望自己像乡贤赵孟頫一样,以自己的名望影响带动当时的文人,以积极的艺术实践使书画所蕴含的汉文化精神重新成为元代的核心文化价值。可以说,柯九思就是怀着这样重振中华传统文化的历史使命而来到大都的。

  本书的写作即以此为主轴而展开。当然,我的论述是建立在史料的基础上,这个史料,主要是柯九思的诗文书画,同时还有他的同时代士人的诗文。关于以诗文来考证历史,即"以诗证史",现代学术界曾有不同的声音,据说钱钟书先生就不太认同,但学术大师陈寅恪却以此法写出了不朽经典《元白诗笺证稿》。当然陈著不单单是以诗歌考证历史,论著中旁征博引,融合文学、历史、地理、人事,等等,可见此法只要运用得好,还是具有较强的科学性的。笔者本书的写作亦尝试运用此法,以柯九思的诗文为基础,结合其他史料,来解读柯九思的心路历程。对于柯九思的诗文,我尽力作了详细的研读和较为准确的理解,如果用一种形象的说法,那就是,我似乎已经触摸到了柯九思那一颗至今还没有停止跳动的诗心!读者读了本书之后,就会发现柯九思在这条复古的道路上,既有成功的喜悦,也有失意的痛苦,更多的是对任职奎章阁时期高雅充实生活的怀念。柯九思流落江南以后直至人生的老境,其间虽然也有凄苦悲凉的心态,但更多的是矢志不移的心志,他的"志于道"而"游于艺"的生活情状一直没有改变,他为重振汉文化的努力一直不曾消歇。

  本书的题目,尤其正题,让我颇费周章,几经斟酌,最后定为《翰墨飘萧——柯九思的艺术世界》,自思还是比较妥帖的。请允许我在这里稍花笔墨,加以申述:"翰墨",原指笔墨,后借指文章书画或艺术才华;"飘萧",多种意思,有"飘逸潇洒"、"飞扬"之意,也有"零落飘坠"之义。本书书名《翰墨飘萧》的"飘萧"兼取两种含意,既指柯九思在艺术上飘逸潇洒和灵动飞扬,也就是说柯九思在艺术上取得巨大成就(诗、书、画三绝),又暗喻他坎坷的艺术人生(他短暂的荣宠之外,更多的是前期的奔波漂泊和后期的流落沉郁,但总体上都又不失"志于道、游于艺"的人生志趣)。柯九思在《题赵子固画墨兰》中有一句诗:"飘萧翰墨足风流",完全可以移用过来,喻指柯九思自己的人生历程和艺术境界。

  一本考论性的学术著作,总要有所发明,力求超越以往的研究著作。本书严格以史料为依据,在柯九思的心路历程、柯九思与赵孟頫的关系、柯九思岳父姚天福的身份、柯九思山水画的艺术定位上，都作了详细的考述。这是以往学者较少关注，或述说错误和考证不明的，自思对此还是有一定的发明。当然，确当与否，还是要请大方之家审阅评判。

我于书画鉴赏一路，原本是个门外汉，虽偶尔看过几本书，也仅是皮毛而已。柯九思是个书画名家，不懂书画鉴赏，何以能够研究柯九思？但既然接手这个课题，开弓没有回头箭，就只有迎难而上。于是我买来大量中国古代书画史尤其是书画鉴赏方面的书籍，自行补课。在研究过程中，遇有不懂的书画知识，就烦请识者指教。这样，总算比原来更深一点地了解了一点书画鉴赏方面的知识。现在呈现给读者面前的本书的第三章第二、第三两节，是解读柯九思书画作品的，我不知到底解读得如何，尚心有惴惴焉，这是要敬请读者诸君不吝指正的。

柯九思的心路历程是复杂幽微的，其艺术世界也是浩瀚精深的，我不知自己的探索，到底进入到怎样的程度，不知还有哪些地方没有涉及，希望识者有以教我！

第一章　艺术人生与心路历程

一、元代：一个充满矛盾的时代

　　对于元代的历史文化，自明清直到现当代，学者们一直褒贬不一、众说纷纭。一方面，这是由于元朝是中国历史上第一个由少数民族建立的大一统王朝，汉族士人、民众头脑里的华夏正统观念根深蒂固，在相当长的历史时期内，他们对异族的统治抱着抵制、怨怒乃至敌视的态度；另一方面，更是由于元代是一个充满矛盾的时代。

　　大元帝国的开创者元世祖忽必烈在刘秉忠、姚枢、许衡、郭守敬、窦默等一班金莲川潜邸儒士的辅佐下，好不容易平定了南宋，建立了多民族共存、南北一统的新王朝。他一面不折不扣、尽职尽责地扮演着封建王朝忠实延续者的角色，"保留了宋朝的全部行政机构和官员，并通过努力得到官员们的效忠"[1]。他不仅亲近儒士，还"以夏变夷，立经陈纪"[2]，"采取故老诸儒之言，考求前代之典，立朝廷而建官府"[3]，并最终确立"援唐宋之故典，参辽金之遗制"[4]的汉法推行政策，一面又始终对臣服的民族保持疑忌和防范，并由此产生了许多民族不平等的政策，人们耳熟能详的所谓"四等人制"就是忽必烈时期定下来的。李璮叛乱事件和南宋平定后的江南各地的反元斗争，更使忽必烈对汉人、南人

---

[1] ［法］勒内·格鲁塞:《草原帝国》，江苏人民出版社，2011年，第175页。
[2] （明）宋濂等撰:《元史》卷一七《世祖本纪》，中华书局，1976年，第377页。
[3] 苏天爵:《国朝文类》卷四〇"经世大典序录·制官"，纪昀等:《四库全书》第1367册，文渊阁影印本，台湾商务印书馆，1986年，第494页。
[4] 郝经:《立政议》，李修生等:《全元文》第4册，凤凰出版社，2005年，第88页。

疑忌颇深,在问南宋降官管如德时,竟然说出"江南之民,得无有二心乎"①这样愤激的话。在具体防范措施上,他下令尽拆南人地区的城墙,并制定典章,严禁重修。至元十五年(1278),江州路申告:因草寇生发,请求修复江淮一带城池二十二处,枢密院官与阿术丞相一同上奏,忽必烈下旨"待修城子里,无体例",不准修复②。

以上这两种截然不同的政策,正是元代社会矛盾性的集中体现。考察史实,这种矛盾性几乎无处不在。

约在1283年,也就是南宋末代皇帝赵昺投海后的第四年,见宠于忽必烈的江南释教都总统杨琏真迦在宰相桑哥的支持下,挖掘了位于浙江绍兴的南宋诸帝的攒宫,将遗骨迁埋至杭州宋故宫下,并在上面建了佛寺,更有甚者还拟以宋高宗所书的《九经》刻石垫为寺基。这一事件随即在江南士人中激起群愤,他们纷纷联名抵制③。忽必烈对杨琏真迦发掘南宋诸帝攒宫的行为应该是默许的,否则杨琏真迦不会那么肆无忌惮。这一事件体现了元统治者对汉文化肆意破坏的一面。

另一面,元统治者却又对汉文化表现出尊重、包容的态度,如在杨琏真迦挖掘南宋诸帝攒宫的这一年,元政府明文规定,要对儒学耆宿多加体恤,"若有耆宿名儒实无依倚者,亦于上项钱内(按:指各类学田收入)约量给付,毋令不应人员中间作弊"④。又如元统治者对宋宗室"时加存恤,使之便安"⑤。可以一个典型的例子作说明,杨琏真迦挖掘南宋诸帝攒宫的那一年,也是宋宗室赵孟頫(1254—1332)仕元的第十五年了,他不仅受到皇帝的宠爱,至忽必烈时期,他官拜兵部郎中(正五品)、集贤直学士(从四品)、济南路总管府事等职,还与当朝显贵相处十分融洽。大约在1311年至1314年间,位处蒙元统治阶层的廉野云主办了一场名为"万柳堂雅集"⑥的文化聚会,赵孟頫也在受邀之列。雅集中,廉野云还邀请了著名作家卢挚参加,并请著名歌姬解语花折荷而歌,

---

① (明)宋濂等撰:《元史》卷一百六十五《管如德传》,中华书局,1976年,第3872页。
② 《元典章》卷五九,工部二,《修城子无体例》。
③ 陈高华:《略论杨琏真迦和杨暗普父子》,载陈高华著《元史研究论稿》,中华书局,1991年,第388—390页。
④ (元)《庙学典礼》卷三,《永乐大典》本。
⑤ (明)宋濂等撰:《元史》卷一百一十四,中华书局,1976年,第2872页。
⑥ 关于"万柳堂雅集",可见傅乐淑的《万柳堂图考》,载《故宫季刊》,第14卷第4期。又见萧启庆《元朝多族士人的雅集》,载《香港中文大学中国文化研究所学报》,1997年新第6期。

俨然一副汉族士大夫圈子中文化聚会的典型场面。赵孟頫不但为此雅集赋诗,还作《万柳堂图》,蒙汉文化互相交流其乐融融的一面由此可见。

也正因为元代是一个充满矛盾的时代,长期以来,学者们对元代历史和社会生活的解读和评价颇多歧义。其中影响最大的是南宋遗民谢枋得(1226—1289)、郑思肖(1241—1318)等人的"九儒十丐"说,认为元朝汉族士人的地位十分低下,似乎沦落到"介乎娼之下丐之上者"的地步。"九儒十丐"说的出处见谢枋得《送方伯载归三山序》:

> 滑稽之雄,以儒为戏者曰:"我大元典制,人有十等:一官二吏,先之者,贵之也;贵之者,谓有益于国也。七匠、八娼、九儒、十丐,后之者,贱之也。贱之者,谓无益于国也。"嗟乎,卑哉! 介乎娼之下丐之上者,今之儒也。①

几乎所有的元代文学史、文化史著作,都引用到这一则材料,把它作为证明元代文化不昌、文人地位低下的铁证。近年来,有学者细读原文,才发现:"九儒十丐"之说,只是时人拿儒士开玩笑的一个喜剧小品②,用意是批判宋代科举制度造就了科举程文无用之士,他们只会作场屋无用之文,造成了文化厄运,不仅"文运不明,天下三十年无好文章"③,并且"经存而道废,儒存而道残"④。这"三十年",是从宋理宗景定二年(1261)到元世祖至元二十七年(1290)。刚入元第九年,谢枋得就断言:"文运大明,今其时矣。"⑤因为人们可以抛弃"场屋无用之文"而作"经天纬地"有用之文了。

所以有学者认为,元代不但没有"一官二吏……九儒十丐"的法律,实际上儒士的生计待遇也没有坏到极致。"九儒十丐"之说不过是因异族入侵、江山易代产生的激愤情绪的反映。

还有,忽必烈时期的"四等人制"规定南人地位最低,这实际上是由于江南归附最晚,因此受压也最深,尤其是文化程度较高而仕途艰难的南士反响很

---

① (元)谢枋得:《叠山集》卷六,《四部丛刊》续集影印瞿氏铁琴铜剑楼藏明刊本。
② 杨镰:《元诗史》,人民文学出版社,2003年,第16页。
③ (元)谢枋得:《叠山集》卷六,《四部丛刊》续集影印瞿氏铁琴铜剑楼藏明刊本。
④ 同上。
⑤ 同上。

大。但压制主要来自各种"北人",并非忽必烈的方针。仔细阅读史料,我们会发现,在实际操作中,忽必烈对南人还是重视的,至元二十四年(1287),忽必烈拟命程钜夫为御史中丞,台臣以钜夫为南人提出异议,忽必烈怒曰:"汝未用南人,何以知南人不可用?自今省、部、台、院必参用南人。"①元末开始,南士对忽必烈就有一个好的评价,认为"世祖旧章,南北才人视之无间",民族等级的"资格之限"是后来才日益严重的。

关于元代学术文化成就,自元代起,就有人认为,元人不读书,元代是一个没有文化的时代,元代的诸多文献资料为这种认识提供了支撑,如元成宗大德七年(1303)儒士郑介夫在奏议中说:

> 今翰林多不识字之鄙夫,集贤为群不肖之渊薮;编修、检阅皆归于门馆富儿,秘监、丞著太半是庸医缪卜;职奉常者,谁明乎五礼六律?居成均者,谁通乎诗书六艺?②

到了明清时期,学者对元朝的统治阶级怀有敌意,认为是各征服王朝中最不开化、与汉文化最格格不入的。明季学者王世贞(1526—1590)的观点具有代表性,他在《读元史》一文中写道:

> 顾其君臣,日断断然思以其教而易中国之俗。省台院寺、诸路之长,非其人不用也;进御之文,非书不览也;名号之锡,非其语不为美也。天子冬而大都,夏而上都。上都漠北也,其葬亦漠北。视中国之地若瓯脱焉,不得已而居之。于中国之民若赘疣焉,不得已而治之。又若六畜焉,食其肉而寝处其皮以供吾嗜而已,呜呼!不亦天地之至变不幸者哉?③

清代史学家、文学家赵翼的史学名著《廿二史札记》中有"元诸帝多不习汉文"一节:"不惟帝王不习汉文,即大臣中习汉文者亦少也。"对蒙元统治者不重视汉文化的态度颇有微词,他的这一说法也流传较广。

---

① (明)宋濂等撰:《元史》卷一百七十二《程钜夫传》,中华书局,1976年,第4016页。
② (明)杨士奇等:《历代名臣奏议》卷六七,台湾学生书局影印明永乐刊本。
③ (明)王世贞:《读元史一》,载王世贞《读书后》卷五,天随堂刊本,第7页。

但元明清时期却有不少学者站在比较公允的立场上,对元代的历史文化表达了自己的看法。元明之际与刘基、宋濂齐名的浙西文人叶子奇在归顺新朝后的洪武十一年(1379)因事下狱,其间,他在笔记《草木子》中历数元代的弊端,但同时也客观地写道:

> 元朝自世祖混一之后,天下治平者六七十年,轻刑薄赋,兵革罕用,生者有养,死者有葬,行旅万里,宿泊如家,诚所谓盛也矣。①

关于文化方面的成就,由元入明官至侍礼郎、《元史》总裁的重要文人王祎认为,元代也是文章盛世:"吁乎!以余观乎有元一代之文,其亦可谓盛矣。"②元末明初著名文学家杨维桢评价元人之诗:"上逾六朝而薄风雅,吁,亦盛矣!"③两位文人的评价虽有溢美之嫌,但去其华而就其实,应该肯定,元代的文化学术还是取得了相当高的成就的。

到了二十世纪初,著名史学家陈垣在阅读了大量元代文献后,深为明人有意贬低元代文化而不平,他在《元西域人华化考》中说:元代之"儒学文学,均盛极一时,而论世者每轻之,则以元享国不及百年,明人蔽于战胜之余威,辄视如无物,加以种族之见,横亘胸中,有时杂以嘲戏"④。

可是直到二十世纪末,人们对元代文化成就的偏见并未因陈垣的批评而改变,如有学者断言:"元代是中国文化史上学术思想沦入最沉闷最黑暗的时期。统治者尚武轻文,文化落后,知识贫乏,整个民族的文化素质越来越低劣。"⑤

近三十年来,随着学者们对元代文献资料的深入阅读和研究视野的不断开阔,元代的历史文化研究越来越趋于客观、理性、开放,如对元朝的历史,有学者的总体评价是:"它一直处于矛盾斗争之中,但它也一直有一个相对稳定

---

① (明)叶子奇:《草木子》卷三上。
② (明)王祎:《文评》,《王忠文公集》卷十,明嘉靖元年张齐刻本。
③ (元)杨维桢:《贡礼部玩斋集序》,邱居里等点校《贡氏三家集》,吉林文史出版社,2010年,第171页。
④ 陈垣:《元西域人华化考》卷八,上海古籍出版社,2008年,第118页。
⑤ 蔡镇楚:《中国诗话史》,湖南文艺出版社,1988年,第132页。

的结构。元朝文化,特别是文学的繁荣,就是元朝历史的自然产物。"①确实,元代的民族矛盾一直十分突出,这是蒙元统治阶层保持自己在政治、经济资源享有绝对特权的基本统治政策所决定的,蒙古、色目贵族在军政机构中享有特权和利益,汉人、南人处于社会底层,对于文明程度最高的南人,蒙古统治者更是"深闭固拒,曲为防护"②,以至于南人的仕进机会极少,"王泽之施,少及于南。渗漉之恩,悉归于北。"③在经济发展和资源分配方面,元朝极度压榨南方物质财富,以供给塞北两都的挥霍和畸形发展,所谓"贫极江南,富夸塞北",从而造成人才、资源的极度集中。另一面,元代统治者虽然为了限制南人的仕进一度中断了科考,但他们"希望延续中国王朝的传统"的心思一直保持,推行汉法的政策一直未变,元仁宗时期开设科举考试后,程朱理学也由官学而成为"天下之学"。在这样的背景下,元朝整个朝代从国家政治哲学到文艺思潮都崇尚复古,用立纲陈纪、恢复法度的复古理念来否定失败的南宋王朝的各种弊端,由忽必烈开创的政治复古思想一直影响了他的子孙们,他们始终在执政思想上力求"上副世祖立法之初意",因此自元仁宗到元文宗几代帝王都致力于文治,对汉人、南人也有所示好,特别是文宗皇帝,深受汉文化熏染,雅好文艺,尊重学者文人,组建奎章阁学士院,借助这一文化机构来使自己进入有序、有效的政治统治轨道。

元代社会的矛盾和文化的多元特性,促使我们应该以更加理性、严谨的学术态度认识相关问题。何惠鉴先生对元代社会的矛盾性有一个较深刻的论述:"元代是一个充满矛盾的时代:民族间的矛盾,宋、金和南北文化的对立,佛道争衡,儒士和商贾阶级间的敌视,与其他社会上许多不和谐的因素,都对元代文化有着深刻的影响。"④他论述的着重点是在元代社会的矛盾性和不和谐因素上。近年来,台湾学者萧启庆先生对元代不同族群文化交流的研究方面下了很深的功夫,他认为蒙元时期的蒙古、色目、汉人等族群其实并不如以往认识的那么隔阂,他们不但彼此学习,而且还在元代中晚期,形成以这三大

---

① 杨镰:《元诗史》,人民文学出版社,2003年,第24页。
② (明)叶子奇:《草木子》卷三上。
③ 同上。
④ 何惠鉴:《元代文人画序说》,载洪再辛编《海外中国画研究文选(1950—1987)》,上海人民美术出版社,1992年,第247页。

族群为主的"多族士人圈"①。这是着重于南北文化和谐发展方面的论述,也是客观公允的。对南北文化问题有更深认识的是日本学者白鸟库吉,他认为中国古史中存在"南北对抗,中西交通"的现象②,杨镰先生对这一现象也有很圆通的理解,他认为,所谓"南北对抗,中西交通"就是指由南方、北方的不同文明的对抗性冲击(战争、掠夺)带来了华夏文明史的转机,比如匈奴与汉,突厥与唐,蒙古与西夏、金、宋;这种历史性的冲撞,一个必然的结果就是促进了东西方文明的交流沟通;杨镰先生由此进一步推断,北方民族一波又一波的南下,实际推动了中华民族文明的内敛与外延。同样道理,江西文人程钜夫至元二十三年(1286)的江南访贤,促进了大批南方士人精英的北进,也必然促进了南北文化更加密切地融合③。

正是在这种矛盾而多元的社会文化背景下,也就是在程钜夫江南访贤后的第四年,艺术大家柯九思诞生了。

---

① 萧启庆:《元朝多族文士圈的形成》,载《第二届宋史学术研讨会论文集》,台北文化大学,1996年,第165页。
② 据方豪《中西交通史》(岳麓书社,1987年)第47页转引。
③ 杨镰:《元诗史》,人民文学出版社,2003年,第8—9页。

二、元前期江南(浙江)的社会文化

柯九思少年时期,正是元代前中期之交。而他的父亲柯谦,是由宋入元的儒士,此时已届不惑,成了江南儒学界的重要人物。

元代前期,江南特别是浙江一带,政治地位可谓一落千丈,杭州虽仍是江浙行省的治所,但政治中心的地位已成明日黄花,不复存在。浙江地区的士人属于等级和地位最低的南人,由宋入元,他们备受摧抑,在政治领域充分感受到了繁华逝尽的落寞和悲凉。元朝初期和末年,浙江地区的吏治腐败和管理混乱现象和全国其他地区一样普遍存在,但政治上的压抑和统治上的腐败,没有消减浙江地区在文化方面的繁荣。优越的地理位置、深厚的人文积淀、浙江人的勤劳睿智,加上元朝政府严于武力防范而疏于思想文化控制,使得浙江地区仍然保持了文化上的中心地位。士人们在政治领域发展空间受到严重限制的情况下,便将自己的聪明才智倾注于文教事业,浙江地区的文化呈现了一如往昔的兴盛景象。浙江是元代最重要的印刷业中心之一,杭州刻书最为繁盛。其他各地的书院和私家书坊也大量刊刻书籍。所刻之书大多质量精良,为元代文化的传播做出了重要贡献。元代浙江的书院教育在前代的基础上也取得了进一步发展。旧有的书院基本得到延续,而新创书院更是星罗棋布。元代基层普遍设社,每社均置社学,进行业余的普及性教育,浙江也不例外,这是中国教育史上的一大盛举。元代浙江名流辈出,其中从事私家教育者颇不乏人,如许谦、黄溍、杨维桢等都培养了不少学术和文学人才。这里特别要指出的是,元代初期废科举,直至仁宗时期重开科考,中间停废达半个世纪之久,江南一带的许多隐逸之士或不满于异族的统治,或有感于仕途的无望,在诗酒自娱的同时,出于一种文化担当,创办书院、乡校,从事民间教育,以此振兴儒学。如柯九思的家乡浙江仙居,有一位隐逸乡间的学者兼诗人翁森(1255—1326),"隐居教授,取朱文公白鹿洞学规以为训,从游者前后至八百余人"[①],"(翁)森

---

① 《光绪仙居县志》(沈在秀标注本),同济大学出版社,1990年,第255页。

建乡学以淑教子弟,乃构书舍三十楹,安教近远异邑诸生"①。翁森通晓经史,博学多闻,又擅于歌诗,虽隐逸乡间,却名闻台州,当时台州路治所临海也有许多士子学者慕名从学,如一代文化名流周润祖、杨同翁、项炯都曾师事于他。浙江一带,像翁森这样的隐逸之士在乡间从事文教、传播儒学的例子很多。在元代,尽管读书不能显贵,但士子的藏书读书之风颇盛。从文献记载看,元代民间藏书楼遍天下,仅名万卷堂之藏书处就很多,如江西学者吴澄的藏书处名"志雅堂",藏书两万卷;浙江学者杨维桢少年时,家中就有书数万卷;浙江临海的陈贻范、陈贻序兄弟北宋时建有藏书楼"庆善楼",历代相传,三百年不衰,至元朝陈孚时,其家族藏书楼为"万卷楼"。士子们不但积极藏书,还乐于读书,宋末元初天台诗人黄庚有《书怀》诗云:"万卷诗书千古事,一窗灯火十年心。功名梦断身无用,闲补离骚学楚吟。"②因为元初长期不开科举,元人无功利之心,更能潜心读书,读书也更多乐趣。如翁森写过《四时读书乐》,道尽了春夏秋冬四季的读书乐趣,且看第一首言春日读书之乐:

　　山光照槛水绕廊,舞雩归咏春风香。好鸟枝头亦朋友,落花水面皆文章。蹉跎莫遣韶光老,人生唯有读书好。读书之乐乐何如?绿满窗前草不除。③

其境界多么让人心驰神往!

　　刻书业的繁盛、书院教育的发展、社学的设置、隐逸士子的从教、民间读书风气的蔚起,都极大地推动了浙江文化事业的发展,因此我们说,元代前期的浙江文化,并没有因为时代的鼎革而影响了它的发展,有学者指出,(浙江的文化)"上承宋代之强劲,下启明清之辉煌,风华未减,繁荣犹存,依然保持着在全国的领先地位,值得充分注意"④。

　　柯九思的少年时期就生活在这样一个充满文化氛围的地域里,他的父亲也在这个有"人文渊薮"之美誉的地方积极有为地从事官学管理工作。

---

① 仙居县淡竹乡下郑村藏《翁氏宗谱》卷之四《行第》。
② (元)黄庚:《月屋漫稿》,清抄本。
③ 张峋:《翁森集校注》,现代出版社,2016年,第9页。
④ 桂栖鹏、楼毅生等:《浙江通史》(元代卷),浙江人民出版社,2005年,第6页。

三、居乡岁月

元至元二十七年（1290），柯九思出生了。那一年，如果细考历史上发生的事件，有两件事情值得一提，因为它们似乎预示着柯九思日后生活的时代是一个文化气息比较充沛、人文环境相对宽松的时代。

先说第一件事。此年的正月，元朝政府复立兴文署，掌经籍板及江南学田钱谷。据《天禄琳琅书目》卷五载："朝廷于京师创立兴文署，署置令丞并校理四员，厚给禄廪，召集良工刻刻经、子、史版本，流布天下，以《资治通鉴》为起端之首。"兴文署属集贤院管辖，署令由学识渊博的翰林修撰兼充。职责是刊印典籍、教育生徒以及江南学田钱谷的管理。这一机构的复立，推动了当时文教事业的积极发展。

第二件事是这一年发生的"梁栋诗祸"事件，有学者对这一事件作了详尽的述论：

> 按：梁栋实金国难民之后，因诗作《大茅峰》惹起诗祸，有人将题写诗句的整堵墙壁作为"罪证"密封运至京师。其诗写到："杖藜绝顶穷追寻，青山世路争岖嵚。碧云遮断天外眼，春风吹老人间心。大君上天宝剑化，小龙入海明珠沉。无人更守玄帝鼎，有客欲问秦皇金。巅崖谁念受辛苦，古洞未易潜幽深。神光不破黑暗恼，仙鬼空学离骚吟。我来俯仰一慷慨，山川良昔人民今。安得长杠撑日月，华阳世界收层阴。一声长啸下山去，草木为我留清音。"孔齐《至正直记》卷二"梁栋题峰"云："宋末士人梁栋隆吉先生有诗名。以其弟中砥为黄冠，受业三茅山，尝往还，或终岁焉。一日，登大茅峰题壁赋长句，有云：'大君上天宝剑化，小龙入海明珠沉'，'安得长杠撑日月，华阳世界收层阴。'隆吉先生每恃己才，邈乎众人，众人多憾之。且好多言。一黄冠者与隆吉有隙，诉此诗于句容县，以为谤讪朝廷，有思宋之心。县上于郡，郡达于行省，行省闻之都省。直毁屋壁，函至京师，捄梁公系于狱，不伏，但曰：'吾自赋诗耳，非谤讪也。'久而不释。及礼部官拟云：'诗人吟咏性情，不可诬以谤讪。倘是谤讪，亦非堂堂天朝所

不能容者。'于是免罪放还江南。"大茅山为江南文人进出颇多之地,诗祸之起致使茅山及其主人备受争议,此事为深刻观察元代社会文化提供一观察点。梁栋诗祸事件是元廷弃绝文字狱之标志。①

柯九思出生的第二年,也有两件事值得理出来论述一下。这一年的四月,僧官杨琏真迦以重赂桑哥、发宋诸陵、盗用官物等罪下狱。② 杨琏真迦所侵占的学舍、书院等所有产业,"照依归附时为主,尽行给还元主",行省并"出榜晓谕",以儆效尤。③ 这一事件说明元朝统治者已经认识到肆意破坏汉文化所带来的后果,至少在某种角度上平息了江南士子因元朝上层统治者肆意破坏汉文化所激起的群愤,安抚了士子们那一颗曾经受伤的心灵,同时也从一个方面昭示了元朝政府重视文教的积极态度。这一年,元世祖还下诏:"令江南诸路学及各县学内设立小学,选老成之士教之,或自愿招师,或自受家学于父兄者,亦从其便。其他先儒过化之地,名贤经行之所,与好事之家出钱粟赡学者,并立为书院。"④

以上四件事情表明,柯九思所遭逢的时代,政府对文教事业是比较重视的,同时,文士墨客的心灵也比较自由,没有那么多的政治约束,不似清代文字狱那么盛行,否则元代的文学艺术局面将形成另外的格局。

柯九思出生于台州路仙居县开元乡十九都柯思岙村,而今隶属田市镇。他的出生地原名已经不得而知了,只知道当时并不叫柯思岙,是后人为了纪念这位乡贤而改名的。柯思岙位于县城西南,距离仙居县城六十里,是括苍山脉一个十分典型的小山村。此村四周群山叠翠,村东一条名叫蓼溪的清溪潆洄荡漾,环境清幽,景致宜人。这条蓼溪,实在不简单,早在南宋时期,就载入现存台州最早的"府志"、中国历史上的名志《嘉定赤城志》中:"蓼溪,在县西二十里(笔者按,此志记载有误,实不止此数)。源出永嘉杉岗,北流一百十里入大溪。"⑤这里的"大溪",就是台州的母亲河永安溪。永安溪畔的仙居县,其县名的由来,地方志赫然记载:"景德丁未(1007年)四月,诏改曰仙居,以其洞天名

---

① 邱江宁:《中国学术编年》(元代卷),华东师范大学出版社,2013年,第38—39页。
② 同上,第41页。
③ 同上。
④ (明)宋濂等撰:《元史》卷八十一《选举志一》,中华书局,1976年,第2032页。
⑤ (宋)陈耆卿撰:徐三见点校:《嘉定赤城志》,上海古籍出版社,2013年,第385页。

山,屏蔽周卫,而多神仙之宅。"①笔者查阅《嘉定赤城志》,仙居西南四十至八十五里处的永安溪畔,也就是柯九思家乡柯思岙的附近,就有名山多座列载其中,如水帘山,"在县西南四十里,与永嘉接。其中崖壁横峙,有瀑自巅泻,宛若帘垂,四时不歇。"②万竹山,"在县西南四十五里。绝顶曰新罗,九峰回环,道极险隘,岭上见丛薄敷秀,平旷幽窈,自成一村,薛左丞昂诗所谓'万竹源中数百家,重重流水绕桑麻'是也。"③景星岩,"在县西五十里(《光绪仙居县志》载"在县西南五十五里")。万仞壁立,高处见井邑如错绮绣……"④《光绪仙居县志》对景星岩的描述更为详尽:"复岭重岗,幽邃迂折,历石磴二十四盘而上……左右岩壁峻绝,有玉柱峰、龙湫涧、响岩、印月池、望月台、摘星台、庆云台诸奇胜,殆为仙邑之冠。"⑤千百年来,柯思岙村以及它的周边一带,青峰叠翠,清溪环绕,林木蔚然深秀,白云缥缈缭绕,其风光确如清代学者潘耒在《游仙居诸山记》中所说的"天台幽深,雁荡奇崛,仙居兼而有之"⑥,是仙居山水风光的典型代表。前几年,就在景星岩下的一个古老村庄北侧的古驿道廊楣上,我们发现了刻有"烟霞深处"四字的石匾额,不禁怦然心动,觉得这四个字,就是仙居特别是这一带山水景致的绝妙写照。

  柯九思出生在这样清奇优美的自然环境里,后来又在诗书画等艺术领域上取得巨大的成就,人们首先想到的就是"地灵人杰"这个成语。确实,按照文化地理学理论,一个人的成长,与他生活的环境有着密切的联系。我们可以想见,在他少年时代,这一带的山水风光一定使他迷恋不已。柯九思的父亲柯谦长年宦游在外,无暇顾及家室儿女,那么七岁之前的柯九思在他母亲张氏或族中长辈的带领下,悠游于柯思岙以及附近的名山胜迹,应该是很有可能的。这对熏染、启迪他最初的艺术心灵,无疑起了很好的作用。

  根据宗典编的《柯九思年谱》,我们知道柯九思七岁之前为居乡读书时期。宗典先生在年谱里按:父谦屡出门,九思在仙居乡学。⑦ 考察仙居地方志,元

---

① 《光绪仙居县志》(沈在秀校注本),同济大学出版社,1990年,第87页。
② (宋)陈耆卿撰,徐三见点校:《嘉定赤城志》,上海古籍出版社,2013年,第349页。
③ 同上。
④ 同上,第351页。
⑤ 《光绪仙居县志》(沈在秀校注本),同济大学出版社,1990年,第39页。
⑥ 同上,第28页。
⑦ 宗典:《柯九思史料》,上海人民美术出版社,1985年,第221页。

代仙居有县学一座,至元十八年(1281)县令王征重建。① 九思所读的乡学应该是建于乡村的社学。元代地方官学的设置最具特色的是社学,这是一种乡村民众教育的组织形式。社学其实是一种村级的业余小学,它区别于设于县学内的小学。至元二十三年(1286)元朝政府颁令各路,劝农立社,"每社设学校一,择通晓经书者为学师,农隙使子弟入学,如学有成者,申复官司照验"②。当时社学特别发达,全国社学数创设当年就达 20 166 所,两年后达到 24 400 所,为整个教育史上一大盛举。所以人们认为"元世学校之盛,远被遐荒,亦自昔所未有云"③。柯思岙村虽然地处偏僻乡野,但文风蔚然,据《光绪仙居县志》,宋元时期,距离九思的家乡十几里处,建有三座书院,即马鞍山下的上蔡书院、桐林山麓的桐林书院,还有传为朱熹送子就并题"鼎山堂"匾额的桐江书院,④可见,这一带乡村的民间文教气氛十分浓郁,这对童年时期柯九思的文化启蒙颇有裨益。

笔者认为,柯九思七岁前虽然居于乡间,但他受教育的条件比起一般的乡间子弟应该是优裕的。因为他所出身的家族即使不算仕宦之家,但也足堪称书香门第。据张养浩的《江浙等处儒学提举柯君墓志铭》⑤记载,柯九思祖父柯采,为宋国学进士,嗜好读书而豪放不羁。特别是他的父亲柯谦,是家中的长子,自幼精敏,读书一目辄复诵,无只字遗漏。柯九思出生那年,柯谦已经四十岁了,英爽而辨,著述整修,蔚然有前辈风。游京师,诸名人争与推毂。至元年间,江浙行省征召为昌国州(今舟山)管理学校、教授弟子也兼管郡内教化礼仪之事的文学掾,不知何因,他没有赴任。元贞初年,大概在九思六岁那年,柯谦以翰林国史院检阅官预修世祖实录,书上,将进,不久,又因为太夫人吴氏年老告辞,转任江浙儒学副提举。可以说柯九思日后的艺术成就跟他的家学渊源是分不开的。特别是七岁以后的柯九思,走出仙居山乡,随着宦游各地的父亲读书、交游,更是为他日后学识的提高和艺术道路上的前行奠定了基础。

---

① 《光绪仙居县志》(沈在秀校注本),同济大学出版社,1990 年,第 98 页。
② 柯劭忞:《新元史》卷六十九,志第三十六(食货二)。
③ (明)陈邦瞻:《元史纪事本末》,中华书局,2015 年,第 62 页。
④ 《光绪仙居县志》(沈在秀校注本),同济大学出版社,1990 年,第 108 页。
⑤ 宗典:《柯九思史料》,上海人民美术出版社,1985 年,第 15 页。

四、钱 塘 十 年

　　柯九思八岁那年,跟着父亲来到了钱塘,一住就是十年。柯谦将家中的田产、房舍送与族人兄弟,在杭州过着清约自居的生活,而这时他也为了便于奉养老母,调任温台检校使。老母、幼子都在身边,既可尽得孝道,又可教养下一代,柯谦这段时期的生活较为安定。考察父亲柯谦在杭州的生活状况特别是交游情况,同时也考察柯九思在杭州十年期间的社会文化背景,对于了解柯九思的成长历程特别是艺术启蒙的情形不无裨益。

　　上文讲到,柯谦四十岁的时候,已经是"蔚然有前辈风"的一方文化名流了。钱塘为人文荟萃之地,许多学者、诗人、书画篆刻家、文物收藏家或世居,或长期寓居。柯谦以温台检校使寓居钱塘,经常与这些文人学士、艺术名流交游,同时带着小九思前去拜见,应该是不无可能的事情。史料文献上虽然没有充分的依据证明他们的具体交往情况,但"即使是大胆的推测,也未尝不是可靠的线索"①。当时杭州的一批文化名流有杂剧作家金仁杰,散曲大家周文质,书法家白珽,白珽之子、能曲善画的白贲,小说家杨瑀,散文家邓牧,与白珽齐名的书法家仇远,书画诗文皆通的张雨,书法家俞和,通经史百家的吾丘衍,吾丘衍弟子吴叡,收藏家王芝,善诗文、精书画的郭畀。这些文化名人,很可能就有柯谦父子曾经拜见乃至成为师友的。但限于资料,笔者也仅是推测而已,不能定论。但有一位人物,即大收藏家王芝,我们不得不提。柯九思日后在书画鉴赏方面卓有建树,按照宗典先生当年的推测,在柯九思"二十岁时候便开始受到熏染了。当他从父读书钱塘,杭州的大收藏家王芝煊赫一时,这里表一表王芝,对柯九思启蒙不无关系"②。柯九思随父寓居钱塘,是从八岁到十八岁,笔者也认为,柯九思拜识王芝并受到熏染,是很有可能的,但时间似乎应该更早,大约当在十四岁到十八岁之间。我们说九思受到王芝的影响,是有较充分的理由的。

---

① 宗典:《柯九思史料》,上海人民美术出版社,1985年,第2页。
② 同上。

王芝被授予秘书监校书郎，按宗典先生的说法，其实是担任征集文物工作，赵孟頫对此寄予莫大的期望，有诗为证：

爱古探奇亦可怜，锦囊玉轴不论钱。拟须跋马江头路，日日望君书画船。①

吴时花草于今在，晋代风流绝世无。别后古人须有得，已应怀宝问归途。②

宗典先生考证，第一首诗是王芝诏檄浙东收郡县图籍的；第二首诗是怀王芝往吴中收晋帖的。王芝征集文物书画所到之处，备受隆重接待，有戴表元序文为证：

子庆多闻而博览，以公卿之荐，乘轺诣郡，遂将许竹群玉之堂，雌黄五云之阁，平生之交，贺钱万道，余为备古今难逢之会，以劝之。③

王芝虽然不时应征入京，参加秘府图书编目，但总体上常住杭州。就是为秘府库承办的六百四十六件画轴手卷的裱褙工作，也是在杭州加工的。据宗典考证，出入王芝宝墨斋的文人很多，如李衎、赵孟頫、高克恭等。④ 柯谦在担任温台检校所大使期间，与经常出入宝墨斋的李衎结识交往该在情理之中。延祐六年（1319），也就是他去世那年的二月一日，他还为李衎的竹谱作序，那么他寓居钱塘时期，有可能通过李衎结识王芝，而柯九思随其会见王芝是很有可能的。他们两人在书画收藏上有共同爱好，也曾发生过书画收藏上的关系，比如《五字损本兰亭》在赵子固之后归王芝收藏，后又归柯九思收藏。

柯九思与郭畀的关系似乎也有探讨的必要。据郭畀《客杭日记》记载，至

---

① 赵孟頫：《送王子庆诏檄浙东收郡县图籍》，《赵孟頫集》（钱伟强点校），浙江古籍出版社，2016年，第143页。
② 赵孟頫：《次韵子敬怀王子庆往吴中王力购晋帖》，《赵孟頫集》（钱伟强点校），浙江古籍出版社，2016年，第108页。
③ （元）戴表元：《剡源文集》卷十四《送王子庆序》。
④ 宗典：《柯九思史料》，上海人民美术出版社，1985年，第2页。

大元年(1308),郭畀于九月十五日客居杭州长兴,凡九十七日,期间与吾丘衍等游。① 吾丘衍是九思少年的知交,九思于至大元年一度随父在山阴小住,但也可能回杭州寓居。期间两人很可能见过面。那一年,九思十九岁,郭畀二十九岁,两人虽然相差十岁,但此时的九思在学识、书画艺术上颇有精进,两人通过吾丘衍相识并一起切磋诗文书画当是很自然的事情。

柯九思与王芝、郭畀的结识交往仅仅属于推测,有待进一步的论证。现有史料可以确考柯九思在寓居钱塘期间所交游的文化名人有:王艮、吾丘衍、张雨等。

王艮(1278—1348),浙江诸暨人。字止善。"尚气节,读书务明理以致用,不苟事言说。"②累辟为吏,所至以廉能称,官至淮东道宣慰副使。王艮是九思少年时的知交,大九思十二岁。王艮曾在九思罢官寓居吴中时有诗相赠,题为《赠柯敬仲博士》:"与子沉浮三十载,归来文采更风流。虚名聊尔或见录,尤物移人何足留。说剑谈元皆外慕,买田筑室是良谋。眼花耳熟争意气,泯灭无闻同一沤。"九思罢官流寓吴东,在元统元年(1333),据此诗首联可知,他们相识于三十年前的大德七年(1303),即九思十四岁时。他们的交谊深长感人,时相酬唱,柯九思罢官后,王艮还有一首题为《和敬仲韵》的七律诗:

> 忆子曾陪翠辇过,朔风海子起曾波。上方授衣黑貂鼠,太官进膳金头鹅。此日此时甘放旷,某山某水且婆娑。但愿年丰饱吃饭,击壤细和尧民歌。③

柯九思与吾丘衍的交往也应该不浅,交情颇深。至大四年辛亥(1311),九思二十二岁的时候,吾丘衍于腊月二十八日,因酒家女而受辱,在西湖西畔断桥处投水而死,年仅四十四岁,九思十分悲痛,作诗悼念,原诗已经不存,但我们可以在张雨的诗集里读到一首题为《和丹丘生悼吾子行书遗墨后》的七律诗:

---

① (元)郭畀:《客杭日记》,光绪七年钱塘丁氏刊行,第6页。
② (明)宋濂等:《元史》卷一百九十二《良吏传》,中华书局,1976年,第4370页。
③ 宗典:《柯九思史料》,上海人民美术出版社,1985年,第40页。

故人亦复葬江鱼,空向人间忆子虚。月下箫闲留谱在,竹边房冷倩谁居?蓬莱都水(一作弱水)题金简,汲冢先秦见漆书。惟有研山磨不朽,时时泪滴玉蟾蜍。①

考察九思少年、青年时代的履历,也根据吾丘衍比九思大二十二岁的年龄实际,我们推测,九思结识吾丘衍也当在大德七年(1303)也即九思十四岁前后,在九思眼里,吾丘衍应该是一位博学多才的兄长或父辈,所以他的英年早逝,一定引起青年九思的无限悲伤。

青少年时代特别是钱塘十年里,九思与张雨应该就已结识,并有不浅的交情,因此张雨也是九思的少年知交。张雨大九思七岁,在九思眼里,他也是一位精于文艺而令人敬仰的兄长。上文已经讲到,至大四年(1311)末,九思有悼念吾丘衍的诗歌,张雨也有《和丹丘生悼吾子行书遗墨后》,可见在此之前他们两人已经相识。在张雨现存的诗集中,我们还可以读到他投赠柯九思的另外两首诗,其中一首写于晚年,可见他们的交谊从少年时期一直保持到老。

钱塘文士杨瑀与柯九思的关系也值得推敲。杨瑀的《山居新话》里有一篇记载柯九思等得暴疾之因的文章中,有"友人柯敬仲、陈云峤、甘允从三人"②句。此文虽写柯九思晚年的生活情状,但我们从杨瑀大九思仅五岁、九思寓居杭州长达十年等情况推断,九思在青少年时期即与他相识的可能性还是很大的。

杭州作为元代全国的文化中心城市,人文发达繁荣,文化名流云集,文人墨客交流频繁,柯九思在这样的人文环境中学习生活十年,或向当时的文化名流求学拜艺,或与他们交游切磋,或不知不觉中受其熏染,学识与艺术上的日益精进是可以想见的。

柯九思日后最为著称于世的还是在文物、书画鉴赏上的杰出贡献。因此,我们有必要考察一下他在杭州期间开始浸染鉴赏知识的背景,但由于史料的缺乏,我们找不到直接的文献依据,这里只能通过当代的有关研究成果,大体感受一下当时杭州浓厚的文人鉴藏活动气息。

---

① 宗典:《柯九思史料》,上海人民美术出版社,1985年,第38页。
② 同上,第34页。

自宋室南渡,建都杭州称临安以来,宋代的鉴藏家便以杭州为书画的"集散地"。皇亲国戚、内阁官僚亦多有藏家,内府流出的珍品,自然主要通过这一渠道,故杭州私人藏家之藏品也最为丰富。入元后,这种现象继承下来,元初,鲜于枢于至元二十一年(1284)出任浙东都省史掾,宦居杭州,晚年居西湖畔。赵孟頫在元贞元年(1295)四十二岁时,以病归吴兴后,时往来于杭州、湖州之间。大德三年(1299),他出任江浙等处儒学提举,在杭州一任就是十年。1309年,赵孟頫任期满后,接任他的是邓文原。此外其他许多当时知名的书画家、鉴藏家都活动于杭州,并由此辐射至湖州、嘉兴、绍兴、苏州、松江等地。据胡敬《西清札记》和吴升《大观录》记载,大德二年(1298)二月二十三日,赵孟頫与周密、马稌、乔篑成、王芝、廉希贡、郭天赐、李衎、邓文原、张泊淳等藏家聚于鲜于枢寓舍,同观北宋郭忠恕《雪霁江行图》、东晋王羲之《思想帖》。赵以当时书画界盟主身份,分别在这两幅传世作品后题跋,并记录了这次盛会。像这样的盛会在传至今日的书画题跋上还有多见。由此可知,元初以杭州为中心,有一个相当规模的书画家兼鉴藏家群体,其中周密是受尊重的前辈,而赵、鲜于等则是其中的核心。这些藏家作风严谨,有多为书画家,传至今日的许多书画上都可看到活动于这一时期藏家的鉴藏印。[1]

我们已经很难具体了解青少年时期的柯九思在父亲的带领下出入于哪些藏家的门庭,受到哪几位藏家的当面指点,但我们完全可以肯定,这种浓郁的鉴藏氛围,对于培育柯九思在书画艺术上的爱好和增进他在书画、文物珍品上鉴赏的眼力,无疑是十分有益的。

柯九思在学问和艺术上的精进,还有一个因素,就是家庭教育。

他的父亲柯谦无疑是一位很好的启蒙老师。柯谦自小饱读诗书,学识渊博,能诗善书。根据有关史料可知,柯九思在父亲去世后,还珍藏着他的手泽,并时常把玩、温习,也出示给一些文友一同观览,并留有题诗,如与他同时代的色目人回族著名诗人马祖常曾有《题柯敬仲乃父手泽》绝句一首,诗中云:"三十昂藏一丈夫,阿翁手泽宛如初。"[2]

九思出生时,柯谦已经是一个英气飒爽而善于雄辩的学者。宗典先生说

---

[1] 黄惇:《中国书法史》(元明卷),江苏教育出版社,2005年,第165页。
[2] (元) 马祖常:《石田文集》卷四。

九思"承家学",是有见地的。至顺元年(1330),元文宗感念柯谦的"善教,锡碑名训忠,敕侍读学士虞集为文以旌之"①,说明柯谦的家庭教育已经声名远播,并深得最高统治者的嘉许。柯九思对父亲生前春风化雨般的"善教"和他留下的遗训也念念不忘,泰定年间进士、官至翰林直学士的宋褧有《柯敬仲持其乃尊山斋翁遗训诗求跋》绝句一首:"太傅当年自教儿,唾壶谈麈亦吾师。蓼莪流落玄扃下,不见音容只见诗。"②宋褧把柯谦比作东晋时善于身教的谢安,并为他"唾壶谈麈"的名士风范所倾倒。柯九思持乃翁遗训诗求当世名臣题跋,当然不是为了炫耀自己家学渊源,而是为了永久纪念先父的谆谆教诲。柯谦的为人品节,也早已声动士林,张养浩对此有很高的评价:"居家以孝让著行,莅官以忠义自期。"③这种品节对少年九思人格的养成无疑也是一种良好的启蒙、训导。

我们还可以想见,钱塘十年,柯谦不但教他读书做人,还携手九思,或清游名胜古迹,或趋访名流高士,或悠游各类雅集,所以,宗典先生推测这十年中柯九思"诗文书画,大有精进",是必然的。

---

① 徐显:《柯九思传》,载宗典《柯九思史料》,上海人民美术出版社,1985年,第1页。
② (元)宋褧:《燕石集》卷八。
③ 张养浩:《江浙等处儒学提举柯君墓志铭》,载宗典《柯九思史料》,上海人民美术出版社,1985年,第16页。

五、壮游江浙京师间

自元至大元年(1308)至泰定四年(1327),即柯九思十九岁到三十八岁这二十年间,他或居江浙,或游京师,壮游南北两地,广见闻,结名流,笑谈古今,庋藏书画,英华清越,意气风发,为他日后艺术道路的进一步发展,也为他日后的繁华人生打下了坚实的基础。

至大元年,柯谦迁诸暨州判官,九思一度随父到山阴小住。他曾写有一首题为《俞希声置竹石于几案间名曰小山阴山阴吾之故乡不能无题》的诗歌:

> 昔年曾在山阴住,不谓山阴到此堂。苍苔翠竹汝所好,白石清泉吾故乡。禹穴有怀游太史,鉴湖无复赐知章。张帆明日竟东下,雨过西兴树影凉。①

此诗是柯九思晚年流落江南期间所作。诗题及整首诗透露了他对故乡(从更大的范围讲,山阴即今绍兴一带,也是柯九思的故乡)佳山秀水和人文史迹的无限怀念。从诗歌中,我们完全可以感知到柯九思对这一方土地丰厚的人文史迹是多么熟稔。绍兴自古是人文荟萃之地,文化氛围很浓,根据柯九思《题薛尚功摹钟鼎彝器款识真迹》中说的"余旧于山阴钱德平家屡阅之,诚奇书也。至正元年十二月甲子鉴书博士柯九思书于吴氏逊学斋"②,我们知道柯九思在山阴期间,也已经开始出入于当时的文化名家之宅,浸染鉴藏知识。柯九思有此一段寓居的时光,也是得益匪浅的。

柯九思青少年时期即有积极的人生志向,我们从他与友人的酬赠诗歌的字里行间,可以感受到。他中晚年时期有一首《送倪仲刚迁浙西》古风体诗,其中开头四句是:

---

① (元)顾瑛辑、杨镰、祁学明、张颐青整理:《草堂雅集》卷一,中华书局,2008年,第28页。
② (清)卞永誉纂辑:《式古堂书画汇考》(二),浙江人民美术出版社影印,2013年版,第572页。

> 我昔少年气如鹘，万里肩书骄双足。归来思得人中雄，扪虱高谈破聋俗。①

诗中透露了九思早年意气风发、壮志如鹘的人生怀抱，他不愿过着平庸凡俗的生活，志在读万卷书，行万里路，憧憬有朝一日功成名就，堪为人杰，归来像古代的名士那样扪虱而谈，持清议而振士林的聋俗。

他是这样说的，也是这样做的。青年时期，当他积累了一定的人生阅历后，即有游历京师之意。至大三年（1310），九思终于有了初上京师之行。宗典先生在年谱里说，九思初上京师那一年，陪赵孟頫胜集，同时结交赵孟頫的二子赵雍②。九思初上京师，就陪同赵孟頫参加文人雅集，一种可能是他们相识于京师后，很快结为忘年交，经常在一起诗酒相酬，女学者吴梅影在《唯余笔墨情犹在：赵孟頫传》中做了文学性的描述：

> 说话间，赵雍领着一个人，笑眯眯走进屋来，他对赵孟頫介绍道："父亲，孩儿带来新结识的朋友，写得一手率更翁好楷书，画得几竿好竹之江南儒门子弟敬仲。"赵雍身后来客微微笑着，鞠躬说到："学士大人，在下柯九思，特来向大人请教翰墨丹青。学生更十分敬重大人诗词文章神秀清远、音律之造诣非同凡响——所有，皆值得学生学习多多，望大人不吝指点。学生父亲和大人一样，从前曾任江浙行省儒学提举。"③

这种描述，绘声绘色，可读性很强，但若作为史实理解，则颇不可取。柯谦确曾担任江浙儒学提举，秩从五品，但时间不是上文中所说的至大三年以前，而是在延祐元年（1314）至延祐六年（1319）间。这之前，柯谦基本上都在浙江境内为官，也基本上住在杭州，中间一度到绍兴路任诸暨州判官，推测也是经常回杭州，目的是为了便于奉养老母。柯谦对这位学识渊博、书画精湛的同辈名流，很有可能很早就认识，所以更大的可能是，赵孟頫在杭州期间，九思即已随父拜识他，否则，一到京师，不会那么快就融进赵孟頫的文化圈子，一

---

① 王及：《柯九思诗文集》，中国美术学院出版社，2004年，第4页。
② 宗典：《柯九思史料》，上海人民美术出版社，1985年，第225页。
③ 吴梅影：《唯余笔墨情犹在——赵孟頫传》，浙江古籍出版社，2016年，第334页。

起参加胜集的。当代美术史学者万新华也持相同观点:"柯九思拜识赵氏当在早年。又赵早年在杭州任职,柯九思父谦也在钱塘为官,文官之间的交往,属常有之事。柯九思拜识赵氏,就在少年时期。"①当代书法史论家黄惇也认为:"柯九思大德十一年(1307)十八岁时随父柯谦迁居杭州,可能已得识杭州任上的赵孟頫。"②

关于柯九思与赵孟頫的交往,万新华先生认为"基本上没有文献记载"③,他们所能加以钩沉的是柯九思晚年为顾瑛题赵雍的《江山秋霁图》古风体诗一首:

> 国朝名画谁第一,只数吴兴赵翰林。高标雅韵化幽壤,断缣遗楮轻黄金。忆昔京华陪胜集,郎君妙年才二十。江南春雨又相逢,笔底秋山那可及。便欲追踪僧巨然,破墨烂漫还青妍。倚栏人待沧海月,悬崖拂树潇湘烟。老夫最爱扁舟趣,风静波深疑可渡。顾生痴绝忽大叫,指点前峰问归路。④

柯九思初上京师即陪同赵孟頫参加当时文化名流雅集的历史信息,就是从这首诗里得来的。

宗典先生在年谱里认为,柯九思与赵雍的结交是在京师,万新华先生又认为柯九思赵孟頫的交往基本上没有文献资料,黄惇先生也把柯九思与赵孟頫的得识于杭州仅推测为一种可能,实际上都是由于没有进一步地细读柯九思的史料造成的。细读柯九思的《丹丘生集》,有一首《题赵子昂诗卷三十韵》的五言排律,其中有一段:

> 昔滞京都久,时从几杖游。通家怜我慧,对酒慰羁愁。妙墨时相赠,

---

① 万新华:《柯九思》,河北教育出版社,2006年,第28页。
② 黄惇:《从杭州到大都——赵孟頫书法评传》,上海书画出版社,2003年,第54页。柯九思随父柯谦迁居应该是从大德元年(1297)九思八岁时,到大德十一年(1307)九思十八岁时,已经整十年。黄惇先生在书中的表述不够明晰。故特作申述。
③ 万新华:《柯九思》,河北教育出版社,2006年,第28页。
④ (元)顾瑛辑,杨镰、祁学明、张颐青整理:《草堂雅集》卷一,中华书局,2008年,第16页。

新篇不厌酬。①

这几句诗描摹的是晚年的柯九思回忆自己青少年时代与赵孟頫交往的生活情境,是柯赵两人交厚的直接文献记载。

笔者认为,赵雍长九思一岁,属于同龄人,柯赵两家又有通家之好,他们两人的结交也当在少年时期,九思随父寓居杭州时期,两人应该即已订交。

至大三年(1310),赵孟頫奉诏至京师,官拜翰林侍读学士,"与他学士撰定祀南郊祝文,及拟进殿名,议不合,谒告去"②。可见,此次赵孟頫在京师时间不长,但他挤出时间与当时在京师的文化精英相聚交流那是免不了的。初上京师的柯九思有幸得以在这样一位文坛巨子为中心的文化圈里参加燕集,应该是赵孟頫出于有意提携培养的目的。在杭州十年的任职期间,赵孟頫就力倡诗文书画印的复古风气,这种认识与实践,"包含着对承继中国传统文化艺术的高度责任感,因为他看到了南宋以来传统文化的全面式微,时人尚奇怪新异,而轻经典法则,欲重新恢复这些典则规范,则必提倡复古,更何况他意识到他所处的时代不可能依靠外族蒙古人——不通中国文化的统治者——来完成这一新秩序的建立"③。赵孟頫是年已经五十七岁了,他显然已经意识到自己年事已高,急需年轻一辈尽快成长起来,早日立身扬名,来实践自己的艺术主张,从而在自己的身后有更多的人接替自己承继弘扬汉文化传统艺术。再加上此时的仁宗为太子在东宫,正积极收用文武之才,以积蓄力量。④ 仁宗为武宗之弟,时仅二十岁,两人在成宗故后夺取王位的过程中,曾相约兄终弟及,因此武宗朝与仁宗朝的承继是一个既定的事实,仁宗在武宗二年就开始招贤纳士,自然在政治上没有什么顾忌。此时的赵孟頫也不再是十几年前初赴大都时的位卑名小,经过杭州十年的努力,他已经成功地将自己塑造成以书画艺术立身的当朝名臣形象,已经成为仁宗周围十分亲近的侍臣。更何况此时的京城中有许多重要官员,是赵孟頫的朋友,他利用京师高层仕人间的雅集,带九思出见,以广交游,以增声价,可见他的热切地提携后进之心。

---

① 柯九思:《丹丘生集》卷四(仙居丛书影印本),浙江人民美术出版社,2013年,第517页。
② (明)宋濂等:《元史》卷一百七十二《赵孟頫传》,中华书局,1976年,第4022页。
③ 黄惇:《从杭州到大都——赵孟頫书法评传》,上海书画出版社,2003年,第39页。
④ 同上,第45页。

而此时的柯九思正如上文讲到的,意气如鹘,肩书万里;怀抱理想,志作豪杰。那么柯九思此时心中的理想到底是什么呢？按照通常的理解,他是为了积极求仕,也就是走中国历史上大部分儒者所走的求取功名的道路。柯九思当然也有这方面的欲望和诉求。但考察他的人生履迹,笔者认为他的人生理想,不是这么简单。我们知道,在他二十五岁的时候,曾经出现了人生第一次出仕机会,即"以父荫,补华亭尉",但他没有赴任。一般论者都认为"因其武职未就"。这个推断有一定道理,但结合上述所引的"归来思得人中雄,扪虱高谈破聋俗"两句诗,我们似乎应该有更深层次的理解。柯九思在杭州即已经结识当时文化界的领袖人物赵孟頫,而艺术创作上的"古意论",即书画艺术上的复古思想,是在杭州提出并积极践行的。柯九思从小即出入于赵氏居所,深受其艺术思想的熏陶、教育那是一定的,而复古思想从更深的层次理解,实际"是中国传统文儒在特定历史时期的文化宣言"[①]。元朝是蒙古贵族建立的封建王朝,其文化建设和统治不免薄弱。宋元鼎革后相当长的一段时期,科考中断、族分"四等"等象征着汉文化衰落的举措,曾经深深地刺伤了汉族特别是江南士人的心,后来,随着元朝廷对汉文化尊重政策的不断加强,许多士人重新燃起仕元的愿望,特别是像柯九思这样出身书香门第而有着传统文化基因的士子的价值观念和精神世界也发生了深刻的变化,他们积极把握住元廷对文人管制相对宽松的政策机会,秉持"志于道,据于德,依于仁,游于艺"的儒者精神,希望在新的时代里,肩负起社会秩序整合、意识形态恢复的使命,而艺术活动和文化言说,恰是实现自身文化价值和人生理想的重要途径。柯九思希望自己像乡贤赵孟頫一样,以自己的名望影响带动当时的文人,以积极的艺术实践使书画所蕴含的汉文化精神重新成为元代的核心文化价值。柯九思就是怀着这样重振中华传统文化的历史使命来到大都的。

柯九思通过京都文化圈的雅集,增加了见闻,见识了他们的才华风采,应该是肯定的。但柯九思此次在京都结识了哪些人,因为史料的缺乏,我们不得而知。但一个确切的事实是:赵孟頫于1310年冬天到达京师后任翰林侍读学士,侍奉皇太子于东宫。时东宫蓄有赵孟頫以及姚燧、阎复、洪革、元明善、张

[①] 姜金军:《"古意论"探微——以赵孟頫书画艺术为视角》,天津人民美术出版社,2015年,第61页。

养浩、虞集、商琦、王振鹏等名士,以备东宫,其中赵孟頫当为他们中领袖人物,笔者推测,赵孟頫到京后,很有可能有一次以他为中心的诗酒"胜集",上述名士应该大多参加,柯九思也许就在那一次陪侍赵孟頫参加"胜集"的。由于赵孟頫此次居留大都的时间不长,偶尔一两次的雅集,不会给年轻而名声低微的柯九思带来多少声价。我们可以想见,初上京师而怀抱一腔豪情的柯九思还是怏怏而归。

至大四年(1311)至延祐五年(1318),柯九思依然在杭州寓居,这期间,他的诗书画艺术不断精进,学识也日益长进,声名也日渐远播,他的交往圈子进一步扩大。

这期间,柯九思的生活中,发生了两件事值得一提。

第一件是从大都回来后的第一年,即至大四年(1311),比柯九思大十八岁的挚友吾丘衍投湖而亡。吾丘衍虽然隐居教授,但他在文化复古的倡导与实践上,与赵孟頫、柯九思一样,也是不遗余力的,柯九思将他引为同道,而且他虽然身体残疾,但风度气质非凡,具有很强的人格魅力,这也是柯九思十分赏识景仰的地方。这样一位挚友的英年早逝,令柯九思肝肠痛断,乃有诗悼念。

另一件是延祐元年(1314),九思二十五岁那年,按照当时的承荫制度,柯九思得补华亭尉。这是当时朝廷主要对五品以上文职官员子弟的"恩赐",那一年柯九思的父亲六十四岁,授饶州路余干州判官,未上,制授江浙等处儒学提举,秩从五品,乃得承荫,而九思"不就"。王及先生对此有详尽的分析,认为有三个原因:一是"华亭是松江府属县,县尉是协助长官主要着重于捕盗治安等事的副职。当时赋役繁重,华亭一带江南鱼米之乡,官府搜刮更重,而搜刮必以权力武力为辅,九思有可能不愿担任这种职官";二是"柯谦以九思承荫,而九思不愿以幼弟承荫";三是"元廷恢复科举,于是年(1314)举行首科乡试。……延祐首试是汉族人盼望了几十年以后才得以实现的,长期的中国传统,读书人视科举为正途,柯九思当然也不例外,不愿就补荫职官,最主要的原因可能就是回乡参加科举考试"[①]。所论颇有道理,然更深层次的原因,是因为柯九思是一位志向远大的青年士子,他希望凭借自己的才华考取功名,从而进入仕途,以自己的艺术实践重振汉族文化。

[①] 王及:《柯九思诗文集》,中国美术学院出版社,2004年,第5页。

延祐六年(1319),柯九思三十岁时,开启了人生第二次大都之行。经过近十年的人生历练和艺术实践,这一次的京师之游,他似乎更从容自信。此次同行者是他青年时代的好友朱德润。多年以后,朱德润在九思去世后写的《祭柯敬仲博士文》中深情地回忆了那一段美好时光:"延祐之六祀,予挟册而观光。同君游于京国,咸弄翰而翱翔。"[1]在京师,能够挥笔弄翰而呈"翱翔"之势,说明此时的九思书画艺术已经渐趋成熟,也隐隐使人感觉到他已经名声渐起,自如地活跃于京城的文化圈里和蒙古皇族之家。两则史料可以佐证这种推测。虞集《王公信墓志铭》里写道:"其子(指王信长子)某,与鉴书博士柯九思同以说书事英宗皇帝潜邸,因柯博士来,求书其父之事而表其墓……"[2]此时柯九思尚未授鉴书博士之职,乃是以幕宾身份,作为英宗招揽的精英智囊团中的一员,鉴书博士是虞集写这篇墓志铭时的习惯称呼。柯九思此时以讲说四书五经等儒家学说依附于皇太子硕德八剌。我们知道,当时凡是有可能继位的蒙古皇族,身边都聚集着一批博学多才之士,一方面学习治国理政才能,一方面为了储蓄人才,一旦即位这批潜邸英才即可派上用场。柯九思事英宗于潜邸这件事情,想必是他二上京师的一大收获,他始终念念不忘,直到后至元四年(1338),他还在《题赵孟頫万寿曲》的第二首中诗提起这段往事:"教坊初奏月中仙,曾侍前皇拜御筵。四海至今思圣主,承平休养德如天。"并特地在诗后做了注解:臣九思尝被旨,俾以说书侍英皇潜邸。柯九思《题赵孟頫万寿曲》共三首诗,《丹邱生集》不载,载《石渠宝笈》卷三十。

柯九思赴京的时间在延祐六年冬,但据张养浩《江浙等处儒学提举柯君墓志铭》,这一年的十一月三十日,柯九思的父亲柯谦卒于杭之僦居,柯九思或于此前回来送终,或于此后立即"丁外艰,返杭居忧"[3]。那么,朱德润、柯九思的赴京时间就应该是初冬的十月。

柯九思此次进京应该是有备而来,同时也是以名士的形象出现的。柯九思一到京师,很快进入英宗潜邸,一方面是他渐起的名声起了很大的作用,另一方面,应该是赵孟頫的关系。由于他跟赵孟頫关系紧密,赵氏在京师很有可能在诸多王公大臣之间或京师文化圈里经常提起这位后起之秀。

---

[1] 宗典:《柯九思史料》,上海人民美术出版社,1985年,第15页。
[2] 王珽点校:《虞集全集》(下),天津古籍出版社,2007年,第930页。
[3] 宗典:《柯九思史料》,上海人民美术出版社,1985年,第228页。

可惜京师这样"咸弄翰而翱翔"的时光太短暂了,很快,柯九思因丁外艰,不得不南返杭州。

关于柯九思南返杭州后的第二年即延祐七年(1320)的事迹,宗典的《柯九思年谱》有这样的记述:"过姚天福家乞张养浩撰亡父《墓志铭》。"①对于张养浩,许多人都知道他是元代名臣和文学家,具体的履历则可以这样描述:张养浩(1270—1329),字希孟,号云庄,济南历城人,至大初,为监察御史,仁宗时,以礼部侍郎知贡举,升礼部尚书。英宗时,为参议中书省事,后以父老多病,弃官归养。又尝起为陕西行台御史中丞。卒追封滨国公,谥文忠。工散曲及诗,著有《归田类稿》《云庄休居自适小乐府》《云庄类稿》等。这个姚天福又是谁?王及先生在《柯九思诗文集》里说:"(是年),(九思)过姚天福家,乞其岳父张养浩为亡父撰《江浙等处儒学提举柯君墓志铭》"②,似乎这个姚天福即是张养浩的女婿无疑。王及先生的这一叙述所依据的应该就是张养浩撰写的《江浙等处儒学提举柯君墓志铭》里的一句话:"其孤九思由婿故参知政事姚天福家过余泣曰:'先君平昔辱公为知己,不肖孤又辱爱焉,是再世之契也,先君遗善一二在人者,非公为纪,尚谁托哉?'余诺其言,乃为铭曰……"张养浩是否有这样一个担任过参知政事的女婿姚天福? 目前由于缺乏史料的证实,难以随意肯定。不过,元代初年倒是有一个姚天福,是一个不畏权贵、铁面无私、断案如神而颇有名望的治世能臣,人称元代包青天,《新元史》第一百八十四卷中评价他:"汉之汲黯,宋之包拯,元之姚天福,所谓邦之司直者也。"

姚天福作为一代名臣,深受元朝历代皇帝宠爱。在任御史台监察御史时,姚天福刚毅正直,不畏强悍,多次奏揭权臣,颇为元世祖欣赏,称其为"巴尔思"(蒙语"猛虎"的意思)。至顺元年(1330),元文宗还诏命大臣虞集为之撰写神道碑,我们可以在虞集的全集里读到题为《故通奉大夫参知政事大兴府尹赠正奉大夫河南江北等处行中书省参知政事护军追封平阳郡公谥忠肃姚公神道碑并序》的神道碑文,藉此了解这位历史人物。通过这通神道碑,我们了解到:姚天福(1229—1302),字君祥,山西绛州稷山南阳村人,为唐代名相姚崇之后。幼读春秋通大义。长及青年时,以过人才识被怀仁县推为县吏,不久被征召为

---

① 宗典:《柯九思史料》,上海人民美术出版社,1985年,第229页。
② 王及:《柯九思诗文集》,中国美术学院出版社,2004年,第244页。

县丞。至元初年(1264),丞相塔察尔出使北国途经怀仁,代州太守杨阔阔推荐天福才干,深受丞相赏识。至元五年(1268),元设御史台,塔察尔为御史大夫,任天福为架阁管勾兼狱丞。至元十一年(1274),天福升任监察御史,进入当时最高政治集团。后历任河东道提刑按察副史、嘉议大夫淮西道按察使、刑部尚书、扬州路总管、参知政事大都路总管兼大兴府尹。

姚天福的神道碑目前仍旧保存于山西省稷山县博物馆,该碑高5.16米,宽1.54米,厚56厘米,重达17吨,是集文物价值、文学价值、艺术价值于一身的三晋名碑。这通名碑中有关于柯九思的历史信息,该碑文开头部分就明确透露:"鉴书博士柯九思,其婿也。"在叙及姚天福的子嗣情况时,又有"女一,归柯九思"的记载。至此,我们才得以真正读懂张养浩撰写的《江浙等处儒学提举柯君墓志铭》里的一句话:"其孤九思由婿故参知政事姚天福家过余",意译成现代汉语,即:九思以已故参知政事姚天福家女婿的身份拜访了我。这里必须指出来,宗典先生当时可能囿于史料积累上的不足和阅读史料的不够细心,所以在《柯九思年谱》里出现"过姚天福家乞张养浩撰亡父《墓志铭》"的错误记叙。按照这样的记叙,姚天福应该还健在,柯九思"过"的是姚天福家。可实际上,柯九思向张养浩乞铭之时,姚天福已经去世十八年,按柯谦的墓志铭,柯九思"过"的是张养浩。当时的九思父子虽然与张养浩有"再世之契"之谊,但毕竟从名望上说,不及姚天福,所以为了及时稳妥地求到柯谦的墓志铭,还是要借重于柯九思的岳父姚天福。姚天福虽然谢世多年,但在朝野上下还是很有影响,否则不会在他谢世近三十年了,朝廷还要为他撰写、树立神道碑。

查《张养浩年谱》可知,柯九思过访张养浩的那一年,张养浩已经五十一岁了。此年,张养浩被任命为参议中书省事。根据年谱里没有张养浩出京的记载,我们知道,柯九思那一年过访的地点在大都的张养浩之家,因此柯九思实际上又有了一次短暂的赶赴大都之行。《张养浩年谱》里,关于张养浩为柯谦撰写墓志铭的时间,记叙为延祐六年(1319),笔者认为需要进一步推敲。我们知道,按照柯九思时代的交通条件,赶赴一趟大都,至少需要一个月时间,柯谦去世又是在延祐六年的仲冬,柯九思一般不大可能于当年年底就赶赴大都。而宗典记叙为延祐七年倒是合乎情理的。

上面引文已经提到,柯谦与张养浩可谓平生知己,柯九思也颇受张养浩的喜爱呵护。柯氏父子是如何结识张养浩的,限于史料的缺乏,我们目前已经不得而知。

延祐六年(1319)底开始直到至治二年(1322)底,整整三年,柯九思基本上在浙江为父亲守孝。柯九思哀伤之余,仍不忘心爱的书画艺术,守孝期间和免丧后的一段时日里,有过几次书画收藏和鉴赏活动。一次是1321年,柯九思收藏了赵孟頫的真草《千文》,并求元明善为之题跋。元明善(1269—1322),字复初,大名清河(今属河北)人。北魏拓跋氏后裔。弱冠游吴中,以文章名于时。曾任集贤侍读学士、翰林学士。谥文敏。工古文,与姚燧并称。柯九思与元明善的结识应该在柯九思初上京师那一段时间,时元氏正在大都担任翰林待制。柯九思为什么在居丧守孝期间的1321年还收藏赵孟頫的书法,查赵孟頫年谱可知,至治二年(1322)的六月十五日,赵孟頫即与世长辞。笔者推测,可能赵孟頫已经意识到自己来日无多,即在去世前一年把自己写得比较满意的真草《千文》赠与柯九思珍藏。还有一次是1322年,在柯九思免丧之后,他往游京口(今江苏镇江),拜访了比他大十岁的友人郭畀。郭氏家学渊源,诗文书画无一不精,曾在浙江一带任处州青田县腊源巡检、江浙行省辟充掾吏等职,也是以赵孟頫为领袖的文化圈里的人,九思对他十分敬重。这一次在郭畀家,柯九思与杜本、王艮、费雄等书画同道一同观赏了文同的《水墨此君图》,品评激赏,诗酒酬唱,极一时之欢娱。这些书画同道都是饱学之士,品节不凡,如杜本(1276—1350),字伯元,或作原父,学者称清碧先生,其先自京兆迁居天台。或作清江人,隐居武夷山,博学善属文,武宗时被招至京师,未几归隐。元文宗征之不起。顺帝时召为翰林待制,复称疾固辞。工篆隶。有《诗经表义》《清江碧嶂集》《谷音》。王艮是九思少年时即订交的至交,上文已有介绍,兹不赘。费雄,生卒年无考,江夏人,为赵孟頫和管道升的次女婿,学者陶宗仪的岳父,曾任松江昭武大将军、都漕运万户,亦善鉴赏书画。对于郭畀收藏的文同这幅《水墨此君图》,柯九思与杜本他们一同观赏后,曾集体拟有观记一则,后由杜本书:

  石室先生墨竹之法,与雪堂先生之书同有钟王妙趣。此卷为天锡郭君所藏,文画苏书,纸蠹而墨色如新,题识俱有可征,得一展玩,何其幸哉!会稽王艮、江夏费雄、天台柯九思、京兆杜本同观。本书。①

---

① 王及:《柯九思诗文集》,中国美术学院出版社,2004年,第83页。

柯九思对这一幅文画苏书的丹青墨宝的喜爱，简直到了魂牵梦绕的程度，二十年后的至正二年(1342)七月十九日，他流落吴中时又一次观赏到了这幅稀世画卷，与倪瓒在益清亭上细细把玩，不忍释手，并挥毫题跋：

仆平生笃好文笔，所至必求披玩，所见不啻数百卷，真者仅十余耳。其真伪可望而知之。文苏同时，德业相望，墨竹之法，亲授彭城，故湖州之竹多雪堂所题。若必东坡题志而定真伪，则胶柱鼓瑟之论也。此卷文画苏题，遂成全美。予旧尝见之，每往来胸中未忘，今复于益清亭中披阅，令人不忍释手，故为之识。同观者倪元镇。至正二年七月十九日，丹邱柯九思书。①

柯九思往游吴中之后，心中牵念的还是大都之行，约在至治三年(1323)春季，他又来到了京师。此次柯九思赴京的目的，依然是为了实现自己心中的理想。上文已经讲到，四年前，他二上京师时，差不多已经进入了京师的精英文化圈里，至治元年(1321)，英宗即位后，作为英宗旧识的朱德润，享受到了优渥的待遇，被授予镇中行中省儒学提举，从五品。而作为朱德润好友的柯九思，在守孝期满后急欲投奔英宗和朱德润的心思，我们完全可以想见。可惜，元朝廷政权的不正常更迭，又一次破灭了柯九思心中的理想。那年八月，朝廷发生了一件大事，御史铁失等弑英宗于南坡卧所，史称"南坡之变"。

英宗遇刺后，有感于世事的无常，或由于"政治上失意"，朱德润旋即买舟而南，致仕而归，柯九思与他同归江南。朱德润后来在《祭柯敬仲博士文》中云：

尝与笑谭今古，狎弄杯觞，米家画舫，柯氏秘藏。发缄题于十袭，探古雅于奚囊。

文中所写应该是他们回到江南之后一两年的情景，那种沉浸于书画艺术鉴赏而带来的精神上的愉悦，那种笑谈古今、诗酒相娱的情状颇令人动容。而

---

① 王及：《柯九思诗文集》，中国美术学院出版社，2004年，第82页。

在出发南归之前以及旅途中，他们应该没有这样放松的心情，因为英宗刚刚遇刺，他们的心情难免沉闷，这从朱德润离都时的决绝态度可以感受到。《柯九思年谱》记载："是年朱德润 29 岁，以英宗遇刺遂弃官归，康里巎巎、虞集、袁桷等皆留之，君弗听……"①年谱所载的资料，实本于朱德润的墓志铭："（朱德润）……买舟而南。是时，康里文献公子山、蜀郡虞文靖公伯生、四明袁文清公伯长辈无不留之，而君弗听也。"②

泰定元年（1324），柯九思三十五岁。这时，他的书画艺术（特别是画竹艺术）已经得到文坛前辈的高度首肯。《柯九思年谱》记载："是年虞集 53 岁，为柯九思题墨竹诗七首。"③虞集当时为礼部会试考官，已是文坛巨擘，能够一连为柯九思的墨竹题诗七首，可见其喜爱揄扬之意。那一年，虞集仍旧仕宦大都，柯九思也在大都。根据目前掌握的史料，柯九思与虞集有联系的确切时间就在这一年。柯九思初上京师是在 1310 年，其时虞集也在京师，任国子助教之职。柯九思是否得识虞集，找不到文献证明。1319 年十月左右，柯九思二上大都，根据《虞集年谱》，此年秋天，虞集"丁忧南归"④，两人又失之交臂。1323 年春季或夏初，柯九思又赴大都，虞集已经"蒙召还，复入翰林国史院，为待制"⑤。此年"八月四日，英宗遇弑。虞集等奉诏赴上都，抵榆林闻讯，中途折回"。根据上文已经讲到的虞集等有劝阻朱德润之举，而朱德润与柯九思又是欲同归江南，笔者推测，柯九思与虞集初步认识就在这一年。据《柯九思年谱》和《虞集年谱》记载，从此年后，两人的交往渐趋密切，后竟结为至交。

泰定二年（1325），柯九思艺术乃至人生道路发生了重要转折，因为这一年，柯九思知遇元文宗潜邸，为他以后几年的繁华人生揭开了帷幕。这一年正月，怀王图帖睦尔奉命出居建康（今南京），而柯九思与友人道士赵虚一有建康之游，同时，一位来自浙江黄岩的乡人赵惇也壮游金陵，并与泰不华的恩师、后官至秘书监著作郎、奉训大夫秘书监丞的乐清士子李孝光一同受知于怀王。

---

① 宗典：《柯九思年谱》，载《柯九思史料》，上海人民美术出版社，1985 年，第 230 页。
② 周伯琦：《有元儒学提举朱府君墓志铭》，《存复斋文集》附录，《四部丛刊续编》（71），上海书店 1985 年据商务印书馆 1934 年版重印。
③ 宗典：《柯九思年谱》，载《柯九思史料》，上海人民美术出版社，1985 年，第 231 页。
④ 罗鹭：《虞集年谱》，凤凰出版社，2010 年，第 62 页。
⑤ 同上，第 73 页。

赵惇是南宋宗室后裔，"性介洁，不乐茹腥血，因祝发为沙门"①，他对书画艺术应该比较精通，也善诗，辑有《松石稿》。赵惇对柯九思的墨竹赞叹不已，于是将柯九思引见给怀王。"柯以写竹，遂亲幸"②。元代学者王逢在《读僧惇朴庵松石稿为其徒智升题有序》③中详细记载了柯九思受知怀王的经过。

元文宗孛儿只斤图帖睦尔（1304—1332）。元武宗次子，元明宗弟。元代第十二位皇帝，1328—1329 年在位；后复位，在位时间为 1329—1332 年，在位时间共计四年。他是元朝皇帝中有着很深的汉文化修养的一位，自幼受过良好的汉文化教育。元世祖忽必烈在立朝之初推行"汉化"，其中一项就是兴学设教，对勋戚子弟进行儒学教育，史载"至元初，以许衡为集贤馆大学士、国子祭酒，教国子与蒙古大姓四怯薛人员"④，有学者推测，"元文宗可能就是国子、勋戚子弟中受儒学影响比较深的一个"⑤。元明宗在即位时曾说文宗："囊尝览观书史，迩者得无废乎"⑥，有学者对此分析道："明宗 16 岁被仁宗流放时，文宗 12 岁，明宗还记得弟弟'览观书史'，说明元文宗览观书史的行为给他哥哥明宗留下较深的印象。"⑦泰定元年（1324）冬季，图帖睦尔与姑母鲁国大长公主之女结婚，鲁国大长公主是一位具有高雅艺术情趣的人，非常热衷举办各种艺术活动和书画收藏，经常召集书画家、鉴赏家共赏她收藏的书画真迹。至治三年（1323）三月甲寅，她主持举行了一场书画盛会，"集中书议事执政官，翰林、集贤、成均之在位者，悉会于南城之天庆寺"⑧，声震朝野，在整个元代书画史上都赫赫有名。有学者认为，鲁国大长公主愿意将女儿嫁给当时地位尚不够稳定的文宗，说明文宗的汉文化修养很可能非常投合她的品位，同时也说明元文宗在没有离开京城的时候，与鲁国大长公主关系不错，也受到了鲁国大长公主的文艺熏陶。⑨

---

① 王及：《柯九思诗文集》，中国美术学院出版社，2004 年，第 90 页。
② 同上。
③ 同上。
④ （明）宋濂等：《元史》卷八七《百官志》三，中华书局，1976 年，第 2192 页。
⑤ 邱江宁：《元代奎章阁学士院与元代文坛》，中国社会科学出版社，2013 年，第 24 页。
⑥ （明）宋濂等：《元史》卷三一《明宗纪》，中华书局，1976 年，第 696 页。
⑦ 邱江宁：《元代奎章阁学士院与元代文坛》，中国社会科学出版社，2013 年，第 24 页。
⑧ （元）袁桷：《鲁国大长公主图画记》，李修生等编《全元文》第 23 册，凤凰出版社，2005 年，第 483 页。
⑨ 邱江宁：《元代奎章阁学士院与元代文坛》，中国社会科学出版社，2013 年，第 26 页。

1325—1328年,元文宗为怀王时,一直住在建康、江陵等南方文化较为发达的地域,那里浓郁的文化气息进一步熏染了他,使他变得更加风雅洒脱。据虞集《飞龙亭记》记载,当初元文宗出居南方之际,"东南海岳湖江之上,车辙马足,有所至焉"。飞龙亭原名冶亭,为金陵大元兴永寿宫名胜,离元文宗行邸很近,常去游览,虞集在文中详细描述了文宗出游交接的胜事:

> 一日,传命且至,宝琳出宫门迎候。逾时,从官已奉御供具,及门,则知上已至冶亭久矣。引钟山之形胜,俯城郭之佳丽,顾瞻徘徊,悠然有化育之洽焉。从臣以宝琳见,上笑曰:"道人何避客之久也?"宝琳顿首,俯伏请罪。上曰:"山径优雅,取便而至,宜尔之不知。题冶亭者虞集,今何在也?"皆对曰:"今在翰林充学士。"命王僧家奴模而观之,因藏诸箧。问宝琳:"何以字玉林也?"则对曰:"道士烧金石为丹汞,抽鼎中状如琼林玉树,故取以为名。"上曰:"当雪时,吾登此亭,目力所及,树木皆玉也,岂不易知乎?更谓之雪林。"后临御,别书"雪林"字赐近臣赵伯宁,而宝琳仍字玉林矣。谓宝琳曰:"吾出游数劳人,不如山行之便,可作柴门,严扃鐍以待余之往来。"自是数至,宝琳野人见上之乐,而忘其微贱,或持酒引裾留上,上欣然为留,亦不责也。天历己巳,宝琳与其宫之住持赵嗣祺朝京师,始置先生号以赐,金陵道士之尝得见者,嗣祺曰虚一先生,宝琳曰虚白先生,得之者才二三人耳,盖异其数也。时赐新宫名,而冶亭名飞龙矣。明年之三月二十五日,臣集侍立奎章,上顾谓曰:"汝犹忆冶亭乎?亭傍松当加长茂。"臣集对曰:"集到冶亭时,未种松也。"上曰:"朕游冶亭,见卿书,以为系千年之思,实慨朕怀。"因命臣集书宫亭新名以赐,而宝琳持归,赐南御史台钱若干,新其宫。[①]

上面引文中的宝琳,即为永寿宫的住持陈宝琳,与虞集交好,因此文中所记元文宗游赏飞龙亭的细节当为宝琳所告。从文中我们可以感受到元文宗是那么的儒雅风趣,按照学者邱江宁的说法,"元文宗的行径完全是南方贵介公子的做派,无论与道士的交流还是与山野村夫的相处,都不失风雅真诚。尤其

---

① 虞集:《飞龙亭记》,见王珽点校《虞集全集》,天津古籍出版社,2007年,第605页。

是他令宫中住持做柴门以待他往来,以及他称帝之后与虞集共话冶亭之松的细节,更让人叹服文宗优雅细腻的性情以及汉文化浸染程度之深"①。

因此元文宗雅好文艺,也能书画,就是很自然的事情了。据陶宗仪《书史会要》载,元文宗"喜作字,每进用儒臣,或亲御宸翰,做敕书以赐之","临唐太宗'永怀'二字以赐库库子山(康里巎巎)"②。文宗的书法,"甚有晋人法度,云汉昭回,非臣庶所能及也"③。文宗对文艺的重视,不亚于宋徽宗和金章宗对书画的癖好。他为怀王时,就喜欢结交江南文士,谈文论艺。以他如此的文化修养和如此的性情,自然也吸引了南方的诸多文士与他亲近。据《李遵道墓志铭》记载:"(士行)闻文皇潜藩在建业,善接纳文士,将往见焉。行至上元县界,卒,年四十七。天历元年六月一日也。"④李士行是著名画家李衎的儿子,准备从闽中前往建康拜会结识文宗,可惜卒于途中,否则就会像柯九思得遇文宗那样,元代艺坛又将添一段佳话了。

柯九思得遇这样一个风雅多情而且精通书画的帝皇于潜邸,为他日后翰墨风流的一段岁月启开了不一般的帷幕。而元文宗亲幸这样一位在书画创作、文物鉴赏上都颇有造诣的艺术大家,也为奎章阁的队伍建设铺好了基础。

泰定四年(1327),柯九思在文宗潜邸,时与文宗谈书论画,诗酒相娱。这期间,九思利用自己在文宗身边的名望,为前朝名人古迹的保护做出了贡献。事情是这样的:建于南宋、位于杭州西湖栖霞岭下的民族英雄武穆王岳飞的墓葬(其子岳云附葬),到元代初期,"坟渐倾圮。江州岳氏讳士迪者,于王为六世孙,与宜兴州岳氏通谱,合力以起废,庙与寺复完美。久之,王之诸孙有为僧者,居坟之西,为其废坏,庙与寺糜有孑遗"⑤。根据有关史料可知,引文中的"寺",即岳飞墓旁的香火院褒忠寺。由于作为岳飞子孙的庸僧疏于管理,寺庙又废弃多时,并且寺田七十亩也被典卖给乌程两个乡豪。时人亦奔走呼号,如文人郑元祐就曾致信乌程知县干文传(寿道)、判簿张元明,要求他们出力将寺

---

① 邱江宁:《元代奎章阁学士院与元代文坛》,中国社会科学院出版社,2013年,第27页。
② 《御定佩文斋书画谱》卷二〇,《四库全书》(文渊阁影印本),台湾商务印书馆,1986年版,第819册,第597页。
③ 陶宗仪:《书史会要》,载徐永明、杨光辉整理《陶宗仪集》,浙江人民出版社,2005年版,第584—585页。
④ 苏天爵:《滋溪文稿》,中华书局,2007年,第314页。
⑤ (元)陶宗仪:《南村辍耕录》卷三。

田归于褒忠寺。柯九思也参与此事。据陶宗仪《南村辍耕录》载："天台僧可观以诉于官,时何君贞颐为湖州推官,柯君敬仲以书白其事,田之没于人者复归。"也许是出于同乡之谊,陶宗仪将寺田的失而复归之功全部归于柯九思,这是言过其实的。根据学者徐永明的研究,在郑元祐写信给乌程知县干文传之后,"褒忠寺住持可观将此事诉于公堂,才得以收回寺田二十余亩。郑元祐又致信归安县尹牟应复(景阳),希望寺田能全部归还寺庙。待寺田全部收回之后,郑元祐担心日后有变,就再次致信给张元明,要求湖州地方政府能给寺田的所属出示万保不变的文据。"①这封信是这样的:

> 前日来吴,不遑款一餐,皇恐逮今。岳坟寺僧可观者,备言阁下德政之醇美,可慰。且言忠武王赡坟薄田,虽已复得,而无所执证,虑及久长,必得湖州路一宗文据,则其田亩将来始不为强有力者所转移也。于是观复至雪川,有丹丘书与何节推,可以为其缓颊处完而畀之。忠武有灵,未必不鉴照在上也……②

信里也明确提到柯九思写信给湖州推官何贞颐的事,可见柯九思"以书白其事"是千真万确的。从郑元祐的信中,我们知道,在寺田复得之后,柯九思在写给何推官的信中,婉言相劝,以情动人,终于使寺庙拿到了万保不变的文据。

柯九思为什么在这一事件上积极参与?这就不得不提到元代的一个重要的文化现象,即元代士人积极凭吊岳飞墓、积极推动重建岳王庙,乃至积极奏请褒封岳飞等活动。陶宗仪在《南村辍耕录》里对此作了专门的记载,特别提到元代士人特别喜欢创作吊岳之诗:"自我元统一函夏以来,名人佳士多有诗吊之,不下数十百篇。"③徐永明先生认为,这个数目,当是指陶宗仪亲见的数量,还有他未见到的,因此,当时元人凭吊岳飞的诗应远远在百篇之上。④ 柯九思不但积极参与寺田复归事件,也赋有《岳王墓》诗:

---

① 徐永明:《元代文人与岳飞墓》,《元代文献与文化研究》(第一辑),中华书局,2012年,第147—148页。
② 徐永明点校:《郑元祐集》卷七,浙江大学出版社,2010年,第174页。
③ 徐永明、杨光辉:《陶宗仪集》,浙江人民出版社,2005年,第134页。
④ 徐永明:《元代文人与岳飞墓》,《元代文献与文化研究》(第一辑),中华书局,2012年,第140页。

结发行间见此公,两河忠义侯元戎。勋成伊吕终方驾,算胜孙吴亦下风。拂剑未酬千古辱,赐环空坏十年功。奸邪卖国堪流涕,独立西风看去鸿。①

包括柯九思在内的元代文人墨客似乎都有一种"怀岳"情结。这种情结实际上透露了元代士子中普遍存在的一种心态。蒙元统治者虽然在立国之后实行"以儒治国",但终元一代,"人分四等"的民族歧视现象始终存在,科考长期废止,士人出仕之途狭窄,即使进入仕途,也多沉郁下僚。因此,当他们来到南宋故都杭州的时候,总要前去凭吊民族英雄岳飞,自然而然也就唤起了那种不便表露的被污辱、被损害的历史记忆,对岳飞"精忠报国"的风范油然而生崇敬之心,同时对昏君奸臣的误国卖国之举深感悲哀和痛恨。南宋的灭亡尽管有很多历史原因,但对照岳飞的气节和精神,当时朝野上下普遍缺失的"精忠报国"的凛然之气却是令人怀念不已的。士人们凭吊历史人物,实际上曲折地表达了对现实的不满和无奈。

除此之外,士子们实际还有更深的一种情怀。蒙元王朝毕竟是凭藉武力征服金、宋而建立起来的朝代,一段时期内,儒家的伦理规范或者说中华传统文化破坏严重。柯九思等文人凭吊怀念岳飞,讴歌表彰岳飞,是希望元朝政府和社会积极宣扬他的民族气节和爱国情怀,借此重新确立儒家忠贞保国的伦理规范,乃至恢复中华深厚的优秀传统文化。

柯九思在元文宗潜邸期间,能够积极参与岳飞墓旁寺田的复归事件,也赋诗凭吊岳王墓,并不回避自己的民族感情的流露,一方面说明当时整个朝野言论环境的宽松,一方面也说明元文宗可能非常理解汉族知识分子的心情,同时也说明了元文宗也已经较深地受到了汉文化的浸润,所以能够允许柯九思以在文宗潜邸的身份和名望去积极推动有利于儒家伦理规范重立的举措。

至大元年(1308)至泰定四年(1327)的二十年间,柯九思汲汲奔波于江浙和京师之间,其艰辛劳碌的情状不难想见。他这样辗转奔波,并不时地游历官宦贵胄之家,到底为了什么?一个比较普遍的观点认为,他是为了积极谋求仕

---

① 柯九思:《丹丘生集》卷四,李镜渠编《仙居丛书》(三),浙江人民美术出版社影印本,2013年,第525页。

途。这实际上是古代士子很普遍的人生选择,可就是这样的选择,也"从而招来非议,以致明清的文人画家对其嗤之以鼻。正因为这样,后世文人把他作为一个典型人物加以批判"[1]。有学者认为他"一直对仕途功名比较热衷,生前大部分时间在名利场上追逐,而并没有像同时代人那样急流勇退(如黄公望在张闾案受累入狱之后,寄身于方外,逍遥于天地之间;朱德润在元英宗遇弑之后南还归隐,以诗文书画终老;而曹知白、倪瓒之辈俱不乐仕进,栖心林壑,饮酒唱和、书画自娱)。这是他不明智的地方,以致被人们误会,留下了许多为文人士大夫所不齿的把柄……"[2]

实际上,在中国传统社会,儒者的人生道路只有两途,所谓"君子之道,或出或处",也就是仕、隐两种选择。时局混乱或文化衰退之时,士子则多隐逸林泉,以乐其志;社会相对稳定或文教勃兴之际,文人则纷奔仕进,乐于功名,所谓"学得文武艺,货与帝皇家",以此实现自己的人生价值。元代社会也不例外。在元朝恢复科举考试之前,汉族士人"隐于农、于工、于商、于医卜、于屠钓,至于博徒、卖浆、抱关吏、酒家保无所不在"[3]。就在这样的境况下,也还是有一些士人积极寻求出仕机会。如柯九思的友人郭畀就曾经于大德末年、至大初年在京口、大都和杭州之间,风尘仆仆地奔走营求。柯九思生活于元代中期,社会相对稳定,出处与行藏的大节观念已经渐趋淡薄,特别是延祐元年(1314)开始的恢复科考举措,激发了许多文人士子的仕进愿望。更重要的是,柯九思的长辈赵孟頫在南人世家子弟出身官至翰林学士承旨的程钜夫的再三劝说举荐下终于出仕,并以出众的才华深受元廷重用,这一事例对南方士人的谋求出仕之路具有很大的吸引力和说服力。柯九思的青壮年时期,与赵孟頫接触比较频繁,其人生出处的选择,无疑也应该受到了赵孟頫的影响。确实,柯九思在人生的美好年华里,也像元代不少士人一样,积极营谋仕进之路。但我们不当以一般的世俗眼光看待他的人生选择,不要轻率地把他的汲汲于功名视为有损于名节之举。尤其是当今的学者,更应该以历史唯物主义的立场,以了解之同情的眼光考察他的选择。柯九思作为一名士子,积极求取功名,特别是在社会相对稳定、文化日趋兴盛的元代中期,为了立身扬名,奔走官宦贵

---

[1] 万新华:《柯九思》,河北教育出版社,2006年,第5页。
[2] 同上,第15页。
[3] (元)元好问:《市隐斋记》,《遗山文集》卷三十三。

胄之间，本身就无可厚非。同时，对柯九思的汲汲于仕进之路，我们更应该从更深的层次理解他。上文笔者已经谈到，柯九思青少年时期即胸怀大志，后来又在赵孟頫的影响下，志在"复古"，亦即为了汉文化的重振而图有所担当和作为。因此，柯九思在江浙京师之间的二十年奔走营求，实是为了实现心中的宏伟理想的文化自觉行为。

六、任职奎章阁

致和元年九月，怀王图帖睦尔在大都称帝，以当年为天历元年（1328）。即位后不久，即授柯九思为典瑞院都事。天历二年（1329）二月廿七日，文宗在大都建立奎章阁学士院。

"奎章阁学士院是元代文宗时期的著名文化机构，也是元文宗政治、文化成绩的典型代表，以设在奎章阁内而著称。由于元文宗对它的极端重视，在元文宗在位的五年间，这个机构曾经聚集了当时元代文坛、政坛最重要的人物，也曾一度使元代文化建设和文学创作、艺术收藏鉴赏事业相当繁荣。"[1]但这个机构的组建，却由于组建者元文宗的政治出身、个人因素的特殊性，使得奎章阁学士院建成之初具有复杂的政治背景。怀王图帖睦尔是在权臣燕铁木儿等人的策划、主持下称帝的，然后又让位给明宗，之后又在燕铁木儿等人的策划下，杀死明宗，再次即位。"奎章阁学士院就是元文宗与明宗兄弟之间争帝过程中的尴尬产物。"[2]元文宗在天历元年即位之初，就昭告天下"谨俟大兄之至，以遂朕固让之心"[3]，意即等兄长和世（王加束）到来后就让位。而和世（王加束）在天历二年阴历正月到达和林之北，于二十九日即皇帝位，是为明宗。元明宗对元文宗极为防备，在即位之初就已指明元文宗去位之后的出路问题，《元史》对此有详细记载：

是月（天历二年正月），前翰林学士承旨不答失里以太府太监沙剌班辇金银币至。遣撒迪等还京师，帝命之曰："朕弟曩尝览观书史，迩者得无废乎？听政之暇，宜亲贤士大夫，讲论史籍，以知古今治乱得失。卿等至京师，当以朕意谕之。"[4]

---

[1] 邱江宁：《元代奎章阁学士院与元代文坛》，中国社会科学出版社，2013年，第1页。
[2] 同上，第6页。
[3] （元）虞集：《（天历元年）即位改元诏》，见王珽点校《虞集全集》，天津人民出版社，2007年，第375页。
[4] （明）宋濂等：《元史》卷三一《明宗纪》，中华书局，1976年，第696页。

元明宗在即位之初,就托话给元文宗派来劝立的大臣撒迪等人,让元文宗去位之后,团结一批文臣,潜心研读并畅论经史典籍,以了解古今治乱得失之道,撒迪等人回京复命后,图帖睦尔非常顺从地交出权力,并于天历二年二月就建立了奎章阁学士院,秩正三品。参与组建奎章阁学士院的谋士虞集曾经代元文宗拟就《开奎章阁奏疏》,奏疏中说:

> 臣某等言:特奉圣恩,肇开书阁。将释万机而就佚,游六艺以无为,此独断于睿思,而昭代之盛典也。乃俾臣等并备阁职,感兹荣幸,辄布愚忱。钦惟皇帝陛下:以聪明不世出之资,行古今所难能之事。以言乎涉历,则衡虑困心艰劳之日久;以言乎戡定,则拨乱反正文治之业隆。……而臣等躬逢盛事,学愧前修。虽既竭于论思,惧无堪于裨补。然敢不咏歌雅颂,极襄赞之形容?探赜图书,玩盈虚之来往。冀心神之融会,成德性之纯熙。揆微志而匪能,诚至愿其如此。仰祈天日,俯察刍荛。臣某等不胜惓惓之至。①

从奏疏中,我们体味到了图帖睦尔对明宗皇帝的遂顺之意和他乐于在奎章阁中探赜图书、优游六艺而消磨岁月的闲情逸致。图帖睦尔为了进一步表示遂顺之意,又立即特意"遣人以除目来奏",明宗立刻以"从之"②批复。图帖睦尔在建立奎章阁学士院后的转月,就辟出奎章阁。四月,虞集奉命作《奎章阁记》云:

> 天历二年三月,作奎章之阁,……其为阁也,因便殿之西庑,择高明而有容,不加饰乎采斲,不重劳于土木,不过启户牖以顺清燠,树庋阁以栖图书而已。至于器玩之陈,非古制作中法度者,不得在列。③

从记载中,我们可以感受到,奎章阁的建设没有格外耀眼的规模,"这可能与图帖睦尔当时尴尬的身份有关,也可能与图帖睦尔急于表达自己的顺遂之

---

① (元)虞集:《虞集全集》(王颋点校本),中国社会科学出版社,2013年,第390页。
② (明)宋濂等:《元史》卷三一《明宗纪》,中华书局,1976年,第696页。
③ (元)虞集:《虞集全集》(王颋点校本),中国社会科学出版社,2013年,第603页。

意有关。奎章阁就其定位来说，就是一个帝室王孙与几位文臣读书讲论、鉴赏法书器玩的地方。"①

奎章阁建起之后，图帖睦尔"非有朝会、祠享、时巡之事，几无一日而不御，奉敕视草于斯"②。他几乎每日与一批文臣讲论史籍，鉴赏书画珍玩，明宗对他的戒备之心渐减，于是在天历二年的四月即立图帖睦尔为皇太子。

从整个事件始末看，奎章阁的设立并非文宗的初衷，而是元明宗的本意，然而对于深受汉文化影响的元文宗来说，组建奎章阁学士院，客观上免除了元明宗的猜忌防备乃可低调建设，积极活动，主观上也乐于逍遥容与在此间。按照常理，元文宗再次即位后，应该会淡化对奎章阁学士院建设的热情，然而他却倾注了更大的热情，一面不断扩充机构，一面还赋予它许多特权和非常崇高的地位。天历二年(1329)八月十八日，即元文宗复位后的第四天，即升奎章阁学士院秩正二品，更司籍郎为群玉署，秩正六品。③ 八月二十一日，立艺文监，隶奎章阁学士院；又立艺林库、广成局，皆隶艺文监。④ 至顺元年(1331)正月二十八日，升群玉署为群玉内司，秩正三品，置司尉、亚尉、佥司、司丞，仍隶奎章阁学士院。礼部尚书巎巎监群玉内司事。⑤ 刚开始建立奎章阁学士院的时候，机构人数只有8个，两三年之内，人数迅速扩充至88名。⑥ 为了让奎章阁学士院的人员出入宫廷没有限制，元文宗特意下令创制"牙牌五十"⑦，那么奎章阁学士院正式入职人员至少是50个。元文宗在帝位稳固后那么重视奎章阁建设的原因，邱江宁女士的看法十分在理，即："客观上，元文宗重视奎章阁学士院某种程度上是元文宗期望能在即位之后政治上有所作为，试图通过文化建设和人才建设来实现对燕铁木儿等功臣权力的分割。"⑧"主观上，元文宗本人确实热爱文艺，乐于与文士游处，这是他热衷于奎章阁学士院建设，同时也格外亲近奎章阁学士院非常关键的原因。"⑨

---

① 邱江宁：《元代奎章阁学士院与元代文坛》，中国社会科学出版社，2013年，第9页。
② （元）虞集：《奎章阁记》，见《虞集全集》（王颋点校本），中国社会科学出版社，2013年，第603页。
③ （明）宋濂等：《元史》卷三一《明宗纪》，中华书局，1976年，第696页。
④ 同上。
⑤ （明）宋濂等：《元史》卷三四《文宗纪》三，中华书局，1976年，第750页。
⑥ 邱江宁：《元代奎章阁学士院与元代文坛》，中国社会科学出版社，2013年，第13页。
⑦ 同上。
⑧ 同上，第16页。
⑨ 同上，第23页。

考察奎章阁学士院的组建过程，我们发现，元文宗组建奎章阁学士院与柯九思有着很大的关联。台湾学者姜一涵对元代奎章阁以及奎章阁人物有系统研究，他认为"柯九思是奎章阁学士院的象征人物"①。邱江宁女士对此十分赞同，她甚至认为"柯九思是作为奎章阁学士院存在的灵魂人物，他的存在真正影响了奎章阁学士院的命运与意义"②。

为什么学者们都这么认为？让我们先来考察一下柯九思此番随英宗到大都后的行迹吧。柯九思的好友王逢有一首七言排律，题为《投赠柯博士》，开头四句写道：

> 钟阜天回王气新，忆君扈从入枫宸。旋平内难橐弓矢，遂沐殊恩列缙绅。③

句中"钟阜"，即指钟山，指代建康（今南京），"枫宸"，皇帝的殿庭，汉代的宫廷多植枫树，故有此称。"旋平"，斡旋平定；"内难"，指宫廷皇位之争。"橐弓矢"，背着弓弩箭矢。这四句诗，形象地描绘了柯九思从建康一路追随元文宗到大都，积极参与元文宗获取帝位的斗争，终于功成名就，恩列缙绅。实际上，这里并不是说柯九思直接参与了元文宗与明宗之间剑拔弩张的夺位斗争，而是指天历元年（1328）九月，柯九思撰写《建储论》《招岛夷文》，"盖为文宗而作，以此受宠"④。这两篇文章，今已佚，但一定是为图帖睦尔争夺皇位造舆论。柯九思用自己的文笔和政治识见为文宗登上皇位推波助澜，这种作用有时候并不亚于带来血雨腥风的弓矢之力。

柯九思既是元文宗政治上的同道，又以画竹受知于怀王潜邸，复以书画、文物的鉴赏才能被人激赏传颂，所以一到京都，文宗获得帝位的第二个月，即被授予典瑞院都事。典瑞院是元代特有的机构，始置于中统元年（1260），主管宫中宝玺以及金虎符、金银符。典瑞院都事品阶从七品，虽官阶不高，却是一个极其清要的机构，皇帝时时与它发生联系，因此，元文宗授予柯九思这个职

---

① 姜一涵：《元代奎章阁及奎章人物》，台湾联经出版事业公司，1981年，第32页。
② 邱江宁：《元代奎章阁学士院与元代文坛》，中国社会科学出版社，2013年，第28页。
③ 王逢：《柯九思诗文集》，中国美术学院出版社，2004年，第116页。
④ 宗典：《柯九思史料》，上海人民美术出版社，1985年，第233页。

位,实际是对他相当倚重和信赖。元文宗对柯九思的任用可能早有自己的周密考虑,所以柯九思担任典瑞院都事的时间并不长,约半年以后,即天历二年(1329)二月,文宗置奎章阁学士院,四月即授柯九思文林郎参书,秩从五品。元文宗十分赏识柯九思在书画金石上的鉴赏才华,四月十日,柯九思将自己珍藏的《曹娥碑》呈献文宗,文宗虽然爱不释手,但为了褒奖柯九思鉴辨书画的非凡功力,又将《曹娥碑》赐还给他。《曹娥碑》是晋代名碑,原来为大收藏家乔篑成所藏,后归柯九思,具体归藏时间,可能为天历元年初,即他刚刚跨进三十九岁的时候。他不愿独享收藏这份珍贵墨宝的喜悦,邀请了当时的文化名流虞集、宋本、谢端、宋褧、林宇到家同观。他这次进呈元文宗御览的时候,当时的名臣忽都鲁弥实、李洞、李讷、雅琥、揭傒斯、林宇、甘立也有幸一同观赏。因此,他收藏《曹娥碑》一事,简直到了朝野惊叹的地步。虞集在两三年内竟陆续观赏了四次,且每次都有题记。第一次他写道:"天台柯敬仲藏此,安得人人而见之,世必有天资超卓、追造往古之遗者,其庶几乎?"[1]第二次,虞集是在柯九思将《曹娥碑》进献给元文宗所亲设的奎章阁、元文宗又拟赐还给柯九思后观赏的,并奉旨为之题书。第二次题书后,实际上《曹娥碑》已经藏入内府,可能是待此碑正式从内府取出,赐还给柯九思时,虞集与上述的诸位大臣又一同细细地观赏了一番,并奉旨为之题记。第四次,虞集又与纥后烈希元等大臣一同观赏,时在天历三年正月二十五日,他更是大加夸赞:"敬仲家无此书,何以鉴天下之书耶?"[2]因此,柯九思珍藏《曹娥碑》事件,确实已经惊动朝野,笔者以为,这很有可能就是元文宗宠幸和重用柯九思的一个理直气壮的直接的由头。

果然,天历二年四月,即元文宗赐还《曹娥碑》不久,柯九思即被授予文林郎参书,秩从五品。四月廿一日,元文宗又下旨让柯九思往秘书监整理库藏书画,并于此日开始,"与虞集同侍于便殿"[3]。从此,柯九思与虞集的友谊不断加深,渐成至交。凡是宫中的宴集、文化活动,柯、虞两人多是一同参加,几乎形影不离。而这其中的纽带,就是元文宗。

五月五日,文宗赐皇姑大长公主甚厚,虞集应制作端午赐大长公主诗,柯

---

[1] 宗典:《柯九思史料》,上海人民美术出版社,1985年,第21页。
[2] 同上,第23页。
[3] 同上,第233页。

九思也作宫词纪其胜,其中一首云:

> 玉碗雕冰涌雪花,金丝缠扇绣红纱。彩笺御制题端午,敕送皇姑公主家。①

天历三年,也即至顺元年(1330),柯九思四十一岁。新年第一天,朝廷在大明宫举行朝会,柯九思也参加,并有诗《元日回朝大明宫》云:

> 轩冕朝元涌翠埃,中天鸡唱内门开。云飘五凤门楼矗,日绕群龙法驾来。谒者引班连宝带,上公称寿进金杯。撞钟告罢宫花侧,人指儒冠赐宴回。②

正月十二日,元文宗赏赐柯九思《王献之鸭头丸帖》,虞集奉敕题:

> 天历三年正月十二日,敕赐柯九思,侍书学士臣虞集奉敕记。③

同一天,柯九思奉旨将自己珍藏的法书名帖《定武兰亭》五字损本进献给皇上御览,文宗赞不绝口,虞集奉旨记载此事:

> 天历三年正月十二日,上御奎章阁,命参书臣柯九思取其家藏《定武兰亭》五字损本进呈上览之,称善,亲识斯宝,还以赐之。侍书学士臣虞集奉敕记。④

二月二十五日,元文宗又置奎章阁博士二人,秩正五品,特任柯九思为奎章阁学士院鉴书博士,俸四十一贯,米四石五斗。

关于鉴书博士这个职位的擢升路径,学者邱江宁有很深透的研究,她

---

① 王及:《柯九思诗文集》,中国美术学院出版社,2004年,第29页。
② 同上,第13页。
③ 宗典:《柯九思史料》,上海人民美术出版社,1985年,第24页。
④ 同上,第23页。

认为：

> 鉴书博士这个职位，秩正五品。根据元代官吏选拔制度，九品至六品的官员由中书省以敕牒委任，由丞相押字，称"敕授"，五品至一品则由皇帝以亲赐命诰委任，称作"宣授"，也就是说柯九思的五品鉴书博士的授任绕过了之前所有的选拔制度，几乎是由平民直接擢拔为五品文官。而且，在奎章阁学士院，奎章阁鉴书博士既非奎章阁学士院的属官，又非学士院下辖机构的成员，也不归下辖机构管。它就是一个独立的、特设的官职，专为柯九思而特设，由文宗皇帝任命，只与文宗皇帝发生联系。①

元文宗任命柯九思为鉴书博士后，规定"凡内府所藏法书名画，咸命鉴定"②。元文宗非常重视内府所藏法书名画的收藏与鉴定，而此项工作的完成，非精于鉴赏之道的柯九思不可，因此，他特设奎章阁学士院鉴书博士之职，某种程度上是因为柯九思这个人。

柯九思荣升鉴书博士后，诸多大臣如纥石烈希元、詹天麟、欧阳玄、王遇等纷纷登门道贺，虞集因为上一年的触石坠马尚告假养病，不便入阁祝贺，因此有寄柯九思手札《不及入阁帖》：

> 集顿首再拜：集伏审博士学士荣上，适苦创，不及入阁奉贺，千万勿罪。二画赞托经筵掾持上，望为分付，幸甚。明日观游城，恐院中难聚，更告为请假一二日，拜赐多矣。集顿首再拜丹丘博士公左右。③

就在柯九思受任奎章阁学士院鉴书博士当日，还有一件令其感到无比荣宠的事情。那一天，元文宗挑选了内府所藏的李成名作《寒林采芝图》赐予柯九思，并敕命虞集为之题跋：

> 端月廿又五日丁丑之吉，上御奎章阁阅图书，嘉阁参书臣柯九思精深

---

① 邱江宁：《元代奎章阁学士院与元代文坛》，中国社会科学出版社，2013年，第29—30页。
② 宗典：《柯九思史料》，上海人民美术出版社，1985年，第1页。
③ 同上，第27页。

鉴别,古学渊源,特择内府所收李咸熙著色《寒林采芝图》赐之,俾臣集题。①……

从虞集的题跋中,我们可以看出,元文宗特赐李成的名画给柯九思,乃是因为他"精深鉴别,古学渊源",说明柯九思的书画文物的鉴赏水平和传统文化的修养深得元文宗认同。元文宗也深知柯九思对历代名画的珍爱,因此,本着"宝剑赠英雄"的思想,将内府所藏的古画真迹加以赏赐,以示褒奖和荣宠。这幅《寒林采芝图》,确实是稀世之珍,我们且看虞集的进一步的题跋:

今观其画,山石林泉,布置得宜;宾主远近,不漫不越;烟云澹荡,笔有尽而意无穷;人物生动,吻欲声而步欲移。各臻其妙,翰墨难宣。契其立言,毫厘不爽。宜乎其于开宋之世,居大家第一,讵非所谓千百年后为山水之宗匠欤?②……

这幅被虞集誉为"于开宋之世,居大家第一"的名画作者李成(919—967),字咸熙,五代北宋初画家,唐宗室后裔。原籍长安(今陕西西安)。祖父李鼎曾任苏州刺史,于五代时避乱迁家营丘(今山东昌乐),故又称李营丘。他博学多才,胸有大志,但不得施展,遂放意诗酒书画。李成擅山水,多画郊野平远旷阔之景,画法简练,笔势锋利,好用淡墨,有"惜墨如金"之称;画山石好像卷动的云,后人称这种表现技法为"卷云皴"。米芾形容李成的画"淡墨如梦雾中,石如云动",这种"石如云动"的形象是李成笔法的重要风格标记。他和范宽与另一位山水画家关仝一起被称为"三家鼎峙"、"百代标程"的大师。李成的画迹在北宋时就已经很少,米芾甚至提出了"无李论"。笔者推测,也许是由于米芾的"无李论",导致了元文宗以及一批文臣对内府所藏的李成《寒林采芝图》是否是真迹存有疑惑,因此,在至顺元年,亦即天历三年正月初七,命以奎章阁官员为主的一批学识渊博的文臣进行了一次集体审定。待审定是真迹之后,一批文臣还一起进行了重新装裱,估计也是奉了元文宗的敕命。清代收藏家庞

---

① 宗典:《柯九思史料》,上海人民美术出版社,1985年,第23页。
② 同上。

元济著《虚斋名画录》,收录唐至清自藏名画五百三十五件,其中记载了李成的《寒林采芝图》审定和装裱的具体大臣姓名甚详:

  宋绍兴内藏李成《寒林采芝图》真迹。奎章阁校书臣字木鲁羽中、参书臣柯九思、臣雅琥、侍书臣虞集审定,朝列大夫臣宋本、国史院编修臣宋褧、复校定供奉臣李讷、内掾臣林干、甘立重装。至顺元年庚午人日。①

因此,柯九思能够得到经过诸多文臣集体审定、重装而元文宗赏赐的李成名作真迹,真是无上荣光。

转眼到了春日的上巳节,元文宗御宴万岁山,柯九思与虞集、李洞侍宴。宴会上,柯九思侃侃而谈,论山川形胜,说:"济南大明湖李洞所居,江南殆或不及。"文宗命虞集作文记载这次胜事,于是虞集作《天心水面记》一文:

  天历三年春,臣集、臣洞、臣九思得侍清闲之燕,论山川形胜。臣九思曰:济南山水似江南,殆或过之。臣洞之居,在大明湖上,雍土水中而为亭,可以周览其胜,名之曰"天心水面",可想见其处矣。于是有敕臣集书其榜而记之。②

柯九思后也赋宫词一首记录宴乐融融的情景,诗云:

  花明昼锦柳摇丝,仙岛陪銮濯禊时。曲水翻成飞瀑下,逶迤银汉接清池。(注:故事:上巳节,赐宴于万岁山。)③

柯九思越来越受到文宗皇帝的信任和宠爱。这一年的某日,君臣朝会,文宗意欲进一步收揽人才进入奎章阁,就询问柯九思:"江南还有哪些饱学之士堪为朝廷重用?"柯九思就向文宗推荐了韩性、张翥两位佳士。元文宗马上答应在适当时候让韩性、张翥前来馆阁面试。几年之后,柯九思流落江南时还历

---

① 宗典:《柯九思史料》,上海人民美术出版社,1985年,第23页。
② 同上,第28页。
③ 王及:《柯九思诗文集》,中国美术学院出版社,2004年,第29页。

历记得当时的情景:

> 至顺初,上尝御奎章阁,太禧使明理董阿、中书左丞赵世安、大司农卿哈剌八儿侍。上从容询求江南之士,臣九思以韩性、张翥应诏。上曰:"俟修皇朝经世大典毕,卿至江南刊梓时,可亲为朕召此二人者来试之馆阁。"臣九思再拜,曰:"幸甚!"后有近臣自南使还者,上问此二人,其人亦曰佳士,上颇悦。①

柯九思与韩性、张翥友善,本着"举贤不避亲"的精神,他如实举荐了两位好友。元文宗当然相信柯九思为人,但用人应当多方考察,元文宗经侧面了解,证实柯九思所言不虚,对柯九思更加信任。

天历三年,对柯九思来说,是忙碌而充实的一年。他或参与朝政,或接待文臣同好观览法书名碑,或收藏鉴赏书画,或赋诗作画题跋,或与识者讨论画艺,充分体现了一个为政者的勤勉和识见,也显示了一个文物书画鉴赏家和书画艺术家的非凡作为。

朝政方面,春日里,他值守奎章阁,几乎天天与文宗见面,他用诗歌及时地记载了这一段令人艳羡不已的岁月。其《春值宝阁》诗云:

> 宝章金钥直承明,袖捧祥云曙色新。亲侍銮舆中道发,旁趋冠剑两街行。洞房夜景摇珠箔,别殿香风度玉筝。万物尽沾忠厚泽,苑花深处听流莺。②

他们在一起或谈诗论画,或议论朝事,一日不见,柯九思就忍不住赋诗怀想,他在《春值奎章阁二首》中写道:

> 旋折黄封日铸茶,玉泉新汲味幽嘉。殿中今日无宣唤,闲卷珠帘看柳花。

---

① 王及:《柯九思诗文集》,中国美术学院出版社,2004年,第9页。
② 同上,第13页。

春来琼岛花如锦,红雾霏霏张九天。底事君王稀幸御,儒臣日日侍经筵。①

确实,柯九思作为一代儒臣,在文宗时代,颇受荣宠,他侍奉文宗左右,也少不了为他讲经论道,以汲取古今治国经验。有一则史料就透露了这方面的信息:

魏氏之曾孙曰起者,隐居吴中,读诏书而有感焉。曰:此吾曾大父之志也,何曾亲复见诸圣明之朝哉?今天下学校并兴,凡儒先之所经历,往往列为学官,而我先世鹤山书院者,临邛之灌莽,莫之翦治,其侨诸靖州者,存亦亡几,而曾大父,实葬于吴,先庐在焉,愿规为讲诵之舍,奉祠先君子,而推明其学,虽然,而不敢专也。嘉定甲子之秋,乃来京师,将有请焉,徘徊久之,莫伸其说。至顺元年八月乙亥,上在奎章之阁,思道无为,鉴书博士柯九思得侍左右,因及魏氏所传之学,与其曾孙起之志,上嘉念焉。命臣集题鹤山书院,著记以赐之。②

这里的魏氏,即魏了翁(1178—1237),邛州蒲江人,字华父,学者称鹤山先生,南宋著名理学家,官至资政殿大学士、参知政事。南宋后期,学派变为门户,了翁独穷经学古,自为一家。魏氏之学,就是魏了翁在推崇朱熹理学的基础上形成的一个学派,他提出"心者人之太极,而人心又已为天地之太极",强调心的作用。元文宗亲御奎章阁时,考虑到当时的道学(即理学)有衰落之势,柯九思就向他讲说魏了翁的理学思想,也讲到魏氏的曾孙魏起愿意将"先庐""规为讲诵之舍",元文宗十分感动,就命大臣虞集为题"鹤山书院",对柯九思、魏起表示嘉奖,又命虞集撰写《鹤山书院记》赏赐给他们。

在这一年,柯九思热情接待了一批嗜好书画的文臣到家里来观赏法书名作。正月廿五、廿七两天,他家迎来了虞集、纥后烈希元、詹天麟、欧阳玄、王遇、雅琥、白守忠、高存诚、虞集儿子虞囧等客人,一同观赏《曹娥碑》。春光三

---

① 王及:《柯九思诗文集》,中国美术学院出版社,2004年,第20页。
② 宗典:《柯九思史料》,上海人民美术出版社,1985年,第28页。

月,康里巎巎也带着边鲁来到了他新命名的书房玉文堂,观看《曹娥碑》。出身色目人的康里巎巎是元代著名书法家,书坛地位仅次于赵孟𫖯,对元末明初的书法发展有相当的影响。他地位显赫,不仅是奎章阁的代表人物,也是一位朝廷重臣。他不但善于书画,还精于鉴定,曾在秘书监任秘书监丞,后升秘书太监。边鲁字至愚,号鲁生,生卒年不详,约活动于元代中期,自称魏郡(今河南安阳)人。官至南台宣使,擅画花鸟,工古文奇字。康里巎巎这次来还带来了董源的一幅画作。可能康里巎巎注重于法帖的收藏,柯九思后期则侧重于名画的收藏,他们事先商定以康里巎巎珍藏的董源画作易得柯九思手中的《定武兰亭》五字损本,各取所好,平等交换,亦为艺坛一段佳话。后康里巎巎为《定武兰亭》五字损本题跋:

  《定武兰亭》此本尤为精绝,而加之以御宝,如五云晴日,辉映于蓬瀛。臣以董画于九思处得之,何啻获和璧随珠,当永宝藏之。礼部尚书监群玉内司事臣巎巎记。①

字里行间,透露出的是康里巎巎得到和氏之璧、隋侯之珠一般珍贵的法帖之后的无限喜悦的心情。

这一年,柯九思也收藏、鉴赏了不少珍贵书画。正月,他鉴赏了五代著名画家董源的名作《夏景山口待渡图》,然后为之题跋:

  右董源《夏景山口待渡图》真迹,冈峦清润,林木秀密,渔翁游客,出没于其间,有自得之意,真神品也。天历三年正月奎章阁参书臣柯九思恭跋。②

大概是三四月间,他得藏晋代高贤的书法名作《黄庭内景经》,十分欢悦,乃将自己的书房美其名曰"玉文堂"以作纪念。一些大臣对柯九思艳羡不已,很想一睹为快,如奎章阁掾史、柯九思的好友甘立因为"秋深病久"不得前往观

---

① 宗典:《柯九思史料》,上海人民美术出版社,1985年,第35页。
② 同上,第120页。

赏而怅然久之,吟《有怀玉文堂》一诗,以表怀想:

　　眉山老仙丹丘生,三日不出风雨惊。玉文深沉发奇秘,天藻动荡流芳英。锦鳞行酒白昼静,金鸭焚香长夜清。秋深病久不得往,扶卷怅望难为情。
　　柯敬仲有晋贤书《黄庭内景经》,因以玉文名堂,奎章学士虞伯生制文,虞亦有天藻亭云。①

六月八日,他观览了赵孟頫的《临黄庭经》,并为之题跋,认为自己所收藏的"唐人所临《外景经》,筋骨虽佳,其去真迹远矣,反不若赵公是书之为近似也"②。

他还与鲁国大长公主一道鉴赏了赐号孤云处士的元代界画画家王振鹏的渍墨《角抵图》,并受命为之题跋③。

那一年他鉴赏后为之题跋、题诗的还有苏轼《恕察帖》④、王眉叟收藏的苏轼《枯木疏竹图》⑤、高昌正臣收藏的苏轼《墨竹图》⑥、何澄《归庄图》⑦、温日观《葡萄图》⑧、赵雍《桃花马图》⑨、王振鹏界画《山水图》⑩。其中高昌正臣收藏的苏轼《墨竹图》,柯九思摩挲把玩不已,观后击节赞叹:

　　余家亦藏苏竹一幅,临摹数百过,虽得其仿佛,终莫能及也。观此图令人起敬。⑪

从这段跋文可以看出,柯九思极爱苏轼的墨竹画,曾反复临摹学习。其目

---

① 宗典:《柯九思史料》,上海人民美术出版社,1985年,第39页。
② 同上,第129页。
③ 同上,第131页。
④ 同上,第124页。
⑤ 同上,第123页。
⑥ 同上,第124页。
⑦ 同上,第129页。
⑧ 万新华:《柯九思》,河北教育出版社,2006年,第182页。
⑨ 同上。
⑩ 同上。
⑪ 宗典:《柯九思史料》,上海人民美术出版社,1985年,第124页。

的,当然是为了好好地师承苏轼,在此基础上,能够创作出别具特色的墨竹画,这一年,他就作墨竹图多幅。他谦虚地说自己临摹苏竹,"虽得其仿佛,终莫能及",实际上,他作的墨竹图,"拂云和露","萧疏不减东坡",虞集、甘立、张雨、王冕等名臣、文人等各有题诗。

虞集《柯博士画二首》之一云:

　　千年老蛟化为石,苍藓枯槎角三尺。高高玉立好儿孙,长倚天风动秋碧。①

甘立《题柯敬仲墨竹图》诗云:

　　巉谷春深落粉香,拂云和露倚苍苍。月明后夜吹箫过,应是伶伦学凤凰。②

张雨《题柯九思墨竹坡石图》诗云:

　　奎章阁上恣临摹,高节偏承雨露多。冷淡故能追石室,萧疏应不减东坡。③

王冕《题柯敬仲画竹》诗云:

　　湖州老文久已矣,近来墨竹夸二李。纷纷后学争夺真,画竹岂能知竹意。奎章学士丹丘生,力能与文相抗衡。长缣大楮纵挥扫,高堂六月惊秋声。人传学士手有竹,我知学士琅玕腹。去年长歌下溪谷,见我忘形笑淇澳。我为爱竹足不闲,十年走遍江南山。今日披图看新画,乃知爱竹亦如我。何当置我于其下,竹冠草衣相对坐,坐啸清风过长夏。④

---

① 王及:《柯九思诗文集》,中国美术学院出版社,2004年,第124页。
② 同上,第131页。
③ 同上,第129页。
④ 同上,第97页。

柯九思以写竹知遇元文宗,元文宗当然喜爱柯九思的墨竹画,柯九思也应该有作品呈献这位位高权重的知己,细检史料,我们还是会发现这方面的历史信息。元末明初学者、诗人、官至成都府学教授的凌云翰,曾有一首题为《柯敬仲〈竹〉,为陈常仲赋》的七绝:

奎章阁下日谈经,曾写幽姿上御屏。云暗苍梧清泪尽,空教瑶瑟怨湘灵。①

从这首诗歌中我们了解到,柯九思不但每天为元文宗讲说儒家经典,还曾经在他的屏风上挥毫创作墨竹。凌云翰没有担任过京官,何以知道柯九思曾经为元文宗的御屏写过墨竹?莫非是凭空猜测?笔者以为,他的诗歌中写柯九思画竹情景这么具体,应该不是想象之词,可能是柯为文宗御屏挥写墨竹一事,早已作为一段佳话传闻朝野了。

柯九思诗书画在当时即堪称三绝,时人多比为唐代晚期的文学家郑广文,如虞集在《题柯敬仲墨竹》中有句:"君不见白发天台郑广文,前身画师今更闻。"柯九思不但善于书画,其诗歌也颇为人称道,只是被书画名声略为掩盖罢了。这一年,柯九思的心情十分开朗,在奎章阁吟咏不断,与文友的酬唱也颇频繁。他吟哦奎章阁轮值的诗作,除了上述已经引到的两首,还有一首是写他退值后还沉浸在荣宠的喜悦中迟迟未眠而秉烛夜游的情景,诗题为《退值赠月》:

西华门外玉骢骄,新赐罗衣退晚朝。绣枕魂清疏雨暮,海棠银烛度春宵。②

柯九思交游广泛,也重友情,友朋新作寄赠、老乡故旧离京返乡或赴任,他多有诗作酬赠,他的诗集中有《酬陆友仁城南杂诗十首》《送林彦清归永嘉》《送秘书掾李道济之峡州知事》《送王诚夫赴无锡知州》《送李教授之湖州》,等等,

---

① 王及:《柯九思诗文集》,中国美术学院出版社,2004年,第140页。
② 同上,第20页。

多有感而发,情真意切。在《送林彦清归永嘉》《送王诚夫赴无锡知州》等诗歌中,还隐隐流露出欲一同返乡而不得的怅然思乡之情。

柯九思善画,在创作实践中形成了自己的绘画理论,虽然没有著作付梓,但却与一本名为《画鉴》的绘画理论著作有着密切的关系。《画鉴》是我国古代最重要的绘画理论典籍之一,是一部集论画、赏画、评画、鉴画为一体的绘画著作,其中的论画之道、观画之法、鉴画之要对元代及以后各代的绘画思想产生了深远影响。这些思想对文人画的形成和发展起到了推动作用,也促进了中国画鉴定学的发展,对当代中国绘画理论产生深远的影响。是书由元代著名的绘画鉴赏家汤垕撰写。汤垕,字君载,号采真子,山阳(今江苏淮安)人。父亲汤炳龙能诗善文,著有《北村集》,汤垕在南宋末年未曾任职,入元后任绍兴路兰亭书院山长,除播州儒学教授,不就;改嘉兴路儒学教授,又不就,后辟为都护府令史。从早在前至元辛卯(1291)至癸巳(1293)年间,即柯九思刚出生不久的时候,汤垕即曾为周密所藏的《保母砖》拓本题跋一事来看,汤垕当为柯九思的长辈,他们约于天历元年(1328)相识于京师,共同的爱好使他们经常在一起品鉴书画、讨论绘画理论,汤垕也在与九思的论画中萌生了编著《画鉴》一书的想法。汤垕在《画鉴》的最后《画鉴题词》中写道:"采真子妙于考古。在京师时,与今鉴书博士柯君敬仲论画,遂著此书。用意精到,悉有依据,惜乎尚多疏略,乃为删补编次成帙,名曰《画鉴》。后有高识,赏其知言。采真子,东楚汤君载之自号也。"[1]此书前半为《画鉴》,后半为《画论》,两部分所叙述到的书画,相当一部分是内府所藏的,汤垕是无法看到的,那么,根据汤垕的《画鉴题词》中的"用意精到,悉有依据",笔者认为,这部分的书画作品很有可能就是柯九思提供的信息。还有,既然《画鉴题词》中提到"与今鉴书博士柯君敬仲论画,遂著此书。……惜乎尚多疏略,乃为编次成帙",那么,我们完全可以说,柯九思虽然没有专门的绘画理论著作问世,那汤垕的《画鉴》中的绘画理论,应当深受柯九思绘画思想的影响。

柯九思在绘画方面上的见识,应该得益于他长期的书画鉴识,更主要的是因为他曾任职奎章阁,深受文宗皇帝宠爱和信任,史载"凡内府所藏法书名画,

---

[1] 王及:《柯九思诗文集》,中国美术学院出版社,2004年,第177页。

咸命鉴定"①。他不但善于鉴识,还精于金石鼎彝之器。"吴人陆友仁号为博物,自叹以为不及九思。"②对于这样一位几乎全才的大艺术家、学问家,元文宗确实是"宠顾日隆"③。1330年,元文宗不但在颁任他为鉴书博士后"赐牙章,得通籍禁署"④,宠顾也惠及柯九思的父亲。文宗皇帝"念其父谦善教,锡碑名训忠,敕侍读学士虞集为文以旌之"⑤。柯九思也对这种恩宠非常感激,书画用印常用"训忠之家"、"锡训"葫芦印,以示纪念。

至顺二年(1331),柯九思四十二岁,仍在奎章阁,荣宠依然。这一年的八月,文宗自大都还,柯九思受诏命赋《郊祀》《大礼》诗两首:

辇路千门喜气浮,太平天子祀圜丘。奉常奏备离温室,尚服陈辞进大裘。云载朱旗飘彩凤,天临玉辂驾苍虬。腐儒谬忝金闺籍,目醉荣光出御楼。

白茅初奠备韶蒦,月色当坛肃太清。亲祀甘泉除秘祝,受厘宣室问苍生。星垂仙杖神光近,日绕天颜瑞彩明。多少从官齐呼岳,丰年有象乐升平。⑥

柯九思在奎章阁的生活应该是比较优游自如的。闲暇的日子里,他乐于收藏法书名画,特别是历代法书名帖。据与他十分接近的虞集估计:"丹丘柯敬仲多蓄魏晋法书,至宋人书,殆百十函。"⑦他当然十分喜爱珍视这些艺术瑰宝,但只要有人需要,他的态度和做法是"爱而不私,随以与人,弗留也"⑧,体现了他博大的胸怀和疏朗的性情。他几乎将自己珍藏的魏晋唐宋法书全部馈赠给了艺术同道,因此,到了至顺二年的二月二十五日,他的书斋内只剩下了苏轼的《天际乌云帖》,好友虞集一见,"甚怪之"⑨。虞集对这件稀世珍宝,把玩不

---

① 宗典:《柯九思史料》,上海人民美术出版社,1985年,第1页。
② 同上,第6页。
③ 柯劭忞:《新元史》(列传)卷二二九。
④ 同上。
⑤ 宗典:《柯九思史料》,上海人民美术出版社,1985年,第1页。
⑥ 王及:《柯九思诗文集》,中国美术学院出版社,2004年,第10页。
⑦ 宗典:《柯九思史料》,上海人民美术出版社,1985年,第27页。
⑧ 同上。
⑨ 同上。

已,细细品观,敬仲也有意请他在卷后题诗,于是虞集一气呵成《题柯藏苏轼〈天际乌云帖〉》绝句四首①:

祇今谁是钱塘守,颇解湖中宿画船。晓起斗茶龙井上,花开陌上载婵娟。(白乐天、蔡君谟、陈述古、苏子瞻皆杭守也。)

老却眉山长帽翁,茶烟轻扬鬓丝风。锦囊旧赐龙团在,谁为分泉落月中。

三生石上旧精魂,邂逅相逢莫重论。纵有绣囊留别恨,已无明镜看啼痕。

能言学得妙莲花,赢得春风对客夸。乞食衲衣浑未老,为题灵塔向金沙。

柯九思不但雅好书画,对世间一切颇富自然韵致的文玩也很是喜爱。至顺二年的四月十五日,柯九思在博古好雅的高昌正臣家看到了一方石屏,驻足观览,细细品味,击节赞叹之余文思如涌,赋就《石屏记》美文一篇:

高昌正臣博古好雅,其燕处之室,凡可以供清玩者,莫不毕具,石屏其一也。异哉!兹石方广仅咫尺,其文理粲然,有高深幽远之思焉。绝顶浑厚者,如山如岳。飞扬飘忽者,如烟如云。横流奔激者,如江如河。断者若岸,泓者若潭。或如林麓之蓊郁,或如禽鱼之游戏。使董北苑、僧巨然复生,其泼墨用笔,不过是矣。古之人遇物之异者,必书其册,若斯屏之异,安得不为之书也。因命之曰:"江山晓思",复书其背而刻之。至顺二年夏四月望奎章阁学士院鉴书博士文林郎柯九思。②

据有关学者考证,上述高昌正臣,即阿鲁辉③。高昌,即今天的新疆吐鲁番高昌故城,元时又称以合剌火州。阿鲁辉是畏兀儿族人,历任太中大夫、度支

---

① 宗典:《柯九思史料》,上海人民美术出版社,1985年,第27页。
② 同上,第90页。
③ 陈婧莎:《柯九思〈晚香高节图〉研究》,2010届硕士学位论文(中央美术学院人文学院美术史系),第9页。

卿、秘书卿、礼部尚书。天历元年(1328)到至顺三年(1332)柯九思在朝为官的五年间,阿鲁辉也在京为官,与柯九思同为文宗近臣,爱好、情趣十分相投,相识相知日深,两人遂互相引为同道。柯九思与这位异族的同道感情确实非同一般,早在柯九思为之作《石屏记》的头一年,也就是柯九思被授予奎章阁学士这一年,柯九思在阿鲁辉的芳云轩为他鉴定了苏轼的《墨竹图》,并在画上作了题记①。同年,王眉叟真人②觉得阿鲁辉所藏的这幅苏轼《墨竹图》与他所藏的一幅《枯木疏竹》十分相配,有如合璧一般,于是毅然将它赠送给阿鲁辉。柯九思有感于两件杰作的神物相会,又欣然为这幅《枯木疏竹》题跋。③ 他们的友谊一直保持到柯九思的晚年。

柯九思在奎章阁荣宠日隆,招致了一些权臣的嫉恨。早在至顺二年(1331)六月,御史台就已弹劾柯九思,理由是:"性非纯良,行极矫谲,挟其末技,趋附权门,请罢黜之。"④但御史台的弹劾没有奏效,文宗对他仍是爱护有加,八月文宗自上都还时,柯九思也怀着感戴的心情应制作《郊祀》《大礼》二首诗,上文已经作了引述,这里不赘。御史台的弹劾虽然没有奏效,但在柯九思的心里却投下了一道阴影,始终挥之不去。种种迹象表明,柯九思已经卷入了一场政治风暴中,他感觉到自己的处境堪忧。柯九思应制赋《郊祀》《大礼》二首诗后不久,即为高昌正臣作《晚香高节》图。联系柯九思所处的历史情境,仔细研读这幅图画,从中可以窥见他的十分幽远深沉的心境。

让我们先适当绕远一点,来考察一下柯九思遭到弹劾前的一些历史场景。至顺二年三月,御史台已经弹劾了奎章阁参书雅琥,弹劾的理由与柯九思差不多:"奎章阁参书雅琥,阿媚奸臣,所为不法,宜罢其职。"⑤雅琥与柯九思都是奎章阁臣,在一些人眼里都是"以文艺末技"服侍文宗,但这所谓"文艺末技",说到底无非是品书论画、鉴赏金石或舞文弄墨而已,这本身就应该是奎章阁臣的分内工作,御史台的弹劾实在是有点"欲加之罪"的架势。雅琥与柯九思同为文宗近臣,都是文宗亲手提拔的,御史台几乎同时敢于对文宗的两位宠臣下

---

① (明)张丑:《清河书画舫》尾七十二,《四库全书》本,卷八下。
② 王眉叟,号溪月、玄览真人。杭州人,曾任杭州开元宫住持。生平详见(元)陶宗仪《南村辍耕录》。
③ (明)张丑:《清河书画舫》尾七十二,《四库全书》本,卷八下。
④ (明)宋濂等:《元史》卷三十五《文宗纪》四,中华书局,1976年,第791页。
⑤ 同上,第779页。

手,其中似乎另有隐情。

现在大多的学者都认为,柯九思遭到弹劾的原因是"宠顾日隆,由是言者见忌",事情可能没有那么简单。

曹元忠(1865—1923)[①]所辑柯九思诗文集《丹丘生集》,其后有跋,跋文中有这么一段话,隐约为我们提供了柯九思被弹劾的深层次的原因:

> 独博士自以为受文宗知遇,建储一论,不容缄默,使早从其言,何至有太子燕帖古思高丽之放哉?计不能用,徒以忠谠之故,为顺帝所忌,屏之吴会……良可惜也。[②]

陈婧莎对此提出了中肯的看法:

> 《建储论》今已不存,具体内容无从得知,然曹元忠说得清楚,此文"为顺帝所忌"。恐怕文宗死后顺帝即位并非文宗之愿。事情其实很蹊跷,柯九思被弹劾后一年文宗即驾崩,"文宗子鄜王懿璘质班在位未数月旋卒。六月迎立遂帖睦尔为帝",顺帝即位后立刻"入庙拆去文宗神主,命四方毁弃旧诏书。"这一系列事情,使得我们有理由相信柯九思卷入了一起政治风暴,这个政治风暴与帝位更替有关,而柯九思是这场风暴中的一个牺牲品。[③]

还有一个史实也更进一步证明了柯九思等被弹劾的原因是由于政治上的风波。奎章阁学士院在顺帝即位后虽然没有立即被撤掉,但明显衰落了。文宗收藏的宝玩、书画遭到冷弃,代表文宗文艺品位而隶属于奎章阁的群玉内司被革去,并入艺文监,说明顺帝对文宗时期的文化设施是冷漠的。考察顺帝的成长历程,我们可以似乎窥见他对文宗的怨恨心情。学者邱江宁认为:

---

① 曹元忠(1865—1932),字夔一,号君直,晚号凌波居士,吴县人。光绪二年举人,曾参与康有为公车上书。
② (元)柯九思:《丹丘生集》,见李镜渠编《仙居丛书》(三),浙江人民美术出版社影印本,2013年,第593页。
③ 陈婧莎:《柯九思〈晚香高节图〉研究》,2010届硕士学位论文(中央美术学院人文学院美术史系),第15页。

顺帝自幼一直处于颠沛流离中,据《元史》记载,顺帝母亲罕禄鲁氏乃明宗在大漠时纳的。明宗死后,顺帝被徙于高丽,让他居于大青岛中,"不与人接"。一年后,文宗下诏说,明宗在大漠时便已不承认顺帝是自己的儿子,于是又将顺帝从高丽移到广西静江。宁宗死后,顺帝在文宗皇后不答失里坚决不肯立自己的儿子燕帖古思的情况下,被燕帖木儿从广西静江接至京城即位。燕帖木儿见了顺帝后,与顺帝"并马徐行,具陈迎立之意",顺帝一无所答,令燕帖木儿心生疑忌,于是燕帖木儿便延挨着不让顺帝即位。由顺帝的成长历程可以看出,他一直处在极其孤独、不安定、被人猜忌、陷害,甚至随便估定生死的境遇中,故而养成极善于韬光养晦、玩弄权术的性格。在知晓父亲元明宗为元文宗与燕帖木儿所毒杀事情之后,顺帝对元文宗更加怀恨……①

柯九思遭到弹劾后,一直处于忧谗畏讥的心境中。就在他完成《晚香高节》图不久,好友九江方叔高将欲南还,临别之际,他赋《将进酒送九江方叔高南还》诗一首,长诗借屈原忠而见谗的遭遇,隐喻自己的痛苦抑郁的处境:

君不见,潇湘之浦苍梧山,虞舜南巡去不还。当时揖让称大圣,但馀湘竹秋痕斑。又不见,汨罗江水杯碧玉,屈原憔悴江头哭。皇天何高地何厚,忠而被谗空放逐。将进酒,君莫辞。圣贤亦尘土,不饮当何为。桃花水暖歌声度,杨柳风轻舞袖垂。况是骊驹促行役,美人惜别低蛾眉。有肉如陵,有酒如海。今朝尽醉极欢娱,莫待重来鬓丝改。黄金装宝剑,白玉饰雕弓。将军上马意气雄,赋诗横槊逾江东。②

柯九思的这首诗歌所表露的心境有助于我们解读他为高昌正臣作的《晚香高节》图。

柯九思传世的墨竹图比较可靠的约有七八幅,图中多为墨竹一竿,或添山石一块,而《晚香高节》图不但有竹有石,还绘有荆棘和菊花,这就很值得我们

---

① 邱江宁:《元代奎章阁学士院与元代文坛》,中国社会科学出版社,2013年,第50页。
② 王及:《柯九思诗文集》,中国美术学院出版社,2004年,第5页。

为它所蕴含的深意而展开遐想。艺术作品中的"荆棘"一般比喻为"进谗的小人",在后代的诗文中,荆棘常作为兰花、松柏等植物的对立面出现,竹子、菊花与兰花、松柏一样,自古以来也是高节的象征。元代画家,特别是汉人和南人中的画家普遍以竹画表达自己在艰难处境中的心志。

明乎此,我们就不难感受到柯九思所作的《晚香高节》图的深沉意蕴。他是在向朋友阿鲁辉乃至世人吐露自己遭到谗臣打击的痛苦心情。尽管处境艰险,但他的本心却如竹子那样高洁。图中的菊花,明显是表示自己淡泊明志的志向。他当然留恋与文宗在一起的奎章阁的日子,但现实环境已经越来越明显地告诉他,奎章阁很有可能容纳不了他,如果真有那么一天到来,那么,他也愿意像陶渊明那样过着"采菊东篱下,悠然见南山"的隐逸生活。

尽管文宗皇帝对柯九思还是荣宠如故,甚至"受宠日隆",但柯九思已经渐渐感觉到朝中的从政环境越来越险恶。至顺三年(1332)五月,文宗皇帝将有上都避暑之行,九思趁着空闲,向文宗真诚地袒露了自己希望离京到外地任职的心声:

> 臣以文艺末技,遭逢圣明,而踪迹疏危,殒越无地,愿乞补外以自效,庶几仰报日月照临之万一,惟陛下哀怜![1]

从九思的乞求中,我们隐隐感觉到文宗在朝中的处境也不太好,九思一方面是为自己的人生出处着想,一方面也是为了不使文宗过于为难。文宗对九思确实也是爱护有加,他慰问他说:

> 朕在,汝复何忧?[2]

御史台这次是铁了心要逐出九思,第二天,又上奏章弹劾九思,文宗又不予批复。但是当时朝廷有个成例,御史台章入不报,要缴纳官印辞职请去。文宗一想,还是决定从朝中大局和长久利益考虑,复召而谕之:

---

[1] 宗典:《柯九思史料》,上海人民美术出版社,1985年,第4页。
[2] 同上。

朕本意留卿而欲伸言者路,已敕中书除外,卿其少避,俟朕至京宣汝矣。①

文宗说:自己本意是想留你的,但又不得不理会御史台的奏章,以伸言者之路,我已经命中书省除你作外官,你可以先暂时避一避朝中政治斗争的锋芒,待我回京后再宣你回来。

九思一边拜别,一边哭泣,恋恋而出。可是,"中书竟格诏不行"②。一方面可能是文宗在朝中的权威不是很强,一方面也许是出于对柯九思颇为妒忌,中书省竟敢对文宗的旨意不予执行。

这一年的八月,元文宗驾崩于上都,年仅二十九岁。九思惊闻噩耗,悲愤欲绝,呜咽流涕,吟诵起昔日所作的感怀诗,权作对文宗的挽诗。感怀诗一共五首,总题为《次杜德常典签玉泉寺秋日感怀五韵》,诗云:

万骑时巡九月回,年年望幸寺门开。儿童不识鬐龙远,犹问君王几日来。

玉殿珠楼漾水光,翠华来幸拂天香。高皇魂魄应思沛,时有祥云护此方。

贝叶空闻驮白马,金根不复驾苍虬。当时迎日花如锦,一片人间逐水流。

锦缆牙樯天上移,美人争挽绿杨枝。如今泪洒西风急,采尽苹花晚欲吹。

萦波翠荇牵秋恨,泣露红蕖落晓芳。惟有旧时西岭月,自移阁影过朱墙。③

---

① 宗典:《柯九思史料》,上海人民美术出版社,1985年,第5页。
② 同上。
③ (元)顾瑛辑,杨镰等整理:《草堂雅集》,中华书局,2008年,第23页。

七、流 落 江 南

　　文宗的驾崩,对柯九思人生轨迹的走向影响很大。假如文宗不是英年早逝,那柯九思重回京城担任京官的可能性还是有的。但如今,重入仕途的希望已破,如果继续留在大都,只能是凶多吉少。他只能离开大都,返回江南。后来的现实证实他的考虑是对的。

　　徐显在柯九思流寓江南后,结识了他,并时相从游,因此他写的《柯九思传》,可信度应该是很高的。《柯九思传》中写道:"公因流寓吴中,予获从公游,语及先朝,则诵其所为诗,呜咽流涕。"①柯九思一谈到先朝,就呜咽流涕,一方面当然是对昔日短暂的繁华人生感念不已,更多的也许是对今日的政治生态和人生处境愤懑抑郁。

　　文宗驾崩后,子鄜王懿璘质班在位未数月也突然驾崩,至顺四年六月,妥欢帖睦尔即位,改元元统,自此,元代进入了最后三十六年的衰败时期。妥欢帖睦尔即位以后所面临的政治局面十分险峻:吏治腐败、权臣擅权、财政空虚、社会动荡。特别是权臣擅权,一度使妥欢帖睦尔颇感无奈而又头痛不已。当时实际掌握朝政大权的是太师右丞相伯颜,他"独秉国钧,专权自恣,变乱祖宗成宪,虐害天下,渐有奸谋","势焰熏灼,天下之人惟知有伯颜而已"②。

　　伯颜如何虐害天下?学者王及先生在一篇文章里,详细地罗列了伯颜所推行的一系列不得人心的政策,其要者在以下两点③:

　　一是排斥汉人、南人,加强民族歧视、压迫。他于至元元年(1336)宣布废除科举,以防止汉人、南人通过科举入仕。文宗时期任职的汉族官员多受猜忌、迫害,被逐出宫。至元三年(1338),禁止汉人、南人执军器、存马匹。禁止汉人、南人习蒙古、色目文字。他还提出要杀死全部张、王、刘、李、赵五姓汉人、南人,幸为顺帝所阻,又受到各方的反对,没有实行。

---

　　① 宗典:《柯九思史料》,上海人民美术出版社,1985年,第1页。
　　② (明)宋濂等:《元史》卷一百三十八《伯颜传》,中华书局,1976年,第3338页。
　　③ 王及:《五云阁吏　三绝诗书画》,载《柯九思诗文集》,中国美术学院出版社,2004年,第15页。

二是一改文宗旧制，罢斥文宗朝启用的大批汉人、南人儒士。将文宗朝编纂完成的《经世大典》束之高阁，不予付印，致使这部巨著散佚不全。

伯颜的倒行逆施，使得社会动荡不安，"地方上，从至元三年开始，有广东人朱光卿、河南人胡闰儿、四川人韩法师、福建漳州人李志甫、江西袁州人周子睦等等，先后造反"[①]。

后来，长大成人的顺帝将伯颜贬放外地，铲除了他的势力。一旦权力在手，顺帝即开始了对文宗的残酷报复。诏改文宗庙主，迁文宗皇后于东安州，放太子燕贴古思于高丽，革罢文宗时期设置的太禧院、宗禋院。改奎章阁为宣文阁、艺文监为崇文监等。

政局动荡，使柯九思对自己重入仕途彻底失望，唯一出路只能是放浪江湖。

有一条史料，似乎可以证实，柯九思最初的离开大都的时日里，曾经回到自己的故里台州仙居。当时的一位诗人钱惟善曾写有《柬柯博士》一诗，其前面四句是：

芸香阁下丹丘生，十年不见双眼明。图书一代聚东壁，风浪扁舟归赤城。[②]

诗中的"赤城"，是台州的别称。

柯九思流落江南后回乡可能不止一次。据有关史料记载，在暂居松江期间，他曾回到家乡台州。柯德有《春花秋草堂笔记》两卷，对柯九思回乡之事记述颇详。

柯德，仙居学士，字庆仁，生年不详，卒于至正二十五年（1365）按照年龄估算，可能是柯九思的族侄。据其《春花秋草堂笔记》记载，柯九思于至元五年（1339）回故乡时，正逢台州一带发大水，因受雨阻，他在临海住了下来，一住就是两个月。水退后，他在临海"江边杜山上，承樵者指路，捡得鱼石数片，视若珍宝"。"鱼石"当为鱼化石，现临海城西一些地方尚能寻得，杜山可能是临海

[①] 黎东方：《细说元朝》，上海人民出版社，2013年，第232页。
[②] 王及：《柯九思诗文集》，中国美术学院出版社，2004年，第109页。

城西的某地。作为艺术家,柯九思当然喜爱家乡这种稀有的"珍宝"。

《春花秋草堂笔记》还记载:"己卯(公元1339)仲秋,丹丘伯游天鼻。"天鼻,即天鼻山,是括苍山别名,《光绪仙居志》卷二十四《杂志下·杂事》及《台州府志》"山川门"均有载。柯九思在山上曾"小住深坑密箬林间,索纸笔,欣然作顽石新篁"。画家的"新篁"今已不见,但还有胡助题九思的"幽篁"诗:"潇洒幽篁不受尘,千年枯木篆书文。挥毫鹘落清新意,不减湖州古墨君。"①

柯九思游括苍山时,"居龙岩,方苞老道相陪。每忆大都,皆不堪往事"。此处所谓的"往事",当指他在京师受到排挤一事。这样一件影响他人生暮年的大事,当然使他不堪回首。但山上的美景也使他暂时忘却了苦痛,他的游兴还是很浓的。老道见柯九思游兴很浓,一再请他赋诗题字,但他认为眼前的山水尚未能"万趣融其神思",故委婉拒绝了:"山不入目不能画,水未入怀不能吟。"

初离大都时,虽是柯九思最伤感的日子,但也有许多令人感怀的温馨记忆。柯九思离开大都应该是元统元年(1333)春上,根据有关资料,他与虞集、甘立道别之后,即与文物鉴赏家陆友仁一起南归。② 甘立在柯九思离开大都后,思念不已,于是赋诗两首,题为《春日有怀柯博士》:

  阊间城外乱莺啼,笠泽春深水满陂。好买扁舟载图画,布帆东下若耶溪。

  闻说新来白发稠,茂林多病不胜愁。吟成定似张公子,痴绝真成顾虎头。③

诗歌中的"阊间城"即指苏州一带,"笠泽"为吴淞江源头及太湖一带的古称,"若耶溪",今名平水江,是绍兴市区境内一条著名的溪流,这里泛指柯九思的故乡。"茂林多病"当为"茂陵多病",茂陵,用司马相如病退后,居茂陵。司马相如有消渴之病(糖尿病)。张公子,即唐代诗人张祜,杜牧有诗"谁人得似张公子,千首诗轻万户侯"。宋人葛立方《韵语阳秋》卷四记载张祜"喜游山而

---

① 王及:《柯九思诗文集》,中国美术学院出版社,2004年,第126页。
② 万新华:《柯九思》,河北教育出版社,2006年,第184页。
③ 宗典:《柯九思史料》,上海人民美术出版社,1985年,第40页。

多苦吟,凡历僧寺,往往题咏。"顾虎头,东晋画家顾恺之,小字虎头,故称。这两首诗歌借想象柯九思回到江南继续收藏书画、吟诗作画的风雅生活情景,表达了对柯九思的怀念牵挂之情。

倪瓒也赋《晨起一首寄丹丘》诗一首,云:

竹窗晨起闻幽鸟,深巷绝无车马喧。多病马卿非不遇,归田靖节自忘言。墙阴薯蓣苗方茁,雨里樱桃花正繁。二月阴寒少晴日,坐看春水上柴门①。

在倪瓒看来,柯九思如今的生活虽是落寞,却也宁静。这位有如多病的司马相如的昔日友人,并非没有遇到明主,而是朝政的不稳才有今日的遭遇,但他的心态还是平和淡泊的,就像当年的陶渊明归田后有"欲辨已忘言"的无限乐趣。你看,他在自己的院子里种薯蓣,植樱桃,苗壮花繁,一派田园之乐乐何如的情景。结句颇富言外之意:不管怎样,刚刚流寓江南的柯九思的心境时不时地还是像二月的天气,多有阴寒,但他似乎还对未来寄予一种淡淡的希望,就如那一汪浅浅的春水终会漫上沉寂的柴门。

柯九思离开大都后,具体先到了哪里?目前发现的资料显示,是到了吴东的胭脂桥,这个说法来源于明代的吴县文人都穆,因为离柯九思生活和去世的年代较近,也许吴县一带还口碑相传着柯九思的轶事,因此都穆的记载应该是可信的:

元柯博士九思在文宗朝最受知遇,观《忠训》一碑可见。后文宗崩,博士失宠,退居于吴中,已逾百年。相传今城东胭脂桥,即其故地……②

刚开始时可能一度暂居在虎丘寺。③

在虎丘寺暂居的日子里,柯九思结识了一位能书善画的高僧释普明。普明和尚号雪窗,俗姓曹,松江人,善画兰花。柯九思一见,即激赏有加,其《题明

---

① (元)顾瑛辑,杨镰等整理:《草堂雅集》,中华书局,2008年,第749页。
② (明)都穆:《题虞文靖隶书》,载《铁网珊瑚》卷三。
③ 万新华:《柯九思》,河北教育出版社,2006年,第184页。

雪窗画兰》绝句可以感受到他欣悦赏爱的心情：

清事相过日应酬，山僧信笔动新秋。王孙遗法风流在，解使平台石点头。
王孙，谓子固、子昂昆仲也。时雪窗住虎丘寺。①

"清事相过日应酬"，写柯九思与雪窗和尚几乎日日相见，互为酬唱，他们之间的交往没有俗世的杂务互相牵累，所为都是清雅之事。这清雅之事是切磋书画，在柯九思眼里，普明和尚的画兰，可以聊解寓居萧寺的落寞情怀，你看，普明信笔一挥，所画兰花，使得眼前的新秋景色更为生动明丽。"王孙遗法风流在"，据柯九思自注：诗中的王孙就是赵孟坚（字子固）、赵孟頫（字子昂），他们都是宋室后裔，两兄弟都善画墨兰。柯九思认为普明和尚的兰画，深得赵氏遗法，风流蕴藉，生动可爱，生意盎然，能使顽石点头。

柯九思与普明和尚的"清雅之事"不止于此，他们在画艺上心有灵犀，欢谈酬唱之余，还是手痒难忍，竟至于合作《兰竹石合景图》②。当时的学者、诗人、书画家钱惟善③观赏了这幅画后，以《题柯敬仲博士明雪窗长老兰竹石合景各一首》一连赋诗三首：

适从楚畹来，邂逅此君子。乃知岩壑姿，风致颇相似。
光风泛崇兰，玉立共潇洒。襟抱有双清，岁暮遗远者。
石逾玉润不生苔，铁笛吹残自裂开。绝似雨晴炎海上，一双翡翠忽飞来。④

在流寓江南最初的日子里，最使柯九思感念不已的当数堪称平生风谊兼师友的虞集。虞集对柯九思的离京最为伤感惋惜。为了表达对柯九思的怀念之情，虞集拿出自己珍藏已久的米友仁的《长江烟雨图》，挥笔题诗于上，题为

---

① （元）顾瑛辑，杨镰等整理：《草堂雅集》，中华书局，2008年，第8页。
② （元）钱惟善：《江月松风集》卷十。
③ 钱惟善（？—1369），字思复，自号心白道人、武夷山樵者，钱塘人。长于《毛诗》，兼工诗文，擅书法。有《江月松风集》12卷传世。
④ （元）钱惟善：《江月松风集》卷十。

《题米友仁长江烟雨图寄柯敬仲》，然后将画作寄给远在江南的柯九思：

  米家自在江头住，爱在长江写烟雨。长江烟雨万里余，书画扁舟在何处。古人翰墨今罕存，好事千金焉足论。凭君寄语丹丘子，盍买山田遗子孙。①

  虞集最关心的还是柯九思的身后之事，提议他多买山田留给子孙。尤其是最后两句，颇多言外之意，实际上表达了一种参透世事的豁达心境和淡淡的愤激之情。世事沧桑，"彩云易散琉璃碎，世间好物不坚牢"，就像那长江万里，时常可见烟雨苍茫的美景，但米友仁的"书画扁舟"今在何处？更深层的含意是：当年你我同在奎章阁任职，同受文宗皇帝宠爱，一起过着荣耀繁华而又清雅赏心的日子，如今风流云散，天各一方，何其悲凉！不要多想了，还是现实一点，多买山田留给子孙，世世代代过着躬耕陇亩的恬淡生活，岂不更好？
  更使柯九思感动不已而且在文学史上传为千古佳话的是，虞集精心为柯九思写了一首《风入松》词。陶宗仪曾专门记载这一美谈，他在《记虞集寄柯九思〈风入松〉赋》一文中写道：

  吾乡柯敬仲先生九思，际遇文宗，起家为奎章阁鉴书博士，以避言路居吴下。时虞邵庵先生在馆阁，赋《风入松》长短句寄博士云：
  画堂红袖倚清酣，华发不胜簪。几回晚值金銮殿，东风软、花里停骖。书诏许传宫烛，香罗初剪朝衫。 御沟冰泮水挼蓝，飞燕又呢喃。重重帘幕寒犹在，凭谁寄、锦字泥缄。报道先生归也，杏花春雨江南。②

  这首词写于柯九思离开大都不久的元统元年（1333）三月，原题云《风入松寄柯敬仲》。上阕主要感怀与柯九思共同经历的美好往事。起句"画堂红袖倚清酣，华发不胜簪"，写得风致高华。词人以简练的笔墨道尽与九思一起在宫中的清雅生活情状：画堂幽幽，歌酒助欢，佳人侑觞，这是多么畅美的乐事！

---

① 王及：《柯九思诗文集》，中国美术学院出版社，2004年，第92页。
② （元）陶宗仪：《南村辍耕录》卷十四。

稍微可惜的是自己已是六十一岁的老人了,白发稀疏,不能插簪了。言下之意,你九思却还颇富春秋,只有四十多岁(他们两人相差十七岁),但也年纪不少了,此句暗含韶华消逝而人间美事难以长久的深沉感喟。接下来词锋一转,"几回晚值金銮殿,东风软,花里停骖",词人深情追怀:多少次两人同在金銮殿侧的奎章阁值夜,以备随时为文宗皇帝起诏;多少个东风骀荡的日子,在烂漫的百花丛里,停下车马,一同陶醉于明媚的春光之中。"书诏许传宫烛,香罗初剪朝衫。"用了一个典故,据宋郑文宝《南唐近事》,唐代韩偓为翰林学士,常视草金銮内殿,深夜方还翰林院,昭宗遣宫女秉烛以送。这句词借此典故,所叙述的正是两人晚值金銮殿,深得文宗嘉许,因而受赐轻罗朝衫的故事。

可这些良辰美景赏心乐事,毕竟只能成为美好的回忆。过片一笔回转现实,"御沟冰泮水挼蓝,飞燕语呢喃",写宫中的御沟霜冰融化,春水荡漾,其碧如蓝,春天又回到了大都,紫燕双飞,呢喃交语,多么和合亲热。可是人呢?却是关山迢递,远相阻隔,昔日朝夕相处的柯九思今在何处?"重重帘幕寒犹在,凭谁寄,银字泥缄。"虽说春已来临,但是透过重重帘幕,依然使人感到寒意浓烈。这是词人的隐喻之笔,暗示大都的政治气候依然艰险恶劣,自己的处境十分危殆。文宗驾崩前后的政治环境,已经使得才华盖世的柯九思早词人一步,离开大都,流落江南;眼下艰危的政治处境中,我纵有千言万语,又能托谁传书与你?词句体现了词人对友人的深切思念和关爱之情。结笔顺此推出:"报道先生归也,杏花春雨江南。"此处"先生",指的是虞集自己,他说,可以告诉友人的是,我也将归去,归到何处?归到春雨霏霏、杏花盛开的美丽江南。虞集说到做到,而且不待来年春上,就在这一年的八月,他即谢病归临川(今江西抚州),从此再未出仕。临川也属于江南。词作结尾以自己同归江南相告,乃是对柯九思莫大的慰藉。

这首词作深深地感动了柯九思。次年即元统二年(1334),柯九思赴友人姚文奂宴席,以此词装裱成轴并和之。正如陶宗仪所说这首作品"词翰兼美,一时争相传刻,而此曲遂遍满海内矣"[①]。当时,柯九思的另一位友人张翥有感于他们的深情厚谊,为赋《摸鱼儿》词述其事,其中有句云:"但留意江南,杏花

[①] (元)陶宗仪:《南村辍耕录》卷十四。

春雨,和泪在罗帕。"直到明初,瞿佑还说:"曾见机坊以词织成帕,为时所贵重如此。"①

元统元年(1333)三月间,柯九思有云间(今上海松江)之游。正在他出游期间,四明(今浙江宁波)有一位叫马鹤斋的书画朋友携米芾的《萧堂记帖》出售,可惜九思不在,未得一览。后来终于辗转借观,并为之题跋:

此帖旧岁春时,四明马鹤斋携售于人,余因作云间之游,不得一览,及还家,不能追之……②

估计在春游云间期间,柯九思去拜访了隐居松江乌泾的昔日友人王逢。王逢,字原吉,江阴(今江苏江阴)人,至正间作《河清颂》,台臣荐之,称疾辞。洪武中以文学征,坚卧不起,歌咏自适,自称席帽山人。王逢见到流落江南的昔日友人柯九思,感慨万千,作《投赠柯博士》长歌以赠:

钟阜天回王气新,忆君扈从入枫宸。旋平内难橐弓矢,遂沐殊恩列缙绅。元宰或同司雨露,史官曾拟奏星辰。羽旌影动宫花日,龙鼎香传禁树春。白马独游丝鞚好,缥醪双赐玉壶醇。委蛇退食收金钥,怵惕存心表翠珉(文皇帝赐其父江西提学谦《训忠碑》),三绝郑虔帝亲许,四愁平子旧谁论。侨居暂作东吴客,奉引依然上国宾。稔岁菑田饶蟹稻,高秋松水长鲈莼。神驰紫塞风生角,梦隔瑶池月照裀。白首冯唐仍晚遇,青袍杜甫岂长贫。明河近望清如洗,行驾仙槎复问津。③

诗歌以艳羡不已的口吻,回顾了柯九思在文宗身边的无比荣宠的日子,也赞许了他杰出的才情,劝慰他暂居东吴,多品尝当地的蟹稻鲈莼等丰厚的物产,以备不久将来依然作为国之上宾,被人奉引。因为王逢相信,柯九思不会像汉时的大臣冯唐到老难封,也不会像唐代大诗人杜甫一样,长处贫困。结句以明河(银河,天河)在望,清澈如洗,可以乘着仙槎自如行驾问津,来比喻柯九

---

① (明)瞿佑《归田诗话》。
② 宗典:《柯九思史料》,上海人民美术出版社,1985年,第126页。
③ 王及:《柯九思诗文集》,中国美术学院出版社,2004年,第116页。

思有机会重回大都,重入宫廷。实际上王逢和九思都明白,这是不可能实现的事情。但朋友的一片赤诚的宽解之意,也许会使落寞中的柯九思不胜感激的。

四月,柯九思的少年挚友王艮入京,他赋诗《送王止善入京》以壮行色:

> 君到京华怯暮春,御沟波暖绿粼粼。城南牡丹大如斗,马上葡萄能醉人。①

柯九思虽然离开大都有些时日了,但对大都的风物景致还是记忆犹新,他对王艮说,你到京华正是暮春时节,北国的天气不如南方,可能还是春寒料峭,你有点胆怯也是正常的,但我知道,宫中的御沟已是春波荡漾,暖意融融。何况城南的牡丹正开得艳丽,其大如斗;走马京城,那美妙的葡萄酒会使你陶醉沉迷。诗句一方面通过大都的风物景色为友人壮行,一方面也依约透露了柯九思依然怀念着大都的美好生活。

柯九思与王艮的友情非比常人。在柯九思回到江南无限落寞的日子里,王艮也是最早赋诗宽慰他的一个友人之一。王艮的诗歌题为《和敬仲韵》:

> 忆子曾陪翠辇过,朔风海子起曾波。上方授衣黑貂鼠,太宫进膳金头鹅。此日此时甘放旷,某山某水且婆娑。但愿年丰饱吃饭,击壤细和尧民歌。②

诗歌前四句回忆了与柯九思一起在大都的繁华荣宠的生活情景。王艮劝慰柯九思说,眼下你既然已经回到江南了,还是放宽胸怀,心境旷达一点,多到山水胜景婆娑游览。只愿你遇上好年成,努力加餐饭,过上躬耕田园的恬美生活。

不久,王艮又有《赠柯敬仲博士》一诗:

> 与子沉浮三十载,归来文采更风流。虚名聊尔或见录,尤物移人何足留。说剑谈元皆外慕,买田筑室是良谋。眼花耳熟争意气,泯灭无闻同

---

① 王及:《柯九思诗文集》,中国美术学院出版社,2004年,第20页。
② 同上,第110页。

一沤。①

诗歌回顾诗人与柯九思三十载沉浮的坎坷经历,赞许柯九思回到江南后"文采更风流",同时劝他看淡虚名,务实生活,"买田筑室",那些意气之争,在历史的长河里,最终总要泯灭无闻,就像那水中的浮沤一样。细品全诗,诗人表面的旷达之下,实则蕴含着深沉的愤慨:一代才人柯九思即使文采风流,也有说剑谈元的风发意气,但在如此晦暗的现实环境里,又有何用? 不如多放点心思在自己的生计上,求田问舍,以度残年。

挚友的理解宽慰,江南山水胜景的明媚温婉,使得柯九思的心情逐渐开朗放旷,他春游踏青,挥毫泼墨,生活依然风雅清静。这年五月,他作《竹石图》纨扇,侨居华亭的永嘉人孙华(字元实,号云间散吏,元代儒医)为之题诗:

石生方豹隐,竹友仪凤举。清风来有时,丹丘在何许?②

诗作表达了对九思《竹石图》高超艺术的夸赞之意,也表露了对柯九思的思念和牵挂之情。

1333年的下半年,柯九思几乎完全恢复了作为书画家、鉴赏家的风流儒雅的生活状态。十月,他在细细鉴赏了《定武五字损本兰亭僧茂宗作图合本》后,感慨系之,不禁题跋于后:

世传兰亭石刻甚多,如月印千江,在处可爱,桑世昌考之备矣。此卷五字镶损本,纸精墨妙,又有僧隆茂宗所画《萧翼赚兰亭图》于后,诚为佳玩。至顺四年十月柯九思跋。③

不久,他又为顾瑛之弟顾长卿作《梅竹图》,这幅画深为当时的士林所称赏,以至于次年元夕,顾瑛遇见柯九思时,还交口夸赞,要求柯九思为之题诗。柯九思盛情难却,即以《予旧为顾长卿作梅竹图明年其弟仲瑛于姚子章席上索

---

① 王及:《柯九思诗文集》,中国美术学院出版社,2004年,第110页。
② 同上,第120页。
③ (清)卞永誉:《式古堂书画汇考》卷之五,浙江人民美术出版社影印本,2013年,第256页。

题遂成口号云》为题，赋诗一首：

  晴雪禁梅蕊，春风袅竹枝。美人应失笑，记得卷帘时。①

  十一月冬至日，柯九思为潘诩所刊的《河源志》撰写序言，显示了他在历史地理方面的渊博学识，这一点似乎为学者们一贯忽视。元至元十七年（1280），元世祖忽必烈派大臣都实为"招讨使佩金虎符"，带领人马到黄河源头进行考察。考察队伍自河州（今甘肃临夏）宁河驿出发，穿过甘肃南部的崇山峻岭，经积石山东，溯河而上，历时四个月达到河源地区，完成考察任务。同年冬回到大都，将考察情况绘图上报。这是中国历史上第一次由中央政府派专使考察河源。元人潘昂霄根据都实弟弟阔阔出的转述，写成《河源志》一卷，对黄河源头一带的地形、水系、动植物、人口分布等风情物产记述较详，干支流的情况作了详细的记载。这也是中国历史上第一部有关黄河源头的风土志。

  潘昂霄，生卒年不详，字景梁，号苍崖，济南历城人，累官翰林侍读学士、通奉大夫。雄文博学，为时所重。其子潘诩，至顺间以同知嘉定州事来吴，意欲将《河源志》刊行于世，他认为这样一部重要的志书，需要一位博学且有名望的学者为之作序，于是他想到了柯九思。此时的柯九思虽然尚有名望，但毕竟已是位卑人轻，地方首脑竟还能想到他，并请他写这样一部重要的著作的序言，想必柯九思的心里早已暖意盈胸，于是挥笔写下了如下的美文：

  河源有志，自本朝始，前乎此，曷为未有志。河源者，道路辽阻，所传闻异辞，莫能究河之源也。《山经》曰：敦薨之水，西流注于泑泽，出于昆仑之东北陬，实惟河源。而《水经》载：河出昆仑，经十余国，乃至泑泽，《山经》又称：阳纡之山，河出其中；凌门之山，河出其中。《穆天子传》亦云：阳纡之山，曰河北冯夷所居。是惟河宗考释氏《西域志》称：阿耨达山上，有大渊水，即昆仑山也。《地理志》亦称：昆仑山，在临羌西。而《汉书》载河出两源，或称有，或称无，而河源所著异同，况世殊代易，名地亦异，终莫能有究之者。我太祖皇帝二十有一年春正月征西夏，夏取甘肃等

---

① 王及：《柯九思诗文集》，中国美术学院出版社，2004年，第39页。

城,秋取西凉府,遂过沙陀,至黄河九渡。按昆仑,当九渡下流,则昆仑固已归我职方氏矣。宪宗皇帝二年,命皇太弟旭烈帅诸部军征西域,凡六年,辟疆四万里,于是河源及所注枝出者,尽在封域之内。当时在行有能记其说,皆得于目击,非妄也。逮世祖皇帝功成治定,天下殷富,遂命臣都实置郡河源,故翰林侍读学士潘公,得究其详,实搜源析派,而作斯志。乃知更昆仑行一月始穷河源。于戏,当四海混一之盛,闻广见核,致数千载莫能究者,俾后世有考而传信焉。岂斯文之光实邦家,无疆之休也。公之子䎖,能不坠其先业,增光而润色之。至顺间,以同知嘉定州事来吴,将刊是书行于世,属九思叙其说于篇端。元统元年冬十有一月南至奎章阁学士院鉴书博士文林郎柯九思序。①

时序更替,转眼到了元统二年(1334)。从这一年开始,柯九思真正过上了放浪江湖、游历民间文坛的生活。这一年元宵节的姚文奂之宴,似乎是一个标志性的开始。

姚文奂(约1350年前后在世),虽是浙东的一个地方军事首长的副官,却颇有名士风度。他字子章,自号娄东先生,昆山人。聪明好学,博涉经史,过目成诵,缙绅先生咸加推重。辟浙东帅阃掾,虽公事纷繁,不废吟哦,把酒吟诗,意气豁如。自筑家声斋、野航亭,喜与文人雅士酬唱雅集。柯九思流寓苏州、松江期间,数次受邀,作客其家,诗酒相娱,颇得人生乐趣。

1334年元宵佳节,姚文奂邀约了一批吴地名士,来他家参加宴会。柯九思也兴冲冲地赶赴这场文宴,见到了几位旧友新知,好不欢畅:一位是张翥,那是九思昔日的至交好友,一位是顾瑛,是这次聚会时结识的。这次文宴,柯九思似乎是精心准备而来,他带来了已经装裱一新的虞集为他赋的《风入松》词作书轴,并在席上赋词一首酬答。席上,张翥赋《摸鱼儿》词一首,前有序云:

元夕,吴门姚子章席上,同柯敬仲赋。敬仲以虞学士书《风入松》于罗帕作轴,故末语及之。楚芳、吴兰,二妓名。

---

① (元)陶宗仪:《南村辍耕录》卷二十三。

词云：

　　记苏台，旧时风景，西楼灯火如画。严城月色依然好，无复绮罗游冶。欢意谢，向客里，相逢还又思陶写。金樽翠斝、把锦字新声，红牙小拍，分付倦司马。　　繁华梦，唤起娇莺燕姹。肯教孤负元夜。楚芳玉润吴兰媚，一曲夕阳西下。沉醉罢，君试问，人生谁是无情者？先生归也。但留意江南，杏花春雨，和泪在罗帕。①

　　柯九思的和作，今已佚失。但张翥这首词作，却透露了这一次文宴诸士（特别是柯九思）的心境。这首词隐隐透露出来的深沉含意是：对我们这些比较落魄的文士来说，过去都曾有一段繁华荣耀的岁月，但而今，那些欢意都如花一般的谢落了，此次客里相逢，大家都有怡悦性情、消愁解闷的愿望，都不肯辜负了这个美好的元夜，那好吧，让我们一起诗酒相娱，细赏歌姬们的轻歌曼舞吧。但沉醉之后，你九思问大家，人生什么是最无情的呢？大家似乎一时无语。我只能说，你毕竟还是比较健朗地回到江南，从今往后，且多驻足欣赏江南那杏花春雨的美景，我知道，你一看到这些美景，就会想起大都那些繁华欣悦的日子和虞集先生赋赠给你的那首著名的《风入松》词作，感动不已，泪洒罗帕。

　　这次宴会，可以说是一次文化的盛宴，姚文奂知道柯九思善于鉴赏，就拿出了家藏的《平台寒林图》请他鉴赏，柯九思以《题姚娄东所藏〈平台寒林图〉》为题，欣然为这一幅画题诗：

　　古木寒林欲断魂，家山落日近黄昏。相从便问桃源路，绝顶人行何处村。②

　　就在这次雅集中，柯九思的风流儒雅给顾瑛留下了很好的印象。顾瑛（1310—1369），又名阿瑛、德辉，字仲瑛，昆山人。他出身官宦之家，但不乐仕

---

① 王及：《柯九思诗文集》，中国美术学院出版社，2004年，第144页。
② 同上，第58页。

进,"却以交友、唱和为乐,经常与当时的文士进行诗酒往来,过着衣食无忧,淡雅清静的生活"①。顾瑛早已在其弟顾长卿处闻九思大名,非常倾慕柯九思的才华和性情;柯九思对顾瑛的才情风度也颇为嘉许,两人可以说是一见如故,自此订交。以后几年,他们之间或诗酒相邀,或登门拜访,颇多佳话。上文已经讲到,这次宴会的前一年,柯九思曾经为顾瑛之弟顾长卿作《梅竹图》,此次宴会,顾瑛请柯九思为此图赋诗,柯九思欣然应允。

这年春天,柯九思会晤了泰不华、赵涣两位好友。泰不华(1304—1352),字兼善,号白野,台州临海(今浙江临海)人。官至礼部尚书。泰不华与九思是台州同乡,结识应该较早。赵涣,字季文,浙江人。官湖州。从政之暇,寄情诗画,为时所重。赵季文此次赴湖州任参军之职,柯九思与泰不华一同送别,各赠诗一首,柯九思的诗题为《送赵季文之湖州参军与达兼善秘书同赋》,诗云:

　　人生功名如掣电,独有君家吾所美。弟兄玉立总成名,堂上慈亲尚强健。伯兄日日报平安,喜溢萱花促张宴。参军趋官百余里,甘旨悬知可充膳。闻君二月当扬舲,太湖水暖春冥冥。碧澜堂前万花丽,水晶宫外群峰青。幕府事稀多暇日,骑马题诗访陈迹。野亭日落朱颜酡,早寄书来慰思忆。②

诗作首句"人生功名如掣电",体现了柯九思落职江南后悲凉消沉的真实心态。但他对赵季文是羡慕不已的,因为赵氏不但兄弟皆有成就,堂上慈亲也还强健,所赴任的地方也很好,可欣赏到碧波荡漾的太湖美景,还有碧澜堂前万花盛开,水晶宫外群峰叠翠。九思还想象赵季文善于理政,公务之余颇多闲暇,可以骑马题诗,踏访名胜古迹。夕阳西下,野亭把酒,朱颜酡然。九思说,我艳羡之余,还是期盼你早日鸿雁传书,一慰我的思念之情。

这一年,柯九思频繁往来于江浙两地,诗酒酬酢,书画交流,生活是清雅而充实的。

估计这一年,他也拜访了当时的画梅名家王冕。王冕(1287—1359),字元

---

① 张玉华:《顾瑛生平、雅集、交友研究》,暨南大学硕士学位论文,2005年,第9页。
② 王及:《柯九思诗文集》,中国美术学院出版社,2004年,第3页。

章,诸暨(今浙江诸暨)人。长九思三岁。王冕年轻时居乡,柯九思极有可能也曾随父亲柯谦任职诸暨时到过他的家乡,结识了王冕。流寓江南之后,九思以故人身份前来拜访,王冕欣喜异常,诗酒之余,即出示新作《红梅图》,柯九思夸赞有加,即以《题王元章写红梅花》为题,赋诗一首:

  姑射燕支衬露华,一枝楚楚进天家。君王不作梁园梦,金水河边厌杏花。①

  一些昔日的友人,一时之间访晤不及,九思就写诗寄发,聊表思念之意。这一年的秋天,柯九思忽然诗兴勃发,以《偶成三绝写上就柬匡庐山人》为题赋诗三首,寄给一位号"匡庐山人"的友人。诗云:

  月华云影漾中郊,光耀纷纭动翠旓。玉笛夜吹山石裂,有人骑鹤过三茅。
  放日轻霞破晓阴,北窗徙倚听龙吟。光摇翡翠蓬山远,浪拥玻瓈贝阙深。
  青鸟当时养得驯,碧梧露下覆清晨。纱窗忽见秋如许,应有蛾眉忆远人。②

  这个"匡庐山人"名于立,字彦成,又号虚白子,南康(今江西南康)人。博学通古今,善谈笑,以诗酒放浪江湖间。有《会稽外史集》。从诗歌中可以看出,于立是一个隐居深山的道士。柯九思对他远离尘俗、缥缈世外的生活非常景慕。柯九思对这位高道的感情确实非同一般,他的诗文集中还有《赠匡庐山人》一首,云:

  道人欲筑希夷室,自向身中炼火丹。何日朝元游绛阙,九霄回首月华寒。③

---

① 王及:《柯九思诗文集》,中国美术学院出版社,2004年,第56页。
② 同上,第25页。
③ 同上。

此诗写得空灵飘逸，表达了对匡庐山人修身尘外、得道飞升的倾心仰慕和美好祝愿。匡庐山人也喜欢书画，他有一幅《云松图》，柯九思在玉山书舍观览后，也赋诗一首，题为《题匡庐山人所藏〈云松图〉于玉山书舍》：

> 幽人结屋庐山侧，卧看九江天际来。白云万壑青松老，时抚丝桐坐绿苔。①

诗歌对《云松图》所蕴含的高深意境作了精到的描绘：白云深处的庐山，千涧万壑之中，幽人结庐其侧，每日里卧看九江自天际滚滚而来，气势何其壮伟！老松苍苍，绿苔萋萋，幽人常常抚奏丝桐，琴声在幽深的山谷里久久回荡，意境何其深远高古！诗歌也暗含了九思对匡庐山人的隐逸修炼生活的倾慕之情。

1334年，九思还为一位叫柏子庭的友人写了一首题为《赠柏子庭上人用匡庐山人韵》。柏子庭，元末著名道士，四明（今浙江宁波）人，尝寓嘉定（今属上海），所居署不系舟。尝讲台教于赤城（今浙江天台），性好浪游。善画兰，与雪窗（僧普明）齐名。这首诗是这样的：

> 庭中翠影碧玲珑，独坐蒲团月正中。直须推却柏树子，清光无极太虚空。②

诗歌对柏子庭的道士生活情景作了白描，也对道教那种虚静清致的境界表示了无限的向往。

从上述柯九思带有道教情怀的赠诗中，我们隐隐感觉到，从1334年开始，九思已经有了归隐入道的思想。

上文讲到，柯九思辗转观览到元统元年（1333）三月间"不得一览"的米芾《萧闲堂记帖》。柯九思观览到这件名书法帖，实已是第二年即1334年了。柯九思在《题米芾〈萧闲堂记帖〉》中说：

---

① 王及：《柯九思诗文集》，中国美术学院出版社，2004年，第58页。
② 同上，第25页。

宝安振元金君同予所好,保护此帖,予每借观,不忍释手,南宫可为翰墨中千载风流。敬题于后。①

金振元,宝安人。生平事迹不详,当是一位懂书画的收藏家。从九思能够多次借观米芾的《萧闲堂记帖》这件事看,他与九思颇为友善。

从上述柯九思每每借观法书名帖这件事来看,尽管他的思想已经渐趋归隐或向道之路,但鉴赏文物书画,还是他的深爱之事。

接下来的近十年光阴里,柯九思的生活依然离不开访友酬唱,浪游胜迹,也离不开创作和鉴赏丹青翰墨。比起大都的繁华荣宠,虽略显落寞平淡,却也充实舒心。

1335 年,柯九思 46 岁。那年三月,柯九思赶赴临川,访晤几年不见的好友虞集,为他的《雍公诛蚊赋》题诗《虞雍公诛蚊赋虞伯生书》,云:

因读诛蚊赋,深怜爱国情。三公登间牒,四海失升平。早觉文章贵,争期德业成。云祊蒙世禄,翰墨负时名。丹丘柯九思赋。②

题诗写好后,柯九思首次用"惟庚寅吾以降"之印。

诗作对虞集的爱国情怀和翰墨才情深为赞许,也暗含着对像蚊子一样害人、致使四海失去升平日子的"三公"的愤慨之情。

在这次赴临川之前的一两年间,柯九思时常想念虞集这位故交挚友,至少曾写过三首七律寄给虞集。这三首诗今已佚失,我们只能见到虞集对这三首诗的次韵之作:

春去园林百草生,千源流涨到池清。心期自与浮云远,鬓发新如积雪明。白苎宽裁无束带,黄冠小制不垂缨。故人相见那相忆,但听横江鹤数声。

丹阁峣峣地最亲,频年染翰侍严宸。九疑凤去荒烟外,三月鹃啼野水

---

① 王及:《柯九思诗文集》,中国美术学院出版社,2004 年,第 83 页。
② 同上,第 36 页。

滨。日落贾生将去宅,江迎庾信独归人。五湖不远闲身在,扶杖风前咏暮春。

今代广文真画师,苏州把笔更题诗。白云远海意萧散,明月满楼光陆离。积妄已空前日梦,清狂那忆少年时。老夫独感深相慰,盛德加餐报祝规。①

虞集的这三首诗作,文笔清畅流丽,感情深沉绵邈,写出了对柯九思无限怀念的深厚感情。

诗作第一首中的"黄冠"一词,意为黄色的冠帽,多为道士戴用。从三首诗整体意思来看,柯九思那时还没有真正入道,但"黄冠"一词至少透露了柯九思已经开始学道的信息。他的心期已经如浮云一般幽远,虽是白发飘萧,但也如积雪一般明丽,倒真的有点仙风道骨了。"故人相见那相忆"一句,文思不顺,似乎是后人传抄之误,从下一句"但听横江鹤数声"意思看,虞集并没有见到柯九思,只听到横江上的几声野鹤的鸣叫,所以应该改为"故人相忆那相见"才对,意为:老朋友只能互相忆念,关山迢递,哪能得见啊。

诗歌第二首首联回忆两人几年前在一起以翰墨服侍文宗皇帝的情景。颔联"九疑",亦作"九嶷",即"九嶷山",在湖南宁远县南。诗句以凤凰离开九嶷山、杜鹃啼鸣于野水之滨,比喻绝代才人柯九思遭遇迫害而流落江南。颈联进一步以怀才不遇的贾谊和饱尝了分裂时代特有的人生辛酸的庾信作比,对九思去国还乡的遭遇表示了深沉的愤慨和同情。诗歌结句写九思以老病之身游历江湖、风前吟咏的情景,表达了对九思的深深的挂念之意。

写到第三首诗歌,作者的心情稍自宽慰。整首诗主要写九思寓居苏州一带的萧散放旷的情怀。首联将柯九思比作被誉为诗书画三绝的郑广文,颔联、颈联描写九思的生活环境和心境。白云缥缈,明月楼台,此时的他早已看开人生的浮沉起落,过着浪迹江海、放怀风月的自由自在的生活。也许柯九思已经将往日心中的理想和追求视为积聚在心中的错误的妄想,也不再回忆少年时代的那一份清狂。在虞集看来,也许这有一丝消沉,但也不失为一种解脱,否则整日痛苦愤慨又有何用?所以诗人为九思的旷达的心境和美好的德行感到

---

① 王及:《柯九思诗文集》,中国美术学院出版社,2004年,第104页。

深深的宽慰，不禁屡屡祝福他身体康健，也劝勉他多加保重、多加餐饭。

柯九思深爱墨竹创作，也有创作心得，这一年他作《竹谱》三十六幅，对嫩叶老根、全竿、嫩枝、老枝、新叶、枯梢、雨枝、风枝、嫩叶新叶、茂叶、老叶、晴叶、雨叶等各种姿态样式的竹枝竹叶，也对倚壁、悬崖、穿林、倚木等各种环境下的竹子形态，都作了描摹和说明。

张雨，是他昔日结交的好友，九思流寓江南后，两人多有来往，这一年，九思为张雨作《古木疏篁图》。这一幅《古木疏篁图》今已佚失，但几年以后，他的挚友虞集的一首《题柯敬仲画古木疏篁》，似乎可以让我们想见这幅佳作的意境：

> 不见丹丘四五年，幽篁古木更苍然。蒹葭霜露风连海，翡翠兰苕月在川。忆昔画图天上作，每题诗句世间传。前村深雪谁高卧，亦有晴虹贯夜船。①

诗人通过题画诗，隐约透露出对九思的思念之情，对九思的绘画艺术更为成熟老到感到十分欣喜。颔联由九思笔下"幽篁古木"的图景联想到九思而今的生活环境：蒹葭苍苍，霜露弥天，幽兰青翠，明月映川，风物如此清旷，正宜吟风弄月，图写丹青。颈联更进一步回顾了九思当年在奎章阁题诗作画而闻名天下的情景。尾联前一句又回到柯九思所画的古木疏篁图景，虞集问道：图中远处的村庄深雪里，是哪一位高士闲卧在古朴雅致的江船里诗酒自娱，江船悠悠，随流而漂，正穿过一座矫若晴虹的石拱桥。也许诗人在问，莫非，这就是你九思乎？

这一年深秋时节，他的好友姚文奂欲往玉山拜访顾瑛，柯九思有诗寄发，题为《姚娄东往玉山因书以寄》：

> 相逢何事且徘徊，泽国桃花岸岸开。见说衡阳南去路，秋深无雁寄书来。②

---

① 王及：《柯九思诗文集》，中国美术学院出版社，2004年，第105页。
② 同上，第24页。

诗歌回忆了春暖花开时节,与姚文奂一同在江南某一处泽国水乡观赏岸岸盛开的桃花的情景。分别之后,九思常常怀念那一段岁月,可是秋已深,老友还是没有书信寄达,就好比南飞的北雁到了衡阳就栖止不飞了。这结尾两句诗虽然是写给姚文奂看的,不但表达了对姚氏的思念之情,也隐隐流露出秋深时节自己的孤独落寞的心情,同时也更进一步委婉地流露出对朋友们无书寄达的失望乃至抱怨,这种失望和抱怨情绪最主要的也许是针对玉山的顾瑛。也许九思的言下之意是:好你个顾瑛,你都邀请姚文奂前去玉山作客了,怎么连一封信都没有给我,要知道,去年元夕我们相见结识之后,我可是一直都想念着你呀。

从顾瑛去年元夕与九思初次见面,即有向九思索题《梅竹图》诗的举动看来,顾瑛对柯九思是十分仰慕的,柯九思没有接到顾瑛的来信邀请,也许另有什么客观原因,柯九思也许是多虑了。

这不,转年即至元二年(1336)正月,顾瑛就以诗来招。这也许是顾瑛读到了九思去年深秋寄给姚文奂的诗,自己早有考虑发书相邀。

顾瑛诗云:

溪上东风杨柳丝,浅红初上海棠枝。载取山公同一醉,风流不减习家池。①

诗中透露出来的意思是:玉山的早春已经到来,溪上东风淡荡,杨柳拂堤,海棠的枝头也已经开出了浅红的花朵,正是联袂踏春的好时节呀。你来吧,到时我们像晋代的山简一样,一醉方休,酒后一同躺倒在马车上,这种风流洒脱的情景,一点都不亚于东汉初年襄阳侯习郁在私家园林里的清雅狂放的生活。

柯九思接到此诗后,马上以《玉山以诗来招予与姚娄东过小隐其诗云……用韵先寄》为题,写了一首诗回复顾瑛:

京华春日看游丝,歌度雕梁舞柘枝。一代风流今已矣,芭蕉题遍忆

---

① 王及:《柯九思诗文集》,中国美术学院出版社,2004年,第23页。

临池。①

柯九思在和诗中说：说到风流洒脱的日子，我在大都的时候已经享受过了，那时的春日宫殿里炉烟缭绕，如游丝飘荡，听轻歌绕梁，余音袅袅，看歌姬们跳着极具民族风情的柘枝舞，何其欢畅荣耀！可如今属于我们的那一代风流，已经烟消云散了，我只记得自己像怀素那样临池泼墨，题遍芭蕉，习字也是非常用心刻苦的。柯九思对往昔的那段奎章阁里的日子还是无限的留恋和怀想，对风流云散的无常岁月不胜感慨系之，流露出一种无可奈何花落去的悲凉心情。虽然如此，柯九思对顾瑛的盛情相邀还是很感激的，他愉快地接受了邀请，并很快地动身了，从题目里的"用韵先寄"几个字里，隐隐使人感受到柯九思急速启程的心情。

这次玉山之会以后的四五年里，柯九思与姚文奂、顾瑛时相过从，或频相唱和。至元三年(1337)，九思四十八岁，那年三月，姚文奂有杭州之行，柯九思很想同去而未成行，只能以诗相送，题曰《姚娄东往武林和玉山韵以送》：

我欲从君马首东，钱塘湖上看东风。六朝歌舞欢娱地，万井楼台浅淡中。②

送罢姚文奂不久，又有诗作寄给顾瑛，题为《题钓月轩》：

谈笑从吾乐，相过罢送迎。凭栏看月出，倚钓待云生。蝶化人间梦，鸥寻海上盟。轩居总适意，何物更关情。③

这首诗回忆了去年与顾瑛等在钓月轩上诗酒谈笑、迎来送往的情景。你看，他们在钓月轩中，一同凭栏赏月，一起披云垂纶。处在这样的美好景致里，简直令人进入庄周梦蝶的意境中，也使人产生与鸥鹭结友为盟并隐居海上的向往。诗歌最后说，在玉山特别是钓月轩那一段日子里，我忘情于山水胜景

---

① 王及：《柯九思诗文集》，中国美术学院出版社，2004年，第23页。
② 同上，第25页。
③ 同上，第8页。

中,陶醉在知交挚友的热情款待里,还有什么比这个更令人关心的呢?

之后不久的春日里,从玉山回到寓所的柯九思偶染小恙,居家休养,泰不华、杨维桢、杜本等来探访,①一时之间,柯九思的寓所欢声笑语不断,他的病情似乎一下好转,他们游览溪山,一睹江南春日的美景,并以《春日病起看花走笔呈座上诸友》为题,记录这一情景:

> 几日不出门,花开已如许。锦绣薄流霞,胭脂透疏雨。暖生蝴蝶梦,风淡鸳鸯浦。底事远游人,鸥边荡柔橹。②

他在诗中对诸位友人说,我几天没有出门,想不到春花已开得这么灿烂。春花如锦绣,与天上的流霞交相辉映,又如胭脂,在稀疏的春雨中一片湿润。春暖花开时节,鸳鸯之浦,风儿淡淡,使人感觉进入庄生化蝶的梦境之中。我们这些远游之人,为了什么事,竟然在白鸥出没的水中荡起了长橹,欸乃声声,柔和温馨,令人沉醉。

送走了诸位友人,他又访晤了台州乡人陈基。陈基,临海人,是当时有名的学者、诗人,博学多才,深得九思赞许。柯九思拿着自己的墨竹画,让陈基欣赏,陈基以《题柯博士墨竹》为题,题诗一首:

> 京洛淄尘染素衣,故园清梦苦相思。归来无限江南意,写作春风暮雨枝。③

陈基在诗后有注解:竹乃在京师所作。陈基在诗歌中说,当年你在帝都的茫茫人海里生活,沾上了一身灰黑色的尘土,也是够劳碌辛苦的。还有更苦的是长年离别而起的对故园的相思之苦。你把对故土江南的无限思念之意,都诉诸笔下的春风暮雨里墨竹的枝枝叶叶!

寓居苏州的日子里,柯九思也经常见到来自浙江的同乡好友,会晤陈基不

---

① 万新华:《柯九思》,河北教育出版社,2006 年,第 185 页。
② 王及:《柯九思诗文集》,中国美术学院出版社,2004 年,第 1 页。
③ 同上,第 133 页。

久,他在李孝光处,见到了永嘉的林彦青[1],于是以《送林彦青归永嘉》为题,赋诗相赠:

> 雁荡接银汉,翠涌生高寒。芙蓉散秋锦,飞落秋云端。我昔造绝顶,天阔路漫漫。遥瞻广寒殿,素娥正凭栏。白兔捣月魄,指顾成神丹。因招宋成公,吹箫乘紫鸾。俯视九万里,元气青团团。别来知几时,弱水如平滩。忽遇雁山客,霞佩青莲冠。还入雁山去,玉髓供神餐。报我旧游者,久待凌烟峦。吾患为有身,南望空长叹。[2]

长诗开头四句起笔不凡,气势磅礴,描写雁荡山群峰涌翠,高接银汉,寒气逼人的雄伟壮丽的景象。中间"我昔造绝顶"至"元气青团团"十句,以浪漫的情怀,回忆自己壮岁时登临雁山绝顶的深切而壮美的感受:他觉得自己如登银汉,眼前天路漫漫,白云悠悠,遥看月宫之中,嫦娥凭栏远眺,白兔捣药成丹。他不禁往下俯视茫茫人寰,只见元气簇集成团,混茫而又清碧。"别来知几时,弱水如平滩"两句转入当下,诗人说,离别雁荡山不知道有多少时日了,我感觉最深的,还是往日那些险恶难度的银河上的江海,在我眼里却如平滩。"忽遇雁山客"到"玉髓供神餐"四句,写友人林彦青的仙风道骨和他归去雁山后的神仙般的生活,表达了诗人的无限艳羡之情。结尾四句说,我作为一个雁山的旧游者,今天送别时向你倾诉的只有一个意思,我久有重凌雁山烟峦之志,只可惜,我苦于是有身之人,整日忙忙碌碌,一时还不能实现这个愿望,只有向南怅望,空自叹息!柯九思在流寓江南的日子里,为何对往昔造访雁山绝顶还这么念念不忘?为何对当年产生的浪漫情怀还这么记忆尤深?为何还要再次登临雁山,却因为忙于俗务不能动身而怅望南天,叹息连连?要回答这些问题,就要联系柯九思所处的社会生活环境和他流寓江南时的心境。

我们知道,在特定的时代和特定的社会生活环境中,古代士大夫阶层往往有一种超然于物外的处世之道,有元一代的士大夫或文人雅士尤甚。"他们标榜'清高',要以山林隐逸为自适。这种想法,赵孟頫在朝时存在着;钱选不做

---

[1] 万新华:《柯九思》,河北教育出版社,2006年,第185页。
[2] 王及:《柯九思诗文集》,中国美术学院出版社,2004年,第2页。

官,闲居故里时也存在着,元四家中人人有这样的思想。王蒙在仁和的黄鹤山一住就是三十年,不是卧青山,就是望白云。他们在尘世中的生活'不堪冷热情',所以要想尽一切可能躲开这种'冷热情'。"①从这首诗歌中可以看出,柯九思年轻时也有这种超然物外的思想。在经受了人生的大起大落终至于流寓江南后,他更是向往那种没有勾心斗角、没有喧嚣嘈杂的尘外之世,因为那里即使有"弱水",也是平滩一般。

另外,根据王伯敏先生的考察研究,元代文人画的一个特点之一就是:以所作"合幽寂人之心"为快事。"合幽寂人之心"出自杨维桢之口。王伯敏先生对"幽寂人"的解释是:根据当时士大夫的说法,便是闲居沉默者,当然是指在野的文人。② 笔者认为,解释成"在野文人中的幽居落寞者"似乎更为妥当。王伯敏先生认为王蓬对郑思肖、曹知白、柯九思等作品的题画诗,都是文人画家以所作"合幽寂人之心"的反映。那么什么是"幽寂人之心"呢?根据王伯敏先生的解读,就是幽居落寞的在野文人对超然物外的幽静闲居生活的向往。柯九思流寓江南后,虽然时常怀念在大都的繁华荣宠的岁月,但随着年岁的增长和时局的动荡,他心中的理想也逐渐幻灭,对逍遥于物外的那种仙人般的理想生活更是无限憧憬。《送林彦青归永嘉》就是他这种憧憬的自然流露。

送别林彦青之后的这年五月,具体地说,是夏至后阴历逢五为伏、其三伏叫做"夏五"的那一天,柯九思与当时的一批著名文人好友汪叔敬、干寿道、郑元祐、泰不华有一次雅集。《元诗选》初集卷五十二中,有郑元祐的《至元丁丑夏五宣城汪叔敬吴人干寿道丹丘柯敬仲国人泰兼善同仆游天平次往灵岩有作奉和二首》③:

  西望层峦草木青,魏公祠下拜仪型。经纶有策回天地,忧乐无时忘阙庭。异代蒸尝遵典礼,故山香火下神灵。浮云变灭知何在?闲听松风语塔铃。(天平魏公祠)

  吴王宫阙草萋萋,飞阁重登意转迷。洗砚池边云欲暝,拜郊台上日平西。湖涵远浪千帆没,树响悲风一鹊栖。江海鸥夷招不返,荒烟野水鹧鸪

---

① 王伯敏:《王伯敏美术史研究文汇》,中国美术学院出版社,2011年,第337页。
② 同上,第338页。
③ 王及:《柯九思诗文集》,中国美术学院出版社,2004年,第107页。

啼。(灵山涵空阁)

他们这次游览的天平山,地处苏州城西南三十里,是北宋名臣范仲淹先祖归葬之地,也是一方名胜。唐代大诗人白居易曾上山游览,小憩白云泉边,有《白云泉》诗句:"天平山上白云泉,云自无心水自闲。"郑元祐、柯九思一行游山观水,还特意瞻拜了魏公祠。这个魏公祠,笔者认为所祀奉的应该是与范仲淹齐名的北宋名臣韩琦,其祠在范文正公祠一侧,后人将韩范并祀,如同吾华各地将关羽、岳飞一同纪念祀奉一样。

郑元祐在诗中深情表达了对韩琦的崇敬怀念之情。你看,他们纵目西望,只见天平山西麓草木青青,魏公祠庄严肃穆,他们拾级而上,来到祠下。一行人在魏国公的塑像前跪拜如仪,神情肃然。诗歌颔联对韩琦的政治才能和为国为民的忧乐情怀极表礼赞。颈联的意思是:魏国公就是到了异代,人们还会时常举行隆重的仪式,祭祀如初,香火不断,您的神灵在香火的感召下,永不磨灭。尾联以天平山的浮云变灭不停,不知所终,只有山上的松风永远吹拂着塔铃,来反衬和喻示魏国公的英名不朽。

魏国公韩琦在仕途上,曾有为相十载、辅佐三朝的辉煌时期,也有被贬在外前后长达十几年的地方任职生涯。但无论在朝中贵为宰相,还是任职在外,韩琦始终替朝廷着想,忠心报国,都为北宋的繁荣发展做出了贡献。在朝中,他运筹帷幄,使得朝廷清明,天下乐业;在地方,他忠于职守,勤政爱民,是封建社会的官僚楷模。在后人眼里,他还是积极抵御西夏的民族英雄。郑元祐、柯九思等登览天平山,特意拜谒魏公祠,并赋诗留念,其中似乎颇有深意。虽然他们生活的时代已经是元代的中后期,民族意识逐渐淡泊,但一看到魏公祠里的韩琦塑像,难免产生对民族英雄的无限敬仰爱戴之情,难免又勾起了那种深潜于心底的民族感情。郑元祐、柯九思等士子们凭吊怀念韩琦,实际上与他们怀念"精忠报国"的民族英雄岳飞一样,潜意识里是希望积极弘扬民族气节和爱国情怀,借此重新确立儒家的忠贞保国的伦理规范,恢复中华深厚的优秀传统文化。

郑元祐、柯九思等游览了天平山后,又赶往不远的灵岩,攀上涵空阁。在涵空阁,他们凭栏远眺,但见灵岩上下巨岩嵯峨,怪石嶙峋,气象万千。他们当然知道,灵岩相传曾是吴王夫差在山上筑有石头城的地方,故又名石城山。春秋后期,吴越夫椒一战,越国大败,越王勾践和大夫范蠡被押为人质,居住在石室之中,向夫差献上越中美女西施。吴王夫差为西施在灵岩山上建造行宫,铜钩玉槛,奢侈无比。吴人称美女为娃,故名"馆娃宫",这是世界上最早的山上园林。公元前473年,越王勾践从水路攻进吴国,把这富丽堂皇的馆娃宫付之一炬,烧成断壁残垣。东晋时有人在灵岩山吴宫遗址修建别业。后舍宅为寺,南朝梁天监二年(503)扩建为寺院,名"秀峰寺"。唐代改称灵岩寺。这个涵空阁就是灵岩寺的一个主要建筑。

大约也在这一年,柯九思的好友倪仲刚将迁浙西,九思为之送别,并赋诗《送倪仲刚迁浙西》以赠:

> 我昔少年气如鹘,万里肩书趼双足。归来思得人中雄,扣虱高谈破聋俗。病余此事便已废,学向衡门守雌伏。倪君表表浙右来,襟宇脱略无纤埃。相逢一笑即倾倒,使我郁塞怡然开。盐车久矣滞骙骃,熟路飘飘蹑云起。丈夫有志在四方,出处还应异诸子。离筵兴浓舟且舣,翠袖吴娃嫩如水。清歌三叠动阳关,袅袅余音碧云里。愿君举觞不留滴,去去功名当努力。他时短棹为君住,把酒吴山卷晴碧。晚风推出海门潮,醉挽云涛洗胸臆。①

诗中的倪仲刚,生卒事迹不详,应该是年龄少于柯九思好多岁的青年才俊。这首诗对于我们了解柯九思的人生理想志向和性情特点,乃至流寓吴地后的生活状况都很有帮助。开头四句写自己少年时代就有不平凡的气魄和志向,那就是万里肩书,纵游天下,归来欲为人中雄杰,指点江山,破除陋俗,一新时代风尚。柯九思可能在年轻的时候生过一场大病,所以他接着说,自己病后已经心有余而力不足,不能纵游八荒,只能在家中守拙。从诗中看出,柯九思流寓吴中,心情总体上是郁闷的,但他在诗中略带夸张地说,今天看到你倪君神采奕奕往浙西而去,你的卓然特异的风采,你的坦荡的襟怀、洒脱的气宇,没有一点尘俗之气,相逢一笑,即令人倾倒,我长久以来郁塞烦闷的心情为之怡然一开。诗中的"盐车",意即"运载盐的车子",比喻贤才屈沉于下。语出《战

---

① 王及:《柯九思诗文集》,中国美术学院出版社,2004年,第4页。

国策》卷十七《楚策四·汗明见春申君》："汗明曰：'君亦闻骥乎？夫骥之齿至矣，服盐车而上太行。'"意思是，千里马年纪大了，还驾着盐车爬上太行山。诗中的"骐骥"，意为骏马。"盐车久矣滞骐骥，熟路飘飘蹑云起。丈夫有志在四方，出处还应异诸子。"这四句诗写柯九思为倪仲刚像千里马那样长久困于槽枥之间不得启用而感叹，也为他终于在世俗的道路上踏云飘飘而起而欣慰。所以他鼓励他大丈夫应该志在四方，人生的出仕和退隐之途，应该有别于一般的世俗之人。

"离筵兴浓舟且舣，翠袖吴娃嫩如水。清歌三叠动阳关，袅袅余音碧云里。愿君举觞不留滴，去去功名当努力。"这几句写的是倪君送别饯行的场面。饯行是在江边的舟中举行的，离别的筵席上，宾主兴致高雅，不但有诗酒酬唱，还有歌姬踏歌而起，翠袖飘飘之中，清歌一再响起，就像当年的阳关三叠，袅袅的余音荡漾在碧空里。柯九思劝他今日不妨敞开酒量，因为这是饯行酒，也是壮行酒，希望他在今后越走越远大的征程上，努力奋斗，争取功成名就。结尾四句更是无限深情，憧憬着将来有朝一日，重逢于今日送别的地方。柯九思说，到你功成名就归来的那一天，我再为你在江边短棹舣舟，把你迎上吴山，面对一片晴碧的山色，把盏欢谈。直到晚风吹送，海门潮水汹涌而来，那时我们都深醉了，好吧，醉就醉吧，让我们一起豪情万丈，醉挽云涛，一洗尘襟，一吐衷肠！

从这首诗可以看出，柯九思对才俊好友能够出仕为官、为国出力无限羡慕，并对他寄予很高的期望。可见柯九思那种儒家的济世情怀并没有随着境遇的改变而消逝。

柯九思在吴中期间，与倪瓒的交往，很值得考察研究。至元四年（1338）十二月十三日，柯九思访晤倪瓒。倪瓒，是元代末期的著名的书画家、诗人，擅画山水、墨竹；书法从隶入，有晋人风度。亦善诗文，诗歌幽深闲远。所画山水形象，颇多清幽、高逸之趣，在诸多艺术领域中成就最高，与黄公望、王蒙、吴镇合称"元四家"。倪瓒出生于无锡富豪之家，从小靠长兄抚养。优越的家境、广泛的社会交往和浓厚的学书悟道的氛围，使他养成了清高孤绝、洁身自好的性格。他醉心文艺，不理俗务，性情颇怪。后由于不善理财，家境很快败落下来，他从一个富家子弟遽然沦为江湖浪人，性格更为怪异。他素有洁癖，所收藏的书画极富，特造一座房屋安藏，名曰"清閟阁"。"这阁内，泛泛者不许进去的。

有气节,越是有高位负重望的,他越不接近。《云林遗事》载有:张士诚的老弟士信,听说他的画实在好,使人持了绢,又侑以许多钱来求他的画,在普通的画家,恨不得倒屣相迎!在他不但不画,还把绢撕碎,大骂道:'我生平不做王门的画师的!'后来求的人愈传愈多,他不胜其烦,忽将所有的东西,一概抛弃,独自驾一小舟,和那渔夫野叟度那浪漫生活,所以他的画愈加名贵。"①

就是这样一位清高绝尘的放逸之人,却接待了柯九思,而且还请他留宿清閟阁,可见他对柯九思的看重和倾慕。

柯九思与倪瓒在清閟阁鉴赏书画佳作,交流书画创作心得,还少不了诗酒相酬。柯九思在倪瓒的清閟阁是有诗作的,但今已佚失,倒是倪瓒的酬唱之作,收入倪瓒诗集。这首题为《戊寅十二月丹丘柯博士过林下有赋次韵答之》云:

积雪被长坂,卧疴守中林。山川虽云阻,舟楫肯见寻。倾盖何必旧,相知亦已深。惊风飘枯条,清池冒重阴。联翩双黄鹄,飞鸣绿水浔。顾望思郁纡,徘徊发悲吟。愿言齐羽翼,金石固其心。欢乐胡由替,白发期满簪。②

从诗歌中我们可以了解到柯九思是在一个白雪皑皑的深冬季节拜访倪瓒的,那时倪瓒正养疴枯守在山林之中。柯九思很有可能是得到倪瓒患病的消息而来探望的,也有可能带着王子猷雪夜访戴一般的兴致,访晤老友。不管怎样,倪瓒对柯九思的到来,十分感动,他说,虽然山川阻隔,路途迢递,你还是一路舟楫,寻访而来。我们两人不需像世俗那样要认识很久才能订交,实际上我们已经一见如故,相知很深了。"惊风"以下四句中的"黄鹄",一语双关,既指大自然的一种鸟,又喻指高才逸士,《文选·屈原〈卜居〉》:"宁与黄鹄比翼乎?将与鸡鹜争食乎?"刘良注:"黄鹄,喻逸士也。"唐韩愈《南山有高树行赠李宗闵》:"黄鹄据其高,众鸟接其卑。"这里倪瓒将自己和柯九思两人比作黄鹄,亦即具有高才的逸士。四句诗写景如画,情景交融:雪天里,寒风凛冽,树叶飘

---

① 傅抱石:《中国绘画史纲》,北京出版社,2016年,第102页。
② (元)倪瓒:《清閟阁集》(江兴祐点校),西泠印社出版社,2010年,第13页。

零,但一池清波还是倒映着沉沉的树影。两只黄鹄联翩而来,在碧绿的江边洲渚上边飞边鸣。倪瓒的诗意似乎隐约地告诉我们:茫茫人海中,我和九思都是世外逸士,清高孤绝,但两人相遇甚得,堪称知己,现在,就在这幽僻冷寂的清闷阁之畔,尽情地倾吐着内心深处的思致和情绪。那么这一对知己互相倾诉着什么呢?我们虽然不能十分明了,但根据"顾望思郁纡,徘徊发悲吟。"两句诗,再联系到倪瓒、柯九思的平生遭际,我们还是可以体味到两位艺术大家内心的一种郁塞悲凉的意绪。倪瓒原为富家子弟,生活优裕,但在他结婚后的第二年,即天历元年(1328),他28岁那年,他的长兄倪文光去世,不久母亲也相继离开人世,这对他是一个沉重的打击。因他惯于放浪自由,不善家务,更不善理财,家道逐渐败落下来。但在柯九思到访清闷阁的时候,家庭经济还是能够勉强支撑的。因为这前后,他还过着"门车常自满,尊酒无时空"的名士一般的生活。但他的心绪已经渐趋悲凉。因为柯九思到访之前的1336年,江浙地区发生大旱,柯九思到访的本年即1338年又多次发生地震,而统治阶级内部的斗争又异常激烈,再加家道败落的迹象已经显露,所以他的内心时常处于内外交困之中。此时的柯九思呢?离开大都、流落江南已经五年,虽然常与故旧新交诗酒酬唱,也多有与书画界名人雅士的切磋交流,生活也是多有乐趣的,但毕竟经历了人生的大起大落,况且年已老大,前路迷茫,其内心深处的悲凉凄苦的情绪是可以使人感同身受的。落寞的深冬时节,一对清高孤绝的贫士相遇,发出"同是天涯沦落人"的感慨,那是正常不过的事情。

结尾部分"愿言"一词,意为思念殷切的样子。结尾四句的意思是:我多么希望我们这两只黄鹄能够永远保持羽毛的整齐,也就是说,在这个污浊的尘世里,永葆自己的节操,就像金石一样坚固。这种安贫乐道的人生乐趣是没有什么可以代替的,祝福我们都能够寿如南山,一直到白发满簪。

这一次相会,柯九思激情飞扬,为倪瓒创作了堪称柯九思绘画艺术代表作的《清闷阁墨竹图》。这件作品纸本,纵139厘米,横61.1厘米,今藏北京故宫博物院,上有款识,流露出了当时创作的背景:

至元后戊寅十二月十三日,留清闷阁,因作此卷。丹丘生题。[①]

[①] 宗典:《柯九思史料》,上海人民美术出版社,1985年,第52页。

此轴画竹两竿,枝竿挺拔,竹叶潇洒,生机焕发,一竿繁盛,一竿疏朗。又有坡石一块,浓墨点苔,苍秀浑厚。全画笔法苍劲清秀,学文同而又有新意。

倪瓒与柯九思的友情笃厚,对柯九思的画竹艺术更是称许不已,这有他留下来的许多题柯九思墨竹的诗作为证。他在《画竹》一诗中间部分写道:

奎章博士丹丘生,未若员峤能濡响。道园歌咏誉丹丘,坡晓画法难为语。常形常理要玄解,品藻固已英灵聚。①

他有《题柯敬仲竹》诗云:

谁能写竹复尽善,高赵之后文与苏。检韵萧萧人品系,篆籀浑浑书法俱。奎章博士生最晚,耽诗爱画同所趋。兴来挥洒出新意,孰谓高赵先乎吾。②

他又有《柯丹邱画墨竹卷》诗云:

可厌栽花者,繁华总是虚。卜居须傍竹,无竹不成居。设榻谁为伴,开窗好对渠。莫嫌吾室陋,难与此君疏。③

他又有《题柯博士梅竹图》诗云:

竹里梅花淡泊香,映空流水断人肠。春风夜月无踪迹,化鹤谁教返故乡④。

他还有《用潘子素韵题柯敬仲墨竹》二首云:

---

① (元)倪瓒:《清閟阁集》(江兴祐点校),西泠印社出版社,2010年,第114页。
② 同上,第118页。
③ 王及:《柯九思诗文集》,中国美术学院出版社,2004年,第103页。
④ 同上,第136页。

古木幽篁春淡淡,斜风细雨石苍苍。何人识得黄华老,弄翰同为粉墨囊。

吴淞江水似荆溪,只见山光落酒卮。古木幽篁无限思,西风吹鬓影丝丝。①

他还有《用潘瓠斋韵题丹丘墨竹》诗云：

柯公自比米颠子,文采照耀青琅玕。只今耆旧凋零尽,剩得潘君瘦影寒。②

柯九思也时将珍藏的法书名帖出示给倪瓒观赏,倪瓒有一首《题柯九思旧藏苏东坡天际乌云帖》诗云：

盈盈秋水眼波明,脉脉远山翠螺横。西北风帆江路永,片云不度若为情。③

可以说,柯九思的晚年,几乎每年都曾与倪瓒相晤,直至生命的尽头。据宗典先生的《柯九思年谱》记载,至元六年(1340),"九思五十一岁,尝往来于吴浙间,……每至玉山宴集,与张翥、杨维桢、黄公望、倪瓒、于立、顾瑛等赠诗和唱。"④"至正二年(1342),九思五十三岁。七月十九日与倪瓒同观苏轼题文同《墨竹卷》于益清亭,不忍释手。"⑤《清河书画舫》《铁网珊瑚·画品》卷一、《珊瑚网画跋》卷二、《式古堂·画考》卷十一、《续书画题跋记》卷一、《辛丑消夏记》卷一、《岳雪楼书画录》卷二等书画典籍都对这一事件作了记载,当然,这一记载来自柯九思的题跋：

仆平生笃好文笔,所至必求披玩,所见不啻数百卷。真者仅十余耳。

---

① 王及:《柯九思诗文集》,中国美术学院出版社,2004年,第137页。
② 同上。
③ 同上,第135页。
④ 宗典:《柯九思史料》,上海人民美术出版社,1985年,第243页。
⑤ 同上,第244页。

其真伪可望而知之。文苏同时，德业相望，墨竹之法亲授彭城，故湖州之竹多雪堂所题，若必东坡题志而定真伪，则胶柱鼓瑟之论也。此卷文画苏题，遂成全美。予旧尝见之，每往来胸中未忘，今复于益清亭中披阅，令人不忍释手，故为之识。同观者倪元镇。至正二年七月十九日丹丘柯九思书。[1]

在这一次与倪瓒的会晤中，倪瓒作了一幅《良常草堂图》，柯九思以《题倪幻霞良常草堂图》为题，咏诗曰：

幽馆晓山如沐，断桥春水初生。花下班荆酒熟，松间散策诗成。[2]

该诗写景如画，将倪瓒的《良常草堂图》的意境解读得十分到位：良常草堂四周的群山在拂晓时节，格外清新，沐浴在蒸腾的云气中。草堂附近的断桥之下，春水初生，一片生机。"班荆"，语出《春秋左传·襄公二十六年》"声子将如晋，遇之于郑郊，班荆相与食，而言复故。"晋杜预注："班，布也。布荆坐地，共议归楚事。朋友世亲。"因此，"班荆"谓朋友相遇，共坐谈心。如晋陶潜《饮酒》诗之十五："班荆坐松下，数斟已复醉。""散策"，指拄杖散步。结句的诗意是：草堂里，有两位朋友共坐于花下，饮酒欢谈，时而又在松林里策杖散步，吟诗酬唱。柯九思通过这首题画诗喻示了自己与倪瓒的深厚情谊，也表达了对啸傲林泉、诗酒自娱生活的向往。

这里的"良常草堂"是柯九思与倪瓒等一批朋友经常雅集之地。据《铁网珊瑚·书品》卷八，良常草堂为荆溪王仲德延金坛张天民先生教其子弟而筑之室，倪瓒《清闷阁集》中称张经为良常山人、良常先生，又据《元诗选》癸集上，张天民为张经之父。在良常草堂，"张经内侍其父，外交朋旧，人人欢心"[3]，文人雅士们"饮酒赋诗，极一时之盛。柯九思、张雨、朱德润、张翥、李孝光、倪瓒、潘纯、郑元祐等，皆其座上客"[4]。

---

[1] 宗典：《柯九思史料》，上海人民美术出版社，1985年，第125页。
[2] 王及：《柯九思诗文集》，中国美术学院出版社，2004年，第42页。
[3] 宗典：《柯九思史料》，上海人民美术出版社，1985年，第244页。
[4] 同上。

至元五年(1339)即柯九思五十岁那年春天,柯九思又一次赶赴顾瑛那里,与他会晤,并赋《春日偶成戏简玉山人》诗:

> 爱君谈笑俱清绝,昨日相逢是几回?春色不将尘事恼,杏花移得上窗来。①

诗歌的意思是:我是多么爱听你清妙绝伦的谈笑啊,也记不得昨天的相逢又是第几回了?如今,春色幽幽,不像俗世人寰那样由于凡尘俗事而烦恼,顾自将那一枝姣好的杏花横斜到书窗上来。

就在这一次晤面不久,柯九思又接到顾瑛的邀请,赶赴玉山。柯九思这一次受邀,似乎主要是与顾瑛同赏他收藏的一方奇石,并为之题名。事情的来龙去脉,顾瑛在他写的《拜石坛记》中作了详尽的描绘:

> 瑛素有米颠之癖,见奇峰怪石,则徘徊顾恋,不忍舍去,或百计求之,不得者必图写其形似,标诸草堂壁间,以为几格供。后至元戊寅四月下浣,访老僧岩叟于东城之庵,庵即古宋周太尉宅,断垣之外,燕麦中有假山在焉,遂披荆约棘,褰衣而登,其上罗列诸峰,已为好事者挽载而去,独存一壁,而失其左股,欹卧于高梧之下。上有老坡题识觞咏之语,易之以粟,归而立诸中庭,左映右带,无非松竹、芭蕉、枇杷之属,多者书带草耳。石之挺挺拔拔,如老坡独立于山林丘壑间,逾见其孤标雅致也。瑛加之拂拭,永为子孙宝玩。明年奎章阁鉴书博士丹丘柯敬仲下访,见而奇之,再拜题名而去。丹丘辞翰鉴博,有元之元章也。于是砌石为坛,字曰"拜石"。后三月,而御史白野达兼善来观,嘉丹丘之逸致,为作古篆"拜石"二字于坛,又隶"寒翠"以美其所。此石之名,由是愈重,然皆未知所纪之详。②

从文中可以看出,柯九思也与好友顾瑛一样,有"米颠之癖",对奇峰怪石

---

① 王及:《柯九思诗文集》,中国美术学院出版社,2004年,第24页。
② 宗典:《柯九思史料》,上海人民美术出版社,1985年,第31页。

颇为赏爱。后至元戊寅(1338)四月下旬,顾瑛在有意识的寻访中,看到一方奇石,而且上有苏东坡的题识觞咏,十分喜爱,于是以粟米交换,置于庭院中,挺拔奇崛,颇多孤标雅致。第二年,柯九思受邀至玉山观赏到这一宝玩,深以为奇,于是多次敬拜,后为之题名曰"拜石"。顾瑛对柯九思的学识文章倾慕不已,把他比作宋代的大书画家、鉴赏家米芾。他对被柯九思题名过的奇石更为珍爱,于是砌石为坛。三个月后,御史泰不华观赏到这一奇石,对九思的放逸之致深为嘉许,于是兴之所至,刻写古篆"拜石"两字,又美其名曰"寒翠",并以隶书题写之。

泰不华的篆书,柯九思深为赞许。大概在泰不华游赏玉山顾瑛的奇石之后不久,柯九思看到了他书于一处叫渔庄景点上的篆文,以《题达兼善书渔庄篆文》为题,诗曰:

闲居正忆龙头客,喜见秦人小篆文。便到山中看摹勒,已拼十日卧寒云。①

诗题中的"渔庄",位于玉山草堂之东,其地虽是杂草丛生的沮洳地,顾瑛以其有异景,遂筑室于上,引溪流萦绕如带,枫林竹树,兰苕翠羽,掩映相鲜,渔歌野唱,宛在苕云间,可见"渔庄"也是玉山的一处名胜。

1339年前后,柯九思在玉山的诸多景点几乎都留下深深的屐痕,且有不俗的吟咏,如他为浣花馆题《浣花馆题句》:

溪行何处是仙家,谷口逢君日未斜。隔岸云深相借问,青松望极有桃花。②

诗歌写景如画,令人神往。你看浣花馆一带的景致何其清幽,沿溪一路漫步,只见溪云深深,松林尽头,更有桃花艳艳而开,可谓交相辉映,浣花馆简直是仙人之居。

---

① 王及:《柯九思诗文集》,中国美术学院出版社,2004年,第62页。
② 同上,第23页。

又有《索阳庄瓜寄玉山》诗云：

谷雨初干可自由，荷锄原上倦还休。醉迷芳草生春色，谁识东陵是故侯。①

这首诗从诗题看，是九思离开玉山后写就寄给顾瑛的。阳庄，也是顾瑛玉山的一个景点，而且还种植着一种瓜，九思名为"阳庄瓜"。根据诗题及诗歌开头两句的意思，我们可以了解到，九思在玉山阳庄还有一段躬耕南亩、荷锄摘瓜的田园生活，那是溪雨初晴的时节，他劳作在田园里，感觉心情非常轻松自在。活儿干累了，也可以悠然地休憩一下，观赏着眼前的萋萋芳草，为浓浓的春色而醉迷。末句奇峰突起，感慨深沉，意思是：别看我现在日子过得优裕自如，有点羲皇上人的味道，可谁识得，溪野上的这位摘瓜者，竟然是昔日的"东陵侯"？这里用了一个"东陵瓜"的典故。汉初邵平，为故秦东陵侯。秦破，为布衣，家贫而种瓜于长安城东，瓜美，故时俗谓之东陵瓜。明此典故的含义，我们知道柯九思虽然悠游于江南的名胜，心情开朗放旷，但还是对自己繁华之后的落寞人生颇多感触，内心时不时地还是泛起不尽的哀怨和苦楚。

柯九思流寓江南，玉山真的是他最喜欢逗留盘桓的地方。这不单因为那里的主人顾瑛热情好客，风流儒雅，还因为玉山当时聚集了一大批文人雅士，而且许多还是名震天下的一流书画家、诗人，如张翥、杨维桢、黄公望、倪瓒、于立等，九思每至玉山雅集，就与他们诗酒唱和、书画切磋。这种清雅放旷的生活情景，在历史文献里昭昭可感，如《顾德辉传》："顾德辉，字仲瑛，昆山人。家世素封，轻财结客，豪宕自喜。年三十，始折节读书，购古书、名画、彝鼎、秘玩，筑别业于茜泾西，曰玉山佳处，晨夕与客置酒赋诗其中。四方文学士河东张翥、会稽杨维桢、天台柯九思、永嘉李孝光，方外士张雨、于彦成琦、元璞辈，咸主其家。"②顾瑛营造的玉山佳处，很快被各地文人雅士所了解和向往，以致在时人眼中，以往深受人们推崇的王维的辋川、杜牧的樊川较之都大为逊色，如黄溍在《玉山名胜集序》中说：

---

① 王及：《柯九思诗文集》，中国美术学院出版社，2004年，第24页。
② （清）张廷玉等：《明史》卷二八五，中华书局，1974年，第7325页。

中吴多游宴之胜，而顾君仲瑛之玉山佳处其一也。顾氏自辟疆以来，好治园池。而仲瑛又以能诗好礼乐，与四方贤士大夫游。其凉台燠馆，华轩美榭，卉木秀而云日幽，皆足以发人之才趣。故其大篇小章，曰文曰诗，间见曾出。而凡气序之推迁，品汇之回薄，阴晴晦明之变幻叵测，悉牢笼摹状于赓唱迭和之顷。……夫世之有力者，孰不寄情山水间？然好事者，于昔人别墅独喜称王氏之辋川、杜牧之樊川，岂非以当时物象见于倡酬者，历历在人耳目乎？然辋川宾客独称裴迪，而樊上翁则不过时召昵密往游而已。今仲瑛以世族贵介，雅有器局，不屑仕进，而力之所及，独喜与贤士大夫尽其欢。而其操觚弄翰，觞咏于此，视樊上翁盖不多让，而宾客倡酬之盛较之辋川，或者过之。①

李祁《草堂名胜集序》云：

仲瑛即所居之偏辟地以为园池，园之中，为堂、为舍、为楼、为斋、为舫。敞之而为轩，结之而为巢，葺之而为亭，植以嘉木善草，被之芙蕖菱芡，郁焉而阴，焕焉而明，阒焉而深，一日之间不可以遍赏。而所谓玉山草堂有其胜处也。良辰美景，士友群集，四方之来与朝士之能为文词者，凡过苏必之焉。之则欢意浓浃，随兴所至，罗樽俎，陈砚席，列坐而赋，分题布韵，无问宾主。仙翁释子，亦往往而在。②

综合陆仁的《渔庄款歌序》以及以上的两处引文，我们知道，玉山草堂一带，已经成了元末江南文人雅士的最理想的游赏休憩之所，他们或置酒高会，临流赋诗，或品鉴古玩、挥毫泼墨，或清谈名理、观赏歌舞，可谓极世俗人生之乐事，这里没有宦海沉浮，没有勾心斗角，多有知己间的心灵沟通，平等自由，潇洒率性，简直是他们理想中的世外桃源。

元代后期，在玉山雅集的同时，元代社会各种矛盾已经渐趋激化，中国大地并不宁静，江南一带，只是暂得一时苟安罢了，虽然从上述史料中，我们

---

① （元）顾瑛：《玉山名胜集》（杨镰、叶爱欣整理本），中华书局，2008年，第5页。
② 同上，第6—7页。

也感受到了文人们的率性和狂放，但其背后却是颇多颓废，颓废背后，我们看到的乃是对遭逢末世的无力回天的绝望和无奈。另外，他们还有一种留名后世的紧迫感，这从他们群策群力编撰《玉山名胜集》这件事上也可以看出。

柯九思常游处玉山，也有上述的心理因素。他对玉山留恋不已，笔者认为，乃是因为在文友们中间，他的尊严得以体现，文采风流得以展示，人生价值得以肯定。几百年之后的清代纪晓岚也对玉山雅集羡慕不已，他在《四库全书总目提要》里评论包括柯九思在内的这批文士"文采风流，映照一世，数百年之后，犹想而见之"。这种能够展示和留住文采风流的雅集，对落寞中的柯九思是一种极大的心灵慰藉。

翻检柯九思的诗文集，他题咏玉山的作品不在少数，如果用一句他的诗概括他对玉山的感情，那应该是"如此江山不归去"。从总体上说，他有关玉山的诗歌底色是明丽的，心情是欢悦的。

除了上述引用的有关玉山的题咏，顾瑛的《草堂雅集》还收辑了柯九思两首诗，一是《玉山书画楼口占（一作湖光山色楼酒边口占）》，一是《题从子伦写生芍药于玉山佳处》，反映了九思参与雅集的风雅情状。前诗云：

红颜欲醉倚高楼，玉管声中桂子秋。如此江山不归去，冷云风急卧扁舟。[1]

写九思在桂子飘香的时节，聆听玉笛悠悠，与友人们把盏吟诗，醉倚高楼的情景。他说，面对如此江山胜迹，真的不忍离去，就是风急云冷，也要醉卧一叶扁舟，随水漂荡。

后诗云：

九十春光事已非，翻阶红叶尚天机。画工点染成生色，说与东君少待归。[2]

---

[1] （元）顾瑛：《草堂雅集》（杨镰、祁学明、张颐青整理本），中华书局，2008年，第31页。

[2] 同上，第20页。

诗题中的从子伦也是柯九思的好友，年纪稍小于九思，元代著名画家，玉山雅集，子伦经常参加。诗歌的意思是：九十天的春事已经过去，但在石阶上翻舞的红叶还天机一片。大自然的春天美景虽然已经过去了，但在你从子伦这个画工的点染之下，你的画作里的春色还是鲜明生动，显得生机勃勃，似乎告诉司春之神，春天的脚步就是稍等一段时日再回来也无妨。

《草堂雅集》里还收有柯九思的《题雪溪逵上人像于玉山草堂》，诗云：

道人曾宿灵隐寺，能画寺前山意秋。古木立猿啼夜月，下有清泉如玉流。①

这首诗歌是《雪溪逵上人像》的题画诗，通过古木栖猿、夜月映空、清泉流玉等景致，对逵上人的高古雅致的情怀作了白描。此诗也透露了柯九思在玉山草堂文艺雅集的某种信息。

柯九思在吴中的日子里，一些家乡的友人对他也是思念不已，如天台人丁复就于1339年写有《送铦仲刚之吴中兼柬柯敬仲博士》一首长诗，寄发给柯九思：

奎章鉴书博士丹丘生，七年不作官，归来东吴隐其名。东吴日夜大官过，姑苏古台高作层，百花洲春红锦城。二八女儿歌好声，皇皇四牡东南征。厌马坐船贪浪鸣，羸夫一日走百里，爱说此是苏州城。苏州城中乱如蚁，总管以下皆步迎。此时唯有博士闭门叫不应。白玉未破荆山瑛，卞和识之遭刖刑。颇闻有田作里正，五品朝士侪编氓。有田服役信不免，有官免役宜有程。陶潜作令不爱五斗米，种秫五十亩，当时官税如何征？当门又种五杨柳，长条拂地如马缨。春来飞花散林垌，一点入水成青萍。青松黄菊更三径，把酒长醉不愿醒。试从柴桑栗里较远近，不知几十里到先生南山之上京。朝耕肆微勤，夕息憩紫荆。檐下一斗酒，或与邻父倾。九日无钱闷自写，循篱满摘黄金英。白衣送酒自远至，江州刺史有王弘。铦公日本异，王府青瑶琼，宝光不让星斗明。寅年在金陵，老复在远不得见；卯

---

① （元）顾瑛：《草堂雅集》（杨镰、祁学明、张颐青整理本），中华书局，2008年，第9页。

年临川来,虞公作文更令子弟赋诗归送扶桑国,政如一日连十星。我闻之：大道如日每圆满,小德或者随月生亏盈。天固以此视人世,吾人何以与世相为变更。铦公而来一日即索我诗三百首,尔不来只复索我白发何千茎。①

这首长诗颇具史料价值,其中的一些句子,详细地透露了柯九思在东吴生活的情景。如写到柯九思到东吴后,有意埋名隐姓。在东吴,经常有大官经过,当地官员极尽谄媚逢迎之能事,二八嫩娃歌姬献上娇美的歌声,总管以下的大小官员都远远地步行迎接。柯九思作为昔日的鉴书博士,毕竟也是曾经的五品官,所以也被当地的官吏催促着去迎接,可是,柯九思就是闭门不应。柯九思以这样的风骨处世,是难以为当地官吏所容的,就好像下和由于能够识玉反而遭到刖刑一样,作为曾经五品朝士的他被编入普通民众的户籍。丁复还把柯九思比作不为五斗米折腰而归隐田园的陶渊明,对他日以松菊为伴、把酒长醉和躬耕南亩、喜与老农来往的高洁情怀致以深深的倾慕。

一些方外友人对柯九思的归隐生活也表示了同情、理解乃至羡慕。释良琦,字元璞,姑苏(今江苏苏州)人。自幼喜读书,后学禅白云山中,性操温良,淡然无尘想。诗声尤著江湖间。与杨维桢、郯韶友,累过顾瑛玉山草堂。可能就是在玉山草堂,柯九思与他结识了。释良琦有一首《次韵寄柯丹丘博士》：

鼎湖龙去邈殊庭,供奉归来两鬓青。阁下天高太白月,江南人识少微星。春泥下马穿花入,夜月吹笙隔竹听。惟有鸥波慰寂寞,相看洁白映青冥。②

鼎湖,古代传说黄帝在鼎湖乘龙升天,鼎湖龙去,指帝王驾崩,这里指文宗崩逝。殊庭,原指仙人的居处,这里指朝廷或者柯九思当年任职过的奎章阁。开头两句诗意思是说,文宗驾崩后,奎章阁就显得无比邈远,欣喜的是供奉归来的柯九思两鬓青青,身体健朗。阁下,指在官署之中。太白,太白星,古星象

---

① 王及：《柯九思诗文集》,中国美术学院出版社,2004 年,第 95 页。
② 同上,第 110 页。

家以为太白星主杀伐,这里暗喻朝廷政治斗争的复杂形势。少微星,喻指处士、隐士。颈联的意思是:昔日的朝廷政治斗争形势非常复杂,真有高处不胜寒之感,而今,你柯九思归隐江南,谁人不识你的大名。颔联意思是:柯九思虽然流寓江南,但日子过得还是颇有滋味的,你看他春日的白天里,骑马穿过花经,明月之夜,大家隔着竹林就听到你吹奏的优美的笙箫声。尾联中的"鸥波",鸥鸟生活的水面。比喻悠闲自在的退隐生活。如宋陆游《杂兴》诗:"得意鸥波外,忘归雁浦边。"元王逢《松府行乡饮礼宗倅致书使枉招不果赴为寄一首》诗:"浦暖鸥波滟,园春药草肥。"尾联说,只有那种悠闲自在的生活,慰藉着九思寂寞的心灵,你看江边自由自在的鸥鸟还一身洁白。柯九思的心怀也是坦荡高洁,人鸟相看两不厌,那种洁白的形象映照在青苍幽远的高天之间,令人无比钦敬!

这里说到九思的心灵的寂寞,应该是贯穿着他整个的晚年生活,他不但落寞,有时还痛苦得泫然流涕。徐显的《柯九思传》有这样一段话:"未几,公因流寓吴中,予获从公游,语及先朝,则诵其所为诗,呜咽流涕。"[①]很有可能是九思流寓吴中前一两年的情景。繁华初歇,骤然失落,忆及先朝,难免有这样的情感流露。一直到他流寓吴中第八个年头了,九思因参与玉山雅集,遇到了两个昔日被他举荐的佳士,竟然也泫然涕出,并赋诗记之。这一事件的详情,我们在顾瑛的《草堂雅集》卷一可以看到,内中有柯九思的一首五律并小序,云:

至顺初,上尝御奎章阁,太禧使明理董阿、中书左丞赵世安、大司农卿哈喇八尔侍。上从容询求江南之士,臣九思以韩性、张翥应诏。上曰"俟修皇朝经世大典毕,卿至江南刊梓,可亲为朕召此二人者来试之馆阁。"臣九思再拜,曰:"幸甚。"后有近臣自南使还者,上问此二人,其人亦曰佳士。上颇悦。后竟因循,遂隔。今举事玉山,思之泫然流涕。玉山请诗以纪,因为四十字,以寄二子云。

二美人间少,胡为沧海涯。文章联璧贵,声誉九重知。宣室今无召,邱园漫有诗。苍梧云暧暧,回首泪空垂。[②]

[①] 宗典:《柯九思史料》,上海人民美术出版社,1985年,第1页。
[②] (元)顾瑛:《草堂雅集》(杨镰、祁学明、张颐青整理本),中华书局,2008年,第34页。

从诗序可见，文宗皇帝十分看重江南的士人，有意揽入朝廷，为国所用。柯九思深受文宗信任，所以至顺元年(1330)文宗皇帝特意求询于他。柯九思对江南士人韩性、张翥十分赏识，我们先来看看这两人的生平履历，就知道大体情况了。韩性(1266—1341)，字明善，博综群书，通经史，尤精性理之说，自成一家之言，四方从学者甚众。荐为慈湖书院山长，不赴。及卒，月鲁不花请于朝，谥庄节先生。有《礼记说》《诗释音》《书辨疑》《五云漫稿》。张翥(1287—1368)，字仲举，世称蜕庵先生，晋宁(今属云南)人。早岁居杭州，受业于理学家李存，又从仇远学诗。至元初，以隐逸荐为国子助教，官至翰林学士承旨，加河南行省平章政事，曾参修宋辽金三史。有《蜕庵集》《蜕岩词》。可见韩性、张翥两人都是饱学之士。为了慎重起见，文宗皇帝还进一步征询了自江南返回的使者，结果使者也说这两人为"佳士"。文宗原本是想等待《经世大典》修纂完毕，柯九思至江南刊印时，将这两位佳士召来到馆阁考试，然后起用。可是等到《经世大典》修纂完毕，柯九思已经遭到排挤，此事就这样半途而废了。柯九思流落吴中后，也参与了玉山雅集的举办，偶尔与顾瑛谈起至顺元年文宗征求韩性、张翥之事，不禁泫然流涕。按照万新华《柯九思》里的《年表简编》的考证，柯九思忆及此事是在至元六年(1340)，也就是说，是在事隔十年之后，那么柯九思为什么一忆及此事还如此动情？实际上，序言下面的这首五律已经为我们透露了其中的原委。

诗歌的意思是：像韩性、张翥这样的两个佳士，世间是少有的，可为什么他们竟然不被召用而浪迹沧海之涯？要知道他们的文章，就像两块并列的美玉而受到世人的尊崇，他们的声誉也广为传播，已经被文宗皇帝知晓。可是由于朝政的变故，两位佳士已经不可能受到朝廷的征召，而今只能流落乡村田园，空自吟诗作赋。苍梧，这里指的是南方边疆地区，柯九思的意思是：而今两位佳士所生活的地方远离京城，白云暧暧，回首人生之路，只能空自垂泪。细味整首诗的思想，我们可以感受到：柯九思深为朝政的变革、世事的沧桑、佳士的怀才不遇而无比沉痛。从更深的层次讲，柯九思不但悲他，亦自悲也。自悲者何？实为心中的理想破灭而悲也。笔者上文已经讲到，柯九思青少年时期即胸怀大志，后来又在赵孟頫的影响下，志在"复古"，亦即为了汉文化的重振而图有所担当和作为。柯九思因为结识文宗并受到赏识而被任职奎章阁，而使得心中的理想落到了实处。正在他和虞集等一批官员为了汉文化的重振积极有为的时候,朝政发生了变化,文宗驾崩,他重入仕途的希望破灭,元朝也迅速进入了最后三十六年的衰败时期。就在柯九思写这首诗的当年,即至元六年(1340)二月,朝廷发生政变,顺帝亲政,开始了对文宗的残酷报复,如诏废文宗庙主,迁文宗皇后于东安州,放太子燕帖古思于高丽,等等。柯九思应该已经渐次耳闻了这些变故,可以想见,这在柯九思的心灵里无疑是雪上加霜,各种感慨交集而来,他怎能不痛哭流涕?

对于这首五言律诗的解读,我们似乎应该也要从更深的层面去考察。第五句诗"宣室今无召",实际上用了一个历史典故。我们先来看《史记·屈贾列传》中一段话:

> 贾生征见。孝文帝方受厘,坐宣室。上因感鬼神事,而问鬼神之本。贾生因具道所以然之状。至夜半,文帝前席。既罢,曰:吾久不见贾生,自以为过之,今不及也。

文中"受厘"指的是刚举行过祭祀,接受神的福佑。宣室,是未央宫前殿正室。这一段话讲的是贾谊贬谪长沙后,汉文帝想念贾谊,征召入京,于未央宫祭神的宣室接见贾谊。文帝因对鬼神之事有所感触,就向贾谊询问鬼神的原本。贾谊详细讲述其中的道理,一直谈到深夜,汉文帝听得不觉移坐到席位的前端。谈论完了,汉文帝还感叹自己对鬼神的感悟不如贾谊。这就是著名的宣室夜对的故事。在一般的封建文人当中,这大概是值得大肆渲染的君臣遇合盛事。可是到了晚唐的李商隐,却对此翻出了一段新警透辟、发人深省的议论,那就是著名的诗篇《贾生》,诗云:

> 宣室求贤访逐臣,贾生才调更无伦。可怜夜半虚前席,不问苍生问鬼神。[①]

开头两句纯从正面着笔,表面热烈颂扬文帝求贤之殷切,后两句笔锋一转,讽刺文帝夜半虚席的不是苍生社稷,而是询求鬼神之事。所以李商隐抒发

[①] 李商隐:《贾生》,见《全唐诗》卷五四〇,上海古籍出版社,1986年,第1374页。

的还是贤德之士的怀才不遇的沉痛感情。

理解了"宣室夜对"的典故和李商隐《贾生》的诗意,我们对柯九思笔下的"宣室今无召"一句的言外之意,应该就有了深切的理解。相对于古人贾谊来说,韩性、张翥两人的境遇更为不幸,作为西汉初年的政论家、文学家,贾谊毕竟还曾被任为博士、太中大夫,后虽谪为长沙王太傅,但三年后又被召回长安,为梁怀王太傅,在一般士大夫眼里,能够被召至宫中,与文帝宣室夜对,也算得一时之荣宠了。可是韩、张两人连这个待遇都没有。虽然,贾、韩、张三人实际上最后都处于怀才不遇的境地,但韩、张命运更加偃蹇。柯九思从他们身上联系到自己的境况,联系到整个元代的国运,更联想到自己人生理想的破灭,其心中的苦痛,真的是难以用言语表述,只能像韩、张一样"回首泪空垂"!

在流寓江南的日子,柯九思的心里尽管有痛苦和落寞,但他并不消沉。无数友朋对他的人生遭遇表示理解和同情,对他的归隐生活多有夸赞,对他雅集时体现的文采风流十分倾慕,这些都使柯九思感到无比的宽慰和欣喜,他也乐于在晚年出游四方,往来吴浙乃至大都。出游期间,他会晤友人,鉴赏书画,观览名胜,与佳友赓和酬唱,为书画题跋赋诗,也为友人撰写某些方面的文章,充分展现了他作为一个艺术大家的风华。

至元六年(1340),九思五十一岁。这一年,他去的最多的地方还是顾瑛的玉山,他每至玉山宴集,心情想必是开朗愉快的,因为这样的宴集实际上是文化的盛宴,他见到了许多在当时堪称一流的文学艺术大师。这一年,他还到了松江,见到了一位叫曹庆孙的友人。曹庆孙(1284—1361),字继善,元代诗文家。华亭(今上海松江)人,居贞溪。所居曰安雅,人因称安雅先生。本处州教授邵桂子之子,邵娶曹泽之孙女,以庆孙继舅氏后,故又名絷云。延祐四年(1317),荐充平江路吴县县学教谕,迁徙淳安。未几,告归,不复求仕进。杜门力学,必得古人之意而止。为文平易条畅,以理为主,能尽其所欲言。诗清润古淡,根柢于陶、孟、韦、柳,自成一家。同时虞集、柯九思、杨仲宏辈皆与之交。著有《副墨集》《东山高蹈集》《瀼东漫稿》。

柯九思在松江访晤曹庆孙,他甚是钦服曹庆孙的文章道德和性情气度,对其书斋安雅斋的优雅环境也赏爱有加,于是欣然写下《安雅斋记》:

江左故家克世先业不易其心而流于俗者,予得一人也,曰:华亭曹君继善。继善尝名其读书之斋为"安雅",盖取诸荀卿氏之说。先是,予与侍书学士虞公同朝,见其大书"安雅"之匾以遗君,予故异之。及来吴中,知君为宋文恭公东畒先生裔孙,君之祖父著声太学,登仕版,显于时。及君之身,读书自乐,不汲汲于进取,求合乎古人之正,其当于措注而笃于守道者欤?君之居也,挹九峰而俯三泖,实占吴淞之胜。居之西偏构为是斋,内则左图右书,笔床琴几,而文绮之饰不置焉。外则凿池贮泉,环以梅竹,秀挺孤松,而桃李之艳不植焉。其冲淡盖出天性,真安于雅而名实相须哉。故为之记。[①]

从文章中可以看出,曹庆孙有着不同于流俗的节操,柯九思甚至认为是江东一带唯一一个坚守儒家本心的士人。他对曹氏的理解经历了一个过程,当初在朝中时,见虞集为曹氏书斋题匾"安雅",很是惊奇、疑惑。等到了吴中,了解到曹氏原来家世显赫,祖父是个饱学之士,在太学读书时就声名远播,入仕后,又显名于当世。曹庆孙虽也继承家学,以读书为乐,但他不乐仕进,处世立身只求合于"古人之正",坚定地守卫着儒家的道德规范。柯九思对这一点非常看重和欣赏,这和他的人生理念是非常一致的。我们知道,蒙元灭宋而立国以后,汉文化受到来自游牧民族落后文化的强烈冲击,"古人之正"即中华传统的政治、伦理、道德遭到相当程度的破坏,柯九思和赵孟𫖯、虞集等一批有识之士一样,内心应该是非常痛苦的。他们的出仕多有志在"复古"的考虑,而一些隐逸之士,在入仕无望的情况下,转而归隐林泉,安贫乐道,读书自乐,在处世立身上笃于守道,因此像曹庆孙这样的"守道"君子,就赢得了士子们的尊敬和夸赞。这种崇敬之意,柯九思在《安雅斋记》中有充分的表露。曹庆孙不但立身处世合乎"古人之正",就是日常的生活环境乃至行动举止也体现出了纯粹而坚定的"守道"范式。曹庆孙安雅斋的环境,挹九峰而俯三泖(九峰三泖都位于今上海松江区境内,九峰,指的是佘山、天马山、小昆山、凤凰山、库公山、辰山、薛山和机山等九座山峰;三泖是指松江、青浦、金山至浙江平湖间相连的大湖荡),大气磅礴,得人间浩然之气;居室之内,则"左图右书,笔床琴几",而没有华丽奢侈的装饰。室外池波荡漾,清泉流动,梅竹环抱,孤松挺秀,却不种植

[①] 宗典:《柯九思史料》,上海人民美术出版社,1985年,第185页。

艳丽的桃李。安雅斋室内外的环境布局、设置,体现了曹氏的价值观念和人格追求。松竹梅,自古有"岁寒三友"之称。松,四季常青,坚毅不拔;竹,经冬不凋,刚直、谦逊;梅则迎寒开花,高洁孤傲。它们的共性是在寒冬时节能够经霜傲雪,保持顽强的生命力,是中国传统文化中高尚人格的象征。柯九思对曹氏安雅斋如此的环境培育,感到由衷地赞佩,特别是对他不尚华丽、不慕虚荣的"冲淡"的性情,认为是出于天性,斋名"安雅",确是名实相符。

在松江,柯九思还拜会了著名文士曹知白。曹知白(1272—1355),字又玄,贞素,号云西,人称贞素先生,浙西华亭(今上海青浦)人。元代画家、藏书家。从小机敏颖悟,很有见识,爱读书,好黄老之学。家有藏书数千卷,也喜蓄字画。曾被荐为昆山教谕,不久辞去。结交赵孟頫、邓文原、虞集、王冕等名流,与倪瓒、黄公望交往最密,常以书画相唱和。曹知白与无锡倪瓒、昆山顾瑛过从甚密,合称江南三大名士。擅山水,师法李成、郭熙,山石勾皴柔细,少渲染,笔墨早年秀润,晚年苍秀简逸,风格清疏简淡。有《寒林图》《疏林幽岫图》《群峰雪霁图》《溪山泛艇图》《双松图》等传世。柯九思在他的书斋细细观赏了《双松图》,赞叹不已,于是为之题跋。

据万新华先生的《柯九思》中的《年表简编》,1340 年八九月间,柯九思还到潞阳(今属河南),在异乡的客舍里,遇见了一位姓储的江南才俊,他们虽是初识,却很是亲切,一见如故,无话不谈,赋诗酬答,柯九思的诗题是:《潞阳客舍和储生韵》,诗云:

逆旅栖迟笔砚香,柳车底事恋文章。云拖鸿雁生秋色,月冷鱼龙涌夜光。恸哭有谁怜贾谊,形容已老似冯唐。风沙忽遇江南客,佳句犹期万里骧。[1]

这首诗写的是柯九思逆旅栖迟中对储生倾吐的人生感慨。首句中的"柳车",指的是载货的大车,比喻储生和自己出行条件的艰苦,没有宝马雕车相伴,但"笔砚香"、"恋文章"两组词,却透露出两人的精神生活和人生追求还是充实、优雅、高洁的。颈联的表面意思是:北国高高的云天中鸿雁飞过,带来

---

[1] 王及:《柯九思诗文集》,中国美术学院出版社,2004 年,第 15 页。

一派凄清的秋色,入夜,月色沉沉,水族虽然潜伏于深渊,但寂寞清冷中却泛起阵阵光芒。这一联借鱼龙在清冷的月夜里涌动着光芒之意,表示储生和自己虽然蛰居乡野,却怀有不俗的才华和一腔忠君报国之志。颔联笔锋一转,写客舍中相遇的一老一少的各自的人生境况,意思是:你储生纵有贾谊那样的少年才气,但还是像他一样怀才不遇,恸哭流涕又有谁同情可怜呢;我柯九思呢,更为悲凉,形容已老,韶华不再,就是有人举荐,也只怕像汉代的冯唐那样,因为年岁老大而不得重用。尾联透出一丝亮色,意思是:在这茫茫的风沙中,我有幸遇到了来自故乡江南的佳客,读了你储生的佳句,我对你还是充满期待,希望你万里奔腾,振作有为,建功立业。从这首诗歌可以看出,柯九思虽然流落乡野,但思想并不消沉。尽管也有哀怨牢骚,但始终心存魏阙,始终不忘重振汉文化的初心,即使自己年已老大,也期望青年才俊不失青云之志,有朝一日作万里骧腾。

我们说,柯九思始终心存魏阙,是有一定理由的。据万新华在《柯九思》的《年表简编》中考证,就在柯九思在潞阳客舍遇到储生的第二年,他又有了一次北上大都之行,时间约在三月份。在大都,他见到了张翥、泰不华两位故友。柯九思这一次到京师有什么意图?还会见了哪些人?由于史料缺乏,我们不得而知。笔者推测,他是特意奔在京中的泰不华而去。我们还是来看看泰不华1341年的履历。至正元年(1341),泰不华升任绍兴路总管。任职期间,浙西发大水,他建议中书省,免去租税。在任上,他革除吏治弊端,施行均赋役、讲礼教、兴仁让,使越地民俗大为开化。而后,泰不华应召入史馆,修辽、金、宋三史。书成后,授秘书卿,改任礼部尚书兼会同馆事。泰不华随父定居台州,历来史传皆将其作为台州人,《元史》卷一四三《泰不华传》载:"泰不华,字兼善,伯牙吾台氏。初名达普化,文宗赐以今名,世居白野山。父塔不台,入直宿卫,历仕台州录事判官,遂居于台。"《三台文献录》卷首《姓氏》载:"泰不华,字兼善,本白野人,居台州。"泰不华作为柯九思的同乡和故交好友,此时又正处于仕途的上升阶段,朝廷对他宠顾日隆,笔者以为,柯九思此次拜会泰不华,很有可能是想凭借泰不华的声价,或由他举荐推介,寻找机会,重入仕途,再展宏图。但是,这只是柯九思的一厢情愿罢了,此时的顺帝对文宗的报复正在兴头上,他正欲将文宗时设置的太禧院、宗禋院及奎章阁、艺文监一律革罢,在翰林学士承旨嶵嶵的反对下,才改奎章阁为宣文阁、艺文监为崇文监。柯九思作为文宗的宠臣,是不会受到启用的。

既然重入仕途无望,那还是重回江南吧。

我们不知道柯九思在大都具体居留了多少时日,只知道他在1341年的十一月冬至日已经回到了江南,来到了豫章(今江西南昌)的武宁僧舍。这里有南宋著名词人、墨梅艺术大师扬无咎的遗迹。

扬无咎(1097—1171),字补之,号逃禅老人,又号清夷长者,汉扬雄之裔,清江(今属江西)人。后寄居豫章(今南昌)。他诗词、书画兼长,墨梅艺术在画史上影响尤其深远,在当时也已经声名远播,有"得补之一幅梅,价不下百千匹"之说。扬无咎的墨梅在我国绘画史上产生过很大影响,历代仿效他的人很多。南宋花鸟画家赵孟坚、扬无咎的从子季衡、外甥汤正仲、汤叔用等都是他的传徒。后代的花鸟名家王冕、徐禹功等都是他的嫡系。

扬无咎清高自守,生性耿介,不慕荣利,不俯仰时好。绍兴年间,朝廷曾多次要扬无咎做官,但他因不满当时的政治,坚辞不就。他一生生活于民间,不求闻达,但画名却不胫而走。虽然善画,但他并不以作画求名逐利。他喜欢饮酒,醉后往往不管什么场合都能挥毫、泼墨。而如果没有兴致,想求得扬无咎一幅画,却很难。据说,扬无咎曾乘兴在临江的一家倡馆的墙壁上画了一幅折枝梅,吸引了不少往来的文人士大夫,倡馆一时生意兴隆,但这块画了折枝梅的屋壁后来居然被人窃走,使这家倡馆顿时车马稀少,门庭冷落。扬无咎艺术的魅力于此也可见一斑。

扬无咎最著名的传世花卉作品是《四梅图》(又叫《四清图》),这是他晚年的作品,画分四段,可分可合,每段自成一幅,有独立的内容和章法,从自跋中可知作者创作此图的初衷是要完成一位挚友的命题:"要余画梅四枝,一未开,一欲开,一盛开,一将残,均各赋词一首。"

这个独特的命题激发了画家的兴致,使画家在创作中表现出应有的大家手笔。画梅花"未开",在疏枝斜干上突出描绘了花苞的聚五攒三,以少胜多;画梅花"欲开",在枝干上布了些整朵梅花,花瓣清晰可数而不露其花蕊,以求含蕴;画梅花"盛开",则极写其雨浴脂浓,烟笼玉暖之致;画梅花"将残",则堕溷飘零,偃蹇自嗟。即使留在枝上的残梅,也是蕊托外露,已无一瓣可寻!四段梅花图,将梅花的盛衰过程表现得淋漓尽致,不经过仔细的揣摩观察,是无法具备如此准确传神的表现力的。

《四梅图》,花用线勾,不设色;枝干不用双勾,以运墨中的自然枯、湿变化,表现老干新枝的差异。在构图上,四幅图都以疏朗自然取胜,瘦枝冷蕊,清气逼人,写出梅花真魂。而每幅枝干的穿插取势不同,枝梢的趋向也不同,显示出画家娴熟的艺术技巧和高妙的构图能力《四梅图》的可贵之处还在于它集中展现了艺术家的诗、书、画三绝,画幅上四首寄调《柳梢青》的词作,既表达了画家对梅花品格的感受,又扣紧画意;扬无咎以他广受称道的清劲小楷,录下这自谱的四首梅花词,还题上一段作画缘起的自述。这种在画作上留下大段题画文字的做法,在宋代以前的绘画中,是十分罕见的,无疑是一种章法和观念上的创新。

柯九思对这样一位艺术大师是非常仰慕的,他对扬无咎作于乾道元年(1165)七夕前夕的《四梅图》及根据此图所赋的四首词《柳梢青》,把玩不已,爱不释手。

于是在《四梅图》上追和原韵,题上了四首《柳梢青》,词后题跋让我们想见了具体的情景:

补之词翰,妙称一代,此卷尤佳。其柳梢青四词,可以想象当时风姿。勉强续貂,以贻好事。丹邱柯九思书于云容阁,至正元年冬十有一月日南至也。①

这四首词是这样的:

懊恨春初,飘零月下,轻离轻隔。重酝梨云,乍舒椒眼,羞人曾识。　已堪索笑巡檐,早准备、怜怜惜惜。莫是溪桥,才先开却,试驰金勒。(右未开)

姑射论量,渐消冰雪,重试梳妆。欲吐芳心,害羞素脸,犹吝清香。　此情到底难藏,悄脉脉、相思寸肠。月转更深,凌寒等待,更倚西廊。(右欲开)

翠苔轻搭,南枝逗暖,乍收微霎。乱播繁花,快张华宴,绕花千

---

① 王及:《柯九思诗文集》,中国美术学院出版社,2004年,第63页。

匝。　玉堂无限风流,但只欠,些儿雪压。任选一枝,折归相伴,绣屏花鸭。(右盛开)

琼散残枝,点窗款款,度竹迟迟。欲诉芳情,笛中曾听,画里重披。　春移别树相期,渐老去,何须苦悲。人日酣春,脸霞渍晓,须记当时。(右将残)①

四首词作将"未开"、"欲开"、"盛开"、"将残"等四种情态下的梅花做了细腻的描摹,这其中也蕴含着作者对梅花品格的各种感受,更寄寓着作者的人生感慨。

第一首写春初还没有开放的梅花的姿态、风情,此时的梅花由于没有开放,其清香、颜色尚未引起人们的关注、赏爱,于是孤单地飘零在月光下,被人"轻离轻隔",她的心情无比懊恨。但她还是不甘消沉,而是积极地积蓄着力量,深沉地酝酿着梨花一样的丰姿,也努力地试着舒开了椒实大小的眼孔。她虽然还带着羞涩,但她步绕檐楹,还是想博人一笑,领受人们对她的一片怜爱。你看,那不是吗?溪桥边上,有一簇梅枝,刚刚先自绽开了几朵花朵,试着想让人奔驰着带有金饰嚼口的马络头的坐骑,先来观赏一番早春的梅花。细味此词,早春梅花那种自蕴生机、自我拼搏的品格特征,昭昭可感。联系柯九思的早年人生历程,笔者以为,春初梅花的这种品格,分明是柯九思的人格写照。柯九思虽然出身文人世家,家世也算较为显赫,但由于其父子皆身处蒙元的异族统治之下,传统的政治秩序已然破坏,江南士人又是蒙元统治者重点防范的对象,科举又废除多时,士人入仕之途狭窄,想要出人头地,只有靠更加发奋的努力。柯九思年轻时几上大都,壮游江浙,都是为了心中的抱负得以实现,这种昂扬向上、积极有为的举止不正和词中的春初梅花形象颇为一致吗?

词作第二首,描绘欲开之梅的种种婉曲深沉的情思。词作开首的"姑射",出自《庄子·逍遥游》:"藐姑射之山,有神人居焉,肌肤若冰雪,绰约若处子。"后诗文中以"姑射"为神仙或美人代称,如五代王周《大石岭驿梅花》诗:"仙中姑射接瑶姬,成阵清香拥路岐。"宋苏轼《杨康功有石状如醉道士为赋此诗》:"海边逢姑射,一笑微俯首。"元张可久《满庭芳·歌者素娟》曲:"铅华尽洗,南

---

① 王及:《柯九思诗文集》,中国美术学院出版社,2004年,第63页。

州琼树,姑射冰肌。"柯九思将欲开未开的梅花比作绝色美人,她在冰雪渐消的晴日里,振作了精神,巧为梳妆。略施粉黛,这个美人终于走出闺阁,一脸的素净,一脸的娇羞,既拟向心上人吐露幽幽的芳心,却又似乎感觉这样有点轻狂,于是又轻敛了身上的一缕清香。美人的心里真是婉转曲折,她想要含苞开放、逗人赏识的心情到底还是难以掩饰,眉角鬓梢,总是流露出脉脉的相思一般的情愫。于是在月色沉沉、夜色阑珊的时候,冒着严寒,悄移芳步到西廊之下,凭栏观望,等待着心上人的到来。此词用比兴手法,层层铺开,将梅花纯洁孤高而又凌寒待放的深婉之旨,表达得曲折尽意。作者将梅花喻作美人,形象地刻画了她芳心欲吐而又稍自矜持的形态,也细致生动地描摹了她为了博得心上人的赏爱而掩饰不住自己的相思之意,最后干脆移步西廊,凌寒伫盼的情景。借物咏怀,是我国古代自魏晋之际的阮籍首创八十余首咏怀诗以来,很多诗人所常用的假物寄心、写怀述志的手法。"咏梅"更是历来诗词作家写得烂熟的题材,人们大多朝着梅花的高洁品格一路来歌咏,大多不可避免地落入俗套。柯九思在这首词里,却另辟蹊径,匠心独运,寄寓了他不一般的怀抱。那么,这是一种怎样的怀抱呢?笔者以为,应该紧扣"犹含清香"这个关键词来进行解读,根据整首词的意蕴,"犹含清香",实际上展示了美人的一种矜持的姿态和不愿轻易吐露芳心的尊严乃至气节,说到底,乃是柯九思借此表达了自己抱节自守的情怀和信念。

联系柯九思的人生遭际,我们便不难理解他为什么有这样的情感倾诉。就像赵孟頫的仕元招致许多人的责难一样,柯九思的入职奎章阁并深受文宗皇帝宠爱,也遭到了大臣们的嫉恨,认为他"性非纯良,行极矫谲,挟其末技,趋附权门"[1],流落江南后,有人认为他"晚途肮脏,流落江左"[2]。就是对他早年汲汲于奔走京师,游历于官宦贵胄之家,一些人也不理解[3],甚至像倪瓒那样的好友,在柯九思死后也横加讽刺。[4] 其实,柯九思生活在元代中期,社会相对稳定,蒙元统治者也开始了对汉文化一定程度上的重视,传统的儒家拯物济世的观念普遍地潜伏在像柯九思这样的青年才俊身上。何况柯九思父亲柯谦"英

---

[1] (明)宋濂等:《元史》卷三五《文宗纪》四,中华书局,1976年,第791页。
[2] 宗典:《柯九思史料》,上海人民美术出版社,1985年,第4页。
[3] 万新华:《柯九思》,河北教育出版社,2006年,第15页。
[4] (元)倪瓒:《清閟阁诗集》卷二。

爽而辨,著述整修,蔚然有前辈风",且入仕后又大多担任文教方面的职务,对柯九思的传统儒学教育应该是很有成效的。柯九思积极求仕,实在是无可厚非的事。更何况柯九思的入仕,从更高的层次讲,是志在"复古",也就是志在恢复传统文化的秩序,或者说是为了恢复汉文化的繁盛。就是入仕以后,他的行为举止也没有什么出格之处,流寓江南后,他更是放浪溪山,诗酒自娱,有时也参加一些书画鉴定、创作活动,完全是一个传统文人的范式。柯九思对这些指责和误会,当然心有戚戚,因此,面对扬无咎的这幅《四梅图》,想到梅花的高洁坚定的品格,就很自然、也很含蓄地表达了自己的抱节自守的初心和本色。

柯九思抱节自守的情怀是和他的举止相一致的。如他流寓吴中期间,有大官过苏州城,他别具一格的表现,即可说明这一点。上文所引的丁复在《送铦仲刚之吴中兼柬柯敬仲博士》的长诗中有这样的描述:"苏州城中乱如蚁,总管以下皆步迎。此时唯有博士闭门叫不应。"可见他的风骨。由于他的清高坚贞,作为曾经的五品官员,竟被编入普通市民的户籍。还有一个例子,也可从侧面说明他的像梅花一样的品节。扬无咎的《四梅图》当然为柯九思叹为观止,也乐于为其题咏。这里不排除他对扬无咎人品的深深感佩之意。傅东光在《扬无咎〈四梅图〉卷解读》一文[①]中说:

> 绍兴(1131—1162)年间,奸相当道,朝廷对外妥协苟安,无咎为人正直耿介,"不直秦桧,累征不起"[②],一生没有作官,是一位藐视权贵的画家。他为梅花传神写照,以"墨梅擅天下,身后寸纸千金",高标清韵的梅花也成为画家一生孤洁操守的化身。

柯九思饱含敬仰的深情为扬无咎《四梅图》卷题跋、吟咏,本身就说明他的操守也是孤洁清高,不入流俗的。

第三首词,描写梅花盛开时节的各种风姿:翠绿的苔草上,梅花一枝横斜,轻轻披拂,特别是向南的一枝更是在暖风中逗人观赏,有时候她还是带着一点娇羞,不禁将笑容轻敛一下。但毕竟遇上了美好时节,她还是勃发着生

---

① 傅东光:《扬无咎〈四梅图〉卷解读》,《紫禁城》,2005年第1期。
② (元)吴太素:《松斋梅谱》,黄宾虹、邓实编《美术丛书初集》第九辑,上海神州国光社,1936年,第738页。

机,随意开放着一树的繁华,就好像铺张开了一席华丽的盛宴,好让人们绕着她走上千万圈。"玉堂无限风流"一句写尽了梅花盛开时节受到的无限荣光。"但只欠,些儿雪压",似乎有多重含意。一重意思是:梅花开得如许浓烈,如果开在雪天里,那就更有风姿。另一层意思是:梅花开得这般娇媚,只怕招来妒忌,还是低调一些,最好有雪花相伴,用沉沉的冰雪压一压,别这么顾自开得那么浓艳了。"任选一枝,折归相伴,绣屏花鸭",写梅花供富贵人家选择,折回家插在绘有花鸭的秀丽的屏风旁,继续观赏的情景。这首词,如果别有深意的话,我们不妨解读成:柯九思借梅花的繁盛景象,隐喻自己在奎章阁的无比荣宠的生活。"但只欠,些儿雪压"一句,也许是对自己当年得宠时不知低调处理人际关系表示一丝悔恨之意。

　　第四首词,写将残梅花的种种景象和心曲。开头几句描绘梅花飘零的情景,她像琼玉一样从残枝上散落下来,款款地飘到人家的窗前,缓缓地飞过一片竹林。梅花毕竟怀有对春天的美好情愫,但至今将要残落了,她的一腔幽怨和留恋之情,在人家的幽幽笛声中,在画家的丹青妙笔里,人们听到了,也看到了。梅花零落,春光已经移到别的树枝,就好像美人迟暮,那又何必为之悲苦?还是在心里留下美好的忆念吧,想当初,梅花曾在人日(正月初七)那一天陶醉在春光里,面若艳霞润滋滋地沉浸在一片晨曦中。读罢此词,如果联想到柯九思的人生遭遇,我们不妨作一番"同情之了解"。柯九思也曾像词中的梅花一样在人生的壮年盛开过,繁华过,"人日酣春,脸霞渍晓",但后来也飘零落魄了。尽管如此,柯九思对昔日的荣宠,还是心有恋恋,就好比词中的梅花"点窗款款,度竹迟迟",总想把自己一腔拯物济世的情怀向人倾诉。

　　扬无咎自题《柳梢青》咏梅词四首,词风婉约清丽,词中有"渐近青春"、"情如相识"、"粉面微红"、"粉墙斜搭"、"一夜幽香"、"长怨开迟"、"却恨离披"等句子,将梅花自开至谢的过程比作美人从少女到迟暮的一生,暗寓一种婉曲之思,颇有怀旧伤感之情。柯九思的和作虽然也大体不离这个主题,但细味之,却又有自己的风格和特色,即在怀旧伤感的同时多了一份豁达和爽朗乃至豪放的情怀。

　　柯九思有着这样豁达的心境,这从他写作这四首词这一年冬天的一系列活动可以看出来,他几乎全身心地投入到了书画鉴赏、创作以及诗歌创作、整理等艺术事业中。这一年的十二月,柯九思拜访了一位姓吴的学者,在他的逊学斋内看到了薛尚功摹写的钟鼎彝器款识真迹,这一套墨迹珍品,是他年轻时随父到山阴(今浙江绍兴)时在友人钱德平家屡次观赏过的,二三十年后,又一次看到了心爱的艺术杰作,其欣喜之情溢于言表,他题跋道:

> 集金石录者多矣,尚功所编尤为精诣,况其墨迹乎。余旧于山阴钱德平家屡阅之,诚奇书也。至正元年十二月甲子鉴书博士柯九思书于吴氏逊学斋。①

薛尚功,字用敏,浙江钱塘人,是南宋著名的金石学家。南宋绍兴年间为通直郎,后官至金书定江军节度判官厅事。博洽好古,精通篆籀,尤好钟鼎书,有钟鼎彝器款识及钟鼎篆韵行于世,著有《历代钟鼎彝器款识法帖》二十卷,以吕大临的《考古图》、王黼的《宣和博古图》为基础,广泛辑录,考释古器铭文,汇历代考释诸家之大成,并加以比较分析,有勘误订伪之功,对考据之学颇有裨益。另有《重广钟鼎篆韵》七卷,已佚。《历代钟鼎彝器款识法贴》收铭文511件,绝大部分是商周铜器铭文。现存该书宋拓本石刻残卷、残叶藏于上海图书馆等处。

从上述所引的柯九思的题跋和对薛尚功的介绍中,我们可以看出,柯九思也颇具好古情结。如果就此深入研究下去,我们又可以窥见他的那种志在复古的文化情怀。我们先来考察薛尚功的博洽好古的文化品格。上文讲到,薛尚功尤好钟鼎彝器款识、铭文的整理和研究,这实际上是和当时的文化背景分不开的,具体地说是和宋代的复古运动或者说复古风潮有关。我们知道,宋代朝野曾掀起一场复古运动,徽宗时达到鼎盛,统治者意欲通过恢复、再现"三代"礼制,并以复兴古代的儒家文化相号召,在政治上呼吁建立中央专制集权制度,它实际上包含着承续文化传统、重整伦理纲常的严峻课题。复古风潮虽以朝廷为主发起,也波及地方和民间,除了制礼作乐,另一个主要环节是古器物学的研究,由此带来的直接效果是仿古青铜器的大量制作。薛尚功等文士如此好古的情怀,柯九思也一脉相承,他青年时代即喜欢观赏薛尚功摹写的金石款识墨迹,多次翻阅,爱不释手,晚年还专门趋访观览,可见好古情怀已经根

---

① 宗典:《柯九思史料》,上海人民美术出版社,1985年,第125页。

深蒂固。由此也可见他志在"复古"的情结至老不减。

至正元年(1341)的冬天,柯九思还为一位叫邓静春的文士赋了一首七古长诗,也可以想见他的好古情怀。这首诗歌题为《雪夜冰琴诗为邓静春赋》,诗云:

> 峄阳孤桐坚如铁,石上蟠根饱风雪。何年来电驱六丁,曾入深山取蛟螯。霹雳击碎余孙枝,流落尘寰知几劫。卓哉斯宝斫斯器,声满乾坤擅奇绝。雪光照夜三尺冰,落指飞泉响云穴。霜空湛碧来西风,老鹤孤鸣下天阙。余生两耳获亲赏,所恨黔驴惟拙。小斋人静月窥窗,孤瓶水暖梅夸香。拂衣再拜请君操,恍然挈我天游乡。茫茫是身非己有,块坐俄惊柳生肘。九原大叫伯牙醒,一洗雷同世间手。①

邓静春,生平事迹已不可考,只知道他与元代不少文化名人诸如冯子振、朱德润等都有交往,估计他是一位隐逸之士,情怀高古,也是一位琴师。柯九思与他也有交游,且性情相投。这首诗歌是柯九思获赏邓静春美妙奇绝的琴声后的感赋。诗歌开头两句描绘邓静春所操之琴的非凡特异,柯九思将它的材质比作"峄阳孤桐",它的树根盘曲于山石之上,饱受大自然的风霜雨雪的滋养和锻造,所以坚硬如铁。"峄阳孤桐"语出《尚书·禹贡》:"羽畎夏翟,峄阳孤桐。"峄山南坡所产的特异梧桐,古代以为是制琴的上好材料。柯九思在"何年雷电驱六丁"到"霹雳击碎余孙枝"等四句诗中,进一步将邓静春的琴材的出处进行浪漫主义的想象:雷电驱赶着六丁之神,到深山幽涧里捉取凶猛的蛟龙,两者争斗不已,忽然,一声霹雳,孤桐所盘曲的岩石被生生击碎,孤桐也因此跌下一枝,流落尘寰,不知遭受了多少劫难,但它最后还是焕发了生机,其中的一折新枝,即被制作成美琴。"孙枝",树干上长出的新枝,此词有个历史典故,典出《太平御览》卷九五六引汉应劭《风俗通》:"梧桐生于峄山阳岩石之上,采东南孙枝为琴,声甚清雅。"柯九思认为此琴的材质确是卓越的至宝,斫为琴器时,其声激荡奇绝,充满乾坤。用这样材质制作而成的美琴,其弹奏出来的声音怎能不美妙绝伦?于是柯九思又一次对邓静春指下滑落流泻出来的天籁之

---

① 王及:《柯九思诗文集》,中国美术学院出版社,2004年,第4页。

音展开奇妙的想象,他说:你的琴声清幽无比,我的面前仿佛出现了清亮的夜雪之光,映照着几尺厚的沉沉冰冻,一忽儿又听见一道飞泉从云雾弥漫的岩穴里奔泻而出。一忽儿,又好似秋冬时节湛碧的晴空吹来一阵西风,其凄绝的声音恰似老鹤一边孤鸣,一边冲下天阙。柯九思在诗歌中欣喜地告诉我们,他在流落江南后的晚年里,已经两度亲聆邓君的演奏,他也曾技痒难忍,学着演奏了一番,但遗憾的是自己琴艺不佳,演奏不出邓君那样美妙的琴声。今天晚上,柯九思又一次来到了邓君的书斋中,此时,屋外静月窥窗,室中古瓶水暖,一枝寒梅正怒放生香,此情此景,环境何其优雅,柯九思不禁拂动衣袖,深深作揖,真诚地请邓君再一次为他操琴演奏。一忽儿,琴声骤起,柯九思闭目静听,恍然似乎进入茫茫天界,突觉此身已非己有,于是独坐一旁,一霎时又惊起,顿觉柳生肘边,于是在苍茫大地上大叫一声,眼前这位伯牙一样的琴师也从琴声中惊醒。柯九思不禁感叹,这琴声实在是不同凡响,一洗低俗雷同的格调,是世间难得的高手啊!

这首诗的结尾有"块坐俄惊柳生肘"一句,其中"柳生肘",典出《庄子集释》卷六下《外篇·至乐》:"俄而柳生其左肘,其意蹶蹶然恶之。"郭庆藩集释引郭嵩焘曰:"柳,瘤字,一声之转。"后因以"柳生肘"指疾病或灾变。当我们了解了这个典故之后,就会觉得柯九思似乎在这里做了一个噩梦。在整首诗里,柯九思笔下的邓静春所弹奏的琴声,给人的感觉是奇妙无比的,或者说给人以美好的享受,但在诗歌的结尾,却笔锋一转,写出这么一段令人"其意蹶蹶然恶之"的音乐形象,似乎有点匪夷所思。但如果考察音乐艺术的审美特征,再与柯九思的人生遭际联系起来,我们就会窥见柯九思内心深处的丰沛情感。按照接受美学的说法,作为鉴赏客体的艺术作品乃至大自然景物,是有许多"意义"的"空白"的,其"含义"是不确定的。也就是说,面对同一种艺术作品或同一处大自然景物,不同身世、不同心情的人可以有不同的感受。如贬谪江州的白居易因为有孤独寂寞的身世之感,在《琵琶行》中所描写的江州形象是:"浔阳地僻无音乐,终岁不闻丝竹声。住近湓江地低湿,黄芦苦竹绕宅生。其间旦暮闻何物?杜鹃啼血猿哀鸣。春江花朝秋月夜,往往取酒还独倾。岂无山歌与村笛,呕哑嘲哳难为听。"《水浒传》里宋江面对江州,却赞赏不已:"端的好座江州,我虽犯罪远流到此,倒也看了真山真水。我那里虽有几座名山古迹,却无此等景致。"面对音乐作品,也一样,不同的人有不同的感受,也就是说,这种感受具有独特性。伯牙弹琴,只有钟子期能感其高山流水之弦外之音。白居易在江州听琵琶女的演奏,竟有"同是天涯沦落人,相逢何必曾相识"之感,完全是诗人苦闷移情的结果,是与他的平生遭遇决定的。柯九思也如此。他在人生中年受知于怀王图帖睦尔于潜邸,怀王即位为文宗后,又屡受提拔,颇受恩宠,以至于日日相见,谈书论画,诗酒宴饮。然而好景不长,正在柯九思意气风发,为实现自己的复古之志积极努力之时,权臣的嫉恨弹劾、朝政的变故,使他迭遭打击,最后竟流落江南,编入普通户籍,从无限繁华到无尽落寞,人生还有比这更凄绝悲凉的变故吗?

奥地利汉斯立克在《论音乐的美》一文中说:"对音乐作品的一切富有幻想力的描写、性格刻画和解释性的说明,都是比喻性的。"柯九思从邓静春自舒缓清脆到激越冲荡的琴声变化中,感悟到了一种大起大落的情感变化,马上联想到自己的人生遭际,于是就用形象的比喻,将自己的人生巨变比拟为"瘤生左肘"。

按照文学鉴赏的相关理论,笔者以为,"块坐俄惊柳生肘"这句诗还有更广泛、更深层的寓意。

文学鉴赏是一种艺术的再创造。这就是说,一件作品的诞生,不仅要经过作家的创造,而且还要经过读者的再创造。罗兰·巴特把作品称为"期待结构",伊瑟尔把作品称为"召唤结构",就是说作品内部留有无数空白点,期待或召唤着读者用自己的经验、体会、情感和理解去将它填满,未经读者填充的作品只具有潜在的意义,只有经过读者填充的作品才真正具有实在的意义。而且这种意义具有客观性,就是说,形象的客观意义不论作者的主观意图如何总是要显示出来的。

上述所引的"块坐俄惊柳生肘"诗句中的"块坐"一词,表面意思是"独坐",联系柯九思的现实境遇,可以理解为他流落吴中后的"寂寞"、"落寞"。上文讲过,"柳生肘"后世喻指疾病或灾变,我们如果联想到柯九思流寓江南后元廷的政治生态,"柳生肘"形象的客观意义实际就是至元六年(1340)元顺帝实施的对文宗皇帝的一系列残酷报复,如上面已经讲到的诏废文宗庙主、迁太皇太后(文宗皇后)于东安州安置、放太子燕帖古丽于高丽以及革罢文宗时设立的太禧院、宗禋院、奎章阁、艺文监,等等。"块坐俄惊柳生肘"的"惊"字透露了柯九思听到这些朝政变故后的无限震惊和痛苦的心情。这种震惊和痛苦,基于柯九思仕途无望的伤感,也基于柯九思对文宗皇帝英年早逝的痛惜,更基于朝纲不振乃至汉文化秩序遭到沉重破坏而自己无力回天的痛心疾首。

这种惋惜伤感的情绪,也体现在1341年冬天他翻检旧日与友人所作诗画集《柯亭杂咏》时的题跋上,他在题跋中自谓:

> 此予旧在阁中时所作也,当时每作一画,侍书学士虞公必题咏其上,至累稿数册,名曰《柯亭杂咏》,今偶见旧作,虞公所题宛然,时不可分再得,聊逍遥兮容与,不能不为之感慨![1]

这是他翻检旧时在奎章阁与同僚兼师友的虞集联合创作的《柯亭杂咏》时的回忆和感慨文字,想当初,两人正受宠于文宗皇帝,同侍于奎章阁,几乎天天见面,只要柯九思作出一幅画,虞公就欣欣然题咏其上,至有数册之多。柯九思此番偶然翻阅这本诗画稿本,虞集的题咏宛然入目,可是两人已经远隔关山,当初的繁华岁月也已经不再,不禁感慨万千。有失意、落魄、痛苦、落寞,但似乎并不消极、沉沦,"聊逍遥兮容与"一句就体现了他豁达、爽朗的胸襟。你看,他同时也正积极地从事着自己的书画艺术鉴赏活动。1341年的冬天,按照万新华的《柯九思·年表简编》,柯九思鉴赏了赵孟頫的一幅墨竹,并以《题赵承旨墨竹》为题赋诗云:

> 阊阖风来玉珮珊,洞庭秋入泪痕斑。至元朝士今谁在?翰墨风流满世间。[2]

诗作对赵孟頫的墨竹图作了艺术的描绘和咏赞,也对已故的赵孟頫等一批朝士表达了深深的怀念,认为他们虽然不在人世了,但翰墨丹青、文采风流还是播芳世间。

钱选(1239—1299),宋末元初著名画家,与赵孟頫等合称为"吴兴八俊"。字舜举,号玉潭,又号巽峰,雪川翁,别号清癯老人、川翁、习懒翁等,湖州(今浙

---

[1] 王及:《柯九思诗文集》,中国美术学院出版社,2004年,第73页。
[2] 同上,第49页。

江吴兴）人。入元不仕。工诗，善书画，山水、人物、花鸟皆称誉当时。他继承苏轼等人的文人画理论，提倡绘画中的"士气"，在画上题写诗文或跋语，萌芽了诗、书、画紧密结合的文人画的鲜明特色。柯九思对他一直很敬佩，1341年冬天，柯九思还鉴赏了他的《梨花图》《杏花图》《梨花鸠子》等花鸟画作，都有题画诗。如《题钱舜举画梨花》，是一首歌行体长诗，诗云：

洛阳城西千树雪，走马看花遍阡陌。金鞭换酒为沉饮，烂醉花前扶不得。粉香薰透诗人脾，思入吴笺洒残墨。别来风雨难为春，客怀几度孤清明。壮游回首已陈迹，一声啼鸟心魂惊。苕溪居士获天趣，造化渐移不知处。玉容寂寞淡春寒，犹记香山旧时句。羡君好古清有余，励志耻作黄金奴。梅边握手恨不早，老眼半世空江湖。画图诗笔耀当代，大嚼屠门意殊快。更须什袭为珍藏，静里春光常自在。①

长诗以夸张、比拟的手法极度夸赞了钱选画作的梨花形象：梨花盛开时节，就好比洛阳城西的千万棵树木上积满了白雪，阡陌纵横，到处都是骑马观花的人迹。观花时节，贵族人士愿意以装饰华贵的车马换成美酒豪饮，个个醉倒在花前而扶不起来。花香扑鼻，透入诗人的心脾，诗人不禁思绪飞扬，挥洒笔墨赋诗题咏。可是好景不长，到了清明时节，阵阵风雨袭来，梨花零落，春光不再，骚客们也几度感到诗怀寂寞。回首壮游之处，已然陈迹，又听一声啼鸟，更是惊心动魄，黯然销魂。柯九思认为钱选这个苕溪居士的花鸟画作，能够如此杰出，乃是师心造化、获取天趣所致。他十分羡慕钱选的好古而清雅的情怀，也对他"励志耻作黄金奴"的高风亮节感佩不已。我们知道，钱选在书画创作上，提倡复古，主张绘画重在体现文人的气质，即所谓"士气"，就是力图摆脱对于形似的刻意追求。其意在摆脱南宋画院习气，继承唐、五代、北宋人之法。这种主张在元初画坛上具有一定的代表性和影响，也深得柯九思赞许。特别是钱选在艺术上的复古主张，和柯九思的志在复古的人生理想一脉相承，更使九思景仰有加，所以他在诗歌中说"梅边握手恨不早，老眼半世空江湖"，意思是，我与您恨不得早点相逢，想我老眼阅世大半生，也难得遇见像您这样的人

---

① 王及：《柯九思诗文集》，中国美术学院出版社，2004年，第34页。

才。在九思眼里,钱选不但书画诗歌光耀当代,还颇具气节和豪情,大嚼屠门,快意人生,因此柯九思在诗歌结尾说,愿意好好珍藏钱选的梨花图,可以经常展卷观赏,使得大好春光永驻于无比静雅的时光里。

柯九思还有《题钱选梨花鸠子图》诗云:"梦回淡淡雪香新,枝上幽禽气得春。小院春阴呼雨至,太真愁绝翠初鬐。"[1]又有《题钱舜举画杏花》诗云:"一枝繁杏逞妖娆,曾向东风杨柳腰。金水河边三十里,落红如雨玉骢骄。"[2]两首诗以形象、灵动的笔触描摹了钱选笔下花鸟的无限生机,充满了敬佩喜爱之情。

按照万新华的《柯九思·年表简编》,1341年冬,柯九思还鉴赏了北宋著名画家李时雍的名作《渭川烟雨图》。李时雍,字致尧,号适斋,成都华阳(今四川华阳)人。书法家李鹗子。官至承议郎殿中丞。早以书、画名于时。元符初黄庭坚在戎州尝从乞书。崇宁(1102—1106)间与米芾同为书学博士。能以襟袖濡墨走笔作大字。丹青不凡,黑竹尤高,与文同齐名。柯九思观赏了之后,以《题宣和书画博士李时雍画渭川烟雨图》作七古长诗,诗云:

近代何人能画竹,只数熙宁文与苏。宣和复有李博士,亦作渭川烟雨图。图中萧萧风景暮,溪谷萦回森竹树。深林欲淡苍翠来,暗叶争翻乱珠度。石梁细路人家幽,生涯应比千户侯。老夫对此销百忧,坐觉满堂生素秋。笔端亦能工破墨,直节曾移江上色。先朝见之重叹息,吁嗟儒雅成陈迹,回首丹霄天地窄。[3]

在柯九思眼里,李时雍是继北宋熙宁年间(1068—1077)文同与苏轼之后画竹艺术值得称道的人,他作的《渭川烟雨图》,暮色苍茫,烟雨萧萧,迂回曲折的溪谷之中,竹树森森。烟雨雾霭中,深林时隐时现,细看还是苍翠满目,还有幽暗的竹树枝叶,乱珠飞跳,煞是可爱。画作中,更有石桥小径,连接着山里人家,这种幽静无比的生活,多么清雅高古,堪比千户之侯。柯九思在诗歌中还说,面对这幅幽远绝尘的渭川烟雨图,使人有出尘之想,世俗的诸多忧愁顿时

---

[1] 王及:《柯九思诗文集》,中国美术学院出版社,2004年,第49页。
[2] 同上。
[3] 同上,第34页。

消解殆尽,只觉得室内弥漫着一片明净爽朗的清秋之气。为什么这幅画有这样的艺术效果,柯九思认为是由于李时雍的笔端工于水墨渲染之法,江上的烟波都缓缓移到劲直挺拔的竹竿上来。这样一幅杰作,先朝人看了已是叹息不已,认为是古意浓郁的儒雅之作,风华绝代,世间早已没有可以比肩的作品,回首绚丽的晴空,只觉得天地也狭窄了许多。

柯九思不但积极地开展书画鉴赏活动,还不忘书画创作,按照万新华的《柯九思·年表简编》,1341年冬季,柯九思还与好友张雨合作了一幅名为《幽涧寒松图》。这幅作品今已不见,但在清代初期还被人收藏,常州画派的开山祖师、著名书画家恽寿平(1633—1690)曾鉴赏过这幅图轴,并题下了"幽涧寒松,丹邱生与句曲外史合作,笔趣不凡,得荒寒之致"的跋语。[①]

我们今天虽然已经无从得见这幅笔趣不凡的山水画作,但可以从恽寿平的题跋文字中,还是能够感受到它的韵外之致。题跋中说这一幅画作中的"幽涧寒松","得荒寒之致",荒寒,意即荒凉寒冷;致,情态,思致,意蕴。恽寿平认为柯九思的"幽涧寒松",使人看了有一种荒凉寒冷的感受。深入考察下去,我们可以想见柯九思创作这幅作品时的深沉感慨。

看到"幽涧寒松"这四个字,笔者不禁想起西晋诗人左思的一首五言诗《咏史·郁郁涧底松》,诗是这样的:

郁郁涧底松,离离山上苗。以彼径寸茎,荫此百尺条。世胄蹑高位,英俊沉下僚。地势使之然,由来非一朝。金张藉旧业,七叶珥汉貂。冯公岂不伟,白首不见招。

这首诗写在门阀制度下有才能的人因为出身寒微而受到压抑,而无才能的世家大族子弟却能占据要位,造成"上品无寒门,下品无士族"(《晋书·刘毅传》)的不平现象。"怅望千秋一洒泪,萧条异代不同时。"柯九思与张雨合作的"得荒寒之致"的《幽涧寒松图》轴,与左思的《咏史·郁郁涧底松》诗歌,虽然时代不同,但所蕴含的悲凉落寞的感情却是一样的。如果联系柯九思的人生历程特别是中晚年的境遇,我们对此应该有一个很深切的体悟。

---

① 宗典:《柯九思史料》,上海人民美术出版社,1985年,第103页。

柯九思诗作颇富,至正元年(1341)这一年,他将平日累积的诗歌裒辑起来,共分四卷,以《任斋诗集》为名,刊行于世。虞集、陈旅为诗集作序①。可惜《任斋诗集》四卷经过元末明初的战乱,在明代即已佚失。

万新华先生在《柯九思·年表简编》中说,这一年,柯九思曾上龙虎山,虞集为其作《天乐说》,张雨有诗题虞作寄九思。② 龙虎山为道教名山,在江西贵溪县西南八十里。两峰对峙,如龙昂虎踞,因以为名。张雨的诗题为《虞翁生为龙虎山柯君作〈天乐说〉要予诗后》,诗云:

> 至乐本无乐,天君恒寂寥。鹏鹪体则殊,大同一逍遥。吟咏东柯仙,怡神神自超。已无赤松子,或有青城樵。③

诗中的"天君"(为道教中的太上老君)、"逍遥"、"赤松子"、"青城"等词,体现了浓重的道教色彩。

如果柯九思真的曾上龙虎山,那么这首诗歌似乎是作者在勉励他潜心修道。张雨认为,潜心修道是非常困难的,到龙虎山修道的人很多,但难以成为赤松子那样的神仙,多的还是像青城山上的樵夫。为什么会如此?因为在世俗的眼里,即使得道的天君,也是永远地处于寂寥之中,说是"至乐"实际上是"无乐"的。张雨用"鹪"、"鹏"对比,说明世俗与高道是"体则殊"的,也就是说具有本质的不同,就好像鹪(蓬间雀)和鹏(鲲鹏),它们志向不一样。但是只要两者撇开本质的不同,只要一心修道,达到"大同"的境界,就都能乐乎逍遥。

万新华先生还认为,柯九思"不仅仅信仰道教,而且还可能直接出家为道"④。其证据是张雨曾经有一首《次韵柯敬仲学士见寄》的诗:

> 故人往住天禄阁,我尝梦见燃青藜。重帘月落秋燕住,九衢生动朝鸡啼。能传米芾书画学,稍忆卢鸿林鹤栖。鹤来避世向金马,训练得君宁滑稽。⑤

---

① 宗典:《柯九思史料》,上海人民美术出版社,1985年,第244页。
② 万新华:《柯九思》,河北教育出版社,2006年,第188页。
③ 宗典:《柯九思史料》,上海人民美术出版社,1985年,第38页。
④ 万新华:《柯九思》,河北教育出版社,2006年,第17页。
⑤ 宗典:《柯九思史料》,上海人民美术出版社,1985年,第39页。

万先生认为,张雨的这首诗"绝对是一幅道士隐居生活的图景"①。我们先不论柯九思是否真的出家为道,且来分析这首诗是不是描写道士生活的图景。这首诗实际上或明或暗地运用了许多历史典故,如"天禄阁"、"燃青藜"、"秋燕"、"九衢"、"朝鸡"、"卢鸿"、"金马"、"滑稽"等,了解了这些历史典故的含义,才能真正解读这首诗作的思想意蕴。

诗中的"天禄阁",为汉代未央宫内收藏典籍之所。《三辅黄图·未央宫》:"天禄阁,藏典籍之所。《汉宫殿疏》云:'天禄麒麟阁,萧何造,以藏秘书,处贤才也。'"成帝、哀帝及王莽时,刘向、刘歆、扬雄等曾先后校书于此。

"燃青藜"语出《三辅黄图》:"刘向于成帝之末,校书天禄阁,专精覃思。夜有老人,着黄衣,植青藜杖,叩阁而进。见向暗中独坐诵书,老父乃吹杖端,烟然,因以见向,授《五行洪范》之文。恐词说繁广忘之,乃裂裳及绅以记其言。至曙而去,请问姓名,云:'我是太乙之精,天帝闻卯金之子有博学者,下而观焉。'"后因以"青藜"指夜读照明的灯烛。

联系整首诗歌的意思,"秋燕"这个词似乎也暗含了特定的文化意蕴,正如司空图《秋燕》诗云:"从扑香尘拂面飞,怜渠只为解相依。经冬好近深炉暖,何必千岩万水归?"在这首诗中,司空图对秋燕的出处作了指向,认为它应该好好地依偎在重重帘幕围护着的暖炉旁过冬,不必飞跃千岩万水而辛苦劳碌。

九衢,纵横交叉的大道;繁华的街市。"朝鸡",早晨报晓的雄鸡。宋袁文《瓮牖闲评》卷五:"朝鸡者,鸣得绝早,盖以警入朝之人,故谓之朝鸡。"金王若虚《滹南诗话》:"欧公寄常秩诗云:'笑杀汝阴常处士,十年骑马听朝鸡。'"

卢鸿一(?—740前后),唐画家、诗人,著名隐士。一名鸿,字浩然,一字颢然,本幽州范阳(今河北涿县东北)人,徙居洛阳,后隐居嵩山(今登封市)。博学,善篆籀,工八分书,能诗。画山水树石,得平远之趣,与王维相当。开元初(713),玄宗遣使备礼至嵩山征召卢鸿,再征不至。开元五年(717)玄宗又下诏征聘,诏书表示"虚心引领"、"翘想遗贤",要求卢鸿"翻然易节,副朕意焉",卢鸿只得赴征,开元六年至东都洛阳,谒见不拜。授谏议大夫,固辞,放归嵩山,赐以隐居之服,官营"东溪草堂"。卢鸿回山后,聚徒五百余人,讲学于草堂之中,成为一时之盛。

---

① 万新华:《柯九思》,河北教育出版社,2006年,第17页。

"金马",即"金马门",典出《史记·滑稽列传》:"(东方)朔行殿中,郎谓之曰:'人皆以先生为狂。'朔曰:'如朔等,所谓避世于朝廷间者也。古之人,乃避世于深山中。'时坐席中,酒酣,据地歌曰:'陆沉于俗,避世金马门。宫殿中可以避世全身,何必深山之中,蒿庐之下。'金马门者,宦者署门也,门傍有铜马,故谓之曰'金马门'。"指人行为高洁又不隐遁山林。元袁桷《次韵抵平石》:"金门吏隐愧相如,岁月逡巡翰墨疏。"

滑稽,原意是流酒器滑(gǔ)稽。中国古代特别是《史记·滑稽列传》中引申为能言善辩、言辞流利之人。

根据以上这些词语的出处或含意,笔者以为,把这首诗理解成"绝对是一幅道士隐居生活的图景"是不恰当的。根据宗典先生的《柯九思年谱》,此诗约作于泰定二年(1325),时柯九思在太学,①又细味全诗,倒是描绘了柯九思在京城读书的生活场景,或表达了希望柯九思大隐隐于朝而潜心读书、圆熟处世的思想。

由此,笔者进一步想到,万新华先生所说的柯九思于1341年曾上龙虎山修道,虞集为其作《天乐说》,张雨有诗题虞作寄九思一事,可能有穿凿附会之嫌,需要进一步推敲、考索。考索的关键切口,在于张雨诗中的"天乐"和"东柯仙"之语。"东柯仙"是谁?赖王及先生提示,原来他是元代道士柯天乐。查《台州金石录》所载《元龙潭冈道士柯天乐咒龙摩崖》云:

刻高一丈,广七尺五寸,额楷书"龙虎道士柯天乐雷坛"九字……惟天历□年二月,字尚隐隐可辨考。《通鉴纲目》:文宗于致和元年七月改元天历,此当为次年二月所题,则泐处或即二字也。旧传其地龙往往为患,自柯天乐设坛禳后,龙不复至,今潭亦渐塞矣。柯氏谱称:天乐,吴都人,幼精戒行,尝筑观东柯谷广济洞之阳,修炼方术。泰定元年从三十九代天师张真人朝京都简尹天碧,为作《东柯谷图》,吴待制莱奉敕撰记。其宗人九思时为奎章阁学士,赋长篇赠之,诗见予重辑《丹丘生集》。②

---

① 宗典:《柯九思史料》,上海人民美术出版社,1985年,第231页。
② (清)黄瑞:《台州金石录》卷十二,嘉业堂刊本。

此外,《台州府志·金石考》中页著录有《龙虎道士柯天乐雷坛摩崖》一文,内容基本一致。由此我们可以推定,张雨诗中的"柯君"、"天乐"、"东柯仙"并不是柯九思,而是与柯九思同宗的柯天乐。柯天乐,字伯庸,生卒年代不详,临海吴都庄(今属浙江三门)人,著名道士,从龙虎山得道。① 从太平(今浙江温岭)诗人戴介轩《赠别柯伯庸归省亲》一诗"台万八千丈高插天,势与雁荡天姥诸峰连。……是时凭高一纵目,异境复得东柯谷。几湾流水联袂环,数点晴峰刻瑶玉。"②可知东柯谷当在天台山附近。据王及先生相告,这个东柯谷当在今三门吴岙附近,柯天乐筑观于此,长期隐居修炼,故张雨诗中称其为"东柯仙"。

考察柯九思的生平事迹,笔者认为柯九思虽然早年即自取"丹丘生"、"五云阁吏"等带有浓重道教色彩的词语为号,但要说他于1341年入龙虎山出家为道的证据几乎是不存在的,最大的可能也仅是出于对道家的生活的向往而已,我们看他第二年在吴中的一系列活动就可知道。但柯九思晚年内心里多有道教思想倒是事实,而且生活里也充满了道士的气息,体现了道士的做派。这是与他晚年的人生遭际分不开的。柯九思南归而浪迹江湖后,虽然偶有重入仕途的念头,但随着朝政的不断恶化,他归隐的思想或对道教的憧憬不断加强,这从他晚年自号"非幻道者"也能感觉到。

我们从他至正二年(1342)春天为王蒙的《惠麓小隐图》题诗可以看到他的归隐情怀:

> 瑶华幸识君王面,国破家全欲断魂。每见英雄扶社稷,未闻怖薄正乾坤。梁园文献谁能征,惠麓诗书子独存。至正归来成小隐,旋栽蔬果□清尊。③

万新华先生认为:"此题画诗表面看来,叙述的是王蒙的境遇,实正与当时柯九思的境况相当,柯氏归隐思想跃然纸上。"④

但他的归隐,并不是消极处世,而是以"儒隐"者的身份,积极地从事文

---

① 任林豪:《台州道教考》,中国社会科学出版社,2009年,第221页。
② 同上。
③ 宗典:《柯九思史料》,上海人民美术出版社,1985年,第156页。
④ 万新华:《柯九思》,河北教育出版社,2006年,第10页。

艺、鉴赏活动。所谓"儒隐"就是"身隐而心不隐",就是指身体虽然在野,但是依然心存志向而实际发挥社会功能,并且多为"隐于民间"而不是"隐于山林"。自古至今,"儒隐"之人可分两种:一种是如汉代末年的管宁一样朝廷多次盛情邀请其出仕为官,但均予以拒绝,自己在民间开堂授学推行德化,与其情况相同的还有唐代的卢鸿、南朝梁陶弘景等;另一种人则是自己想出仕为官以推行自己的治国安邦思想,但当权者却不予重用,他们大多退而隐于民间以出世心态作入世的事业,推广教化,积极布道。柯九思属于第二种人。

约在 1342 年的春天,他还鉴赏了王蒙的《芝兰室图》《竹石图》《双松图》,都有题诗。其《题王蒙芝兰室图》诗云:

采芝可补饥,纫兰代琼佩。商山与汨罗,清声喧宇内。古林自仪之,灵襟无墨碍。天游总无垠,境静祇园对。①

根据藏于旅顺博物馆的元代俞和《行书芝兰室图记》罗继祖跋可知,元四家之一的王蒙为钱唐僧古林作《芝兰室图》并为撰记,俞和为之书,又有僧来复、危素、宇文公谅、宋燧、柯九思等诸家题咏。王蒙在《芝兰室图记》中有"与善人交,如入芝兰之室,久而与之俱化","夫芝,瑞草也","兰,香草也","今以刚愎之资,柔佞之质,得与圣贤久处,服其衣冠,听其言辞,周旋礼乐,左右规矩,恶得不与之均化哉"等句,可以帮助人们解读其创作的《芝兰室图》所蕴含的思想意蕴。柯九思的这首题诗,由此衍化延伸开来,对商山四皓和屈原的高风亮节作了由衷地礼赞。相传周术、吴实、崔广、唐秉四老人皆因品行高洁,银须皓首,避秦焚书坑儒而隐居商山,世称"商山四皓"。他们过着采食商芝,栖身洞穴的清贫生活,曾赋有著名的《采芝操》,流传于后世。屈原在《离骚》里有"扈江蓠与辟芷兮,纫秋兰以为佩"的诗句,以此标示自己的孤傲高洁、不入流俗的情怀。柯九思认为尽管他后来投汨罗江而死,但与商山四皓一样,其"清声"广播于寰宇。儒释在追求孤洁脱俗、超然物外的人生态度上有一致性,因此柯九思在诗中以芝兰为喻,盛赞高僧古林那种身处幽静的佛寺而胸襟阔大

---

① 王及:《柯九思诗文集》,中国美术学院出版社,2004 年,第 33 页。

无比、无所挂碍、放任自然的人生境界。这首诗虽然是表达对古贤那种安贫乐道、忠贞不屈而又超然世外的景仰之情，实际上也借此隐隐地表明了自己的人生态度，也就是说，柯九思既然入仕无望，报国无门，心有戚戚，但却不愿媚俗于世，甘愿浪迹江湖，过着优游自如和洁身自好的生活。

其《题黄鹤樵叟竹石图》诗云：

风落湘江秋正波，重瞳消息竟如何。竹间犹闻斑斑泪，应是英王恨更多。①

此诗实际是借王蒙的竹石图抒发自己流落江南后心中的无限怅恨。首句形象地描绘娥皇女英秋深时节千里寻夫的情景，此时，湘江上风波浩荡，舜帝这个重瞳子却杳无踪影。眼前这幅岩石间的几枝竹竿上，似乎还能看到她们的斑斑泪迹，千古之下，还使人感受到她们的更浓重的痛楚。中国文学史上，自屈原的《离骚》起，就有以香草美人自喻贤臣或比喻为君王的传统，柯九思在这首诗歌里，借娥皇女英的无限悲痛表达自己对文宗驾崩后的彻骨伤心之情和流寓吴中的悲楚之感。

其《题王蒙为古松禅师写听松图和广信吴元善韵》诗云：

碧眼支筇耳更聪，轩楹占断白云中。有声听到无声处，错认长松是老龙。②

这首诗歌形象地描绘了《听松图》的画中之意，画中那个风貌高古、长着碧眼的禅师，虽然拄着拐杖，却耳聪目明，他所居留的廊屋在白云深处显得特别显目。柯九思从这幅无声的听松图中，似乎听到阵阵松涛，眼前的高大的古松差点错认为苍老的虬龙。

约于这一年的春天，柯九思还创作了一幅《墨竹图》卷，款非幻道者，这幅作品是柯九思存世不多的代表作品之一，现藏上海博物馆。柯九思在这幅图

---

① 王及：《柯九思诗文集》，中国美术学院出版社，2004年，第56页。
② 同上。

上题诗一首云：

> 熙宁乙酉湖州笔，清事遗踪二百年。人说丹丘柯道者，独能挥翰继其传。
> 非幻道者丹丘柯九思敬仲画诗书。①

从题诗中，可以看出柯九思对自己的高超的墨竹艺术颇为自负，这自负来自自信。

三月五日，柯九思鉴赏了钱选的《草虫图》，并在图上题诗云：

> 剡溪藤滑染丹黄，便似苕川十锦塘。大力固应忘色相，化工直欲铸阴阳。一池荷叶遗裳服，两部蛙声奏乐章。公已欲去尘世虑，水云深处合为乡。
> 至正二年春三月五日丹丘柯九思书。②

钱选的花鸟画在诸艺中成就最高，是元代继承宋代设色工笔花鸟画这一派中的代表人物。这首诗歌极力夸赞钱选这幅《草虫图》高超的画艺，画面设色丰富，便似他家乡苕溪的什锦之塘，他的画作，遗其形貌却颇为神似，点化之工巧简直重铸了大自然的万种生机。你看图中的一池荷叶好似赠送给人的娇美的服饰，蛙鸣此起彼伏，奏起了动人的乐章。柯九思认为，从图中可以看出，钱选早已除去了尘世的俗念，那水云深处才是他真正的归宿。这首诗的结尾两句"公已欲去尘世虑，水云深处合为乡"，也隐隐表达了柯九思厌恶尘俗、归隐溪山而欲追求心灵自由的一种愿望。

1342年春夏时节的柯九思书画创作似乎特别勤奋，五月二十四日，他作《墨竹图卷》一幅③，倪瓒看到这幅作品后赋诗一首咏赞：

> 可厌栽花者，繁华总是虚。卜居须傍竹，无竹不成居。设榻谁为伴，

---

① 宗典：《柯九思史料》，上海人民美术出版社，1985年，第51页。
② 王及：《柯九思诗文集》，中国美术学院出版社，2004年，第37页。
③ 万新华：《柯九思》，河北教育出版社，2006年，第189页；又见清陆心源《穰梨馆过眼续录》卷二。

开窗好对渠。莫嫌吾室陋,难与此君疏。①

七月十九日,柯九思又与倪瓒同观苏轼题文同《墨竹卷》于益清亭,不忍释手,并题之。上文已有详述,此不赘述。

这年初秋时节,柯九思更加忙碌,会友赋诗赏画,不亦乐乎。这些活动都围绕着一个地方进行,那就是荆溪(今江苏宜兴)的良常草堂。关于良常草堂概况,上文只是略加概述,这里详加勘察和述论。提到良常草堂,有一个人不得不提,那就是闻名江南的元末古玩收藏大家荆溪王仲德。王仲德,时人称为王德翁,其生平事迹未见其传记资料,也未见有专门研究文章提及,有关此人及其交游与社会关系的史料,散见于许多元人文集。学者刘迎胜曾专门整理予以论述②,使我们得以比较全面地了解。

王仲德,出生于一个宋故名门世家,为南宋枢密使、副参用文武、都统制王渊六世孙,著名文士、兰溪判官王觉轩之子,是元末江南几位纳粟补官的大财主之一,家境富裕,他虽然也好古博雅,喜与文人墨客来往,但毕竟与一般清高的文士不同,因为其子王长源"富而无才识",先是延请名士张天民为私塾教师,后为求速贵,花钱为王长源捐了苏州税使之职。

王仲德富有家资,也颇具清雅之致,专门为所延请的张天民先生教其子弟而筑室"良常草堂",张天民携带儿子张经同往。张经内侍其父,外交朋旧,人人欢心。王仲德还筑有环庆堂,大概距离良常草堂不远,文人们将这两个草堂取了个雅名叫张公洞,"每游张公洞,必至环庆、良常二堂,饮酒赋诗,极一时之盛"③。柯九思曾为作《良常草堂记》。

张经也是一方名士、名宦。他字德常,自号良常山人,金坛(今镇江)人。学问渊博,张士诚据苏州后,被举荐为官,颇有政声。明王鏊《姑苏志》(卷四十一)有其传:"张经,字德常,金坛人。博学通才,为一时之望。初任吴县丞。至正丙申,行省以牧字者罕良,遴选而更张之。自经等,令、丞、簿、尉同日命十一

---

① 王及:《柯九思诗文集》,中国美术学院出版社,2004年,第103页;又见清陆心源《穰梨馆过眼续录》卷二。
② 刘迎胜:《王仲德家族与元末江南古玩收藏》,载《元史及民族与边疆研究集刊》,上海古籍出版社,2010年。
③ 宗典:《柯九思史料》,上海人民美术出版社,1985年,第244页。

人,盛赐遣之。经在任三年,以政最,升知县事。仁恕公廉,教化平易,折狱明慎。时扰攘之余,继以凶疫,民死者半,经焦劳全活,百姓感怀。省又陈荐,擢嘉定州同知。"他和其父张天民、弟张纬(即张德机)与王蒙、倪瓒、柯九思等交往甚密。其弟张德机号艇斋,收藏家,并以行书名世。

可以说,这一年的清秋时节,柯九思主要活跃于环庆、良常两个草堂。关于环庆堂的环境,倪瓒有诗描述道:"环庆堂前翠竹多,雨苔侵石树交柯。不游罨画溪头路,奈此春宵月色何。"①可见这里翠竹丛生,绿树荫翳,环境清幽无比。柯九思也经常到这里于张氏父子会晤,他为张氏父子的《良常张氏遗卷》题词的地点就在王仲德的环庆堂:

予尝为德常记草堂矣。复见此卷,诵五峰先生(二字据真迹补)之词甚奇古,仲穆使君之篆笔力遒劲,(原作"紧",据真迹改),泽民、若水之画清润,张助教之诗流丽,皆令人敛衽。故为之识其后。丹丘柯九思题于王氏环庆堂。②

从这篇题词中,我们可以感受到柯九思与文士们在一起时的清雅而充实的生活情景。

柯九思在张公洞游历期间,迎来了故旧好友高昌正臣,而此时,洞主张经却因事外出。他们一边观赏佳景,一边等候着张经的到来。可是张经久久未归,柯九思非常想念他,特意作了一幅《墨竹图》寄给他,③这幅墨竹图上留下了柯九思的题跋:

至正二年壬午九月,仆与高昌正臣游张公洞天,张德常期而不至,殊怀其人,不禁清兴,故作墨竹以寄之。前奎章阁鉴书博士丹邱柯九思识。④

从跋文中可以感受到柯九思对张经的不尽的思念之情和他们之间的真挚

---

① (元)倪瓒:《清閟阁集》(江兴祐点校),西泠印社出版社,2012年,第241页。
② 柯九思:《丹丘生集》卷二,上海图书馆藏。
③ 宗典:《柯九思史料》,上海人民美术出版社,1985年,第244页。
④ 同上,第80页。

友谊,因为,考察柯九思的生平历程,因怀想友人,禁不住创作书画寄给友人的似乎还没有先例。一些友人有感于这幅图卷的不凡墨趣和他们的真挚感情,纷为题赞,如瓠斋题诗云:

> 丹丘写竹师与可,能写倒影青琅玕。张之草堂雪色壁,环叶萧萧烟色寒。①

倪瓒题诗云:

> 柯公自比米癫子,文采照耀青琅玕,只今耆旧雕零尽,剩得潘君瘦影寒。②

在良常草堂,柯九思经常与王仲德会面,他们一起鉴赏古物书画,有着共同的语言。王仲德二弟王子明,也是一位收藏大家,陶宗仪《南村辍耕录》中记载"义兴王子明,家饶于财,所藏三代彝鼎、六朝以来法书名画,实冠浙右"。柯九思也与王子明友善,曾将自己收藏的苏轼《天际乌云帖》转让给他。柯九思曾有题苏轼《天际乌云帖》和韵九首,并有题跋云:

> 此卷天历间得之都下,予爱坡翁所书之字,俊拔而清丽,令人持玩不忍释手,故侍书学士虞公见而题之。予携归江南,会荆溪王子明同予所好,携之而去。他日再阅于环庆堂,俯仰今昔,为之慨然。因走笔尽和卷中之诗,以舒其悒郁之气。旁观者子明之兄德斋、淮南潘纯、金坛张经、长安莫浩。至正三年夏五月,丹邱柯九思书。③

根据柯九思的履历及上面的跋文,我们可以推测,柯九思与王子明会晤的时间应该是在至正二年(1342)左右,很有可能就在陪同高昌正臣游览张公洞不久的九、十月间。从"同予所好,携之而去"这一句话,我们似乎隐隐感觉到

---

① 王及:《柯九思诗文集》,中国美术学院出版社,2004年,第137页。
② 同上。
③ 宗典:《柯九思史料》,上海人民美术出版社,1985年,第75页。

王子明的洒脱豪爽的性情，因为跋文中并没有透露出柯九思主动赠送的意思，而好像王子明与柯九思一样深爱这幅佳作，就主动要求将这幅法书名帖拿走，柯九思也深知王子明深喜此作，也任由他将这幅名帖"携之而去"，这也反映了柯九思的率性豪迈的性格。

《续书画题跋记》保存了与上引的题跋略有不同的柯九思重题苏轼《天际乌云帖》的跋文：

> 当南归时，会王子明，同此好，割爱与之。今再见之，不禁慨然。因走笔尽和卷中之诗，凡九首，以舒悒郁之气。同观者：王德斋、潘纯、张经、莫浩。①

两则材料都提到了"走笔尽和卷中之诗"、"以舒悒郁之气"，且让我们看看这九首和诗②：

> 山中覆鹿拾蕉叶，眼底生花二月明。不道人生俱梦里，新诗犹话梦中情。
> 绿窗度曲初含笑，银甲弹筝不露尖。人生莫待头如雪，华屋春宵酒屡添。
> 云中初下势如惊，白凤翩跹雪色翎。多少旧游歌舞地，不堪回首又重经。
> 桃花扇底露唇红，不复梳妆与众同。一曲山香春去也，荼蘼无语谢东风。
> 一颗摩尼不染尘，瑶池玄圃度千春。寥阳殿里云深处，谁是当时解佩人。
> 三月旌旗幸玉泉，牙樯锦缆御龙船。千官车骑如云涌，杨柳梢头月色娟。
> 长忆眉山鹤发翁，旧时阿阁赞皇风。如今流落那堪说，黼黻文章似

---

① （明）郁逢庆：《续书画题跋记》卷三。
② 王及：《柯九思诗文集》，中国美术学院出版社，2004年，第75页。

梦中。

鼓瑟湘灵欲断魂,洞庭风浪不堪论。遥知旧赐宫袍锦,双袖龙钟总泪痕。

兴圣宫中坐落花,诗成应制每相夸。庐山面目秋来好,自杖青藜步白沙。

要了解这九首和诗的含义,就需先了解《天际乌云帖》的来历、背景。《天际乌云帖》是著名的传世法帖,书写的是北宋大书法家、诗人蔡襄(字君谟)《梦游洛中十首》绝句之第一首:

天际乌云含雨重,楼前红日照山明。嵩阳居士今安否,青眼看人万里情。

在这幅苏书蔡诗的名帖中,苏轼将蔡襄诗中的"嵩阳居士今安否"改为"嵩阳居士今何在",诗后附两段短文:

此蔡君谟梦中诗也。仆在钱塘,一日谒陈述(古),邀余饮堂前小阁中。壁上小书一绝,君谟真迹也:"绰约新娇生眼底,侵寻旧事上眉尖。问君别后愁多少,得似春潮夜夜添。"又有人和云:"长垂玉筯残妆脸,肯为金钗露指尖。万斛闲愁何日尽,一分真态更难添。"二诗皆可观,后诗不知谁作也。

杭州营籍周韶,多蓄奇茗,常与君谟斗胜之。韶又知作诗。子容过杭,述古饮之,韶泣求落籍。子容曰:"可作一绝。"韶援笔立成,曰:"陇上巢空岁月惊,忍看回首自梳翎。开笼若放雪衣女,长念观音般若经。"韶时有服,衣白,一坐嗟叹。遂落籍。同辈皆有诗送之,二人者最善。胡楚云:"淡妆轻素鹤翎红,移入朱栏便不同。应笑西园旧桃李,强匀颜色待东风。"龙靓云:"桃花流水本无尘,一落人间几度春。解佩暂酬交甫意,濯缨还作武陵人。"故知杭人多惠也。

蔡诗最后一句"青眼看人万里情",结在一个"情"字,表达的是名士间知己的友情，苏轼却笔锋一转，写的是蔡襄的爱情，也即通过梦境表达男士对女子的无限思念之情。不知谁作的和诗，写的是女子在异地的情态。"君谟真迹"及和诗都不离"梦"的主题，"侵寻旧事"已成迷离梦事，虚虚实实交融一片。

　　苏轼的第二段短文叙述了一段与蔡襄、陈述古有关的妓女周韶的故事。

　　周韶作为营籍（即营妓，指集中于乐营习歌舞的妓女），有陪侍官员宴集的义务，人身权属地方政府或军队。她颇具风雅，好蓄奇茗，且善于斗茶，又能够歌诗，与另两个艺妓胡楚、龙靓，皆有诗才，曾合著《三妓诗》。"子容过杭，述古饮之"，子容是北宋名臣、科学家苏颂的字，其与蔡襄为姻亲。他作为中央朝臣经过杭州，知府陈述古有召营妓饮宴接待的义务。在一次宴会酒席上，才艺出众的周韶不穿艳服却身着白衣，"泣求落籍"，以诗言志，其高洁脱俗的心志和气度以及纯真洒脱的性情使得满座的官员嗟叹不已，于是为她"落籍"。胡楚、龙靓也为之赋诗咏赞，胡楚说"淡妆轻素鹤翎红，移入朱栏便不同"，龙靓说"桃花流水本无尘"。周韶的品节和情怀也令后世赞叹感动。

　　当代学者张然对苏轼的两段短文有比较透彻的解读：

　　《天际乌云帖》在书写了蔡襄的《梦游洛中》绝句一首之后，漫说开去。从陈述古处的"君谟真迹"及和诗，说到周韶的"落籍"；从蔡襄梦中诗转写杭州风月。蔡襄"昼梦游洛中，见嵩阳居士留诗屋壁"，苏轼于陈述古"小阁中壁上"见诗，一在梦中，一在醒时。而嵩阳居士诗写"天际乌云"、"楼前红日"的实景，苏轼所见壁上诗写"绰约新娇"的幻象，两诗对看，虚实相间，不免启人蕉鹿之惑。尽管梦境恍惚，第二段短文以周韶与蔡襄斗茶起笔，暗示蔡襄的男女朋友是同一类人物，居士辞官隐居与美人"泣求落籍"，其气节和品格相仿佛、相映照。

　　当《天际乌云帖》在世间流传，清绝脱俗的雪衣女形象吸引着后世的诗人们，该帖的题跋诗大多围绕雪衣女展开，续接着北宋文人的迷离梦事。[1]

---

[1] 张然：《迷离梦事的续接——〈天际乌云帖〉及其题咏》，载《西南民族大学学报》（人文社会科学版），2009年第7期。

从《天际乌云帖》的题跋看，柯九思是该帖的第一个收藏者。柯作跋语说明此帖来历："此卷天历间得之都下，予爱坡翁所书之字，俊拔而清丽，令人持玩不忍释手。"从蔡襄、苏轼生活的年代到元代天历间，已经二百多年。虞集在柯九思处得见此帖，题跋云：

及取观，则吾坡翁书蔡君谟《梦中诗》及守居阁中旧题也。第三诗以为不知何人作，其轩辕弥明之流，与陈太守放营妓三诗，亦辱翁翰墨，流传至今，信亦有缘耶？①

虞集认为周韶、胡楚、龙靓三诗"辱翁翰墨"，看来他不能理解苏轼写这段故事的用意，居士和妓女在他眼里还有贵贱之别。但同时虞集却又题诗步蔡襄梦中诗原韵，向往杭州太守与妓女斗茶的乐趣："只今谁是钱塘守，颇解湖中宿画船。晓起斗茶龙井上，花开陌上载婵娟。"虞集还由周韶联想到人生的轮回："三生石上旧精魂，邂逅相逢莫重论。纵有绣囊留别恨，已无明镜着啼痕。"此诗前两句出自苏轼《僧圆泽传》中的竹枝词，该文叙述了圆泽转世变成放牛娃的故事。未必有多少中国人真相信转世说，苏轼未必信，虞集也未必信，但传说中的故事适宜引发遐想和感叹，雪衣女正像圆泽转世的牧童，不知从哪里来，不知到哪里去，一代代人物来了又去，只是江山如梦。元末文人透过《天际乌云帖》的墨迹，回望二百多年前的古人，怀想当年杭州城里的风流雅事，唤起充满羡慕的想象。

柯九思将《天际乌云帖》送给了好友王子明："予携归江南，会荆溪王子明，同予所好，携之而去。"12年后，当柯九思被逐出朝廷，流落江南，再见到王子明家中环庆堂的《天际乌云帖》，恍若隔世，不由兴发今昔之慨："他日再阅环庆堂，俯仰今昔，为之慨然，因走笔尽和卷中之诗，以舒其悒郁之气。"

让我们来感受一下柯九思九首和诗的俯仰今昔之感和所抒发的"悒郁之气"。

第一首实际是柯九思由蔡襄梦中的诗境生发开去，表达人生如梦的感慨。开笔即用了一个"蕉鹿梦"的典故。这个典故出语《列子·周穆王》，意思是这

---

① 宗典：《柯九思史料》，上海人民美术出版社，1985年，第27页。

样的：郑国有个樵夫在野外砍柴，碰到一只受惊吓的鹿，迎上去打死了它，又怕人瞧见。匆忙中把鹿藏到干枯的池塘中，用柴禾盖好，高兴极了。可不久就忘记了藏鹿的地方，便以为这是一场梦，一边走嘴里还一边叨唠这事。

路上有人听到了，依着他的话找到了死鹿，拿了回去，告诉老婆说："刚才有个砍柴的说梦见打死了一只鹿，却忘记了藏在什么地方，我去找找看竟真的找到了鹿，看来他真的在做梦。"他老婆说："怕是你梦到砍柴的打到鹿了吧，这附近哪里有砍柴的，现在我们得了鹿，是你的梦想成真了吧？"他说："反正我们真的得了只鹿，管它是他做梦还是我做梦。"

樵夫回到家后，不甘心丢掉的鹿，晚上梦到了藏鹿的地方，又梦到拿他鹿的人。第二天一大早，就依着所做的梦去找，找到了那人和鹿。

俩人争执不下。就闹到士师那里。士师说："你真的得到鹿，却以为是做梦，真的做梦却找到了鹿。他以为你是真的做梦却得到了鹿，而他老婆说是他梦中得了别人的鹿，不算拿别人的鹿。到底是怎么回事我也搞不清，现在只有一只鹿，你们俩就平分吧。"

这事连郑国国君也听说了，国君说："嘿嘿！难道让士师也做个梦替他们分鹿不成？"

这个典故里的砍柴的人、得鹿的人及至郑君等，不是把真实的事当梦，便是把梦当真实的事儿。后遂用"蕉鹿梦"比喻虚幻迷离、得失无常。

柯九思的第二首和韵诗，是步蔡襄以及上述所说的不知谁作的和诗的韵而作，开头两句写艺妓歌女自作词曲、倚窗含笑的情景，她伸出套着银制的假指甲款款弹唱，玉指尖尖藏而不露。柯九思借此场景隐喻人生的荣华富贵，因此结尾两句表达了及时行乐的思想，他说，人生一世很快就会发白如雪，所以不要等待，行乐须及时，华堂春宵，暖意融融，侑酒欢歌，倾樽频频，这是多么舒畅泻意的事情！

柯九思第三首和韵诗，是步营妓周韶援笔而就的诗作之韵的。周韶在诗歌中感叹岁月不居，红颜易老，柯九思却歌咏周韶身着白衣初上宴席时的情景，将她比作一只雪白的凤凰，当她从云霄之中翩跹而下的时候，其清新脱俗的倩影不禁惊艳四方。细味全诗，柯九思实际上是借此情景，隐喻一切繁华的物事。繁华之后总是落寞伤心，所以柯九思在此诗结尾说，世上多少曾经的歌舞繁荣之地，到头来总是不堪回首，然而偏偏却又要重经，此时的人们真是情何以堪?!

　　柯九思第四首和韵诗,步的是营妓胡楚的诗作,前两句写周韶从以前的浓抹艳妆而尽情歌舞到淡妆素衣出场的变化,概括的是苏轼的短文中的内容。"桃花扇底"四字,使人想起宋代晏几道的《鹧鸪天》一词:"彩袖殷勤捧玉钟,当年拚却醉颜红。舞低杨柳楼心月,歌尽桃花扇底风。　　从别后,忆相逢,几回魂梦与君同。今宵剩把银釭照,犹恐相逢是梦中。"柯九思用这四字,似乎别有衷曲,因为写这首词的晏几道的心境与两三百年后的柯九思可谓是"萧条异代不同时",让我们来看看晏几道创作这首词的背景。宋神宗熙宁二年(1069)二月以富弼为宰相,王安石为参知政事,议行新法,朝中政治风云突变。而早在仁宗至和二年(1055)晏殊就已亡故,欧阳修则因反对新法,逐渐失势,后于熙宁五年病故,这些亲人或父执的亡故或失势,使晏几道失去了政治上的依靠,兼之个性耿介、不愿阿附新贵,故仕途坎坷,陆沉下位,生活景况日趋恶化。在这段与先前富贵雍华的生活形成鲜明对比的日子里,晏几道采用忆昔思今对比手法写下了许多追溯当年回忆的词作,《鹧鸪天·彩袖殷勤捧玉钟》便是这其中的佼佼之作。诗歌的后两句借周韶的身世抒发一种青春不再、繁华消歇和无尽寂寞的人生感慨。诗中的"山香",古代曲名,即《舞山香》。"一曲山香春去也"一句,使人想起南宋四大诗人之一尤袤的《瑞鹧鸪·落梅》一词的词意。这首词是这样的:"梁溪西畔小桥东。落叶纷纷水映空。五夜客愁花片里,一年春事角声中。　　歌残玉树人何在,舞破山香曲未终。却忆孤山醉归路,马蹄香雪衬东风。"全词抒写了作者月夜面对落梅而生的南宋君臣只知沉湎享乐导致山河破碎的痛心之感和自己只能沉醉于酒的无奈之愁。结句"荼蘼",很有文学寓意,它是一种蔷薇科的草本植物,春天之后,往往直到盛夏才会开花。因此人们常常认为荼蘼花开是一年花季的终结。苏轼诗:"荼蘼不争春,寂寞开最晚。"纵览全诗,我们似乎可以探摸到柯九思的款款衷曲,那就是:自己昔日在朝中虽然无限风光,但实际上却是无意争春。至今繁华落尽,无限落寞,但对文宗的感激之情与日俱增,然而文宗已逝,纵有千言万语也无由表达,只能默默无语,自享孤独。

　　柯九思第五首和诗步的是营妓龙靓的诗作,首句的摩尼,又称如意宝珠,即摩尼宝珠,是指海底龙宫中出来的如意宝珠,在佛教里,又称摩尼珠,意思是"无垢光",高洁华贵,柯九思以此比喻周韶虽是出身营籍,但品节高洁,不染俗尘。第二句中的"玄圃",又称县圃、平圃、元圃,是神话传说中的"黄帝之园",昆仑山顶的神仙居处;"千春",千年,形容岁月长久;柯九思将周韶比作神仙中人,并祝福她长寿安康。诗中的"寥阳殿",又称"阳台宫",位于道教第一大洞天王屋山华盖峰的南麓,因地处阳台而得名。唐玄宗曾亲书"寥阳宫"匾额,并令其妹玉真公主进山拜师学道,朝野震动,道风顿盛。结句"解佩",又称"汉皋解佩",指的是周朝人郑交甫在汉皋台偶遇两位衣着华丽的女子并希望女子能将她们身上的明珠各赠他一颗以作纪念,女子解佩相赠。道别后郑交甫想再拿出明珠观赏却发现明珠早已不见踪迹,而那两位女子亦是,这才明白,自己刚才所遇到的两位女子并非人间姝丽,而是汉水之上的神女。这个词多是咏仙,或者比喻情人间馈赠信物,典故出自汉刘向《列仙传·江妃二女》。在这首诗里,柯九思用"寥阳殿"、"解佩人"的典故,表面是用神仙故事歌咏周韶,实质是怀念自己在奎章阁的神仙美眷一般的日子,而今,柯九思就好像典故中的郑交甫,与神女道别后,想再见到两位神女、再取明珠观赏而不能,他而今也流落江南,那个给他带来无限风光和尊严的文宗皇帝如今已魂归天国,他只能空怀一腔怅恨之情。

柯九思的第六首和诗步的是蔡襄梦中诗原韵,写的是帝皇出游千骑随驾的情景,应该是柯九思在大都生活的情景再现。

柯九思第七首和诗开头两句,表达了对苏轼的忆念和崇敬之情。句中"阿阁",指的是四面有栋梁和曲檐的楼阁,这里借指朝廷。古人认为,凤凰飞集于阿阁,朝廷就会有贤相良臣,天下就能太平,所以李商隐《随师东》诗有句"但须鸑鷟巢阿阁"。柯九思用"阿阁"一词,暗喻苏轼是一位贤臣,能够"赞皇风",亦即能够辅佐皇上做好教化工作。这一句大概指的是哲宗即位、高太后听政后苏轼受到重用的情况。那时,新党势力倒台,司马光重新被启用为相。苏轼于是年以礼部郎中被召还朝。在朝半月,升起居舍人,三个月后,升中书舍人,不久又升翰林学士。后两句写苏轼由于政治斗争的形势变化,遭到贬谪而流落南方诸州的境遇,昔日的荣耀尊崇今已不再,真有人生如梦之感!"黼黻文章",指古代礼服上所绣的色彩绚丽的花纹,泛指华美鲜艳的色彩,这里指崇高的社会地位。很明显,柯九思在这首和诗中,借苏轼的人生浮沉起落,抒发自己从繁华到落寞的哀怨郁闷之情。

柯九思第八首和诗,首句"鼓瑟湘灵",语出《楚辞·远游》:"使湘灵鼓瑟兮,令海若舞冯夷"诗句,其中包含着一个美丽的传说——舜帝死后葬在苍梧山,其妃子因哀伤而投湘水自尽,变成了湘水女神;她常常在江边鼓瑟,用瑟音表达自己的哀思。第三句,用了一个暗典,我们且看王昌龄《春宫怨》中的"平阳歌舞新承宠,帘外春寒赐锦袍"两句诗,写的是平阳公主家的歌女卫子夫新得汉武帝宠爱,帘外春寒萧萧,汉武帝赐给她锦袍的情景。以男女之情比喻君臣关系,是古代诗歌传统的表现手法,在这首诗歌里,柯九思由营妓周韶的身世遭际,联想到自己的人生境遇,以"鼓瑟湘灵"的典故喻示自己对文宗的忠贞不渝,句中的"洞庭风浪",明显是柯九思昔日所处的大都的政治风波的象征。"遥知旧赐宫袍锦,双袖龙钟总泪痕"两句,实际上抒发的是柯九思对昔日受到文宗皇帝恩宠的无限怀念以及而今流寓吴中的痛苦哀伤之情。

和诗最后一首,柯九思回忆在奎章阁中备受荣宠的生活。兴圣宫是元代皇宫的重要组成部分,位于太液池西部,主要供太后、皇后、嫔妃居住,嫔妃能够到这里来住,算是宠遇。女性在蒙古族中的地位高于汉族,皇后可与皇帝并坐临朝,后妃可单独占据一两个宫区,而不像汉族皇宫那样,后妃的住所位于遮拦密匝、无人窥视的后宫深处,不与外人相通。而元代的兴圣宫却有文士往来其间,兴圣宫内有奎章阁,选文翰才俊在奎章阁中任学士兼经筵讲官。第一、二两句,柯九思写自己往昔经常出入兴圣宫,坐在落花之上,陪着文宗皇帝一同观赏美景,谈书论画,诗酒酬唱,每作成一首应制诗,总会受到夸赞。后两句抒发自己在宫中悠游读书的情景,他似乎在说,古来认为伴君如伴虎,或者说,一入侯门深似海,可我到了宫中,真实感受到的却是秋色晴好,岁月悠悠自在,夜月里可以提着宫灯,漫步于皎洁松软的沙路,走向奎章阁读书自乐。"青藜",典出《三辅黄图·阁》,指夜读照明的灯烛。

纵观柯九思为苏轼《天际乌云帖》的题跋和九首和诗,我们知道,他面对这幅自己曾经收藏于大都的法书名帖,不禁无限感慨,于是一气呵成,尽抒心中萦绕不去的"悒郁之气"。这"悒郁之气"来自"俯仰今昔"也即今昔对比之后的感慨。这感慨,是百折千回的,也是纷繁复杂的,有人生如梦的虚无,有及时行乐的消沉,有不堪回首偏又重经的无奈,有缅念恩遇的怅惘,有沉浸于昔日风光的荣耀,更有繁华落尽的幽怨。所以这九首和诗是体现柯九思晚年心路历程的十分重要的篇章。

尽管"悒郁之气"常绕心中,但盘桓荆溪,特别是逗留良常草堂、环庆堂其间,柯九思的心情总体上还是比较愉悦的。在环庆堂会晤了王子明并在《天际乌云帖》和诗九首之后不久,张经回来了,柯九思又为之作《荆溪图轴》,次日又重题诗一首;同时又为张经所藏的朱德润、王渊合作的《良常草堂图》题诗于环庆堂:

  幽馆晓山如沐,断桥春水初生。花下斑荆酒熟,松间散策诗成。①

  诗中的画面是令人神往的:清晨,幽静的草堂四周,青山如沐,一截断桥之下,春水初生,绿波荡漾。扶疏的花木之下,两位老友席草对饮而谈,有时两人也拄杖散步于松林之间,昂首吟哦。句中"班荆",即"班荆道故",典出《左传·襄公二十六年》,意思是用荆草铺在地上,坐在上面谈说过去的事情。形容老朋友在路上碰到了,相对而坐,互相倾诉衷肠。柯九思的题诗既是对《良常草堂图》画面的题咏,更是对在良常草堂其间与文友们悠游自在、肝胆相照生活的写照,也反映了他疏朗、豁达、乐观的心境。

  柯九思在良常草堂其间,几乎日日与张经在一起,谈诗论画,游心艺事。张经曾收藏有赵孟𫖯的诗稿,十分珍贵,至正二年(1342)九月十六日,柯九思与张经一同赏阅之后,不禁题跋于诗稿上:

  赵文敏公书出于晋,诗及乎唐,固一代之能事也。观此卷令人叹慕不已,德常其用保之。至正二年九月十又六日,丹邱柯九思题。②

  从题跋可以看出,柯九思对赵孟𫖯诗书中的魏晋风度和盛唐气韵十分叹服,这也反映了他的艺术倾向和追求,即倾慕晋唐古韵、崇尚复古主义,他认为赵孟𫖯的诗书堪称元代复古主义的典范,值得时人学习效仿,因此,他嘱咐张经,要永远保藏好赵孟𫖯的诗稿,其为恢复、重振、弘扬汉文化的耿耿之心由此也昭昭可感。

  柯九思不但劝勉友人珍视保藏赵孟𫖯的诗稿,他本人也是身体力行的,估

---

① 宗典:《柯九思史料》,上海人民美术出版社,1985年,第164页。
② 同上,第130页。

计他也珍藏有赵孟頫的诗卷,并且反复把玩赏读,叹服不已,我们可以从他的《题赵孟頫诗卷三十韵》中看出端倪:

江汉龙船下,东南王气收。求贤垂睿略,为治访嘉猷。使者班缯帛,王孙觐冕旒。未央凝露掌,东序荐天球。颢气凌风上,祥光近日浮。看花陪雉尾,视草近螭头。清晓还闻履,严寒或赐裘。宋公周有客,项伯汉诸侯。人仰文章贵,身承礼数优。五朝通内籍,九命擅清流。昔滞京都久,时从几杖游。通家怜我慧,对酒慰羁愁。妙墨时相赠,新篇不厌酬。风流追鲍谢,文采驾枚邹。心慕归来好,官因老欲休。倚阑秋待月,携客暖经邱。歌罢闻啼鸟,机忘玩狎鸥。苕溪今寂寂,松雪自悠悠。马鬣遗封在,龙骧待诏不。断缣人共赏,只字世争售。挥翰能兼美,评量此莫俦。调高锵玉管,笔健映银钩。江海苍烟暮,湖山碧树秋。贾充能误国,王粲漫登楼。花落浑无赖,春归不自由。蜀笺临别墅,吴颖胜他州。挥洒真成癖,吟哦可解忧。钟王多韵度,李杜极深幽。入室能攀践,趋隅恨阻修。锦标连玉轴,把卷共绸缪。①

这首五言排律是柯九思现存诗歌中非常重要的一篇作品,内容丰赡,思想深厚,值得我们好好解读。

从"江汉龙船下,东南王气收"到"五朝通内籍,九命擅清流",为这首长诗的第一部分,写的是赵孟頫仕元后备受荣宠的情景。赵孟頫仕元是元代政治、社会生活中的一个大事件,有着标志性的意义。在完成对中国的统一后,忽必烈及其统治集团开始逐渐意识到中国传统儒家思想和文治之道仍然是立国之本,他们虽然对汉族士人有所戒备,但从内心里也不得不折服汉文化的博大深远,取"大哉乾元"之义定国号为"大元",取"至哉乾元"之义定年号曰"至元",就是蒙元政权倾心汉文化的里程碑。正如欧洲罗马帝国在征服了希腊的同时,也被希腊的文明所征服一样,大元帝国包括蒙古族也在汉文化恢复弘扬的进程中逐渐积极有为,这其中重要的标志性事件就是程钜夫赴江南广搜人才。

至元二十三年(1286)三月,程钜夫以集贤直学士拜侍御史、行御史台事,

---

① 王及:《柯九思诗文集》,中国美术学院出版社,2004年,第38页。

奉旨赴江南搜罗人才,此时距离元灭南宋才十年(如按崖山之役南宋小朝廷最后被元军彻底消灭算的话,只有七年),此举对元朝统治和江南士人产生了重要的影响,从两个角度可以推证:一是程钜夫所奉之江南求贤诏特用汉字书写;二是程钜夫由江南返回大都时,"宫门已闭,世祖闻之'甚喜',不觉起立曰:'程秀才来矣!'"这位元廷最高统治者对程钜夫赴江南一举期望之高,可见一斑。

"江汉龙船下,东南王气收。"南宋灭亡后,赵孟頫居湖州老家,致力于学。至元十九年(1282),赵孟頫29岁时,吏部郎中夹谷之奇推荐他为翰林编修,他拒绝了。至元二十三年(1286),他终于被奉旨南下搜罗遗逸的程钜夫说服,同意北上大都,出仕元廷。程钜夫此行真的在江南的士人中产生了很大的影响。柯九思在诗中写的"求贤垂睿略,为治访嘉猷。使者班缥帛,王孙觐冕旒"就很形象地描绘了程钜夫代表朝廷求贤的真诚,也隐隐透露出了士人们的感动之情。赵孟頫到了大都之后,真的受到了礼遇和荣宠,他不但看到了大元王朝的新的气象:"未央凝露掌,东序荐天球。颢气凌风上,祥光近日浮",也与朝臣权贵乃至皇上一起赏花,同时也积极参与朝政,为皇帝起草诏书,由于工作出色,经常受到皇帝的赏赐。在柯九思眼里,此时的赵孟頫俨然已经是新朝的王侯,而且是位居最上品的清流。为什么赵孟頫能够得此荣宠,柯九思概括得很到位,那就是"人仰文章贵,身承礼数优。"在这里,"文章"可以说是汉文化的代名词,正因为赵孟頫身上具有华夏文明所熏陶的贵族气质和儒士学养,所以他深受正在逐步汉化的元代统治集团的尊崇和礼遇。

长诗第二部分,从"昔滞京都久"到"文采驾枚邹",柯九思深情地回忆了与赵孟頫的交谊,也对赵孟頫的文采风流表达了无限钦敬之情。赵孟頫位居名流,深受荣宠时,柯九思还是一介寒儒,因此,在京都难免多有羁旅之愁,所幸赵孟頫对他十分关怀,经常邀约他一起出入名流之家的宴集,也经常一起对饮酬唱。不但这样,还时常赠送墨宝给九思。自那时起,柯九思就对赵孟頫的书画特别是诗歌艺术十分仰慕,认为文采风流堪比鲍谢(南朝诗人鲍照和谢朓)和枚邹(西汉辞赋家枚乘和散文家邹阳,都是富有才辨之士)。

长诗第三部分,从"心慕归来好"到"龙骧待诏不",描绘赵孟頫致仕返乡后的情景,也对他的去世以及坟茔的保护表示深沉的缅怀和牵念。柯九思对赵孟頫的返归江南,心生羡慕之情。赵孟頫于至治元年(1321),以年迈体弱要求致仕,终于得到朝廷的批准。而柯九思还奔波于京师与江南之间,辛苦劳碌不说,仕途功名还是前景未卜,内心是迷茫而怅惘的,可能有时候还会感到疲倦,也许偶尔也会产生归隐林泉的想法。亦师亦友的赵孟頫的荣归故里,柯九思也许可以更有机会一起切磋艺事,他怎能不感到欣喜呢。"倚阑秋待月,携客暖经邱。歌罢闻啼鸟,机忘玩狎鸥"写的就是赵孟頫退休后诗意一般的田园生活。可是一年以后,赵孟頫就去世了。"苕溪今寂寂,松雪自悠悠"两句诗表达了柯九思对赵孟頫去世后的无比哀伤惋惜之情,也对他的高风亮节表示了崇敬之意。"苕溪今寂寂"形象地喻示了赵孟頫去世后家乡(苕溪是他家乡湖州的著名溪流)的寂寞荒凉的景象,言下之意,赵孟頫生前曾给家乡带来多少荣光啊!松雪,赵孟頫的号,这里的"松雪"一语双关,"松雪自悠悠"诗意地歌颂了赵孟頫的精神品格、文采风流就像雪中之松一样永远长青!"马鬣遗封在,龙骧待诏不?"两句中的"马鬣",即"马鬣封",坟墓封土的一种形状,亦指坟墓。"龙骧",即龙骧将军王濬,《晋史·王濬传》:濬为龙骧将军,卒,葬柏谷中,大营茔域,葬垣周四十五里。又《唐史遗事》:武后幸洛阳,至阌乡县东,骑不进,召巫问之,巫曰:晋龙骧将军王濬云,臣墓在道南,每为樵采所苦,闻大驾至,故哀求。后遂诏:去墓百步不得樵采。柯九思通过这两句诗,似乎在牵挂地询问:赵公坟墓已经建好,但是否享有晋代龙骧将军死后得到厚葬、更得到诏命备受保护的恩典呢?言辞之间表示了深切的关注。

  长诗第四部分,从"断缣人共赏"到结句,主要抒发了对赵孟頫书画特别是诗歌艺术的赞美之情,也表达了时光易逝、怀才不遇等千古才士共有的郁闷的心情。"断缣人共赏,只字世争售。挥翰能兼美,评量此莫俦。调高锵玉管,笔健映银钩。"六句主要赞美了赵孟頫的书画艺术格调不凡,无与伦比,深受今人后世的喜爱,就是断缣寸纸,亦即残缺不全的书画,也为后世竞相争购。"挥洒真成癖,吟哦可解忧。钟王多韵度,李杜极深幽。入室能攀践,趋隅恨阻修。锦标连玉轴,把卷共绸缪。"八句中的"钟王多韵度",仍然是对赵孟頫书法的夸赞,柯九思认为他的书法多有钟繇和王羲之的气韵和风度。在柯九思眼里,赵孟頫不但深喜书画艺术,也极爱诗歌创作,"挥洒真成癖,吟哦可解忧",就是赵孟頫吟哦成癖、乐以忘忧的形象写照。赵孟頫的诗歌艺术也是元代一流的,"李杜极深幽"写的是赵孟頫的诗歌兼有李白杜甫的深和幽。柯九思对自己的诗歌艺术成就也是颇为自负的,"入室能攀践"一句就流露出了这种自许的心态,但他在赵孟頫这位文坛前辈面前,并不一味狂傲,还是想进一步恭敬地学习,"趋隅恨阻修"就表示了这种愿望不得实现的惆怅。"趋隅",向隅。《礼记·曲礼上》:"毋践屦,毋踏席,抠衣趋隅,必慎唯诺。"孔颖达疏:"趋,犹向也;隅,犹角也。"唐张阶《无声乐赋》:"是以素王闲居而观,卜商体政以妙,愿尽趋隅之礼,以闻恺悌之要。"因此,"趋隅"一词表达的是向先贤谦虚谨慎地学习的崇敬之心,"阻修",路途阻隔遥远。因此"趋隅恨阻修"一句意为:我多么愿意极尽趋隅向学之礼,无奈至今已是天人永隔,这个愿望不能实现,我是多么的怅恨啊!结句中"锦标"、"玉轴"往往连用,意即玉轴装裱,盛以锦囊,指对书画作品的珍爱宝藏,或借指名贵的书画作品,这里指赵孟頫的诗卷印制精美。"绸缪",情意殷切。结句"锦标连玉轴,把卷共绸缪"意思是:我虽然极愿尽趋隅之礼而不能,但所幸有您的印制精美的诗卷在手,我还是可以日日把卷而殷勤吟诵!

第四部分的一些诗句,如"江海苍烟暮,湖山碧树秋。贾充能误国,王粲漫登楼。花落浑无赖,春归不自由。"写的是别一种情怀。"江海苍烟暮,湖山碧树秋"似乎可以理解成:虽然赵孟頫声名显赫,官居从一品,"推恩三代",但他的心境也有不太如意之处,在朝为官,也有江湖之险恶;病归家山,已如碧树逢秋。赵孟頫在朝时的不顺心境况,有学者指出"他的境遇也并非完全顺利。杨载写他行状中,已提及许多这种事情,如初见世祖,世祖甚悦,使其坐叶李上,因而受人谗言。他论至元钞法,又受人批评。他入朝稍迟,受到答辱。以及受世祖恩宠,自思必危,力请外补。"[1]"贾充能误国,王粲漫登楼"句中的"贾充",是三国曹魏末期至西晋初期重臣,柯九思用来隐喻元代的权臣,这里很有可能喻指桑哥,因为在赵孟頫出仕后的二三十年时光里,他经历了同权臣桑哥的斗争。"王粲",东汉末年文学家,"建安七子"之一。少有才名,为著名学者蔡邕所赏识。初平二年(192),因关中骚乱,前往荆州依靠刘表,客居荆州十余年,有志不伸,心怀颇抑郁。建安十三年(208),曹操南征荆州,不久,刘表病逝,其子刘琮举州投降,王粲也归曹操,深得曹氏父子信赖,赐爵关内侯。建安十八年,魏王国建立,王粲任侍中。建安二十二年,王粲随曹操南征孙权,于北还途中病逝,终年四十一岁。柯九思在诗中用王粲登楼的典故,喻指赵孟頫虽然荣

---

[1] 李铸晋:《鹊华秋色——赵孟頫的生平与画艺》,三联书店,2008年,第56页。

居高位，但还是颇多不得意之处，联系柯九思的生平事迹，"王粲漫登楼"的境遇，更是柯九思流寓江南后的自我写照。"花落浑无赖，春归不自由"两句感叹的是人生有如春花的败谢，也似春光的飞逝，都是无可奈何的事情。这种感觉对于柯九思这样一个有志于捍卫和坚守乃至恢复和重振汉文化的士人来说，更为强烈。

对于柯九思来说，本来就人生苦短，何况又遭逢权臣的妒忌和弹劾、文宗的英年早逝而导致流寓江南，作为一介寒士，要重振汉文化的雄风，谈何容易？他与文友们诗酒相娱的同时，总时不时地流露出悒郁愤懑的心情。据万新华的《柯九思·年表简编》，1342年的中秋节，玉山老友顾瑛相邀，他赶赴宴会，大醉，[1]以《中秋醉后偶作》为题赋七古长诗一首：

  虞渊日沉群动息，露点苍苔鬼工泣。纤尘不染堪舆清，秋水无痕湛晴碧。初若照胆镜，飞上天一璧。又如骊龙珠，跳出沧海窟。冷光透体骨髓凝，灏气侵人毛发立。年年中秋事行李，孤馆残灯滞他邑。今岁居贫家，此景颇自适。持杯向月月堕酒，举酒长吞月随入。酒到胸中飞火车，月入诗肠洒冰汁。眼花忽见仙人来，笑语欣然若相识。长笛叫虚寒，余响裂岩石。搔首于两间，今夕复何夕？云中老桂飘古香，树影婆娑印蟾璧。天风忽吹散，人月两俱失。玉山倒入无何乡，雄鸡声里东方白。[2]

这首七古长诗一气呵成，一韵到底，气势不凡。柯九思以浪漫主义的手法描绘了自己中秋大醉之后的情状和感慨。诗人大概是从日落时分即开始畅饮的，那时，周遭万籁俱寂，露沾苍苔，天地之间纤尘不染，一片清寂。秋水无波，湛碧晴和。后来月华初上，皎洁似镜，又似半空一璧，更似骊龙之珠，从沧海深处跳跃而出。也许是孤单寂寞的缘故吧，柯九思感觉那晚的月光有点清冷，简直使人毛骨悚然。柯九思不禁回思往年的中秋，白天总是奔波劳碌，夜晚孤馆残灯，那种羁旅他乡的况味，怎能不令人苦涩辛酸？所幸今年回家过节了，虽然居家清贫，但毕竟能够对此一片清光，安逸畅饮，此情此景，也是足以自适

---

[1] 万新华：《柯九思》，河北教育出版社，2006年，第189页。
[2] 王及：《柯九思诗文集》，中国美术学院出版社，2004年，第5页。

的。诗人豪情顿起,持杯邀月同饮,月色洒入酒中,一口饮下去,感觉把月色也随酒一起长长地吞咽下去。酒入胸中,热如火轮飞转,月色进入衷肠,感觉清凉无比。诗人醉意朦胧中,感觉有仙人出现在眼前,那仙人还笑意盈盈,出语温婉,好似旧时相识。诗人突然又在一片清寒中听见悠悠的长笛吹起,一忽儿又听到山岩訇然裂开,余音久久回荡在山谷之中。好一会儿,诗人伫立天地之间,感觉迷茫不已,搔首踟蹰,问道:今夕又是什么日子? 此时只见月中老桂树影婆娑,阵阵古韵悠然的桂香也随之飘荡过来。突然一阵天风刮过,吹散了一切,人和月都消失了。诗人也彻底醉倒在空洞而虚幻的梦乡里,直到雄鸡高唱,东方发白。

仔细体味这首长诗,柯九思给我们塑造了一片清冷寂寞的月夜环境,这或许是柯九思昔日高居奎章阁时遭逢权臣弹劾后孤苦心境的形象写照,也是流寓江南后现实心境的折射。"眼花忽见仙人来,笑语欣然若相识",也许写的是柯九思对重上大都、重入奎章阁的一种向往。"天风忽吹散,人月两俱失",我们可以解读成理想破灭后的现实景象。"云中老桂飘古香,树影婆娑印蟾壁",我们不妨理解成柯九思对重振汉文化的复古主义道路的一种形象的喻示。可是残酷的现实打破了柯九思心中牵挂不去的理想和愿景,他不禁举止失措,茫然无助,就像诗中"搔首于两间,今夕复何夕"写得那样,心情是迷茫而萧索的。

关于这首诗的创作背景,上文中已经提到,万新华先生认为是"赴顾瑛宴,大醉,赋诗一首以抒愤懑之气"①,他的根据可能是最后第二句诗"玉山倒入无何乡",他把"玉山"作为顾瑛等一批江南文士雅集之地来理解,这实际是不对的,首先从语法逻辑上讲,作为地名的"玉山"是不会醉倒在空洞而虚幻的梦境中的,第二,根据柯九思诗中的"今岁居贫家"一句,我们知道柯九思那一年的中秋节是在自己的寓所度过的,并没有到了"玉山",那么诗中的"玉山"作何解? 笔者根据上下文内容,认为应该作"仪容"、"身躯"理解。"玉山"本身就有多种含意,其中一个意思是俊美的仪容,语出《晋书·裴楷传》:"楷风神高迈,容仪俊爽,博涉群书,特精理义,时人谓之'玉人',又称'见裴叔则(裴楷字)如近玉山,映照人也。'"后因以"玉山"喻俊美的仪容。如北周庾信《周柱国长孙俭神道碑》:"公状貌邱墟,风神磊落,玉山秀立,乔松直上。"唐贾岛《上杜驸马》

---

① 万新华:《柯九思》,河北教育出版社,2006 年,第 189 页。

诗："玉山突兀压乾坤，出得朱门入戟门。"

柯九思虽然内心里时有悒郁之气，但行为上并不颓废消极，他对自己的心爱的艺事，一直未曾轻抛。至正三年（1343），依然是他忙碌而充实的一年，他鉴赏书画，临摹名作，撰文题跋，游览名胜，访旧晤友，不亦乐乎。

按照宗典、王及、万新华等人著作中的柯九思年表，这一年的三月十七日，杜本来访于柯九思的寓所，柯九思出示了董源的《水石幽禽图》，他们的依据是载于《艺林月刊》三十七期的杜本的一则题跋：

余尝见董北苑《水石幽禽图》于鉴书博士家，今子昭所藏，乃彦辅张君墨妙，其意盖相似也。

又吴孟思题云：子昭偕周正已过太乙宫，彦辅为作《棘竹幽禽图》以赠之。时至正癸未三月十七日也。①

杜本（1276—1350），字伯原，或作原父，学者称清碧先生，其先自京兆迁居天台（今浙江天台）。或作清江人。隐武夷山。博学善属文，武宗时被召至京师，未几归隐。元文宗征之不起。顺帝时召为翰林待制，复称疾固辞。工篆隶。有《诗经表义》《清江碧嶂集》等。他也应该是柯九思的好友，从上引题跋中，我们了解到，柯九思曾珍藏有五代南唐画家、南派山水画开山鼻祖董源的《水石幽禽图》，杜本曾经访晤柯九思，柯九思视其为同好，于是出示了这一幅稀世名作。杜本对这一幅作品印象很深，所以一看到张彦辅的《荆竹幽禽图》，就认为"其意盖相似也"。张彦辅，为元代著名道士，号六一，居燕京（今北京市），从玄德真人学道。特精绘事，善画山水，尝用商琦法作江南秋思图。所写竹石幽禽，瘦劲幽峭，不在赵（孟頫）、管（道升）下。至正三年（1343）作《棘竹幽禽图》。兼工画马，其拂郎马图，自出新意，不受羁绁，超轶之势，见于毫楮间。

根据题跋可知，张彦辅的《荆竹幽禽图》后为一个叫子昭的人收藏，杜本是从子昭手中看到这幅作品的。据洪再新先生考证，这个子昭，就是元代画家任

---

① 宗典：《柯九思史料》，上海人民美术出版社，1985年，第35页。

仁发次子任贤能。①我们仔细考察这一题跋的第一段话，就会发现杜本观赏柯九思所藏的董源《水石幽禽图》在先，看到任贤能所藏的张彦辅《荆竹幽禽图》在后，而且是看到后者，才联想起前者的，也就是说，杜本在柯九思家看到《水石幽禽图》已经有一段时日了。

这一题跋的第二段透露出的一个重要信息是：杜本在子昭家看到的张彦辅的《荆竹幽禽图》创作于至正三年三月十七日，乃是子昭偕一个叫周正已访游太乙宫时，张彦辅所写赠的。根据以上种种信息，笔者以为宗典等人所说的柯九思出示董源《水石幽禽图》的时间不是至正三年三月十七日，应该更早一些，或在前几年，或在这一年的一二月间。

1343年的五月五日端午节，柯九思临文同倒挂墨竹图轴(此图一名《悬崖竹枝图》)，这幅图现为纽约王氏所藏，绢本，纵108厘米，横49厘米。上有款识："熙宁乙酉冬至日巴郡文同与可。至正癸未端阳节丹丘柯九思临。"②

文同(1018—1079)，字与可，号笑笑居士、笑笑先生，人称石室先生。北宋梓州梓潼郡永泰县(今属四川绵阳市盐亭县)人。著名画家、诗人。宋仁宗皇祐元年(1049)进士，迁太常博士、集贤校理，历官邛州、大邑、陵州、洋州(今陕西洋县)等知州或知县。元丰初年，文同赴湖州(今浙江吴兴)就任，世人称"文湖州"。

夏文彦《图绘宝鉴》卷五说柯九思"墨竹师法文同"，确实，柯九思的墨竹艺术远绍文同，他对文同的"儒行德政"和墨竹笔墨技巧十分倾心，在《题文同〈墨竹图〉》一诗中写道："湖州放笔夺造化，此事世人哪得知？巩然何处见生气，仿佛空庭落月时。"③

柯九思对自己的墨竹艺术能够得其传承，也是颇为自信的。他在自己画的《墨竹图卷》也题诗云："熙宁乙酉湖州笔，清事遗踪二百年。人说丹丘柯道者，独能挥翰继其传。"④

柯九思临文同的这一幅《悬崖竹枝图》，竹竿屈曲而劲挺，似竹生于悬崖而挣扎向上的动态。以文同独创深墨为面、淡墨为背之法写竹叶，以书入画，浓

---

① 洪再新：《元季蒙古道士张彦辅〈荆竹幽禽图〉研究》，《新美术》，1997年第3期。
② 宗典：《柯九思史料》，上海人民美术出版社，1985年，第52页。
③ 同上，第136页。
④ 同上，第51页。

淡相宜,落笔稳重,毫不拖沓。

柯九思为什么要创作这样一幅悬崖上的竹枝图?这一幅作品有什么思想意蕴?如果联系他这一段时光的心境和品节,我们不难解读他隐潜在作品中的幽微之意。

我们知道,竹,它的本身,经冬不凋,虚心直节,谦逊刚直,潇洒自然,常被视作不同流俗、刚正不阿的高雅之士的象征。它作为"四君子"或"岁寒三友"之一,早已被古代士人作为一种人格品性的文化象征,士人们在它身上寄托了人格理想和道德追求。

柯九思在深受文宗荣宠的同时,遭逢权臣的嫉恨和弹劾,他感受到的是从政环境的险恶,我们不妨展开想象,这幅图中的隐隐的悬崖,不正象征着宦海的险恶风波吗?从柯九思主动向文宗皇帝要求外放这一点来看,柯九思对自己的出处考虑是潇洒率性的。他在流寓江南期间,就像上文已经论述到的,他在东吴侨居时,遇到有大官经过,"总管以下皆步迎",只有他"闭门叫不应",没有向权贵们摧眉折腰,一位"五品朝士"最后落得个"侪编氓"的结果;同时,他随着老境的逼近,重入仕途的希望越来越渺茫。他流落江南的处境,不正是像那作品中隐隐可感的悬崖吗?他的内心当然有郁闷和苦楚,但他不会屈服,那一枝枝似生于悬崖而挣扎向上的动态,应该就是柯九思坚挺不屈、刚正不阿人格的象征。柯九思在人生的晚景,突然创作了这么一幅别具一格的《悬崖竹枝图》,向世人表达的应该就是这么一种幽微而动人的思致。

这里特别要提出来的是,创作这幅《悬崖竹枝图》的具体日期正好是端阳节,我们知道,端阳节在古代文士眼里,是一个重要的节日,人们在这一天纪念伟大的爱国诗人、政治家屈原的怀石自沉。屈原早年受楚怀王信任,任左徒、三闾大夫,兼管内政外交大事。他积极主张变法,提倡"美政",主张对内举贤任能,修明法度,对外力主联齐抗秦。因遭贵族排挤毁谤,被先后流放至汉北和沅湘流域。屈原虽遭谗被疏,甚至被流放,但他始终以祖国的兴亡、人民的疾苦为念,希望楚王幡然悔悟,奋发图强,做个中兴之主。他明知忠贞耿直会招致祸患,但却始终"忍而不能舍也";他明知自己面临着许许多多的危险,在"楚材晋用"的时代完全可以去别国寻求出路,但他却始终不肯离开楚国半步,表现了他对祖国的无限忠诚及其"可与日月争光"的人格与意志。笔者以为柯九思选择端阳节那天创作《悬崖竹枝图》这幅意蕴深厚的作品,其内心不会想不到屈原,不会想不到屈原的忠贞不屈的伟大品格。从一定角度上讲,柯九思也是忠而见弃,在他的心里,也很有可能视屈原这位伟大的先贤为异代的知己甚至楷模,一想到他,柯九思内心里一定充满了一种坚劲挺拔的力量,于是就用倒挂而挣扎昂扬的竹枝这一意象,表达了心中的理念和信仰。

此时的柯九思只是一介寒儒乃至编入普通户籍的居民,他只有拿起手中的笔,积极创作,以此来坚守华夏文明的精神家园。端午节过后十天,也就是五月十五日,他又创作了一幅山水画《嶙峋淹润图》。我们现在已经看不到这幅名为《嶙峋淹润图》的山水画了,《珊瑚网画跋》卷十九可见这幅作品的款识:"至正三年夏五月既望作于香光精舍。丹丘柯九思。"[1]但解读这幅图的题目,也许可以窥探到柯九思创作这幅作品的某些心态。从题目中的"嶙峋""淹润"等词语,我们大体可以了解到画面的内容:微茫的天际下,一座或几重山峦峻峭突兀,崔巍孤寂,但也不乏云雾缭绕,水汽氤氲。整个画面显得深幽厚重而又苍秀圆润。这种峻岭危崖的景象,是画家寄托心意的所在,通过这一画面,我们感受到的是作者面对残酷现实的苍凉和隐痛,但同时也不乏刚正和桀骜。"淹润"一词,有妩媚、丰润、柔和、圆润等含意,指的是画面中云气叆叆给人的感觉,因此,我们也可以从中读出画家内心的润泽和妩媚,具体地说就是:柯九思流落江南后虽然处境艰难和荒寂,但他由于有汉文化的精神涵养和价值持守,内心还是一片光风霁月,无比明亮圆融。从这幅作品中,我们深深感悟到的,乃是柯九思博大幽远的胸襟和顽强不屈的生命意志。

这年夏天,柯九思到了杭州,拜访了诗画名家饶自然,看到了他的《山水家法》一卷,非常欣喜,于是题曰:

> 江西饶自然,以诗画鸣世久矣。来游钱塘,袖示《山水家法》一卷,政得我心。盖平生亦尝寄兴毫楮,梦想古人,所谓"诗中画,画间诗",信不诬也。又在秘书,得遍阅前代名笔,因自叹曰:"世之作者不易得,识者尤不易得。"今再读是编,则冰衡玉鉴,出彻古今,当与天下士友共,岂山补哉!时至正癸未夏,丹丘柯九思识。[2]

---

[1] 宗典:《柯九思史料》,上海人民美术出版社,1985年,第85页。
[2] 同上,第132页。

饶自然(1312—1365)，字太虚，号玉笥山人，江西人。善画山水，著有《山□□水家法》一书，已佚，现仅存其中《绘宗十二忌》。《山水家法》，中国元代山水画法论著。此书之所以命名为《山水家法》，大约是在于使学画者不失"家数"，取法于一定"家数"而不杂。其书以作者生平所见名迹，参考历代画史著作，自唐至元初，选出王维、李思训、荆浩、王宰、关仝、董源、李成、范宽、许道宁、郭熙、燕肃、赵令穰、王诜、李唐、米芾、李公麟、马远、夏圭、高克恭、商琦等20家，论其山水画的笔意染法、渊源所自、风格特征等，皆立言精要书，后附《一十二忌》，即世传之《绘宗十二忌》，是继荆浩《笔法记》论"有形病"、"无形病"之后，从布置、形象、比例、用墨、设色等许多方面论述山水画之所忌，与此书的前部分相辅相成，系从不同角度总结山水画创作与学习的经验之谈。难怪柯九思读到此书，颇多赞叹，认为是"政得我心"，又视饶自然为不易得的"识者"，他的《山水家法》一书，说理透彻明察，贯通古今，有如"冰衡玉鉴"，认为可与天下士友共赏。

之后不久，柯九思为秀峰寺撰写《秀峰寺重兴修造记》：

□□县乡曰西华，去城仅百里，山曰聚秀，有寺，因立名峰。秀峰创始于宋绍兴间，□氏闻径山佛智衮禅师之道，请为开山第一代祖，迄今二百三十余年矣。寺□废迭兴，年代寖远，故不复考。□□□皇元至顺二年，玉泉滋禅师来尸是山。三年构禅室，东偏客位三间。元统元年□盖祖堂一所，二年改拓方丈。三年重建茶堂二间，四年鼎新钟彝之楼。至正二年修藏经殿，三年兴盖大佛殿，规制高广，跨旧址若干尺。噫，凡今之苟得为主持者，往往务虚伪，不务其实，罔知为王法者之本，流通之道也。深储厚蓄，丰己俭人之□体，恬于安逸。屋之腐败不支者，视之若道路然。釜之尘埃蕴积，突不黔者昧焉而□问。若滋公之心者几霄壤矣。焉不□五年而成就，□偶然哉。大佛殿落成，一日语与众，寺之鄙陋不□称者□□矣。寺之旧为□宜有者今备矣。当谢去□是远近檀施闻者皆慕其德，不忍其去。即具辞□路者咸力挽而延之，公虽勉从其说，□□不茌寺事，遂筑一小室隐居焉。寺□年永茂永兴有来告曰：愿□□言以□□□□□□□□不废，前修毋替，□山之大幸也。于是乎为志其□□□奎章阁学士院鉴书柯九思记，郡僧普慈书，郡人祖顗篆题。至正四年二月既望，知事比丘道临永及立。①

柯九思平生所作文章留存下来的并不多,所以这一篇文章对于了解柯九思的生平事迹和性格品行不无价值。秀峰寺,在平江府吴县(今苏州),据《江南通志》卷四十四记载:"秀峰寺在府西华乡,宋绍兴间建。"秀峰寺为吴越钱王后裔、南宋高僧佛智端裕禅师所创建,他从杭州径山寺退休后即结庵于西华,有关文献记载了这一史实,徐崧《百城烟水》记载:"去光福西南二十里,寺在山之右,有茑郁然曰:聚秀,因名寺为秀峰,创于宋绍兴间,檀越吾氏闻径山佛智裕禅师之道,请为开山第一代祖,后慈宁皇太后幸韦王第,召师演法,赐金襕袈裟。乞归西华,旧隐是也。绍兴戊辰秋主席育王,庚午卜月示寂,阇维得舍利,遗命分塔于西华,阳羡蒋某感赋二章,有'归骨东山无可恨,佛光千古贲江皋'之句,提举台州崇道观蒋某撰塔铭,虎丘云岩嗣法门人某立石。"

柯九思在这篇记中,撰述的是秀峰寺重兴修造的一段历史,大体意思是:佛智禅师自南宋绍兴间创建秀峰寺,到柯九思写这篇记时,已经二百三十余年。由于年代久远,代有兴废,到元至顺初年已经破败不堪。玉泉滋禅师来执掌寺院后,积极有为,经过十余年的修建,寺院规模扩大,焕然一新。柯九思由此联想到他所见到的众多寺院主持,"往往务虚伪,不务其实",反而中饱私囊,"深储厚蓄",丰己俭人,恬于安逸,而对寺院"屋之腐败不支者,视之若道路然。"从这篇记中可以感受到,柯九思对这位滋禅师是十分敬佩的,因为当秀峰寺修造完毕之后,滋禅师想离开,远近施主都倾慕他的高德,不忍心他离去,于是极力挽留,再三请求他继续主持,他只好听从而留下,但"不莅寺事,遂筑一小室隐居焉"。这样的高风亮节,柯九思当然乐于为之记,以示表彰和弘扬。

---

① 宗典:《柯九思史料》,上海人民美术出版社,第186页。

八、卒 年 问 题

历来诸多著述中,如俞剑华《中国美术家人名辞典》、宗典《柯九思年谱》、王伯敏《中国绘画史》、徐邦达《历代书画家传记考辨》、陈高华《元代画家史料》、谭正璧《中国文学家大辞典》、新版《辞海》等,皆定柯九思卒于至正三年(1343),年五十四,似乎已成定论。但近几十年来,另有许多学者持不同的看法,钩沉爬梳史料,积极考证,得出的结论是柯九思的卒年不在至正三年。

柯九思并非卒于至正三年的证据之一是,柯九思所撰《秀峰寺重兴修造记》,是根据墨拓本录入《丹丘生集》的,其可靠性不容怀疑,因此这篇文章还有一个比较重要的价值,即对考证柯九思的卒年,具有重要的作用。此记结尾有"奎章阁学士院鉴书柯九思记,郡僧普慈书,郡人祖顗篆题。至正四年二月既望知事比丘道临永及立"等有关撰书、立碑纪年的记载,透露出来的历史信息是:柯九思撰写这篇记的时间应该是至正四年(1344)二月十六日之前不久的某一天,可见柯九思在至正四年还健在。还有一个重要证据,就是柯九思存世作品《渭川素影图》。这幅作品为立轴水墨纸本,钤朱文"柯氏敬仲"印,2005年春季,在上海工美拍卖有限公司举行的艺术品拍卖会上拍卖,成交价1 705万元。柯九思在这幅画上有款识:

> 甲申人日,过白雪窗观雪,坐中可如道人征画,遂试绣儿墨为之。丹丘柯九思。①

这幅作品并不是近年才突然出现,实际上早被著录于有关书画史籍上。它最早著录于《珊瑚网》卷四十四《胜国十二名家》第十五,又见于《式古堂书画汇考》卷之四《元季十二名家册》,②注曰:山水间疏林小寺,殊简旷。从著录中可以看出,这幅画原为二十联册中的一幅,这二十幅作品曾由金文鼎收藏,并

---

① 王力春:《柯九思卒年新说》,载《山东文学》,2011年第8期。
② (清)卞永誉:《式古堂书画汇考》,浙江人民美术出版社影印本,2012年,第1417页。

连缀成册,中间经过徐同美、黄越石、汪砢玉等人收藏,后有金文鼎的二跋及沈周、董其昌、汪砢玉等人的总跋,流传有序,当为真迹。金文鼎,即元末明初书画家金铉(1361—1436)。《东里续集》卷三二《封从仕郎中书舍人金君墓表》:"文鼎讳铉,文鼎其字,尚素其别字也。……书画皆极造诣。……文鼎卒正统元年闰六月廿四日也,享年七十有六。"《续书史会要》:"金铉,字文鼎,号尚素,松江人,书工章草,画仿王叔明。"可见金文鼎是一位精于书画的文士,他于永乐十一年(1413)十一月二十七日跋称"柯敬仲二纸,笔墨超轶,潇洒天然"①,跋文中所称的"二纸",指的是上文所说的二十联册中,柯九思有两幅作品(另一幅为《秋林晓色图》)。金文鼎又于永乐十二年(1414)五月四日跋称"曩同俞乐泉过武林,获赵松雪、柯丹丘画。……此册选元季十二名家,自余生平宝爱之"②。沈周(1427—1509),明代杰出书画家。字启南,号石田、白石翁、玉田生、有竹居主人等。长洲(今江苏苏州)人。不应科举,专事诗文、书画,是明代中期文人画"吴派"的开创者,与文徵明、唐寅、仇英并称"明四家",他的跋文称:"金文鼎先生,淞江人,永乐中以绘事名海内,风流博古,高尚不群,尝见先生图画,大得元人笔意,余亦宗之。此册先生所选凡十二家二十幅,各各品定,无不臻妙,先生目力高也。今为御史徐同美所藏,同美乃先生郎君礼部之婿,携来见示,可为胜国名家一时之赏会,良足快也。"董其昌(1555—1636),字玄宰,号思白、香光居士。松江华亭人,明代书画家。万历十七年进士,授翰林院编修,官至南京礼部尚书,卒后谥"文敏"。董其昌擅画山水,师法董源、巨然、黄公望、倪瓒,笔致清秀中和,恬静疏旷。以佛家禅宗喻画,倡"南北宗"论,为"华亭画派"杰出代表,兼有"颜骨赵姿"之美。其画及画论对明末清初画坛影响甚大。董其昌的跋文是:"画册以元季四大家为难……今又见此册,原为吾乡金文鼎所藏。文鼎画入能品,宜其具择法眼,差觉盛子昭、柯丹丘未能作诸公把臂入林侣耳,然已海内不再得矣。"他对柯九思的画作略有微词,但确认是海内不可多得的佳作。综上所述,柯九思的这幅作品历经元末明初诸多书画鉴赏家的收藏、鉴赏,更何况金文鼎藏画的时间离柯九思生活的年代不远,因此定为真迹不成问题,其"甲申人日"款识,也成了他健在的十分重要的证据,

---

① (清)卞永誉:《式古堂书画汇考》,浙江人民美术出版社影印本,2012年,第1418页。
② 同上,第1418、1419页。

甲申为至正四年(1344)，人日，即正月初七。然而宗典先生先考定柯九思卒于至正三年(1343)，然后认为"甲申人日(1344年正月七日)距九思去世二月余，显属伪作"①。这是需要进一步推敲的。

考证柯九思的卒年问题，笔者赞同学者王朴仁的观点，他认为："要解决此问题必须追源究始，重新核查各说来源及资料的可靠性，作客观分析比较。以此为原则，柯氏本人或相交友侪的诗文事迹有清楚记载者当最可靠，但古代书籍版本流传常有错误，所以任何孤证都要存疑，来历不明的传闻更不可靠，必要有其他史实印证相符才可相信。"②笔者由此得到启发，认为考证柯九思的卒年，更要关注与柯九思关系特别密切的友人的诗文事迹，再佐以其他材料，进行旁证辨析。

与柯九思情谊最深的当然要数虞集，他在题柯九思的《古木新篁图》云："不见丹丘四五年，幽篁古木更苍然。兼葭霜露风连海，翡翠兰苕月在川。忆昔画图天上作，每题诗句世间传。前村深雪谁高卧，亦有晴虹贯夜船。至正五年秋九月邵庵虞集题。"此诗收入虞集的《道园学古录》卷二十九，并见于《大观录》卷十八，显然可靠。首句的"不见丹丘四五年"，往往容易理解为柯九思已经离开人间四五年，但细味全诗，并没有一点悼念感伤的气息，我们应该理解成：虞集与柯九思睽违已经四五年了，由此可见柯九思至正五年(1345)九月尚在人世。

柯九思本人的诗文当然也是可靠的材料，对于考证其卒年也甚为关键，柯九思留存于世的诗文中，有一篇重要的文献资料值得我们关注，那就是《渔庄记》，收录在《玉山名胜集》中，全文如下：

> 玉山隐君顾仲瑛氏，治其第之西偏，稍为台池之胜，号玉山佳处。佳处之东，沮洳蓁莽，久且弗治。君观其有异，夷其积水奥草，筑室于上，引溪流绕屋下，于是萦者如带，抱者若环。泓然而清，可斝可濯；悠然而长，可方可舟。枫林、竹树、兰苕、翡翠，夸奇而献秀者，尽在几格。渔歌野唱，宛然在苕霅间也。今礼部白野兼善公隶书"渔庄"二字以榜其颜，君日与

---

① 宗典：《柯九思史料》，上海人民美术出版社，1985年，第83页。
② 王朴仁：《中国文化研究所学报》第57期，2013年7月。

宾客觞酒赋诗游息其下，世故之子子者不芥蒂于胸中。余谓："君素为吴大姓，青年积学，抱才负艺。出为世用，固可以陈力就列，勤劳王家。退居田里，华榱广厦，可以乐亲戚而延宾友。何所取于渔哉？昔太公之钓渭，将以大有为也。下而子陵、玄真、天随之流，浮游江湖，果于遗世者也。君将奚取焉？"君曰："是乌知我者。吾方网罟天地，经纶古今，以络以绎，以悦予心。大有为也，果遗世也，乌知其然，乌知其不然"鉴书博士柯九思记。①

渔庄是元末玉山雅集领袖顾瑛玉山佳处的景点之一，从这篇记中对各处景观的详细描绘中可以看出，柯九思是实地到过渔庄等景点的。作品没有署写作时间，但有一句话却可以帮助我们推证出柯九思写作的大体年份，这句话就是："今礼部白野兼善公隶书'渔庄'二字以榜其颜。"礼部白野兼善公，即泰不华，或作达兼善。关于泰不华任职礼部，有两则史料可以证实，一是《元史》卷一百四十三本传："……擢秘书监，改礼部侍郎。至正元年，除绍兴路总管。……召入史馆，与修辽、宋、金三史，书成，授秘书卿。升礼部尚书，兼会同馆事。……九年……寻除江东廉访使，改翰林侍读学士、知制诰同修国史。"二是《侨居集》卷七《题瑞竹堂记》："秘书郎白野达公兼善父，守越有治……至正七年春，服阕，天子以礼部尚书召公北上。"从两则史料可以看出，泰不华任礼部侍郎在至正元年（1341）以前，任礼部尚书在至正七年春到至正九年。又顾瑛的《玉山名胜集》载有杨维桢的《玉山佳处序》云：

又稍为园池别墅，治屋庐其中，名其前之轩曰钓月，中之室曰芝云，东曰可诗斋，西曰读书舍。后累石为山，山前之亭曰种玉，登山而憩注者曰小蓬莱，山边之楼曰小游仙，最后之堂曰碧梧翠竹，又见湖光山色之楼，过浣花之溪而草堂在焉。所谓柳堂春、渔庄者，又其东偏之景也。临池之轩曰金粟影，此虎头之痴绝者，合而称之，则曰玉山佳处也。……至正八年八月初吉，会稽杨维桢书于玉山之读书舍。

---

① （元）顾瑛：《玉山名胜集》（杨镰等整理本），中华书局，2008年，第236页。

从该序可见,"玉山佳处"中的"渔庄",至正八年或稍早一些时候已经建成。

综合以上材料,笔者认为,柯九思至少在至正七年(1347)还健在。那么至正七年之后?我们可以进一步考论。

除了《渔庄记》,顾瑛的《玉山名胜集》里,还辑录了柯九思为玉山佳处中的其他四个景点所题的诗歌四首,即《玉山佳处题诗》《钓月轩题诗》《湖光山色楼题诗》《浣花馆题诗》。顾瑛还辑有《草堂雅集》,卷首即为柯九思诗歌,其中包括《题达兼善渔庄篆文诗》,这些都说明柯九思曾较长时间地盘桓宴游于这些园池之胜。顾瑛在自撰的《金粟道人顾君墓志铭》中写道:

又颇鉴古玩好,年踰四十,田业悉付子壻,于旧第之西偏,垒石为小山,筑草堂于其址。左右亭馆若干所,旁植杂花木,以梧竹相映带,总名之为玉山佳处。……今年四十有九……大元至正戊戌五月二十九日,顾阿瑛自制并书。汝阳袁华篆额。

这篇自制墓志铭作于至正十八年戊戌(1358)五月,玉山佳处建成于至正九年(1349),柯九思为五个景点题诗作文,说明至少有一部分景点已经竣工,那么也说明柯九思在至正九年还健在于世。

台州学者徐三见先生有一篇《柯九思卒年考》[①],对柯九思的卒年提出了新说,认为当卒于至正十八年(1358)前后,笔者对此是赞同的。徐先生推测出柯九思的卒年,一个重要的证据即是《故处士邬公墓志铭》。许多学者对此持否定态度,主要是对这篇墓志铭的真伪表示怀疑。该《墓志铭》全文如下:

处士讳庚□□□□邬氏其先会稽人,祖璹宋之季游天台,乐其土风文物之美,娶焉□□□□□,其后子孙众多,分散他处,有居黄山者,有居宁川者,有之他郡而居者。□□□□居五云之南,则其处下渡者也。处士生九年,丧其父,十五年而丧其母。居丧□□□哀不类儿童。既长,就学益知刻苦刮厉,期有所树立,以无忝其祖,恭以持□己,敬以□其人,勤劳约俭,以理其室,而能散其有以衣食。乡邻之贫者,有请□□,具所求弗具,

---

① 徐三见:《柯九思卒年考》,载《东方博物》第1辑,杭州大学出版社,1997年。

庚之责也。或劝使仕,则笑不答。區所居斋曰"德",日坐其中,以读书勤学为事,怡怡然若有所自得也,而以终其身。至元重建之五年,处士年八十,十一月初四日,其初度也,亲宾咸集,乃立诸子阶下,而语之曰:"若知吾命斋之意乎?闻人必有以遗其子孙。吾少孤,勤劳艰难,以□于此,吾无以若遗也,吾惟种吾德以遗若,若其务滋吾德乎?"未几疾卒,实其年十二月(廿)六日。其子以至正十七年十二月十三日壬午葬处士南村风化里纸坊岙之原。考孝祖,母陈姓,娶沈氏,子男四人复亨、谦亨、鼎亨、元和;女二人,长适黄山茹文森,次适同里张思诚;孙男女二十八人,呜呼!此其种德之报也耶!铭曰:

邬氏之先,来自会稽。未及百年,既蕃既滋。少也幼孤,涕泗号嘘。克勤不怠,以植厥基。言树之德,其报维何。如其先人,子孙之多。南村之原,不远□而。□坟四尺,处士之归。①

《故处士邬公墓志铭》中的"邬公",即邬庚,浙江临海人,其墓在今临海城南约2公里的梓沙岙,其墓志已佚失,但拓片仍然保存于临海博物馆,志文见于清黄瑞的《台州金石录》卷十三。志额篆书"故处士邬公墓志铭",首题:"宣□□□□书博士朝大夫兼经筵译文官王沂撰,□□□□奎章阁鉴书博士何九思书,□□□□知制诰宣文阁授经郎儒林郎兼经筵译文馆周伯琦篆。"邬庚虽是一位隐逸乡里的处士,但应该是一个品德高尚的饱学之士,名重江浙,与当时的文化名流多有交往。因此,在他子孙为其立墓四年后,其友赵由正哀辑邬庚生前好友二十余人的挽诗,勒石立于墓侧,该诗碑于1984年8月征藏于临海市博物馆。清黄瑞的《台州金石录》中记载:"(挽诗)作者皆一时闻人,绎志文与诗,处士德望之清重,子孙之济美,其流风遗韵犹可想见。惜志不载其人,无从印证也。"

从志文看出,志额的篆书者、撰文者、书者,确实都是当时的名流。周伯琦(1298—1369),字伯温,号玉雪坡真逸,饶州鄱阳(今江西省鄱阳县)人。元代著名书法家、文学家。博学工文章,而尤以篆、隶、真、草,擅名当时,《元史》卷一八七有传。传中记载,至正元年(1341),改奎章阁为宣文阁、艺文监为崇文

---

① (清)黄瑞:《台州金石录》卷十三。

监,伯琦为宣文阁授经郎。元惠宗深知伯琦工书法,特命篆"宣文阁宝",并且为宣文阁题匾;"十二年,有旨令南士皆得居省台。除伯琦兵部侍郎,遂与贡师泰同擢监察御史。两人皆南士之望,一时荣之……十三年,迁崇文太监,兼经筵官,代祀天妃。丁内艰。十四年,起复为江东肃政廉访使。长枪锁南班陷宁国,伯琦与僚佐仓皇出见之,寻遁走至杭州。除兵部尚书,未行,改浙西肃政廉访使。江南行台监察御史余观,纠言伯琦失陷宁国,宜正其罪。十七年,江浙行省丞相达识帖睦尔承制假伯琦参知政事,招谕平江张士诚。"①从传中可以看出,周伯琦晚年多在江浙一带游宦。从有关史料可知,他的人生晚年与台州多有联系,如至正十七年,他为台州路撰并书《台州路重建天妃庙碑》,甚为巧合的是,邬庚的墓志《故处士邬公墓志铭》也篆额、树立于此年。由此我们可以推想,他与台州的一些文士(如邬庚)乃至上流社会有着较多的交往。邬庚墓志的撰写者王沂,字师鲁(一作思鲁),祖籍云中,徙于真定(今河北正定)。其父由金仕元,南宋亡,到江南任职。王沂于延祐二年(1315)中进士。历任临淮县尹、嵩州同知;元文宗至顺间为翰林编修,后历国子博士、翰林待制,元顺帝至正初,任礼部尚书。曾主持元统元年(1333)科举,以"总裁官"的身份编定辽、金、宋三朝史。卒于至正二十二年(1362)以后。有文名,并能诗。曾筑石田山房以居。由于诗文集《伊滨集》早佚,所以论元诗文者很少涉及王沂。清初顾嗣立编《元诗选》即未见王沂诗。清乾隆年间修《四库全书》,从《永乐大典》中辑出王沂《伊滨集》二十四卷,其中诗文各十二卷。生平事迹见《四库全书总目》卷一六七《伊滨集》提要、《嘉靖真定府志》卷五、卷二七、曾廉《元书》卷八九。从《故处士邬公墓志铭》中可知,邬庚的墓志撰写、树立于至正十七年,这与王沂卒于至正二十二年以后的情况也相符。该墓志显示的周伯琦、王沂所任职务与史实基本相符,篆额、撰写年代与他们的活动、存世年代也没有牴牾矛盾之处,而且更为可信的是,这通墓志铭的拓片还珍藏于临海博物馆,因此清黄瑞《台州金石录》中的这篇墓志铭的真实性是不成问题的。

既然考定了《故处士邬公墓志铭》的真伪,那么柯九思为该墓志书于至正十七年的史实,也是可信的。徐三见先生在《柯九思卒年考》中就柯九思是墓志书写者问题,有翔实可靠的推考:"可惜的是,邬庚的卒与葬并不同时,而且

---

① (明)宋濂等:《元史》卷一八七《周伯琦传》,中华书局,1976年,第4297页。

两者相距十八年之多。从撰写墓志的通例来说,卒葬的具体时日是可以临时填书的,不过,柯九思是墓志的书写者,从所见的墓志拓片来看,'至正十七年十二月十三日壬午'诸字与通篇的书体风格完全一致。因此,将柯九思的卒年定在是年之后应该是可以成立的。"

柯九思晚年大都寓居吴中,与故乡台州的关系虽有一点,但不是很大,柯九思为什么能够为邬庚书写墓志铭?柯九思认识邬庚吗?或者虽然不认识,抑或至少听说过邬庚之名?这中间或许有谁作了推介?笔者钩沉史料,认为有一个人也许是关键,这个人就是柯九思的好友泰不华。上文已经介绍过了,临海籍的泰不华实际也是柯九思的乡邻,他应该认识临海的处士邬庚,其证据有二:

一是泰不华在临海的居所与邬庚所在的村庄"下渡"很近,清黄瑞在《台州金石录》卷十三即《故处士邬公墓志铭》一文后,有一个按语:

> 处士讳庚,居下渡……下渡即古下津,《赤城志》:在县东南二里,今郭东之下桥,南江之下浦,皆其地。泰不华诗"安仁宅"……其所居当在今下桥一带。

二是在邬庚去世后,泰不华曾为之写了挽诗,邬庚墓志铭后的按语云:

> (邬庚)后至元五年卒,年八十。葬以至正十七年,碑即立于此时。后四年,又有泰不华等二十余人挽诗之刻。

需要说明的是,至正十七年的"后四年",即至正二十一年(1361),离泰不华去世之年(1352),已经是九年了。据按语中所说"有泰不华等二十余人挽诗之刻",即后至元五年(1339),邬庚去世后不久,泰不华等即写有挽诗,而刻成挽诗已经是邬庚去世之后二十二年了。

上文讲到,徐三见先生推考出柯九思卒于至正十七年之后,他还用反证之法,证实了这个推测。他举顾瑛的《玉山逸稿》中的《拜石坛记》有关顾瑛得石之始末及柯九思见石慕拜情景的记载为例:"后至元戊寅(1338)四月下浣,以粟易得苏题假山,归而立诸庭中。翌年,柯敬仲下访,见而奇之,再拜题名而

去。"此记载又说:"又思丹邱(柯九思)、白野(泰不华)不二十年皆仙去。"由此徐先生认为:

> 泰不华卒于至正十二年(1352)方国珍之"难",距1339年为十三年;若柯九思卒于至正三年(1343),距1339年仅四年,则文中谓"不二十年皆仙去"似乎不是太确,而应作"十余年皆仙去"才合理。由此反证,柯九思的卒年当在其拜石之后近20年这段时间内。

综上所述,笔者是认同徐先生所考证的柯九思的卒年的,也就是说,柯九思在至正十八年(1358)前后还健在。那么也许有学者会问,从过去许多学者考证的柯九思卒年1343年到徐先生考证的柯九思卒年1358年期间,越到后来,其活动的踪迹为什么越来越少甚或几乎不见?比如,号称玉山雅集中"诸集之最盛"的是至正戊子(1348)二月十九之会,就不见柯九思的身影。杨维桢所作的《雅集志》对这次盛会作了非常形象的描绘:

> 冠鹿皮,衣紫绮,坐案而伸卷者,铁笛道人会稽杨维桢也;执笛而侍者姬,为翡翠屏也。岸香几而雄辩者,野航道人姚文奂也。沉吟而痴坐,搜句于景象之外者,苕溪渔者郯韶也。琴书左右,捉玉麈从容而色笑者,即玉山主者也;姬之侍,为天香秀也。展卷而作画者,为吴门李立;旁侍而指画,即张渥也。席皋比、曲肱而枕石者,玉山之仲晋也。冠黄冠、坐蟠根之上者,匡庐山人于立也。美衣巾、束带而立,颐指仆从治酒者,玉山之子元臣也。奉肴核者,丁香秀也;持觞而听令者,小琼英也。一时人品,疏通俊朗;侍妹执伎皆妍整,奔走童隶亦皆驯雅,安于矩矱之内,觞政流行,乐部皆畅。碧梧翠竹,与清扬争秀;落花芳草,与才情俱飞。矢口成句,落毫成文。花月不妖,湖山有发。是宜斯图一出,为一时名流所慕向也。时期而不至者,勾曲外史张雨、永嘉徵君李孝光、东海倪瓒、天台陈基也。①

这次盛会,无论从场景的布置、参会之人的广泛还是雅集的内容看,都堪

---

① (元)顾瑛:《玉山名胜集》(杨镰、叶爱欣整理本),中华书局,2008年,第46—47页。

称精心准备、规模空前,除了张雨、李孝光、倪瓒、陈基由于各种原因期而未至外,一时名流都几乎云集于此,杨维桢、姚文奂、剡韶、顾瑛、李立、张渥、顾晋、于立、顾元臣等都来了,还有艺妓翡翠屏、天香秀等,可以说是良辰美景赏心悦事"四美"皆具,贤主、嘉宾"二难"齐备,可是却独独少了柯九思。我们知道柯九思与顾瑛的关系非比寻常,在座的诸公也大多是柯九思的好友,他们事先一定是要盛情邀请的。既然柯九思此时还健在于世,他为什么不参加?如果临时有事情"期而未至",那杨维桢也会特意点出来,像张雨他们一样。

从上述所引的柯九思所写《渔庄记》以及《玉山佳处题诗》《钓月轩题诗》《湖光山色楼题诗》《浣花馆题诗》《题达兼善渔庄篆文诗》等诗文看,柯九思在至正八、九年间,还经常活动于玉山佳处,可见柯九思总体上还是寓居于吴中的,那么柯九思没有参加玉山这次"诸集之最"的盛会,简直就匪夷所思。一种的可能是柯九思短期外出,接不到邀请。还有一种可能是他于杨维桢、顾瑛他们举办的盛会期间,正迷恋于修炼丹药,不愿离开居所。这是有一定根据的。

上文述及,柯九思没有真正皈依道教,但到人生晚年,他的思想中有崇尚道教的一面,却是不容置疑的。

柯九思晚年的思想状况是比较复杂的。他流落吴中,仕途无望,虽然儒家的淑世情怀始终未泯,但也难免偶有消沉的时候。如上文已经引述的他的《潞阳客舍和储生韵》诗云:"痛苦有谁怜贾谊,形容已老似冯唐。"他题王蒙《惠麓小隐图》诗曰:"瑶华省识君王面,国破家全欲断魂。每见英雄扶社稷,未闻帏薄正乾坤。梁园文献谁能征,惠麓诗书子独存。至正归来成小隐,旋栽蔬果口清尊。"[1]虽然是描述王蒙的境遇,实际也是柯九思的思想写照。这种痛苦伤感的情绪,容易导致寄身物外、向宗教寻求心灵庇护的想法。柯九思早年即有道教思想萌芽,如自号"丹丘生"、"五云阁吏",又如在《书次韵谦父诗并序》一诗中说:"身居钟鼎多清事,志在山林入短篇。"[2]到晚年,他的道教情怀更甚,我们从他晚号"非幻道者"也可感受得到,他的道士一般的生活方式,比如修炼、服食丹药,我们从有关史料也证实了。他的挚友虞集在题柯九思画扇诗云:"松根茯苓如石髓,服食令人寿千岁。……长馋篝火新雨霁,羽人丹丘期不至。"杨

---

[1] 王及:《柯九思诗文集》,中国美术学院出版社,2004年,第38页。
[2] 同上,第16页。

瑀的《山居新话》记载:"友人柯敬仲、陈云峤、甘允从三人皆服防风通圣散,每日须进一服以为常。"①说到这里,我们似乎明白了,在柯九思晚年的一段岁月里,足不出户,日进一服。这样的生活状态下,他怎么会离开居所赴玉山雅集?

据万新华先生研究:防风通圣散并不是杨瑀认为的"凉药",而是一种热毒药,在丹药书上称为"五灵丹",又称"寒食散",是历史上流传最广、服用者最多的一种丹药。正常人服用后,血液循环加速,身体微微发热,如酒醉一般,有一种飘飘欲仙的感觉。故服用五灵丹,不论是为了长生不老,或者为了治病养生,还是为了借机放纵生活,都被清闲无聊的士大夫所接受。② 从现有史料看,柯九思晚年身体总体还是可以,他的炼服丹药,主要还是为了"长生不老"。不过,他的追求长生,笔者认为,似乎与一般文士不同,他意在强身健体,目的是更有精力积极致力于恢复弘扬汉文化的精神价值,在复古的道路上还想奋发有为,我们从他晚年的积极从事书画鉴赏、创作等行迹即可感受到。

柯九思越到人生的晚年,史料反映的活动踪迹特别是玉山雅集活动信息越少,一方面或许是他沉迷于炼丹服药,另一方面也很有可能是由于元末动荡的社会环境所造成的。至正十一年(1351),民间秘密团体白莲教领袖韩山童、刘福通率领红巾军起义,揭开了元末农民起义的序幕,十三年五月,泰州张士诚及其弟张士德、张士信举兵,与其他起义遥相呼应,使得富庶安逸的江南不再有往日的升平和安宁,玉山雅集自然也会受到影响。第二年,起义军逼近昆山,之后形势越来越动荡,比如顾瑛在起义军进入昆山后,被迫携带老母及全家逃往松江五湖三泖地区避乱。这次避乱,玉山佳处遭到了洗劫,与顾瑛交好的许多文人墨客的口咏手书之诗赋书画大多丢失。钓月轩也因之遭毁,芝芸堂的藏书因火俱焚,估计与友朋们交往的诗赋手泽也付之一炬。陶宗仪的《南村辍耕录》卷二九《纪隆平》一文记载吴淞一带的动荡景象说:"劫掠奸杀,残不忍言。"③在这种形势下,吴中一带的文士不复有雅集之兴,风流云散,各自奔忙,有的选择了平淡的文士生活,如秦约、王蒙、袁华,有的像倪瓒选择了逃避,甚至有人选择了归隐,如王冕。笔者估计柯九思也是避居某地,其苟延残喘之状可以想见。

---

① 宗典:《柯九思史料》,上海人民美术出版社,1985年,第34页。
② 万新华:《柯九思》,河北教育出版社,2006年,第21页。
③ (明)陶宗仪:《南村辍耕录》卷二九,中华书局,1959年,第358页。

九、与多族士人圈的交游

古代中国社会,由君臣、父子、兄弟、夫妇、朋友五伦关系构建,"朋友"一伦虽位列最后,但在理想的社会秩序和个人的成长历程及平生遭际中,也显得十分重要。古人云:同门曰朋,同志曰友。《孔子家语》有云:"与善人居,如入芝兰之室,久而不闻其香,即与之化矣。"由此可见,在古代,称朋道友不但有严格的标准,朋友间的相互影响也极其重大而明显。因而要全面了解一个人,详细考察其朋友圈,尤其是挚友,应该是不可或缺的工作。李商隐的《哭刘蕡》一诗有"平生风义兼师友"一句,道出了古人所说的朋友范畴还可以延伸到父执长辈间,他们可以为人师表,任其教师,也可以被人以友朋视之,关系处在亦师亦友之间。柯九思一生性情旷达洒脱,为人真诚豪迈,学问渊博,艺术精湛,游历又非常广泛,因此,所结交的朋友也非常多。

与同期大部分文士一样,柯九思的交游对象有在朝为政者、地方官员、在野文人雅士、方外隐逸之士、书画及鉴藏家等,大多还兼数个身份,而且分属汉族、哈萨克族、蒙古族、维吾尔族等不同民族。以下以姓氏笔画为序,逐一述论如下:

丁复 约1312年前后在世,字仲容,号桧亭,天台(今浙江天台)人。早年有诗名,延祐初北游京师,公卿大夫奇其才,与杨载、范梈等一同被荐,拟授馆阁之职。丁复认为当权者很难赏识自己,便不等正式批复,翩然离京而去,绝黄河,憩梁楚,过云梦,窥沅湘,陟庐阜,浮大江而下,寓居金陵,买宅于金陵城北。南窗原来有两棵桧树,便名诗集为《桧亭集》(或《双桧亭诗》),平生所作原有数千篇,大多散佚,存诗见《桧亭集》,共九卷。《元诗选》二集选入其诗一百二十六首。生平事迹见《草堂雅集》卷八、《元诗选》二集小传、《元诗纪事》卷一四。柯九思与丁复邻县,可能相识较早。有学者推测,"丁复寓居金陵,可能与怀王有关,只是以后未能得用,观其与九思唱和之作中可知。"[1]这里所说的与九思的唱和诗,诗前有序:

---

[1] 王及:《柯九思诗文集》,中国美术学院出版社,2004年,第219页。

近仁台郎见示樊左司在南台时忆昨五首,柯博士、苏徵君既为和之,天台丁复侨居金陵,草莽之臣也,不能悉细奎章故事,钦睹□皇潜飞之盛,犹能记之,借用元韵,以寓鼎湖之思云尔。

从这篇序中可以看出,丁复至迟在侨寓金陵时,已经与柯九思相识订交。丁复在这篇序下,作了四首七律,诗云:

犹记飞龙北上时,从臣鞍马燕差池。凤凰自是巢高阁,蝼蚁何因集下墀。翠辇看花临御苑,彩毫搞藻缀文漪。太平不愿论封禅,自拟元和圣德诗。

犹记金陵观稼游,翠霄深处想琼楼。纵横未草三千字,缥缈如瞻十二旒。只尔丹心驰魏阙,依然白发老沧州。翠华不复南巡幸,岁岁空来鸿雁秋。

犹记御床金织帏,初成宝刹彷丹墀。人间漫道风云会,天上俄闻日月迟。北阙只今无赐物,南台忆昔有题诗。旧臣总抱乌号泣,丰石还如岘首碑。

犹记奎章拥紫薇,五云流彩日扬辉。已颁玉果开春宴,亦赐金莲送夜归。俊逸诗篇临鲍照,风流人物动崔徽。还怜杜牧秋娘赋,色线宁堪补顺衣。

犹记华亭驾绿渠,市人还许与欢虞。后来尽备公车选,前识皆知帝者图。相府带围从病沈,酒家祠部属狂俞。邻僧有发惟须醉,夜立霜畦望北枢。①

这一组诗歌当作于文宗皇帝驾崩、柯九思流寓吴中之后。丁复深情地回忆了文宗作为"潜龙"时与民同乐、交好士人的情景,对柯九思作为从臣随"飞龙北上"、后又任职奎章阁的恩宠表达了羡慕之情,对他一片丹心驰魏阙、而今"依然白发老沧州"的遭遇更是表示了深切的同情。

柯九思流寓吴中后,丁复与他接触应该是较为密切的,对他在吴中的行

---

① 王及:《柯九思诗文集》,中国美术学院出版社,2004年,第105页。

迹、品节多有了解，分别之后也常常牵念他。至元五年（1339），丁复的友人铦仲刚有吴中之行，柯九思赋诗送别，同时也想到了柯九思，于是干脆也赋诗寄赠与他，我们在《送铦仲刚之吴中兼柬柯敬仲博士》这首长诗（上文已经引录，此不再引）中，感受到了丁复对柯九思不畏权贵自甘落寞的钦敬之意。

柯九思的竹木作品，也深为丁复所赏爱，丁复有《题柯敬仲竹木》一诗：

青山白日野中看，南国佳人翠袖寒。老树不堪承雨露，龙孙春满锦阑干。①

这首诗歌借题咏柯九思的竹木画，似乎别有深意地喻示了柯九思蒙受帝皇恩泽而又遭到权臣嫉妒的难堪之情。丁复似乎早就为柯九思担心：你柯九思作为一个南人，能够入朝为官，实际上更有"高处不胜寒"之虞。丁复在诗歌中似乎还是表达了宽慰之情：柯九思寓居吴中也好，毕竟不用再忧谗畏讥，日日可以面对青山白日，你就像春满大地时的新竹一样，照样焕发生机，一片清荫，遥映风雅人家的锦绣阑干。诗歌表面以"南国佳人"喻竹，实际上比喻柯九思是南人中的杰出之士，"翠袖寒"，似乎比喻了柯九思在朝中为官时潜伏的危机。

于立 生卒年不详，约元惠宗至正初前后在世。字彦成，号虚白子，又号匡庐山人，南康（今江西南康）人。著名道士。博学通古今，善谈笑，以诗酒放浪江湖间。有《会稽外史集》传于世。于立与柯九思也交好。有《用丹丘子寄玉山草堂韵》一诗，诗云：

薄薄淡霭浮香云，仙家景物长如春。山人不归猿鹤怨，野老忘机鸥鹭驯。丹崖翠壁或有路，白沙青石久无尘。人生有酒万事足，但愿日日邀比邻。②

从诗中可见，至迟在玉山草堂建成时，于立和柯九思已经认识并订交，而

---

① 王及：《柯九思诗文集》，中国美术学院出版社，2004年，第126页。
② 同上，第113页。

且一同参加过玉山雅集。于立有多首诗作题咏柯九思的竹石,如《题敬仲竹木》:"洞庭秋尽水层波,光动珊瑚碧树柯。夜半山人骑紫凤,满天清影月明多。"①又如《题顾仲渊临柯丹丘竹》:"湖州去后丹丘老,见此风枝露叶新。千古中郎那可得,虎贲犹是典型人。"②

又如《题柯石》:"千岩夜半风雨立,古剑斫石生铜折。寒潭影动月峥嵘,碧藓淋漓老蛟血。"③都对柯九思的竹画作了高度的赏评。

柯九思也有多首诗作题赠与于立。如《偶成三绝写上就柬匡庐山人》:

月华云影漾中郊,光耀纷纭动翠旓。玉笛夜吹山石裂,有人骑鹤过三茅。

放日轻霞破晓阴,北窗徙倚听龙吟。光摇翡翠蓬山远,浪用玻璃贝阙深。

青鸟当时养得驯,碧梧露下覆清晨。纱窗忽见秋如许,应有娥眉忆远人。④

诗作从于立这个方外羽士的角度,想象他的超凡脱俗、清新雅致的生活,表达了对道士生活的向往,也寄托了对友人的思念之情。

柯九思还有《赠匡庐山人》:"道人欲筑希夷室,自向身中炼火丹。何日朝元游绛阙,九霄回首月华寒。"⑤写于立即将闭关修道炼丹的生活情景,表达了希望他早日得道的一种愿景。另有《题匡庐山人所藏雪松图于玉山书舍》:"幽人结屋庐山侧,卧看九江天际来。白云万壑青松老,时抚丝桐坐绿苔。"⑥透露出柯九思与于立曾经有一段时光在顾瑛的玉山佳处,诗酒相娱,共赏书画名作,柯九思还有一首题为《赠柏子庭上人用匡庐山人韵》的诗作,也从侧面证实了这一点。

马祖常(1279—1338) 字伯庸,光州(今河南潢川)人,色目人雍古族。高

---

① 王及:《柯九思诗文集》,中国美术学院出版社,2004年,第132页。
② 同上。
③ 同上。
④ 同上,第25页。
⑤ 同上。
⑥ 同上,第58页。

祖于金末任凤翔兵马判官,故子孙以马为姓。延祐二年会试第一,廷试第二,授应奉翰林文字,拜监察御史。仁宗时,铁木迭儿为丞相,专权用事,马祖常率同列劾奏其十罪,因而累遭贬黜。自元英宗朝至顺帝朝,历任翰林直学士、礼部尚书、参议中书省事、江南行台中丞、御史中丞、枢密副使等职。卒谥文贞。为文法先秦两汉,宏瞻而精核,富丽而新奇,内容多制诏、碑志等类作品,诗作圆密清丽。有《英宗实录》《石田集》等。柯九思与马祖常的交游事迹,见于马祖常的《题柯敬仲乃父手泽》,诗云:

> 三十昂藏一丈夫,阿翁手泽宛如初。梁园奏赋双枚健,赵括空能读父书。①

从首句可以推考,这首诗歌作于柯九思三十岁时,即延祐六年(1319),此年,柯九思游京师,与朱德润一道在英宗潜邸为其讲释儒家经义,可能就在此时结识了马祖常。这年的十一月底,柯九思父亲去世,估计在返回杭州之前,柯九思呈上了父亲柯谦的遗墨,请求马祖常题诗。马祖常对柯氏父子的道德文章、艺术才华十分赏识,欣然应允。在诗中,马祖常首先夸赞柯九思是一个气宇不凡的大丈夫,然后又说其父亲的遗墨犹新,令人想见他的文采风流。诗歌结尾两句,用赵括空读其父赵奢的兵书而只会纸上谈兵的典故,与西汉时期的辞赋大家枚皋能传承其父枚乘的艺术才华和政治胆识的史实作对比,揄扬柯氏父子特别是柯九思的俊逸健朗的才识、能力。

王艮(1278—1348) 字止善,号鹗游子,诸暨人(今浙江诸暨)。为人尚气节,读书务明理以致用,不苟事言说。淮东廉访司辟为书吏,迁淮西。会例革南士,就为吏于两淮都转运盐使司,以岁月及格,授庐州录事判官。淮东宣慰司辟为令史,以廉能称。工于诗,有《止止斋集》。

王艮大九思十二岁,是九思少年时的知交。他们的相识,很有可能缘于柯九思父亲柯谦任职浙江期间。至治二年(1322),柯九思与王艮、杜本、费雄等同观文同的《水墨此君图》于京口郭畀家。②

---

① 王及:《柯九思诗文集》,中国美术学院出版社,2004年,第125页。
② (明)张丑:《清河书画舫》(徐德明校点本),上海古籍出版社,2011年,第361页。

他们的交谊一直延续到晚年。王艮曾在九思罢官寓居吴中时,有诗相赠,题为《赠柯敬仲博士》:

与子沉浮三十载,归来文采更风流。虚名聊尔或见录,尤物移人何足留。说剑谈元皆外慕,买田筑室是良谋。眼花耳熟争意气,泯灭无闻同一沤。①

九思罢官流寓吴东,在元统元年(1333),据此诗首联可知,他们相识于三十年前的大德七年(1303)前后,即九思十四岁时前后,诗词中的年头往往取其整数,说是三十载,可能也是取其大概。王艮对柯九思的文采风流是无比艳羡仰慕的,对他的遭际也深为同情,但他最终也只能示以宽慰之意,他别有深意地劝慰柯九思:你满腹经纶也好,谈玄说剑也罢,实际都是分外之事,还是多考虑生计吧,买田筑室才是良策!另外,你看,历史上多少人都在为名利争意气,到头来还不是都泯灭无闻,如同水上的一泡浮沤,说散就散了。王艮既是劝慰,实际也是对九思的痛苦遭遇倾诉了愤慨之情。

他们的交谊深长感人,时相酬唱,柯九思罢官后,王艮还有一首题为《和敬仲韵》的七律诗:

忆子曾陪翠辇过,朔风海子起曾波。上方授衣黑貂鼠,太宫进膳金头鹅。此日此时甘放旷,某山某水且婆娑。但愿年丰饱吃饭,击壤细和尧民歌。②

王艮在这首诗歌中描述了柯九思在任朝官时的无比荣宠的生活,但由于宦海风波,这一切都已烟消云散,他劝勉柯九思还是优游岁月,放旷山水,平安、淡泊地做一个丰衣足食的隐逸之民好了。字里行间透露出了对友人遭遇的愤慨和对他今后生活的关爱。柯九思对王艮也很有感情,一次,王艮入京,九思有诗《送王止善入京》相赠:

---

① 王及:《柯九思诗文集》,中国美术学院出版社,2004年,第110页。
② 同上。

君到京华怯暮春,御沟波暖绿粼粼。城南牡丹大如斗,马上葡萄能醉人。①

这首诗应该是柯九思流寓吴中后所写的,但他对大都的风物景致还是记忆犹新,他对王艮前往京华十分牵挂,因为按照行程,王艮到京华时正是暮春时节,北国的天气寒冷,还是春寒料峭,他担心王艮怯于春寒,所以把大都美好的风物先告知给他说,宫中的御沟那时已是春波荡漾,暖意融融,城南的牡丹也其大如斗,艳艳盛开;若走马京城,那美妙的葡萄酒会使人陶醉沉迷。诗句一方面借大都的风物景色为友人壮行,一方面也隐隐流露出柯九思时不时地还沉醉于大都那一段清雅高贵的士大夫生活。

王冕(1287—1359) 字元章,号煮石山农等。诸暨(今浙江诸暨)人。出身农家,幼贫,为人放牛,但嗜学,曾窃入学舍听诸生诵读,夜依佛寺读书。学者韩性感其为学之诚,收录为弟子,遂成通儒。但他屡试不第,于是归隐九里山下,自筑梅花屋,以卖画为生。明太祖下婺州,授咨议参军,一夕卒。他学识深邃,能诗,善画梅,亦善写竹石。兼能刻印,用花乳石作印材,相传是他始创。著有《竹斋集》。王冕长九思三岁,订交较早,可能在柯谦任职诸暨之时。善写竹石的王冕对柯九思的墨竹艺术十分景仰,有知音之赏,他有《题柯敬仲画竹》一诗:

湖州老文久已矣,近来墨竹夸二李。纷纷后学争夺真,画竹岂能知竹意。奎章学士丹丘生,力能与文相抗衡。长缣大纸纵挥扫,高堂六月惊秋声。人传学士手有竹,我知学士琅玕腹。去年长歌下溪谷,见我忘形笑淇澳。我为爱竹足不闲,十年走遍江南北。今日披图看新画,乃知爱竹亦如我。何当置我于其下,竹冠草衣相对坐。坐啸清风过长夏。②

此诗极言柯九思画竹技艺的高超绝伦,对柯九思的爱竹情怀也赞叹不已。从"去年长歌下溪谷,见我忘形笑淇澳"我们了解到,这首诗似乎写于柯九思离

---

① 王及:《柯九思诗文集》,中国美术学院出版社,2004年,第20页。
② 同上,第97页。

开大都寓居吴中不久,柯九思与王冕曾经一同畅游溪山,两人在溪边的竹林里,诗酒相娱,脱落形骸,极一时之乐。一年后的夏天,王冕看到了柯九思的画竹新作,忽然悟出,柯九思也像自己一样,为了观察感悟竹子的风姿神韵,"十年走遍江南北"。看到柯九思的墨竹新作,王冕心意荡漾,不能自已,很想进入画境,带着竹帽,披着草衣,对着一片清荫,坐啸于清风之中,悠悠度过一个酷暑长夏。

王冕还有《题柯博士竹图》,诗云:

先生元是丹丘仙,迎风一笑春翩翩。琅玕满腹造化足,须臾笔底开渭川。我家只在山阴曲,修竹森森照溪绿。只今榛莽暗荒烟,梦想清风到茅屋。今朝看画心茫茫,坐久忽觉生清凉。夜深明月入高堂,吹箫唤来双凤凰。①

从王冕的题诗我们可以推测,柯九思是有不少的竹画赠送给王冕的。王冕也深爱九思之竹图,将之挂于高堂之中。"只今榛莽暗荒烟"一句似乎透露了元末江南一带战乱时的荒芜景象,难怪王冕此时内心迷茫一片,但所好有柯九思的竹图在高堂之上,王冕久久观赏,顿觉心生清凉,特别是夜深时节,明亮的月光映照,他似乎走进柯九思的竹图的意境中,执箫而吹,朦胧中感觉有凤凰来仪。

柯九思对王冕的画梅艺术也青眼有加,曾有《题王元章写红梅花》,诗云:姑射燕支衬露华,一枝楚楚进天家。君王不作梁园梦,金水河边厌杏花。②

柯九思在该诗中将王冕笔下的红梅比作绝色佳人粉饰了胭脂,映衬着带露的花朵;那娇艳的梅花,旁逸斜出,楚楚动人,曾经惊动了皇家,从此君王不再做那梁园之梦,金水河边的杏花也不再耐看。柯九思的诗歌以夸张、反衬的修辞手法,极度夸赞了王冕的红梅图,令人心驰神往,欲睹为快。

王逢(1319—1388) 字原吉,号最闲园丁、最贤园丁,又称梧溪子、席帽山人。江阴(今江苏江阴)人。学诗于延陵陈汉卿,有才名,作《河清颂》,为世传

---

① 王及:《柯九思诗文集》,中国美术学院出版社,2004年,第98页。
② 同上,第56页。

诵。有大官举荐出仕，以病坚辞不就。后避兵祸于无锡梁鸿山。游松江，筑悟溪精舍于青龙江畔青龙镇（今属青浦县）。明洪武年间，以文学征召，谢辞。有《梧溪诗集》。

王逢与柯九思为忘年交，柯九思年长王逢二十九岁。王逢对柯九思非常敬仰，他在《投赠柯博士》一首长诗里说：

  钟阜天回王气新，忆君扈从入枫宸。旋平内难橐弓矢，遂沐殊恩列缙绅。元宰或同司雨露，史官曾拟奏星辰。羽旌影动宫花日，龙鼎香传禁树春。白马独游丝鞚好，缥醪双赐玉壶醇。委蛇退食收金钥，怵惕存心表翠珉（文皇帝赐其父江西提学谦训忠碑）。三绝郑虔亲帝许，四愁平子旧谁伦。侨居暂作东吴客，奉引依然上国宾。稔岁蒔田饶蟹稻，高秋松水长鲈莼。神驰紫塞风生角，梦隔瑶池月照裀。白首冯唐仍晚遇，青袍杜甫岂长贫。明河近望清如洗，行驾仙槎复问津。①

王逢这首长诗，当作于柯九思刚刚离开大都而流寓到吴中时期。王逢以艳羡和夸赞的口气，回顾了柯九思随侍文宗到大都然后位列缙绅、沐浴皇恩的人生经历，对他有如郑虔、张衡的绝伦才华也表示了无限的钦敬。柯九思流落吴中，王逢宽慰他说：那是暂时的，你目前正好可以享受蒔田里出产的丰饶的青蟹和稻米以及深秋时节的松林水畔的鲈莼。一旦有人引荐，你依然是上国之宾。因为你虽然是白首冯唐，仍然有晚年显达的时候，你也虽比身穿青袍的杜甫，但哪里会永远贫困？"明河近望清如洗，行驾仙槎复问津"两句诗，更是对柯九思的重新出仕寄予了深切的期盼。

王逢不但对柯九思的墨竹艺术青睐有加，而且颇能体悟他作品中的深刻意蕴，他有《题柯博士墨竹》一诗云：

  奎章博士写苍筤，叶叶中含雨露香。华发归来无限思，九疑山远暮云长。②

---

① 王及：《柯九思诗文集》，中国美术学院出版社，2004年，第116页。
② 同上，第134页。

此诗也当作于柯九思流落江南后。首句夸赞柯九思的墨竹,含雨带露,富有生机。后两句以古时舜帝南巡葬于九疑山,娥皇、女英二女千里迢迢寻而不得的典故,喻示了文宗皇帝的驾崩给九思内心带来的无限忧伤,九思笔下墨竹的枝枝叶叶,仿佛凝结着白发归来的柯九思的万千愁绪。

王逢还有一首《柯博士临湖州墨竹为顿悟寺坚席石上人题》,诗云:

官罢奎章阁,竹临文使君。似将湘女泪,痛洒鼎湖云。雉扇梢堪把,鸾笙叶忍闻。山僧置岩坞,嘉气若氤氲。①

这首诗歌写于柯九思离开大都流寓吴中期间,王逢看到柯九思临文同的墨竹画,便想起娥皇、女英二女抱竹而哭的典故,他仿佛看到竹枝上的斑斑泪痕,认为那是柯九思临摹墨竹图时,起了鼎湖(鼎湖指黄帝乘龙升天之处,"鼎湖龙去"或"鼎龙乘空"等词语常用来借指皇帝驾崩)之思,为文宗的驾崩而痛洒伤心之泪。不管怎样,柯九思笔下的墨竹还是非常清雅潇洒的,山僧将它置于岩坞旁,只觉得一片清嘉之气弥漫而来。

王逢在《读僧惇朴庵松石稿为其徒智升题有序》一文中记载了柯九思在金陵受知于怀王图帖睦儿的事迹:

惇,黄岩人。赵宋宗室裔,先辈胡石堂之门生也,性介洁,不乐茹腥血,因祝发为沙门,壮游金陵,与五峰李孝光并受知怀王,一日,公引柯九思见,柯以写竹遂亲幸,王即位独召用柯。……今其徒升谒示公松石稿,凡(如)[若]干篇,于金陵时事则无一及之,荣念盖灰如也。升,予乡子弟也,请为公述大略兼和李一首。②

从文中可以看出,王逢是在读了赵惇的《松石稿》后,感觉作为柯九思的引荐人的赵惇,竟然只字不提被广传为美谈的柯九思知遇文宗于金陵潜邸之事,大概是赵惇有感于柯九思的平生遭际,视人生的尊崇荣华死灰一般。赵惇的

---

① 王及:《柯九思诗文集》,中国美术学院出版社,2004年,第102页。
② 同上,第90页。

门徒智升,是王逢的同乡子弟,王逢对赵惇当年引荐柯九思一事,感念不已,所以特地在这篇序言里记上一笔。

王诚夫 生卒事迹不详,曾任无锡知州。柯九思与他交谊较深,有《送王诚夫赴无锡知州》:

> 黄金横带烂辉光,出守宁辞道路长。鹓序久陪苍水使,凤池曾赴紫薇郎。双旌坐镇清溪月,列戟看凝宴寝香。肯汲惠山泉见寄,青春煮茗当还乡。①

从诗意看,当作于柯九思任职奎章阁时。在九思眼里,地处江南的无锡惠山也是他心目中广义上的故乡,所以结句说,你王诚夫若肯以惠山泉寄赠与我,我也许会产生还乡的念头,回乡后,在美好的春日里,舀一勺惠山清泉,煮茗而饮,何其惬意!

王振鹏(1280?—1350?) 字朋梅,永嘉(今属浙江温州)人。元代著名画家,擅长人物画和宫廷界画,被元仁宗赐号为"孤云处士",曾任秘书监典籍。累官数处,至治时为廪给令,佩金符,拜千户,总海运于江阴、常熟间。

王振鹏与柯九思当是相识的。柯九思在《题王孤云渍墨角抵图》中说"王君此图,其自戏耶?戏人耶?观是图者,观其戏无所戏,乃得之,鉴书博士柯九思题"。柯九思对王振鹏的界画颇为赏识,有《题王孤云界画山水图》六言绝句一首,诗云:

> 满地山河如绣,回岩楼阁凌风。几度春花秋雨,不知秦苑吴宫。②

王渊 生卒年不详,字若水,号澹轩,一号虎林逸士,钱塘(今浙江杭州)人。工画,得赵孟𫖯指授。山水师郭熙,花鸟师黄筌,人物师唐人。尤精花鸟竹石。时称绝艺。陶宗仪《南村辍耕录》卷七称:"善山水、人物,尤长于花竹翎毛。幼时获侍赵魏公,故多得公指教。所以博色特妙。"又据明初《庸庵集》卷

---

① 王及:《柯九思诗文集》,中国美术学院出版社,2004年,第12页。
② 同上,第42页。

六载:"王渊一生未仕,以处士自居。天历中他曾奉命参与绘制集庆(今南京)大龙翔寺壁画,画寺门首壁大鬼,高三丈余,遵刘总管之嘱,先配定尺寸,画为裸体,然后加以衣冠。若水依法为之,果善。"说明王渊对人体解剖也有所研究。事迹收录于《画史会要》《珊瑚网》《杭州府志》《图绘宝鉴》《画系》《严氏书画记》《南村辍耕录》《式古堂书画汇考》《榆园画志》。王渊与柯九思的交往,很有可能缘于荆溪(今江苏宜兴)的良常草堂的雅集;两人都是当时的书画名家,也有可能相识更早,但目前史料显示他们交往行迹的,是柯九思悠游于良常草堂期间,具体地点是环庆堂。柯九思在有关题跋中提到他为荆溪文士、大收藏家王仲德的家庭教师张天民儿子张德常的《良常张氏遗卷》题词一事时说:

予尝为德常记草堂矣。复见此卷,诵五峰先生之词甚奇古,仲穆使君之篆笔力遒劲,泽民、若水之画清润,张助教之诗流丽,皆令人敛衽。故为之识其后。丹邱柯九思题于王氏环庆堂。①

跋文中提到的"若水",就是王渊。柯九思认为王渊的画作风格清润,"令人敛衽",也就是说,使人敬佩不已。题跋中的"此卷",就是王渊和朱德润曾经为张德常合作过的《草堂图》,柯九思有题画诗《题朱德润、王渊为张德常合作〈草堂图〉》云:"幽馆晓山如沐,断桥春水初生。花下斑荆酒熟,松间散策诗成。"②该诗既是对王渊画作的题赞,也是对在良常草堂其间与王渊等一批文友们悠游自在、肝胆相照生活的描绘。

方积　生卒年不详,字叔高,江州湖口(今属江西)人。读书于匡庐林木之间,谓之"木斋",文人纷纷以诗文赞述其志,参与者有虞集、郑玉、甘立、程文、陈旅、傅若金等,极一时之盛。泰定四年(1327)登进士第。至顺年间,由艺文监修书,借授进贤邬子寨巡检,辟闽海帅司掾,调将乐县主簿,迁南安县。至正中,死于战乱。诗文名颇著,与当时诸多文士多有交游。《乾坤清气》存其诗八首,《元诗选·癸集》据以录入丙集。生平事迹见危素《邬子砦巡检方君去思碑》(《危太仆文续集》卷三)、《永乐大典》卷六七〇一引《江州志》《元诗选·癸

---

① (元)柯九思:《丹丘生集》卷二,上海图书馆藏。
② 王及:《柯九思诗文集》,中国美术学院出版社,2004年,第42页。

集》丙集小传。

方积与柯九思交谊较厚,有《史局怀柯鉴书二首》,云:

> 每日明光殿,传宣看画图。姓名呼我写,识鉴古人无。贾傅俄辞汉,张生意入吴。遂令风雨夜,长忆在江湖。
>
> 想君沧海上,夜夜梦皇州。母子三千里,君王一万秋。修书期力尽,报国入神游。赖有年光识,青春照白头。①

这首诗歌当作于方积任艺文监修书一职时。从诗歌内容看,此时,柯九思已经离开大都,到了江南了。诗作描述了柯九思在奎章阁任职时善鉴书画、受到恩宠的情景,也对他满怀怨愤辞别大都流落吴中的遭遇表示了深切的同情。方积可谓柯九思的知己,他深知柯九思即使隐逸到沧海之上,其报国丹心仍旧不泯,牵念不已的还是煌煌帝都和君王的千秋大业;时光流逝不已,但终会留下痕迹,柯九思虽然年已老大,但青春的神采还是时时映照一头白发。

方积的仕途似乎也不顺利,在他的中晚年,还长途跋涉,南迁至南安县任县尉这一微职,当时许多文士名宦都赋诗相送,如曾任奎章阁参书的雅琥有《赋得月漉漉送方叔高作尉江南》、曾任国子监丞的陈旅有《送方叔高之官》等。作为挚友的柯九思更是依依惜别,情思深切,赋长诗《将进酒送九江方叔高南还》:

> 君不见,潇湘之浦苍梧山,虞舜南巡去不还。当时揖让称大圣,但余湘竹泪痕斑。又不见,汨罗江水深碧玉,屈原憔悴江头哭。皇天何高地何深,忠而被谗空放逐。将进酒,君莫辞,圣贤亦尘土,不饮当何为?桃花月暖歌声度,杨柳风轻舞袖垂。况是骊驹促行役,美人惜别低娥眉。有肉如陵,有酒如海,今朝尽醉极欢娱,莫待重来鬓丝改。黄金装宝剑,白玉饰雕弓。将军上马意气雄,赋诗横槊逾江东。②

从诗中看出,柯九思为方积的南还曾经置酒饯别,就在这次送别酒宴上,

---

① 王及:《柯九思诗文集》,中国美术学院出版社,2004年,第102页。
② 同上,第5页。

柯九思借虞舜南巡不还、屈原忠而见谗的历史典故,以饱醮的笔墨、悲愤而狂放的感情倾诉了自古以来怀才不遇者的深广的忧愤。这首长诗估计也是柯九思落职后暂居京师的作品,两人有着共同的遭遇。前路茫茫,酒逢知己,柯九思意气纵横,诗情勃发,赋诗以壮行色,可见两人的友谊非同一般。

柯九思与方积的交好,还体现在他曾专门为之画竹,元人揭傒斯曾有《题柯博士为方叔高画墨竹》一诗,可作实证。

元明善(1269—1322) 字复初,大名清河(今属河北)人。北魏拓跋氏后裔。弱冠游吴中,以文章名于时。在江南曾作过几任省掾一类官吏。元仁宗未登基前,为元武宗太子,擢元明善为太子文学。仁宗即位,改翰林待制,与修成宗实录。升翰林直学士。

柯九思与元明善应该交谊较厚,据海宁陈氏刻《渤海藏真》卷八,柯九思曾于至治元年(1321)收藏赵孟頫的真草《千文》,元名善为之题跋。

从序 字子伦,画学郭熙。用秃笔,豪爽而有奇致。亦善画花卉。柯九思结识从子伦当在流寓吴中时期,他有《题从子伦写生芍药于玉山佳处》一诗,即可证明。从序是柯九思的晚辈,但九思对他的绘画艺术非常赏识,有《题从子伦画南山晓霁图》诗云:"少年曾殢南山胜,画舫笙歌日日来。第二桥边春水满,晓晴芳树散轻埃。"[1]又有《题从子伦画雪景便面》诗云:"千山雪月绕渔矶,寒沁船窗酒晕微。魂断翠禽香入梦,梅花应笑美人归。"[2]

柯九思的题画诗写景如画,描摹入微,在在体现了对从子伦画作的赞许之意。

甘立 生卒年不详,约元惠宗至正初前后在世。字允从,西夏人,占籍陈留(今河南开封)。早年有时誉,至顺年间由内掾改奎章阁照磨。与修《经世大典》,仕至中书检校。长于书法,自负为台阁体。立诗以善炼饬称,尤工古乐府,与柯九思、虞集、倪瓒、陈旅交往唱和。有《允从集》传世。生平事迹见杨维桢《西湖竹枝集》《元诗选》二集小传、陈垣《元西域人华化考》卷五。

甘立是柯九思任职奎章阁时的同僚,两人感情交厚,时相酬唱。甘立在奎章阁时曾有《晚出西掖同柯博士赋》,诗云:

---

[1] 王及:《柯九思诗文集》,中国美术学院出版社,2004年,第57页。
[2] 同上。

薄暮出重闱,逶迟望双阙。辇路犹轻尘,上林已初月。悠悠文书静,去去车马绝。小草惭长松,承恩总无别。①

诗歌写甘立与柯九思在奎章阁夜值晚归时的情景,他似乎为自己与柯九思一同蒙受恩宠,感到惭愧,因为在他眼里柯九思是一棵高大的松树,而自己却是一棵小草,这里无疑有谦虚的心态,但他对柯九思的仰慕之情却是溢于言表的。后来两人不在一起了,甘立十分想念柯九思,于是作《有怀玉文堂》(一作《有怀敬仲、伯生》),诗云:

眉山老仙丹丘生,三日不出风雨惊。玉文深沉发奇秘,天藻动荡流芳英。
锦鳞行酒白昼静,金鸭焚香长夜清。秋深病久不得往,抚卷怅望难为情。②

玉文堂是柯九思的一个斋名,他曾藏有晋贤书《黄庭内景经》,因以玉文名堂。奎章学士虞集制文。虞集家也有一亭,名天藻亭。甘立对柯九思和虞集两人都非常崇敬,诗歌对柯九思和虞集的清雅高洁的文化生活十分羡慕和赞赏,也很想去访晤他们,可是由于秋深病久,不得前往,只能摩挲着他们的书画或诗卷,怅然久之,思念之情不能自已。

甘立在柯九思流寓吴中时,也有诗作寄赠柯九思,以表思念之意。他有《春日有怀柯博士》(二首),诗云:

阊闾城外乱莺啼,笠泽春深水满陂。好买扁舟载图画,布帆东下若耶溪。
闻说新来白发稠,茂陵多病不胜愁。吟成定似张公子,痴绝真成顾虎头。③

---

① 王及:《柯九思诗文集》,中国美术学院出版社,2004年,第101页。
② 同上,第112页。
③ 同上,第130页。

第一首诗,想象柯九思所寓居的阊闾城外的一派融融春光,在这样的大好时光里,他多么希望柯九思买舟挂席,满载图画,东下若耶溪,回到自己的故乡去。第二首诗,表达了对流落吴中特别是病中的柯九思的深沉的牵挂,他似乎感觉到柯九思的满腹愁绪,就像曾赋有《四愁诗》的东汉文学家张衡一样,他也为过于痴迷于书画创作的柯九思的健康担心,他说你现在简直就是以"痴绝"著称的东晋画家顾恺之。

甘立对柯九思的墨竹,也是倾慕不已,他在《题柯博士墨竹》题诗:"巘谷春回落粉香,拂云和露倚苍苍。月明后夜吹箫过,应是伶伦学凤凰。"①以极度夸张和比喻的手法,将柯九思的墨竹比作昆仑山巘谷里的仙竹,苍苍翠翠,拂云带露;此景象,有时候仿佛使人觉得明月之夜有人吹箫而过,那应该是仙界的乐师伶伦模仿凤凰的鸣叫。

甘立还曾常与晚年的柯九思一起炼丹服食,据杨瑀的《山居新话》记载,柯九思、陈云峤、甘立三人,"皆服防风通圣散,每日须一服以为常,一日,皆无病而卒"②。

冯子振(1257—1337?) 字海粟,自号怪怪道人,又号瀛洲客,攸州(今湖南省攸县)人。曾官承事郎、集贤待制。与赵孟頫、张雨等交好。又与天台陈孚友善,孚极敬畏之,自以为不可及。子振性格豪俊,富有才情,颇负时名。宋濂称其"博学英词",为"一世之雄",是元代著名的文学家,其诗、词、曲、赋、文皆负名声。也善书画。据学者考证:

> 元英宗至治元年(1321),冯子振至杭州。赵孟頫《方外交疏》云:"处西湖之上,居多志同道合之朋……至治元年十月日疏。"冯子振即在"志同道合之朋"之列。大约在此时,赵孟頫偕中峰明本造访冯子振,冯与明本唱和《梅花百咏》。③

柯九思1321年估计也在杭州,也是赵孟頫所说的"志同道合之朋",与冯子振很有可能相识于此年。柯九思对这位志同道合的前辈艺术家,也应该是

---

① 王及:《柯九思诗文集》,中国美术学院出版社,2004年,第130页。
② 宗典:《柯九思史料》,上海人民美术出版社,1985年,第34页。
③ 冯培衡:《元初文学名家冯子振籍贯与生平新证》,中华冯氏网。

十分敬仰的,他曾收藏有冯子振的《横幅荷花图》,并题诗云:"水殿风生酒力微,三千宫女绿荷衣。美人应妒华随去,月上瑶阶未肯归。"①

朱德润(1294—1365)　字泽民,号睢阳山人,又号岜杰。河南睢阳(今河南商丘睢阳)人,后迁居昆山(今江苏苏州昆山)。善诗文,工书法,格调遒丽。擅山水,初学许道宁,后法郭熙,多作溪山平远、林木清森之景,重视观察自然,当北游居庸关时,尝作"画笔记行稿"。延祐末以赵孟𫖯荐授翰林应奉,兼国史院编修。不久,又授镇东儒学提举,后移疾归。至正间再起,官至杭、湖二郡守,摄守长兴。有《存复斋集》及《存复斋续集》。

朱德润是柯九思的挚友,他们结交于青年时代,性情相投,随着岁月的增长,感情弥笃。延祐六年(1319),柯九思与朱德润同游京师,一同在元英宗潜邸讲说儒学经典,度过了一段美好潇洒的岁月,"当延祐之六祀,予携册而观光。同君游于京国,咸弄翰而翱翔"。至治三年(1323),因为英宗遇弑,朱德润遂弃官归江南。柯九思也一同归来,青春作伴,艺海悠游,度过了一段清雅风流的生活:"及至治之末纪,又同归乎江乡。尝与笑谭今古,狎弄杯觞。米家画舫,柯氏秘藏。发缄题于什袭,探古雅于奚囊。"

柯九思寓居吴中后,特别是晚年,还与朱德润时相往来,或诗歌酬唱,或书画品题。至正二年(1342),柯九思为朱德润赋《幽兰》诗,原作已不存,朱德润以《和柯敬仲博士幽兰诗》为题和之,诗云:

阳和遍岩谷,猗兰发初芳。幽姿不自媚,随风忽飘香。宁辞雨露恩?感此岁月长。顾随郎官握,得上中书堂。不惭山泽姿,高贵比金张。灵芝在宣室,岂独怀沅湘?

孤根托山阿,奕叶留清芳。春花竞红紫,未敢并幽香。攀缘上乔木,不及丝蔓长。顾结君子心,永焉贮高堂。缔彼金石交,辞君罗绮张。雅道出岩谷,良时非楚湘。②

和诗借吟咏岩谷里的幽兰,歌颂柯九思高贵而沉潜的君子品质,也表达了

---

① 宗典:《柯九思史料》,上海人民美术出版社,1985年,第151页。
② 同上,第42页。

愿与柯九思结为金石之交的想法。第一首描写柯九思随侍文宗到大都而后又被任命清要之职的史实,诗人认为柯氏父子虽然贵比金张(汉时金日䃅、张安世二人的并称。二氏子孙相继,七世荣显,后因用为显宦的代称),但九思"幽姿不自媚",仍旧保持君子的本色。结尾"灵芝在宣室,岂独怀沉湘",喻示柯九思是一个品节高尚、才华横溢的栋梁之材,对他的流落江南的遭遇表示深切的同情。第二首诗似借兰花形象描写了柯九思当时所处朝廷的复杂的形势,"不及丝蔓长"的"丝蔓",喻示朝臣之间复杂的人际关系和权臣的险恶用心,不管处境如何,柯九思却愿永葆高洁之志,因此诗人愿意与他缔结金石之交。"辞君罗绮张","罗绮"喻指柯九思往昔的繁华生活。诗人的意思似乎是:让柯九思尽快忘却那种虚华的生活,回归山谷林泉,永葆高雅不俗的情趣。

  1342年,柯九思在荆溪名士张经处,看到其所藏的朱德润、王渊合作的《良常草堂图》,十分高兴,于是为之题诗于环庆堂:"幽馆晓山如沐,断桥春水初生。花下斑荆酒熟,松间散策诗成。"该诗既是对《良常草堂图》画面的题咏,更是对在良常草堂其间与包括朱德润在内的文友们悠游自在、肝胆相照生活的写照,从一个侧面反映了他与朱德润的深厚友谊。

  柯九思还有《题朱泽民临李营丘寒林图》:

  高林曾记旧黄昏,下笔生春昼掩门。剑气低昂动山岳,翠娥谁解忆王孙。[1]

  柯九思去世后,朱德润非常悲痛,为之作《祭柯敬仲博士文》[2]。在祭文中,朱德润深情地回忆了与柯九思同游京国、同归江南的情景,对他在奎章阁任职备受恩宠的生涯也作了描述:"天历之景,运侍清宴于奎章。金马石渠,图书之府,商彝周鼎,宣室斋房。"对柯九思"遂息驾于东吴,追终老乎耕桑"的遭遇表示惋惜。祭文最后说:"恸衷情于千古,魂仿佛来飨!"悲恸之情不能自已。

  汤垕 生卒年不详,字君载,号采真子,山阳(今江苏淮安)人。其父汤炳龙,字子文,号北村,学问渊博,诗有盛名。汤垕曾官绍兴路兰亭书院山长,终

---

[1] 宗典:《柯九思史料》,上海人民美术出版社,1985年,第155页。
[2] 同上,第2页。

帮护府官属。君载幼承家学，熟读经史，妙于考古，尤精于书画鉴赏，是当时著名的美术鉴赏家。天历元年(1328)在京师与鉴画博士柯九思论画，遂著《画鉴》，上自三国曹不兴，下至元龚开、陈琳，专论鉴藏名画之方法与得失，又多从画法立论，尤得要领。

李士行(1282—1328)　字遵道，河南蓟丘人，李衎子。官黄岩知州。歌诗字画，悉有前辈风致。画竹石得家学而妙过之，尤善山水。柯谦曾为李衎的《竹谱》作序，因此柯九思与李士行的交往，当缘于两家的世交。柯九思对李士行的画作多有赏爱之意，曾有题画诗《题李遵道画竹》《题李遵道春山图》《题李遵道画扇》等。①

李孝光(1285—1350)　字季和，温州乐清(今属浙江)人。因曾隐居雁荡山五峰下，故号"五峰狂客"。少年时博学，以文章负名当世。他作文取法古人，不趋时尚，与杨维桢并称"杨李"。居雁荡五峰山时，四方之士，远来受学，名誉日广。泰不华以师事之。和杨维桢、萨都剌、张雨等为好友。至正四年(1344)应召为秘书监著作郎，至正七年擢升秘书监丞。著有《五峰集》二十卷，今存十一卷。

柯九思与李孝光结识较早，两人在金陵时先后受知于怀王。柯九思受知于怀王，幸赖来自台州黄岩的赵宋宗室后裔僧朴庵的引荐，朴庵又与李孝光同时受知于怀王，因此三人有过一段共处的日子，他们歌诗酬唱，极一时之欢愉。李孝光有一首《送僧朴庵用柯敬仲韵》，可见一斑。李孝光有《题敬仲古木》，诗云：

　　高鸾不下尚轮囷，百尺龙门半死生。裁制仙禽酬素赏，清风流薄夜啼声。②

诗作描绘柯九思画作上的古木画面：老树盘曲有致，几只凤鸾高高地栖息着，久久不下。这棵老树就好像枚乘《七发》里说的"龙门之桐，高百尺而无枝"，虽然一半枯萎了，但实际上还是罕见的大而有用之材。诗人认为：画作

---

① 王及：《柯九思诗文集》，中国美术学院出版社，2004年，第53页。
② 同上，第127页。

中的凤鸾,应该是柯九思特意点缀于树上的仙禽,意在酬答人们的激赏。诗人最后说,坐对画作,仿佛听到了清风吹拂,仙禽夜啼,声音清脆悦耳。这首诗歌可能作于柯九思流寓江南的时候,从李孝光的题画诗看出,柯九思的古木图,似乎别有深意,李孝光也读出了其中的意蕴:那盘曲有致的老树,百尺无枝,刚正不阿,实是栋梁之材,这不就是柯九思的人格和才华的写照吗?李孝光亦堪称柯九思的知己。

陈旅(1288—1343) 字众仲,莆田(今福建莆田)人。幼笃志于学,被举荐为闽海儒学官。御史中丞马祖常按察泉南,认为他是"馆阁之器",鼓励他到京师游学。由于虞集和马祖常的延誉,中书平章政事赵世延大力推荐,任为国子助教,并参与修纂《经世大典》。至元初,迁国子监丞,卒。为文典雅皎洁,善古隶、行、楷有法度。有《安雅堂集》传世。陈旅与九思的结识交好可能缘于虞集的介绍。陈旅对柯九思的画竹艺术也是赏爱十分,他有《题柯九思画竹》一诗,诗云:

奎章博士丹丘子,家住江南落木洲。种得琅玕长百尺,看渠檐外拂高秋。①

他还有《题柯氏山云竹石图》,诗云:

溪上春山生白云,鹧鸪啼处有湘君。行人来截昭华管,日暮青林玉气分。②

两首诗歌对柯九思的竹画、山水画,都作了高度的夸饰。柯九思离开大都,虞集作《风入松》词作相赠,士林传为佳话,陈旅也关切柯九思的遭遇,在读了虞集的词作后,有感而作《题虞先生词后》,诗云:

忆昔奎章学士家,夜吹琼管泛春霞。先生归卧江南雨,谁为掀帘看

---

① 王及:《柯九思诗文集》,中国美术学院出版社,2004年,第126页。
② 同上,第127页。

杏花。①

陈旅对柯九思在任职奎章阁期间荣宠、清逸的生活敬慕不已，对他在春雨霏霏的时节回到江南，表示了深切地问候。结句的意思是：在你落魄的日子里，有谁陪伴你一起观赏那娇艳的杏花呢？

陈基（1314—1370）　字敬初，台州临海（今属浙江）人。至正元年，随老师黄溍进京，任经筵检讨。因建议一位御史上书谏"并后为致乱之本"（元朝有"第二皇后"的制度），几乎获罪，引避南归，寓居吴中凤凰山河阳里（今属张家港市），以教授诸生度日，颇有声名。至正十六年（1356），江浙行省设行枢密于杭州，起为都事，转江浙行中书省员外郎，升郎中。元末张士诚割据一方，陈基入张士诚"太尉府"戎幕，后迁学士院学士。军旅倥偬，飞书走檄多出其手。朱元璋平吴，爱其才，召之参与《元史》的纂修工作，书成后赐金而还，卒于常熟河阳里寓所。陈基敏而好学，精通《春秋》等儒家经典，能文善诗。著有《夷白斋稿》卷。明史有传。陈基是柯九思的邻县同乡，也是柯九思的忘年挚友。他能深切地体味出柯九思墨竹图背后的幽微之意，他有一首《题柯博士墨竹》七绝，诗云：

京洛缁尘染素衣，故园清梦苦相思。归来无限江南意，写作春风暮雨枝。②

此诗当作于柯九思离开大都回到江南后。陈基在诗中说，回来就回来吧，京城红尘滚滚，颇多世俗污垢，容易污染您清白的操守。我知道您常怀故园相思之苦，笔下春风暮雨中的潇潇翠竹，深含着您回归江南的无限情思。

陈基又有《题柯博士画》，诗云：

丹丘仙子渺何之？零落春风玉树枝。阿阁凤凰无处宿，漫劳湘管月中吹。③

---

① 王及：《柯九思诗文集》，中国美术学院出版社，2004 年，第 127 页。
② 同上，第 133 页。
③ 同上。

从首句"丹丘仙子渺何之"可以看出,此诗也是作于柯九思流落江南之后。"渺何之"三字意味着陈基与柯九思暌违已久,也透露作者出对柯九思的一片牵挂之情。"零落春风玉树枝"一句,形象地喻示了柯九思的不幸遭遇。"阿阁凤凰无处宿,漫劳湘管月中吹"两句想象柯九思此时正坐在某处的月下竹林边,执笛吹奏,笛声悠悠,饱含着柯九思流落江南后无限失意哀怨之情。

陈基还有《题柯学士画竹》,诗云:

群玉仙人佩水苍,金茎分露服琳琅。曾将天上昭华管,吹作飞龙奉玉皇。[1]

陈基通过这首题画诗,热情讴歌了柯九思的艺术才华和杰出贡献。诗中"群玉仙人",喻指柯九思。群玉,即群玉之山,本为传说中古帝王珍藏书册处,后用以称帝王珍藏图籍书画之所,元代设群玉署、群玉内司职掌图书宝玩等,这里代指柯九思所任职的奎章阁。"水苍",即水苍玉,是中国古时为二品以下官员佩戴的玉器。"琳琅",精美的玉石,喻指优秀人才。诗歌前两句,歌颂了柯九思杰出的才华和任职奎章阁期间所受到的无上的恩宠。后两句由柯九思的竹画,想到竹管,进而想到神话传说中的古代管乐器昭华管,其实际含意是:柯九思曾以写竹知遇文宗皇帝,并在协助支持他文化建设方面建立了功勋。

陈高(1315—1367) 字子上,号不系舟渔者,温州平阳(今属浙江)人。顺帝至正十四年(1354)进士。仕至庆元路录事,不足三年,自免去,再授慈溪县尹,亦不就。有文集行世。陈高有《题丹邱生柯敬仲竹木》,诗云:

云烟连紫阁,风雨暗丹邱。仙客今何在?凄凉竹树秋。[2]

此诗作于柯九思去世以后,陈高睹画思人,内心无限悲凉,对柯九思的平生遭遇深致伤感。"云烟连紫阁",紫阁,金碧辉煌的殿阁,指帝居,此句喻示柯九思墨竹艺术乃至诗书画三绝的才情当年曾深受元文宗的喜爱。

---

[1] 王及:《柯九思诗文集》,中国美术学院出版社,2004年,第133页。
[2] 同上,第119页。

陈宝琳 生卒年不详，字玉林，为建康大元兴万寿宫住持，与在潜邸的怀王多有交游。文宗即位后，陈宝琳入朝，赐以"虚白先生"之号。柯九思在建康时，也常与陈宝琳游，结下深厚友谊。陈宝琳离开大都南还，柯九思有诗相赠，题曰《送陈玉林南还二首》，诗云：

谢安墩上新亭好，玉斧鸾旌记旧游。五采已瞻天子气，六龙初起帝王州。元戎谈笑收京阙，阿阁论思侍冕旒。归卧沧江今白发，鼎湖云断使人愁。

龙去台空思惘然，道人和泪话当年。珠宫锡号开三岛，金榜承恩自九天。花落御床沾宿雾，苔生辇路湿苍烟。春来怕渡秦淮水，处处青林啼杜鹃。①

柯九思与陈宝琳都有陪侍文宗于建康后又受宠于京师的经历，所以此诗借赠别陈宝琳之机，追忆了两人往昔的荣宠生活情景，对今日的由于文宗的驾崩而"龙去台空"的形势怅惘不已，对陈宝琳以老迈白发之身归卧江南的境遇表示无限的伤感。柯九思不久也将南归，实际上也是借此自悲也。

杜本（1276—1350） 字伯原，或作原父，号清碧，学者称"清碧先生"。其先自京兆迁居天台（今浙江天台）。或作清江（今属江西）人。博学能文，留心经世。与人交，尤笃于义。工篆隶。吴越岁饥，本上救荒策。大吏用其言，米价顿平，遂荐于武宗。召至京，已而去，居武夷山。文宗即位，再征不起。惠宗时，召为翰林学士，复称疾固辞。工楷隶，画墨牛、葡萄甚可观，亦善山水。事迹见《图绘宝鉴》《元史本传》《南村辍耕录》《书史会要》等。本尝辑宋遗民诗为《谷音》一卷，鉴别极精；自著有《清江碧嶂集》一卷。柯九思与杜本也是邻县同乡，两人多有唱和。今存资料显示，杜本有题柯九思画作诗歌多首。如《题柯敬仲竹》，诗云：

翠雨娟娟带润，清风细细生香。颇忆当年供奉，闲情都付流光。②

---

① 王及：《柯九思诗文集》，中国美术学院出版社，2004年，第11页。
② 同上，第121页。

该诗当作于柯九思离开奎章阁后。杜本眼里的九思竹画,清润娟秀,飘逸灵动。诗歌结句回忆了柯九思当年侍奉文宗皇帝的情景,"闲情都付流光"一句含蓄地表达了对柯九思这位才华横溢之士未能大用、后又遭到打击等平生遭际的同情、惋惜之意。

柯九思善画梅,杜本有《题柯敬仲梅》诗云:"点点苔枝缀玉,疏疏檀树凝香。还记当年月色,箫声暗度宫墙。"①九思笔下的梅花,在杜本眼里,缀玉凝香,何其高洁清雅。"还记当年月色,箫声暗度宫墙"两句似乎喻示了柯九思在奎章阁夜值时的高雅生活。

杜本对柯九思的墨竹作品更是激赏不已,他在《题柯敬仲枯木墨竹》一诗中云:"绝爱鉴书柯博士,能将八法写幽篁。细看古木苍藤上,更有藏真长史狂。"②杜本可谓柯九思的艺术知音,他对柯九思以书入画的创作手法十分赞赏。他还从古木苍藤中,读出了柯九思笔法中含有怀素、张旭的狂放俊逸之气。

宋本(1281—1334) 字诚夫,大都(今北京)人。自幼颖拔。稍长,读书穷日夜,句探字索,必通贯乃已。至治元年(1321)策士,赐进士第一,授翰林修撰。泰定元年(1324)除监察御史,以敢言称,调国子监丞。天历元年(1328)冬,升吏部侍郎,二年,改礼部侍郎。至顺元年(1330),进奎章阁学士院供奉学士。明年擢礼部尚书。元统二年(1334)夏,转集贤直学士,兼国子祭酒。宋本居官清廉自守,地位通显,犹僦屋以居。性格高抗不屈,持论正直。卒谥正献。善诗文。有《至治集》。

柯九思结识宋本当在泰定二年到天历元年期间,这一时期,柯九思知遇文宗于潜邸,并很快到了大都,声名渐起,交游渐广。柯九思在大都的家中,珍藏着世所罕见的《曹娥碑》,他生性豁达,胸襟开阔,乐于出示名碑法帖与同好者共赏。天历元年正月十日,柯九思邀请虞集、宋本及其弟宋褧、谢端、林宇等朝臣同观,虞集在《初题〈曹娥碑〉》一文中记载甚详:

近世书法殆绝,政以不见古人真墨故也。此卷有萧梁李唐诸名士题

---

① 王及:《柯九思诗文集》,中国美术学院出版社,2004年,第122页。
② 同上,第127页。

识，传世可考。宋思陵又亲为鉴赏，于今又二百余年，次第而观，益知古人名世万万不可及。噫，圣贤传心之妙，寄诸文字者，精审极矣。万世之下人得而读之，然犹不足以神诣其万一。天台柯敬仲藏此，安得人人而见之，世必有天资超卓，追造往古之遗者，其庶几乎。泰定五年正月十日翰林直学士奉议大夫知制诰同修国史经筵官蜀郡虞集、朝列大夫礼部郎中前进士蓟丘宋本、奉训大夫太常博士遂宁谢瑞、本之弟从仕郎翰林国史院编修官宋褧、侍仪舍人蜀郡林宇同观，集题。①

天历二年正月九日，宋本等一批朝臣又赴柯九思家观赏《曹娥碑》，宋本为之有《题柯九思〈曹娥碑〉》：

  天历二年春正月九日，吏部侍郎宋本、翰林修撰谢端、太常博士王守诚、太常奉礼郎简正理、著作佐郎偰玉立、侍仪舍人林宇、太常太祝赵期颐同观于典瑞院都事柯九思家。
  尤物世有终身不得见者，本独与谢林二君间岁一再见，非幸耶？是日期而不至者，弟褧也。本又题。②

从题跋中，我们感受到宋本在连续两年的新春时节观览到这件稀世奇珍的无比欣喜的心情，也感知到柯九思与宋本不一般的友谊。

至顺二年十二月，柯九思游览宋本的垂纶亭，作《题宋诚夫尚书垂纶亭》诗云：

  尚书昔隐江汉间，垂纶沧波弄白日。千山桃叶起春沤，万顷芦花涌秋色。适兴偶拂珊瑚光，岂谓渭滨终得璜。未央奏策动天子，四海籍籍传文章。至今亭子松阴古，矶上苍苔长膏雨。经纶事竟寻旧游，愿逐茶烟渡湘浦。③

---

① 宗典：《柯九思史料》，上海人民美术出版社，1985年，第21页。
② 同上，第29页。
③ 王及：《柯九思诗文集》，中国美术学院出版社，2004年，第7页。

该诗对宋本的经纶之策和文章表达了景慕之情,也对他的不忘沧波垂钓之趣艳羡不已。

张雨(1277—1348?) 字伯雨,号贞居。钱塘(浙江杭州)人。年二十弃家为道士,因居茅山,自号句曲外史。与当时文士如虞集、黄溍、袁桷、杨维桢、萨都剌、张翥、薛昂夫、倪瓒、李孝光等都有唱和往来,早年还得识仇远、赵孟頫。他曾入京朝觐,后又不思荣进。是当时托迹黄冠,却置身名士之流的著名人物。博学多闻,善谈名理。诗文、书法、绘画,清新流丽,有晋、唐遗意。著有《句曲外史集》。柯九思在青年时期即已结识张雨。至大四年(1311),柯九思二十二岁,友人吾丘衍去世,柯有悼念诗,今已不存,但张雨的《句曲外史集》中有《和丹丘生悼吾子行书遗墨后》诗。泰定二年(1325),柯九思在太学,夫人卒,有悼亡诗,张雨也有题为《次韵柯敬仲学士见寄(柯时悼亡)》诗。至顺元年(1330),柯九思作墨竹图多幅,张雨曾为之题诗。至元元年(1335),为张雨作《古木疏篁图》。

至正元年,柯九思曾上龙虎山。柯九思此番上龙虎山前,到临川拜访了好友虞集,虞集为其作《天乐说》,张雨对柯九思的龙虎山之行,也非常关注,有诗题虞集的《天乐说》,并寄给柯九思,诗题为《虞翁生为龙虎山柯君作〈天乐说〉要予诗后》。

至正二年(1342)前后,柯敬仲至荆溪良常草堂,张雨也是座上客。饮酒赋诗,极一时之盛。张雨对柯九思的墨竹作品青眼有加,认为萧疏之处,不减东坡,他在《题柯九思墨竹坡石图》一诗中说:奎章阁上恣临摹,高节偏承雨露多。冷淡故能追石室,萧疏应不减东坡。张雨还有《题柯敬仲墨妙》一诗云:

房栊新柳待阴遮,涧道流泉走脉斜。蜡屐雨磨苔齿折,拓尊水凑石唇洼。金题玉躞修仙史,缥缔湘枝折瑞花。爱玩奎章新墨妙,坐拈如意帖龙蛇。[①]

柯九思家珍藏苏东坡《天际乌云帖》,张雨有《题柯九思旧藏苏东坡天际乌云帖奉同柯丹丘前后用韵九首》,从中也透露出他们交游的信息。

---

① 王及:《柯九思诗文集》,中国美术学院出版社,2004年,第111页。

张雨还曾与柯九思合作《幽涧寒松图》，此图清代早期还存世。清初著名的书画家、常州画派的开山祖师恽寿平，见过此图，激赏不已，题跋曰："幽涧寒松，丹丘生与句曲外史合作，笔趣不凡，得荒寒之致。"①

张翥（1287—1368）　字仲举，号蜕庵，晋宁襄陵（今山西临汾）人。少年时四处游学，先后随著名文人李存读书，十分勤奋。其父调官杭州，又有机会随仇远学习，因此诗文都写得出色，渐有名气。张翥有一段时间隐居扬州，慕名前来从他学习的人很多。至正元年（1341）被任命为国子助教，不久改任集庆路儒学训导。至正三年，应召入京为翰林国史院编修官，参与辽、金、宋三史的修纂工作。后任太常博士、国子祭酒等职，其间曾为刊行《宋史》出使浙江。以翰林学士承旨致仕。又加河南行省平章政事。今存《蜕庵诗集》和《蜕岩词》。

柯九思与张翥的友谊甚笃。早在奎章阁任职的1330年，柯九思即积极推荐他和韩性，后又在玉山赋诗寄赠张、韩，此事在本书已有多处描述，此不赘述。元统二年（1333）正月十五元宵佳节，柯九思在吴中姚文奂席上，喜遇张翥、顾瑛，九思带来虞集所赋、已经装裱成轴的《风入松》词作与大家共赏，张翥感慨万千，赋《摸鱼儿》词一阕，前并有序：

元夕，吴门姚子章席上元夕，吴门姚子章席上，同柯敬仲赋。敬仲以虞学士书《风入松》以罗帕作轴，故末语及之。楚芳、吴兰二妓名。

记苏台、旧时风景，西楼灯火如画。严城月色依然好，无复绮罗游冶。欢意谢。向客里相逢，还又思陶写。金尊翠斝。把锦字新声，红牙小拍，分付倦司马。　　繁华梦，唤起燕娇莺姹。肯教孤负元夜。楚芳玉润吴兰媚，一曲夕阳西下。沉醉罢。君试问、人生谁是无情者。先生归也。但留意江南，杏花春雨，和泪在罗帕。②

柯九思的和作，今已佚，但张翥这首词，却抒发了这一次文宴诸士（特别是柯九思）的心绪，即对早已谢幕的繁华的无限留恋以及人生如梦的怅惘，还有留意江南胜景的旷达乐观心态。

---

① 宗典：《柯九思史料》，上海人民美术出版社，1985年，第103页。
② 王及：《柯九思诗文集》，中国美术学院出版社，2004年，第143页。

郑元祐(1294—1364)　字明德,本遂昌(今浙江遂昌)人,后徙钱塘。郑元祐自幼聪颖好学,于书无所不观。年幼时伤右臂,遂以左手书楷,字体规范,并能书多体,堪称一绝,故自号尚左生。至正间除平江路儒学教授,移疾去,遂流寓平江(今江苏苏州),后又为江浙儒学提举,卒于官。有《遂昌杂录》《侨吴集》。郑元祐与泰不华交厚,与柯九思也情谊投合,流寓平江时,数度与柯九思一起游览胜迹。

至元三年(1337)五月,柯九思与郑元祐、泰不华、王淑敬、干寿道等同游苏州的天平山,再往灵岩。郑元祐在《至元丁丑夏五宣城汪叔敬吴人干寿道丹丘柯敬仲国人泰兼善同仆游天平次往灵岩有作奉和二首》两首诗中,对这一次游历作了描绘。在天平山,他们一起拜瞻了合祀北宋名臣范仲淹、韩琦的魏公祠,对他们的颇具执政才干的风范和为国为民的忧乐情怀表示了深深的敬意。在灵岩,他们一起观览了吴王宫阙遗址,对吴王夫差当年所建的宫殿池馆湮灭无存的荒凉景象和伍子胥的孤忠情怀感叹不已。从中可见柯九思与郑元祐等非泛泛之交,而是心灵相通的挚友。

郑元祐在友人家看到所收藏的一幅柯九思的《秋山图》,叹赏不已,同时睹物思人,对挚友柯九思的去世,悲歌一曲:

风流南国典签孙,笔底江山妙吐吞。云涌坐隅岩木动,瀑飞书屋浪花翻。危桥仅尺疑虹饮,怪石逾拳作兽蹲。可即田庐朝挂笏,只应萝月夜窥门。林深曷致巢松鹤,谷响如闻啸树猿。裹饭趁墟身欲往,担簦涉峤手堪扪。公廷未竟东方谑,画史恒推北苑尊。老矣玉文堂上客,悲歌一恸为招魂。①

此诗题为《题达监司所藏柯博士秋山图》,诗题中的达监司,即柯九思、郑元祐两人的挚友泰不华,因其初名达普华曾官拜江南行台监察御史,人称"达监司"②。诗作详细生动地描摹了柯九思《秋山图》的意境,对柯九思在朝廷上未尽其才的遭遇表示了深切的同情,但对他在美术史上的地位作了高度的肯

---

①　王及:《柯九思诗文集》,中国美术学院出版社,2004年,第115页。
②　元代的监察机构以御史台、江南行御史台、陕西行御史台(简称内台、南台、西台)为总挈,又以三台下之诸提刑按察司(后改为肃政廉访司,元人另以"察司"、"监司"、"宪司"省称之)为支柱。

定,认为他的尊崇堪比五代南唐画家董源(董源,南派山水画开山鼻祖。一作董元,字叔达。董源、李成、范宽史上并称北宋三大家,南唐主李璟时任北苑副使,故又称"董北苑"),虽有奖饰溢美成分,但其崇敬之情溢于言表。

郑元祐有多首关于柯九思画作的题画诗,如《题柯敬仲竹》诗云:"羁栖江海姿,飞墨鬓如丝。天绿鸶留影,筼筜雨后枝。"①

又如《题柯敬仲墨竹》诗云:"夭矫穷鳞江海姿,至今飞墨鬓如丝。五云天远龙髯堕,尽作筼筜雨后枝。"②这两首诗中文字、思想内容差不多。句中的"羁栖",淹留他乡的意思,"穷鳞",失水之鱼,比喻处在困境中的人,可见诗歌写于柯九思流落吴中时期。此时,文宗皇帝已经驾崩,所以诗中有"五云天远龙髯堕"之句。两首诗阐幽发微,对柯九思流落江南之后的墨竹画作了精到深刻的解读,可谓知己之言。郑元祐在诗中对柯九思的遭际表示了深切的同情,认为柯九思笔下的墨竹,饱含着作者经历了人生风雨后的无限感慨,枝枝叶叶都似乎充满哀怨之意和不屈的神情。

郑元祐又有《题柯敬仲梅竹图二首》,诗云:

> 苔石相依葆岁寒,凭谁翠袖倚阑杆。玉文堂上潇潇雨,墨渖于今尚未干。

> 谁料丹丘不复生,眼眸长向黑踪明。钓竿若拂珊瑚树,少为梅花往越城。③

通过两首诗作的解读,我们可以看出,郑元祐题写柯九思梅竹图时,柯九思已经离开人间,诗作借题画诗对挚友的仙逝表示痛切的悼念,对他生前在艰难的处境中还能保持气节表示无限的崇敬。

陆友 生卒年不详,字友仁,自号研北生,吴(今江苏苏州)人。博雅好古,能鉴辨三代及汉、魏以下钟鼎铭刻,于晋唐法书名画,皆有精识。至顺元年(1330)入京,虞集、柯九思皆善其书,荐于朝,未及任用而归。真、草、篆、隶皆有法,尤工汉隶、八分,追踪石经,欲与蔡、钟相上下。著有《研史》《墨史》《印

---

① 王及:《柯九思诗文集》,中国美术学院出版社,2004年,第118页。
② 同上,第128页。
③ 同上。

史》《杞菊轩稿》《研北杂志》等。事迹见《书史会要》《吴中人物志》。

柯九思结识陆友当在泰定四年之前,那一年,柯九思与陆友仁论唐临《十七帖》。柯九思与陆友在京之时,交往频繁,柯九思有《酬陆友仁城南杂诗十首》[1]。陆友仁因为柯九思离开大都,虞集处境也危险,身边从此没有知己,就与柯九思一道回到吴中,此事《稗史集传·陆友仁传》记载略详。吴中,自古为人文渊薮,更兼挚友陪同,所以柯九思晚年就寓居吴中了。

杨维桢(1296—1370) 元末明初著名诗人、文学家、书画家和戏曲家。字廉夫,号铁崖、铁笛道人,又号铁心道人、铁冠道人、铁龙道人、梅花道人等,晚年自号老铁、抱遗老人、东维子,会稽(浙江诸暨)枫桥全堂人。与陆居仁、钱惟善合称为"元末三高士"。泰定四年(1327)进士,任天台县尹,后历任绍兴钱清盐场司令、杭州四务提举、建德路推官,终升任江西儒学提举,因交通受阻,未成行。值兵乱,浪迹吴越,以居吴中时间最久。柯九思与杨维桢的结识可能始于两人都寓居吴中时期。关于他们的交游,宗典先生说:"九思五十一岁,尝往来于吴浙间……每至玉山宴集,与张翥、杨维桢、黄公望、倪瓒、于立、顾瑛等赠诗和唱。"[2]杨维桢对柯九思的墨竹艺术也是倾慕不已,曾有《题柯敬仲竹木图》一诗:"洞庭秋尽水增波,光动珊瑚碧树柯。夜半仙人骑紫凤,满天清影月明多。"[3]杨维桢还有《题柯博士画》:"翠竹猗猗山石青,慧云寺近浙江亭。明年我亦南屏住,林下同繙贝叶经。"[4]后一首诗歌透露了柯九思画作的大体内容,也透露了柯九思晚年曾经小住杭州的事迹,当然也透露了两人交谊的深厚和志趣的相投。

欧阳玄(1273—1358) 字原功,号圭斋,祖籍庐陵(今江西吉安),生于浏阳(今湖南省),为欧阳修之后裔。十六岁时已有文名,二十岁后闭门治经史。延祐二年(1315)赐同进士出身。官至翰林学士承旨。善词章,通理学,文史百家,无不精通。诏修辽、金、宋三史,召为总裁官。卒谥文。著有《圭斋集》。欧阳玄是柯九思在太学时的同学,与九思友善,有和九思《赵孝子歌》,题为《顷见同舍柯博士所赠赵孝子歌,真佳作也,客以是卷继求余言,遂用柯韵作一首》,

---

[1] 宗典:《柯九思史料》,上海人民美术出版社,1985年,第172页。
[2] 同上,第243页。
[3] 王及:《柯九思诗文集》,中国美术学院出版社,2004年,第134页。
[4] 同上。

从题目中看出，他对柯九思的诗作是高度称许的。天历三年(1330)正月二十五日，柯九思被任命为奎章阁学士院鉴书博士，欧阳玄和纥石烈希元、詹天麟、王遇等一批朝官登门祝贺，并同观《曹娥碑》，虞集在《四题〈曹娥碑〉》中记载了此事：

> 金源忽石烈希元、武夷詹天麟、长沙欧阳玄、燕山王遇，天历三年正月二十五日丁丑同观。是日柯敬仲有鉴书博士之命，天下惟理无对物，则有万殊之辨。敬仲家无此书，何以鉴天下之书耶？集四题。①

范梈(1272—1330)　字亨父，一字德机，人称文白先生，临江清江(今属江西)人。年三十六辞家北游，卖卜燕市，御史中丞董士选延为家塾，后被荐为左卫教授，迁翰林院编修官，又先后在海北、江西、闽海三道廉访司任职，有政绩，后以疾归。其诗好为古体，风格清健淳朴，用力精深，与虞集、杨载、揭傒斯齐被誉为"元诗四大家"。有《范德机诗集》。柯九思与范梈有较深交谊，范梈的诗集里有一首《怀丹丘奉寄元尚书》五言古诗，云：

> 举酒抚往日，酒尽得离愁。初谓归心迫，海天今已秋。虎豹守玉关，宫殿天上头。青春白日和，麟凤俱来游。广成摄四象，安期扶九州。下视污浊世，漂转空烟浮。仙人要我来，招我住丹丘。岂非交不信？景晏此淹留。明日鼓桂桨，径泛星河流。高楼有长笛，黄叶下沧洲。②

诗作感情真挚，表达了对柯九思的无限怀念之情。

姚文奂(约1350年前后在世)　字子章，自号娄东生，昆山(今江苏昆山)人。聪明好学，过目成诵，博涉经史。家有野航亭，人称姚野航。辟浙东帅阃掾。虽公务繁忙，也不废吟哦。文奂工诗，与顾瑛、郭翼等相唱和，著有《野航亭稿》。柯九思与姚文奂交谊甚深，寓居吴中时期，曾数度到姚文奂家作客。柯姚也常在顾瑛玉山草堂相聚，性情相投，诗酒酬唱。

---

① 宗典：《柯九思史料》，上海人民美术出版社，1985年，第23页。
② 王及：《柯九思诗文集》，中国美术学院出版社，2004年，第89页。

柯九思、姚文奂两人的相识订交始于柯九思流寓吴中不久。元统二年（1334）是柯九思到吴中的第二年,元夕那一天,柯九思受邀赴姚文奂举办的文宴。宴会上,柯九思为姚文奂所藏的《平台寒林图》题诗。至元元年（1335）,姚文奂有玉山之行,柯九思就以《姚娄东往玉山因书以寄》为题,赋诗寄姚文奂往玉山,抒发了对友人的思念之情。至元二年正月,顾瑛以诗招邀柯九思、姚文奂一起赴玉山参加雅集,柯九思接到诗柬后,马上以《玉山以诗来招予与姚娄东过小隐,其诗云……用韵先寄》为题赋诗一首作答,我们似乎能感觉到他与姚文奂一起赶赴雅集的急迫而欣喜的心情。至元三年三月,姚文奂往武林（今浙江杭州）,柯九思赋诗相送,诗题为《姚娄东往武林和玉山韵以送》,诗中的前两句"我欲从君马首东,钱塘湖上看东风",表达了很想一同前往游览钱塘风物的心情。

胡助（1275—1345） 字履信,一字古愚,自号纯白老人,婺州东阳人（今浙江东阳）。始举茂才,为建康路儒学学录,历美化书院山长、温州路儒学教授,两度为翰林国史院编修官,三为河南山东燕南乡试考官,秩满授承事郎太常博士致仕。著有《纯白斋类稿》。

胡助也深受文宗皇帝宠爱,至顺元年（1330）,曾以翰林国史院编修官随文宗至上都,写有《上京纪行诗》七首,并有大量七言绝句歌咏上京途中之事。至迟在此年前后,柯九思已经与胡助交好。胡助对柯九思的绘画艺术非常景仰,曾题有《题柯敬仲枯木竹石图》二首,曰：

潇洒幽篁不受尘,千年枯木篆书文。挥毫鹘落清新意,不减湖州古墨君。

山石苍苍老竹修,袜材一派落丹邱。虚窗昼静无人到,风动天坛碧玉秋。①

两首诗对柯九思的墨竹艺术作了高度的评赞,认为他作品中的竹石,以篆书入画,潇洒清新,不染尘俗,颇有文同的笔法和气韵,是"湖州竹派"的很好的传承人。诗中"不减湖州古墨君"、"袜材一派落丹邱"两句可谓点睛之笔。"袜

---

① 王及：《柯九思诗文集》,中国美术学院出版社,2004年,第126页。

材一派"即指"湖州竹派"。宋苏轼《文与可画筼筜谷偃竹记》:"与可画竹,初不自贵重。四方之人,持缣素而请者,足相蹑于其门。与可厌之,投诸地而骂曰:'吾将以为袜!'……余为徐州,与可以书遗余曰:'近语士大夫:"吾墨竹一派,近在彭城,可往求之。"袜材当萃于子矣。'"后因以"袜材"戏指用以画竹的缣素。

胡助对柯九思的竹石画作评价如此之高,而且精准到位,可谓柯九思艺术上的知音。

赵孟頫(1254—1322) 字子昂,号松雪道人,一号水晶宫道人,吴兴(今浙江湖州)人。宋太祖赵匡胤的第十一世孙,秦王赵德芳的嫡派子孙。十四岁以父荫补官,后任真州司户参军。宋亡后,归故乡闲居读书。至元二十三年(1286)行台侍御史程钜夫奉诏搜访遗逸于江南,被荐入朝,初为兵部郎中,后历任集贤直学士、济南路总管府事、行江浙等处儒学提举、翰林侍读学士,最后官拜翰林学士承旨、荣禄大夫,恩宠有加,官居一品,名满天下。卒后追封魏国公,谥文敏。赵孟頫博学多才,能诗善文,懂经济,工书法,精绘艺,擅金石,通律吕,解鉴赏。特别是书法和绘画成就最高,开创元代新画风,被称为"元人冠冕"。他善篆、隶、真、行、草书,尤以楷、行书著称于世,其书风遒媚、秀逸,结体严整、笔法圆熟、世称"赵体"。与颜真卿、柳公权、欧阳询并称为楷书"四大家"。著有《尚书注》《琴原》《乐原》《松雪斋集》等。

赵孟頫是柯九思的长辈,谊在师友之间。至大三年(1310),柯九思初上京师,陪赵孟頫胜集。这个信息出自柯九思《题所藏赵仲穆画〈江山秋霁图〉》诗中,其中有句:"忆昔京华陪胜集,郎君妙年才二十。"彼时赵孟頫任翰林侍读学士,侍奉皇太子于东宫。当时的东宫,蓄有赵孟頫以及姚燧、阎复、洪革、元明善、张养浩、虞集、商琦、王振鹏等一批名士,赵孟頫当为他们中的领袖人物,他们以相投的情趣,经常诗酒雅集。柯九思初上大都,即能够陪侍赵孟頫参加的雅集,可见他们之间的关系非同一般,而且他们的认识结交的时间应该更早。这个推测,已经为史料所证实。柯九思有一首《题赵子昂诗卷三十韵》的五言排律,其中有一段云:"昔滞京都久,时从几杖游。通家怜我慧,对酒慰羁愁。妙墨时相赠,新篇不厌酬。"[1]这几句诗描摹的是晚年的柯九思回忆自己青少年

---

[1] 柯九思:《丹丘生集》卷四(《仙居丛书》影印本),浙江人民美术出版社,2013年,第517页。

时代与赵孟頫交往的生活情境,他明确地告诉我们:他们两家有通家之好,赵孟頫当年还时不时地赞叹柯九思聪慧伶俐,后来到了京师,他们还时常把盏小饮,互慰羁旅之愁。更令人怀念的是,赵孟頫每有书画墨宝、诗词新作,总是豪爽地酬赠给柯九思。这几句诗最有力地证实了柯赵两家很早就交厚的史实。

柯九思对赵孟頫的诗、书、画艺术非常敬仰,其诗文集里有关赵孟頫诗书画的诗歌、跋文很多,除了上文已经提到的《题赵子昂诗卷三十韵》,还有《题赵孟頫疏林秀石图》《题赵承旨墨竹》《题赵鸥波古木竹石图》《题赵松雪画挟弹图》《题赵松雪春山图》《题赵松雪画马》《赵松雪画牧马》《题赵子昂画兰》《题赵承旨画秋江听雨图和画上所题蔡天启诗》《题赵孟頫万寿曲三首》《题赵孟頫楷书黄庭经》《题赵松雪诗稿》《题赵孟頫秋郊饮马图》《题赵孟頫番马图》,等等。从《题赵子昂诗卷三十韵》看出,无论是人生经历、心志情趣乃至隐衷还是诗歌书画艺术特色,柯九思对赵孟頫都知之甚深,可谓人生知己。一些诗作还借题咏赵孟頫的画作,抒发了知己间惺惺相惜的感言和壮志未酬的哀怨,如《题赵子昂画兰》:

    补天事远奈君何,苍石云深忆女娲。惆怅幽人在空谷,自纫芳佩鬓先皤。①

赵孟頫对柯九思的墨竹艺术也非常赞赏,他有《题柯九思墨竹图》一诗云:"石如飞白木如籀,写竹应须八法通。若也有人能会此,须知书画本来同。"诗后题:"柯九思善写竹石,尝自谓写干用篆法,枝用草书法,写叶用八分法,或用鲁公撇笔法;木石用金钗股、屋漏痕之遗意。水晶宫道人。"②赵孟頫的诗及题跋反映了他们在"以书入画"美术思想方面的共同追求,也从一个侧面体现了他们的深厚友谊。

赵雍(1289—约1360)　字仲穆,吴兴(今浙江湖州)人。赵孟頫次子,赵雍以父荫入仕,官至集贤待制、同知湖州路总管府事。书画继承家学,赵孟頫尝为幻住庵写金刚经未半,雍足成之,其联续处人莫能辨。擅山水,尤精人物鞍

---

① 王及:《柯九思诗文集》,中国美术学院出版社,2004年,第51页。
② 同上,第122页。

马,亦作界画。书善正、行、草,亦长篆书。精鉴赏。传世作品有《兰竹图》《溪山渔隐》等。

柯九思与赵雍交谊也较厚。他们年龄相仿,在青年时代即已订交。柯九思有《题所藏赵仲穆画〈江山秋霁图〉》一诗云:

国朝名画谁第一,只数吴兴赵翰林。高标雅韵化幽壤,断缣遗楮轻黄金。忆昔京华陪胜集,郎君妙年才二十。江南春雨又相逢,笔底秋山那可及。便欲追踪僧巨然,破墨烂熳还清妍。倚阑人待沧海月,悬崖树拂潇湘烟。老夫最爱扁舟趣,风静波深疑可渡。顾生痴绝忽大叫,指点前峰问归路。①

赞叹了赵氏父子在绘画上的杰出才华,认为赵孟頫的作品"国朝第一"、"高标雅韵",认为赵雍的山水画笔墨青妍烂漫,艺术上堪追五代山水画家巨然,也回忆了二十岁时在京华与赵雍的订交情景。

柯九思还有不少有关赵雍的题画诗,如《题赵仲穆画》《题赵仲穆临李伯时凤头骢图》《题赵仲穆画桃花马图》等。在《题赵仲穆临李伯时凤头骢图》②一诗后,柯九思题:"此予旧制宫词也,仲穆出示此图,不觉兴怀,因书于左。五云阁吏柯九思敬仲赋。"从题记看出,这首题画诗实际上是柯九思在奎章阁任职时写的一首宫词,因赵雍出示了《临李伯时凤头骢图》,不禁感慨系之,乃做此题词。从题词也可见,他们晚年还时相交往,共赏书画,互为切磋。

赵虚一 生卒、事迹不详。著名道士。柯九思于泰定二年(1325),与赵虚一一道游建康,可见他们相识已经有些年月了。赵虚一在金陵,经常与怀王、柯九思、陈宝琳(玄妙观住持)在一起,游冶于水光山色、佛寺道观之间。赵虚一还为玄妙观山上的冶亭种上松树。怀王即位为文宗后的天历二年(1329)三月二十五日,文宗还不忘当年的冶亭之游,还向虞集询问冶亭边上的已经生长茂盛的松树。此时赵虚一也在京师,南归之时,虞集特地向赵虚一提到文宗的不忘冶亭之意,并赋诗相赠:春明昼侍奎章阁,圣上从容问冶亭。为报仙都赵

---

① 王及:《柯九思诗文集》,中国美术学院出版社,2004年,第35页。
② 同上,第54页。

真士,新松好护万年青。柯九思也以《送赵虚一还金陵书虞翰林后》为题赋诗送别,诗云:

词臣通籍侍金闺,天语从容问旧蹊。云外山高龙虎踞,人间松老凤凰栖。翰林拟诏当红药,道士疏封出紫泥。更赐金钱祠泰畤,寥阳殿前丽璇题。①

诗作流露出对文宗不忘旧游故人的欣慰之情,也对赵虚一将受到圣上的封赐和前往金陵的方外生活表示羡慕之意。

泰不华(1304—1352)　字兼善,伯牙吾台氏,原名达普化,元文宗赐名泰不华,先世居白野山,西域色目人,古代哈萨克族人,随父定居临海。十七岁时,江浙乡试第一名。至治元年(1321),赐进士及第,授集贤殿修撰,累迁至礼部侍郎。至正元年(1341),出任绍兴路总管。废官牛租,令民实报田亩以均赋役,颇能兴利除弊。继入史馆,参修宋、辽、金史,书成,升礼部尚书兼会同馆事。至正八年,黄岩方国珍起兵。十一年,泰不华任浙东道宣慰使都元帅。十二年,行台州路达鲁花赤,与方国珍战,阵亡。封魏国公,谥忠介。《元史》有传。

泰不华是柯九思的台州同乡,有学者推测,他们交游很早。② 但他们交游的最早信息见于泰定元年(1324),柯九思到大都,泰不华也约在此年转秘书监著作郎,③柯九思有一首《送赵季文之湖州参军与达兼善秘书同赋》的诗,反映了他们交往的信息。同年,泰不华官拜南台监察御史,柯九思以《送达兼善赴南台御史》为题,赋诗相送,诗云:

杨花满堤春已暮,况是都门送客时。共陪鹓鹭方自慰,远乘骢马令人思。汀州水阔生杜若,山驿云深啼子规。东南此去须行志,斗米七千人苦饥。④

---

① 王及:《柯九思诗文集》,中国美术学院出版社,2004 年,第 15 页。
② 同上,第 226 页。
③ 同上,第 249 页。
④ 同上,第 13 页。

该诗表达了挚友间离别时的惆怅意绪,也劝勉他在新的职位上,积极有为,为民解忧。

从有关资料看,柯九思曾多次赠墨竹图给泰不华,虞集有《为达兼善御史题墨竹》一诗,内有"丹丘越人不到蜀,修叶何以能纵横"句。泰不华对柯九思的墨竹艺术甚是称许,他有《题柯敬仲竹二首》,诗云:

堤柳拂烟疏翠叶,池莲过雨落红衣。娟娟唯有窗前竹,长是清阴伴夕晖。

梁王宅里参差见,山简池边烂漫栽。记得九霄秋月上,满庭清影覆苍苔。①

从现存史料看,柯九思流寓吴中后,与泰不华的交游更多了。至元三年(1337)端午节,柯九思与泰不华、郑元祐等同游苏州的天平、灵岩等地,郑元祐的《至元丁丑夏五,宣城汪叔敬、吴人干寿道、丹丘柯敬仲、国人泰兼善同仆游天平、次往灵岩有作奉和二首》透露了其中的信息。至元五年,柯九思应顾瑛邀请之玉山,为顾瑛收藏的奇石题字曰"拜石",三个月后,泰不华也来观览,"嘉丹丘之逸致,为作古篆'拜石'二字于坛,又隶'寒翠',以美其所。"②泰不华善于篆书,柯九思颇为称许,同年,他有《题达兼善书渔庄篆文》一诗。渔庄是玉山佳处的一个景点,从此诗也可看出,柯九思晚年与泰不华是经常一起畅游溪山之胜的。

高昌正臣　名阿鲁辉。高昌,即今天的新疆吐鲁番高昌故城,元时又称以合刺火州。阿鲁辉,畏兀儿人,在元属于色目一等。历任太中大夫、由度支卿、秘书卿、礼部尚书。柯九思与高昌正臣结识于奎章阁任职期间,两人同为文宗近臣,意趣相投,感情日深,柯九思于是引为同道好友。

至顺元年(1330),柯九思为高昌正臣题苏轼《墨竹图》于芳云轩。《清河书画舫》尾七十二载有柯九思的题跋:

右东坡先生苏文忠公《墨竹图》,墨竹圣于文湖州,文忠亲得其传,故

---

① 王及:《柯九思诗文集》,中国美术学院出版社,2004年,第132页。
② 宗典:《柯九思史料》,上海人民美术出版社,1963年,第23页。

湖州尝云：吾墨竹一派近在彭城，然文忠亦少变其法。文忠云：竹何尝节节而生，故其墨竹自下一笔而上，然后点缀而成节，自为得造化生意，今此图政合此论。余家亦藏苏竹一幅，临摹数百过，虽得其仿佛，终莫能及也。观此图令人起敬。奎章阁学士院鉴书博士柯九思识于高昌正臣之芳云轩。①

跋文对高昌正臣家藏的苏东坡《墨竹图》赞不绝口，从中也体现了柯九思对收藏同道颇具卓识的钦敬之意。

同年，道士王眉叟真人觉得高昌正臣所藏的这幅苏轼《墨竹图》与他所藏的《枯木疏竹》有如合璧一般，于是毅然将它赠给高昌正臣，柯九思觉得两件杰作简直是神物相会，又欣然为这幅《枯木疏竹》题跋。②

至顺二年四月十五日，为高昌正臣作《石屏记》。正臣博古好雅，家中凡可清供者，莫不毕具，石屏是其中的一件，正臣知道九思善于鉴赏，于是邀他同观，并请为之记。柯九思以艺术家、鉴赏家的独到眼光，深为叹赏，在记中给予形象地描摹："绝顶浑厚者，如山如岳。飞扬飘忽者，如烟如云。横流奔激者，如江如河。断者若岸，泓者若潭。或如林麓之翁郁，或如禽鱼之游戏。"③

此后不久，柯九思因御史台的弹劾，处境越来越危殆，为表明自己高洁的节操，也倾诉心中的苦闷，于是在高昌正臣的缊真斋作《晚香高节图》相赠。图中竹石、菊花喻示自己的坚忍、高亢的风骨，荆棘比喻恶意进谗的小人。

他们的友谊一直保持到柯九思的晚年。至正二年（1342），高昌正臣到吴中的荆溪，估计是专程来探望柯九思的，他与柯九思同游张公洞，诗酒唱和，书画交流，给落寞中的柯九思以不少的慰藉。

倪瓒（1301—1374） 初名珽，字泰宇，后字元镇，号云林子、荆蛮民、幻霞子等。无锡（今江苏无锡）人。倪瓒家富，博学好古，四方名士常至其门。元顺帝至正初忽散尽家财，浪迹太湖一带。倪瓒擅画山水、墨竹，师法董源，受赵孟頫影响。早年画风清润，晚年变法，平淡天真。疏林坡岸，幽秀旷逸，笔简意远，惜墨如金。以侧锋干笔作皴，名为"折带皴"。墨竹偃仰有姿，寥寥数笔，逸

---

① 宗典：《柯九思史料》，上海人民美术出版社，1963年，第124页。
② 同上，第123页。
③ 王及：《柯九思诗文集》，中国美术学院出版社，2004年，第77页。

气横生。书法从隶入,有晋人风度,亦擅诗文。与黄公望、王蒙、吴镇合称"元四家"。存世作品有《渔庄秋霁图》《六君子图》《容膝斋图》等。著有《清闷阁集》。柯九思与倪瓒的交往当始于其流寓吴中时期。两人的诗文集中唱和、题画的诗作较多,体现了两人真挚的友谊。

倪瓒有许多关于柯九思画作的题画诗,如《画竹》《题柯敬仲竹》《柯丹邱画墨竹卷》《题柯博士梅竹图》《用潘子素韵题柯敬仲墨竹》二首、《用潘瓠斋韵题丹丘墨竹》等,这些诗作,无不体现了倪瓒作为一个艺术家对柯九思墨竹画精准独到的评赞。

柯九思时将珍藏的法书名帖出示给倪瓒观赏,所以倪瓒的诗文集里还有一首《题柯九思旧藏苏东坡天际乌云帖》。

柯九思的晚年,几乎每年都曾与倪瓒相晤。据宗典先生的《柯九思年谱》记载,至元六年(1340),"九思五十一岁,尝往来于吴浙间,……每至玉山宴集,与张翥、杨维桢、黄公望、倪瓒、于立、顾瑛等赠诗和唱"[1]。"至正二年(1342),九思五十三岁,七月十九日与倪瓒同观苏轼题文同《墨竹卷》于益清亭,不忍释手"[2]。至正二年柯倪会晤的历史信息来自柯九思的题跋《题文湖州竹枝卷》:

仆平生笃好文笔,所至必求披玩,所见不啻数百卷。真者仅十余耳。其真伪可望而知之。文苏同时,德业相望,墨竹之法亲授彭城,故湖州之竹多雪堂所题,若必东坡题志而定真伪,则胶柱鼓瑟之论也。此卷文画苏题,遂成全美。予旧尝见之,每往来胸中未忘,今复于益清亭中披阅,令人不忍释手,故为之识。同观者倪元镇。至正二年七月十九日丹丘柯九思书。[3]

在二人这一次会晤中,倪瓒作了一幅《良常草堂图》,柯九思以《题倪幻霞良常草堂图》为题赋诗一首。

最能体现倪瓒和柯九思深厚交谊的还是至元四年(1338)十二月十三日的会晤。倪瓒素有洁癖,性格也孤傲;所收藏的书画极富,特造一座房屋安藏,名

---

[1] 宗典:《柯九思史料》,上海人民美术出版社,1985年,第243页。
[2] 同上,第244页。
[3] 同上,第125页。

曰"清闷阁",相传这阁内,泛泛者是不许进去的。就是这样一位清高绝尘的放逸之人,却接待了至元四年腊月前来访晤、探望的柯九思,而且还请他留宿清闷阁。可见他对柯九思的看重和倾慕。

可以想见,柯九思在清闷阁与倪瓒一同鉴赏书画佳作,交流书画创作的心得,还少不了诗酒相酬。倪瓒有一首酬答柯九思访晤的诗作,题为《戊寅十二月丹丘柯博士过林下有赋次韵答之》,诗云:

积雪被长坂,卧疴守中林。山川虽云阻,舟楫肯见寻。倾盖何必旧,相知亦已深。惊风飘枯条,清池冒重阴。联翩双黄鹄,飞鸣绿水浔。顾望思郁纡,徘徊发悲吟。愿言齐羽翼,金石固其心。欢乐胡由替,白发期满簪。①

细读此诗,我们了解到柯九思是在一个白雪皑皑的深冬季节拜访倪瓒的,那时倪瓒正养疴枯守在山林之中。柯九思很有可能是得到倪瓒患病的消息而来探望的,同时也带着王子猷雪夜访戴的兴致,访晤老友。柯九思不怕山川阻隔,路途迢递,一路舟楫,寻访而来,这使得倪瓒十分感动,他在诗中说,他们两人不需像世俗那样要认识很久才能订交,实际上早已一见如故,相知很深了。倪瓒的诗意似乎隐约地告诉我们:茫茫人海中,他和九思都是世外逸士,清高孤绝,但两人相遇甚得,堪称知己,现在,就在这幽僻冷寂的清闷阁之畔,尽情地倾吐着内心深处的思致和情绪。根据"顾望思郁纡,徘徊发悲吟"两句诗,再联系到倪瓒、柯九思的平生遭际,我们似乎可以体味到两位艺术大家内心的郁塞悲凉的意绪。倪瓒原为富家子弟,生活优裕,过着"门车常自满,尊酒无时空"的名士一般的生活。但他的心绪已经渐趋悲凉。因为柯九思到访之前的1336年,江浙地区发生大旱,柯九思到访的本年即1338年又多次发生地震,而统治阶级内部的斗争又异常激烈,再加家道败落的迹象已经显露,所以他的内心时常处于内外交困之中。此时的柯九思离开大都、流落江南已经五年,虽然与故旧新交时有诗酒酬唱,与书画界名人雅士也时多切磋交流,生活清雅而充实,但毕竟经历了宦海的沉浮,且年已老大,前路迷茫,其内心深处的悲凉凄苦

---

① (元)倪瓒:《清闷阁集》(江兴祐点校),西泠印社出版社,2010年,第13页。

的情绪终究难以消减。落寞的深冬时节，一对清高孤绝的贫士相遇，发出"同是天涯沦落人"的感慨，那是正常不过的事情。

但他们都是达观坚定的人，诗歌结尾表达了这样一个令人动容的思想境界：在这个污浊的尘世里，愿意一起努力，永葆节操，坚如金石，因为这种安贫乐道的人生乐趣是没有什么可以代替的，互祝两人能够寿如南山，一直到白发满簪。

也许有感于倪瓒的酬答之诗，柯九思也意绪飞扬，饱含深情地为倪瓒创作了堪称柯九思绘画艺术代表作的《清閟阁墨竹图》。这件作品纸本，纵132.8厘米，横58.5厘米，今藏北京故宫博物院，上有款识："至元后戊寅十二月十三日，留清閟阁，因作此卷。丹丘生题。"①

此轴画竹两竿，枝竿挺拔，竹叶潇洒，生机焕发，一竿繁盛，一竿疏朗。两竿墨竹，似乎就象征着倪瓒诗中所说的"愿言齐羽翼，金石固其心"的君子安贫乐道的精神风采。

顾瑛（1310—1369）　一名阿瑛，又名德辉，字仲瑛。平江昆山（今属江苏）人。家业豪富，筑有玉山草堂，园池亭馆三十六处，声伎之盛，当时远近闻名。轻财好客，广集四方名士，诗酒酬唱，名闻东南，玉山草堂遂成诗人游宴聚会场所。张士诚义军占领吴中后，顾瑛一度避开，不久，因母丧归里。他两次拒绝张士诚的招聘，削发为在家僧；于其祖茔处为身后修造生圹，名曰金粟冢，自称金粟道人，但依旧过着诗酒自乐的生活。编有《玉山名胜集》《草堂雅集》，所收都为唱和之作。

柯九思与顾瑛的相识订交当始于他流寓吴中时期，具体地说，是元统二年（1334）的元夕或之前。元夕，柯九思在姚文奂的宴会上，会见了顾瑛、张翥。顾瑛久闻柯九思的盛名，又因为上一年柯九思为其兄顾长卿作《梅竹图》，于是向柯九思请求再赋诗一首。柯九思欣然应允，以《予旧为顾长卿作梅竹图明年其弟仲瑛于姚子章席上索题遂成口号云》为题，赋诗云：

晴雪禁梅蕊，春风袅竹枝。美人应失笑，记得卷帘时。②

---

① 宗典：《柯九思史料》，上海人民美术出版社，1985年，第52页。
② 王及：《柯九思诗文集》，中国美术学院出版社，2004年，第39页。

第一章　艺术人生与心路历程 ·211·

订交后,柯九思对顾瑛及其玉山草堂十分牵念,至元元年(1335),好友姚文奂有玉山之行,柯九思就以《姚娄东往玉山因书以寄》为题,赋诗寄姚文奂往玉山,诗云:

相逢何事且徘徊,泽国桃花岸岸开。见说衡阳南去路,秋深无雁寄书来。①

柯九思的诗歌是写寄给姚文奂的,一方面表达了对姚氏的思念之情,也流露出自己落寞的心情,同时也委婉地表达了对顾瑛等朋友们无书寄达的失望和抱怨。这种情绪似乎是针对玉山的顾瑛,也许他的言下之意是:很想到玉山草堂游览,可惜尚未接到你顾瑛的鸿雁传书,要知道,自从去年元夕我们相见结识之后,我可是一直都想念着你呀。

转年即至元二年(1336)正月,顾瑛就以诗来招,柯九思也以《玉山以诗来招予与姚娄东过小隐,其诗云……用韵先寄》为题,赋诗回复顾瑛。

从现存史料看,柯九思在玉山度过了一段美好的岁月。

九思1336年初春游览玉山诸多胜迹后,每每感念不已,对顾瑛更是时相牵念,他于1337年三月送罢姚文奂到杭州不久,又题《题钓月轩》诗寄给顾瑛,对去年与顾瑛等在钓月轩上诗酒谈笑、迎来送往的情景念念不忘。

至元五年(1339)春天,柯九思又一次赶赴顾瑛那里,与他会晤,回来之后,并赋《春日偶成戏简玉山人》诗云:"爱君谈笑俱清绝,昨日相逢是几回?春色不将尘事恼,杏花移得上窗来。"②从前两句看,柯九思与顾瑛在一起清妙绝伦的诗酒谈笑已经多次了,他也记不得昨天的相逢又是第几回了。此次会晤,柯九思的心情也是无比欢愉的,他说,玉山的春色正浓,没有俗世人寰的烦恼,那一簇簇杏花我印象最深,它横斜到书窗上来,多么姣好妩媚。

不久,柯九思又接到顾瑛的邀请,赶赴玉山,与顾瑛同赏他收藏的一方奇石,并为之题名,顾瑛乃作《拜石坛记》。柯九思与顾瑛皆有"米颠之癖",对奇峰怪石颇喜赏玩。顾瑛之记对柯九思的学识文章倾慕不已,把他比作米芾,对

---

① 王及:《柯九思诗文集》,中国美术学院出版社,2004年,第24页。
② 同上。

柯九思题名过的奇石珍爱有加。

柯九思的诗文集里,还有多首诗歌题写顾瑛的玉山佳处的,如《寓题寄玉山佳处》《索阳庄瓜》《寄题听竹亭》《玉山书画楼口占》《玉山佳处》《题匡庐山人所藏云松图于玉山书舍》《题雪溪逵上人像于玉山草堂》等,其中《玉山佳处》一诗更是以古风体写成,对玉山佳处世外桃源般的境界作了形象的描摹:

神人夜斧开清玉,一片西飞界溪曲。中有桃源小洞天,云锦生香护华屋。主人意度真神仙,日日醉倒春风前。手挥白羽扇,口诵青苔篇。袖拂剑山云,足蹋蓝田烟。飘飘直向最佳处,潄润含芳擘琪树。世间回首软尘红,不须更向蓬莱去。①

诗作中流露出柯九思对玉山佳处及其主人顾瑛无限留恋和夸赞的情思。顾瑛对柯九思情感深挚,甚至在柯九思去世二十年后,当他偶见柯九思的一幅《梅竹图》,仍情不能已,乃赋《题柯敬仲梅花竹枝》诗云:"死别丹邱老,于今二十年。看似颜色在,因有画图传。庾岭一枝雪,洪荒数亩烟。令人春雨里,相对泣婵娟。"②以表达物是人非的深沉慨叹,体现了挚友间的真切深挚的友谊。顾瑛编辑的《草堂雅集》,收录元人诗八十余家,亦列柯九思为首卷第一,现在我们能看到的柯九思诗歌,幸赖《草堂雅集》方得以传。

顾长卿(?—1343) 字子元,平江昆山(今属于江苏)人。长卿少有大志,好读书,经、传、子、史,无不浏览,时人称为"书橱"。工律赋,应部使者举荐,历任安溪、南平县学教谕、建宁路学正、泉州石进书院山长、福州路教授、大历口巡检、泉州浔美场司丞。长卿勤于著述,在官时也手不释卷,所得薪俸都用在著述上面。著有《文稿》十卷,《甲寅稿》十卷,今已不传。顾长卿是顾瑛的长兄,与柯九思也有交往。元统元年(1333),柯九思为顾长卿作《梅竹图》。柯九思有《予旧为顾长卿作梅竹图明年其弟仲瑛于姚子章席上索题遂成口号云》一诗,可见他们交往的形迹。

钱惟善(?—1369) 字思复,自号心白道人、武夷山樵者,钱塘(今浙江杭

---

① 王及:《柯九思诗文集》,中国美术学院出版社,2004年,第7页。
② 同上,第102页。

州)人。至元元年(1335),参加江浙省试,考题为《罗刹江赋》。当时应考者达3 000多人,都不知罗刹江出处,只有惟善引用枚乘的《七发》证明钱塘之曲江,即为罗刹江,大为主考官称赏,因而名声远扬,自号曲江居士。至正元年(1341),以乡荐官至儒学副提举。张士诚占领江浙后,退隐吴江筒川,后又迁居华亭。长于《毛诗》,兼工诗文。有《江月松风集》传世。又兼长书法,作品有《幽人诗帖》《田家诗帖》等。事迹见《续弘简录》。

钱惟善与柯九思交谊较厚,有《柬柯博士》诗和题画诗多首。《柬柯博士》诗云:

芸香阁下丹丘生,十年不见双眼明。图书一代聚东壁,风浪扁舟归赤城。落笔楚山春雨晚,披襟海岳秋天晴。欲求树石挂林屋,夜半只愁神鬼惊。①

诗中"芸香阁",秘书省的别称,因秘书省司典图籍,故亦以指省中藏书、校书处,代指柯九思任职的奎章阁。此诗当作于柯九思离开奎章阁回到江南后所作,表达了钱惟善对柯九思的思念之情,也对柯九思为国家文化建设作出杰出贡献和流落江南的遭遇表示了敬慕和痛惜之意。又对柯九思的绘画艺术十分仰慕,很想得到他的作品,但又深恐挂到壁上后,夜半会惊动了鬼神。

钱惟善又有《题柯敬仲博士明雪窗长老兰竹石合景各一首》诗云:

适从楚畹来,邂逅此君子。乃知岩壑姿,风致颇相似。
光风泛崇兰,玉立共潇洒。襟抱有双清,岁暮遗远者。
石逾玉润不生苔,铁笛吹残自裂开。绝似雨晴炎海上,一双翡翠新飞来。②

三首诗作对柯九思为明雪窗长老所作的《兰竹石合景图》作了形象的描绘和歌咏,堪称识者之赏会。

---

① 王及:《柯九思诗文集》,中国美术学院出版社,2004年,第109页。
② 同上,第119页。

康里巎巎(1295—1345)　蒙古族(康里部)。字子山,号正斋、恕叟。曾任礼部尚书、奎章阁大学士,官至翰林学士承旨,知制诰,兼修国史。以书名世,与赵孟𫖯、鲜于枢、邓文原齐名,世称"北巎南赵"。他的成就主要在行草,代表作有《谪龙说卷》《李白古风诗卷》《述笔法卷》等。

柯九思与康里巎巎认识于他在奎章阁任职时期。康里巎巎也善于鉴识书画,与九思同好。他们在一起切磋探讨书画之道,也交换稀世名作,康里巎巎在奎章阁群玉内司任职时,看到九思家收藏的《定武兰亭五字损本》,叹为精绝,于是愿意以董元的一幅画交换之,柯九思是个豁达洒脱的人,看他如此善鉴和赏爱,就同意了。康里巎巎欣然题跋:

《定武兰亭》此本尤为精绝,而加之以御宝,如五云晴日辉映于蓬瀛,臣以董元画于九思处易得之,何啻获和璧随珠,当永宝藏之,礼部尚书监群玉内司事臣巎巎谨记。①

康里子山以自家收藏董元名画与柯九思换得《定武兰亭五字损本》,一方面说明康里其收藏法书名帖外,也收藏绘画作品;另一方面说明他与柯九思作为同僚关系非同一般。

至顺元年(1330),康里巎巎偕边鲁(字至愚,号鲁生,生卒年不详,约活动于元代中期,自称魏郡[今河南安阳]人。官至南台宣使。擅画工古文奇字,善墨戏花鸟,名重江湖间)到九思的玉文堂观赏《曹娥碑》,②透露了柯九思与康里巎巎交游的历史信息。

韩性(1266—1341)　字明善。会稽(今浙江绍兴)人。祖籍安阳(今属河南)。宋朝司徒兼侍中韩琦是他的八世祖。高祖父为宋朝的左司郎中韩膺胄,随同宋高宗南渡,遂安家于会稽。韩性天资聪敏,七岁时读书数行俱下,日记万言。九岁为文操笔立就,文意苍古。及长,博综群籍。为文一主于理,四方学者多受业其门,隶卒厮役,皆称韩先生。荐为慈湖书院山长,谢不起。及卒,月鲁不花请于朝,谥庄节先生。韩性文辞博达隽伟,变化不测,自成一家。著

---

①　王及:《柯九思诗文集》,中国美术学院出版社,2004年,第148页。
②　同上,第264页。

有《礼记释》《诗音释》《书辨疑》《五云漫稿》等。

柯九思对韩性的学问才情十分敬佩,至顺元年(1330),某日朝会,文宗询求江南之士,九思以韩性、张翥应诏,文宗说:待《经世大典》修好后,你到江南刊印时,可以为朕把他们召来馆阁面试。[1] 后有近臣自南方归,文宗问起韩、张二人,近臣亦谓"佳士",文宗甚悦。惜文宗早逝,未能如愿起用。柯九思流寓吴中,在玉山雅集时,想到此事,不胜感慨,泫然流涕,顾瑛请他赋诗纪念,乃作五言律诗《怀韩性张翥》以寄,诗前有长序记任职奎章阁时推荐韩、张而后因故未得重用的经过。

揭傒斯(1274—1344) 字曼硕,号贞文,龙兴富州(今江西丰城)人。家贫力学,大德间出游湘汉。延祐初年由布衣荐授翰林国史院编修官,迁应奉翰林文字,前后三入翰林,官奎章阁授经郎、迁翰林待制,拜集贤学士,翰林侍讲学士阶中奉大夫,封豫章郡公。至正初参加编修辽、金、宋三史,为总裁官。《辽史》成,得寒疾卒于史馆,谥文安,著有《揭文安公全集》,为文简洁严整,为诗清婉丽密。善楷书、行、草,朝廷典册,多出其手。与虞集、杨载、范梈同为"元诗四大家"之一,又与虞集、柳贯、黄溍并称"儒林四杰"。

柯九思与揭傒斯的订交可能始于任职奎章阁时期,此一时期,柯九思与虞集、揭傒斯同受文宗皇帝宠信。天历二年(1329)三月,文宗置奎章阁学士院,四月,柯九思进呈《曹娥碑》给文宗御览,并藏入内府。文宗皇帝对柯九思的鉴赏水平深为赞许,又将《曹娥碑》赐还给柯九思,以示褒奖。乘此机会,许多朝臣也一同观赏到了这一名碑,其中就有揭傒斯。虞集奉命作《三题曹娥碑》云:

集比岁辄从敬仲求此一观,上开奎章,此卷已入内府,上善九思鉴辨,复以赐之,仍命集题。阁下同观者大学士忽都鲁弥实、承制李泂、供奉李讷、参书雅琥、授经郎揭傒斯、内掾林宇、甘立。集三记。[2]

揭傒斯有《奉同柯博士甘内掾下值赋》诗,描述了他们夜里一同退值的情景;他还有一首《题柯博士为方叔高所画墨竹》诗,对柯九思笔下的墨竹画作了

---

[1] 王及:《柯九思诗文集》,中国美术学院出版社,2004年,第9页。
[2] 宗典:《柯九思史料》,上海人民美术出版社,1985年,第23页。

形象的描摹。

释普明 号雪窗,俗姓曹,松江人,善画兰花。柯九思与他交好,出于共同的情趣。他对普明的兰花作品激赏有加,在《题雪窗画兰》的诗中写道:

清事相过日应酬,山僧信笔动新秋。王孙遗法风流在,解使平台石点头。王孙谓子固、子昂昆仲也。时雪窗住虎丘寺。①

此诗当作于柯九思寓居吴中时期。"清事相过日应酬",写柯九思与雪窗和尚相见频繁,互为酬唱的清雅之趣。他们的交往没有俗世的烦劳,所为都是清雅之事。这清雅之事说白了就是切磋书画,在柯九思眼里,普明和尚的画兰,可以聊解寓居萧寺的落寞情怀,你看,普明信笔一挥,所画兰花,使得眼前的新秋景色更为生动明丽。"王孙遗法风流在",据柯九思自注:诗中的王孙就是赵孟坚(字子固)、赵孟頫(字子昂),他们都是宋室后裔,两兄弟都善画墨兰。柯九思认为普明和尚的兰画,深得赵氏遗法,风流蕴藉,生动可爱,生意盎然,能使顽石点头。

柯九思与普明和尚的清雅之事不止于此,他们在画艺上心有灵犀,欢谈酬唱之余,还是手痒难忍,竟至于合作《兰竹石合景图》,②这是多么令人赏心悦目!难怪当时的学者、诗人、书画家钱惟善观赏了这幅图后,以《题柯敬仲博士明雪窗长老兰竹石合景各一首》一连赋诗三首。

释大䜣(1284—1344) 南昌(今江西南昌)人,当时著名僧人。先居杭州凤山,后主持建康集庆寺。博通佛经,旁涉儒道之说。应文宗召,特赐三品文阶。能诗,善画墨竹,著有《蒲室集》。

柯九思与他可能相识于奎章阁任职时期。柯九思作《枯木竹石图》,曾请释大䜣题诗于上,可见两人关系的非同一般。释大䜣的《蒲室集》卷五有《柯敬仲作枯木竹石图寄樵隐御史命题其上》诗云:

木石山中托旧盟,岁寒不改此君清。相期云雾随龙化,更待天风引凤

---

① 宗典:《柯九思史料》,上海人民美术出版社,1985年,第155页。
② (元)钱惟善:《江月松风集》卷十。

鸣。静对闻琴宜夜雨,闲来欹枕爱秋声。老樵自是伶伦手,调入黄钟取次成。①

诗作似乎写于柯九思离开大都流寓江南之后,借图中的竹石之景,歌颂了柯九思岁寒时节不改清高之志的节操,也表达了柯九思能够重新起用的愿景。释大䜣作为善画墨竹的画家,对柯九思的墨竹艺术有着精到的点评和夸赞,他的《柯敬仲墨竹二首》诗云:

醉墨淋漓雨露春,九重何止动奎文。老龙夜奋千年蛰,彩凤朝翔五色云。淇澳多贤歌卫武,苍梧有泪忆湘君。买山只合丹丘住,剩种清阴为我分。

何处龙吟百丈泓,骤惊风雨助纵横。萦纡拳石藏千亩,次第寒梢发寸萌。嶰谷何人调六律,柯亭无客赏奇声。五湖付与垂纶手,斩取长竿掣巨鲸。

这两首题画诗借柯九思的墨竹,赞美了柯九思墨竹艺术的精妙绝伦:声名不但广播于朝野,也使得龙凤奋翔,五云焕彩;同时也借墨竹歌颂柯九思有如西周时期的贤臣卫国的武和,品德高洁。诗作还对柯九思流寓江南的落寞处境表示了深切的同情。

释良琦 生卒年不详,字元璞,姑苏(今江苏苏州)人。自幼好学,后学禅于白云山中,性情温良,淡泊脱尘,擅长歌诗,交游广泛,声名播于江浙。他数过顾瑛玉山草堂,其诗有五十五首收录于《草堂雅集》。柯九思与之订交,当在玉山佳处的雅集之时。释良琦有《次韵寄柯丹丘博士》一诗,诗云:

鼎湖龙去邈殊庭,供奉归来两鬓青。阁下天高太白月,江南人识少微星。春泥下马穿花入,夜月吹笙隔竹听。惟有鸥波慰寂寞,相看洁白映青冥。

---

① 王及:《柯九思诗文集》,中国美术学院出版社,2004年,第109页。

释良琦的诗作写于元文宗驾崩、柯九思流落江南后,描写了柯九思在江南的广泛声誉和清逸、高雅的生活情趣,可谓柯九思的知音。

释朴庵 生卒年不详,名淳,黄岩(今浙江黄岩)人。宋宗室,尝受业胡长孺,弃家为僧。游历建康,得怀王图帖睦尔礼遇。性淡泊,厌居京师,退老云间。禅修之余,寄情歌诗。有《松石稿》。柯九思结识朴庵,当在泰定二年(1325),此年,怀王图帖睦尔出居建康,柯九思也与赵真人虚一为友,游建康。《梧溪集》卷四有王逢《读僧朴庵松石稿为其徒智升题有序》,内有"(赵)惇……壮游金陵,与五峰李孝光并受知怀王,一日,公引柯九思见,柯以写竹遂亲幸,王即位独召用柯"的记载,可见柯九思的知遇于怀王,朴庵是起了非常关键的引荐作用的。

雅琥(1284?—1345?) 初名雅古,字正卿,也里可温人。泰定元年(1324)进士。入仕之后,虽然一时颇受文宗赏识,御笔改名为"雅琥"。但仕途并不如意,据《元史·文宗本纪》载,至顺二年(1331)三月,雅琥充奎章阁参书,同年三月,便遭御史台弹劾:"奎章阁参书雅琥,阿媚奸臣,所为不法,宜罢其职。"文宗不得已"从之"。柯九思与雅琥的交好当始于奎章阁任职时期。从虞集的三题、四题《曹娥碑》中,我们可以了解到雅琥曾经两次到柯九思家观赏《曹娥碑》,可见两人关系非同一般。

虞集(1272—1348) 字伯生,号道园,世称邵庵先生。少受家学,尝从吴澄游。成宗大德初,以荐授大都路儒学教授,历国子助教、博士。仁宗时,迁集贤修撰,除翰林待制。文宗即位,累除奎章阁侍书学士。领修《经世大典》。卒谥"文靖"。著有《道园学古录》《道园遗稿》。虞集素负文名,与揭傒斯、柳贯、黄溍并称"元儒四家";诗与揭傒斯、范梈、杨载齐名,人称"元诗四家"。

虞集是柯九思接触最多、交谊也最深的师友。有史料可以推测,他们的相识可能始于柯九思初上大都之时。上文讲到,至大三年(1310),柯九思初上京师,陪赵孟頫胜集。此时赵孟頫任翰林侍读学士,侍奉皇太子于东宫。当时的东宫,蓄有赵孟頫和虞集等一批名士,他们时相招邀,诗酒雅集,应该是很有可能的。柯九思既然陪侍赵孟頫的胜集,认识虞集等人是很正常的。但两人真正订交应该是在天历元年或泰定五年(1328),此年柯九思三十九岁,又一次到了大都。正月十日,柯九思邀请虞集等朝臣到家里观赏《曹娥碑》。虞集在《初题〈曹娥碑〉》中写道:"天台柯敬仲藏此,安得人人而见之,世必有天资超卓追造往在之遗者,其庶几乎。泰定五年正月十日。"①表达了观赏到法书名帖后的欣喜之情。天历二年(1329)四月,文宗皇帝授柯九思文林郎参书,秩从五品,廿一日与虞集同侍文宗于便殿②。至顺元年(1330),春日宫宴,柯九思与虞集、李泂论山川形胜③。正月二十五日,文宗置奎章阁鉴书博士二人,任命柯九思为鉴书博士,欧阳玄等朝臣登门祝贺,虞集因疾未入阁当面贺喜,但写了一封柬帖表示歉意和恭贺之意,此帖即著名的《不及入阁帖》,此帖现珍藏于台北故宫博物院,内容是:

集顿首再拜,集伏审博士学士荣上,适苦创,不及入阁奉贺,千万勿罪!二画赞托经筵掾持上,望为分付幸甚!明日观游城之院中,难聚,更告为请假一二日,拜赐多矣。集顿首再拜丹丘博士公左右。④

过了一天,虞集小恙痊愈,又与雅琥等朝臣来到柯九思家观看《曹娥碑》。至顺二年(1331)二月二十五日,虞集到九思家,在书房里的橱架上,看见了仅存的苏轼《天际乌云帖》,喜出望外,为之记,并题诗四首。

柯九思于元统元年(1333)流寓吴中。这一年虞集六十二岁,三月,在馆阁赋《风入松》词,以抒柯九思去国之悲。柯九思对虞集这一首"词翰兼美,一时争相传刻,遍满海内"的词作,十分珍重,元统二年元夕,柯九思赴姚文奂宴,带上装裱成轴的虞集《风入松》词作,供宾朋们共赏,席上,张翥感赋《摸鱼儿》。

虞集的诗文集中,赋赠柯九思的诗作不少,如《退直同柯敬仲博士赋》,诗云:

月下白玉阶,露生黄金井。疏条栖鹊寒,衰蕙流萤冷。恋阙感时康,怀归觉宵永。晨钟禁中来,白发聊自整。⑤

此诗写虞集与柯九思在奎章阁一同当值结束后的情景和感想。夜值是辛

---

① 宗典:《柯九思史料》,上海人民美术出版社,1985年,第21页。
② 同上,第233页。
③ 同上,第234页。
④ 同上,第27页。
⑤ 王及:《柯九思诗文集》,中国美术学院出版社,2004年,第88页。

苦的,心情也是矛盾的,既有因感念时世太平、蒙受荣宠而眷恋宫阙的心思,也有怀归思家而觉长夜漫漫的意绪。但他们一觉醒来,听到晨钟从宫内传来,还是振作精神,梳理好白发,又向禁宫出发。

虞集还有《次韵柯玉文寄别》,诗云:

> 避弋惊鸿过远汀,啄苔病鹤想华亭。临邛枉骑情都尽,于越扁舟影更俜。宾客莫询温室树,君王犹问楚江萍。重来贾傅非年少,前席从容对夕廷。①

从诗题及思想内容看,这首诗歌是为酬答柯九思的寄别诗而作的。考察柯九思的人生履历,至顺三年(1332)五月间,御史台言官反复弹劾柯九思,为了暂避危机,柯九思遵循文宗皇帝的旨意,欲赴任外官。在此期间,柯九思有诗寄别虞集,虞集就以《次韵柯玉文寄别》为题作为酬答。诗歌以"避弋惊鸿"、"啄苔病鹤"比喻柯九思的艰难处境,字里行间,寄予了深切的同情和愤慨。"临邛枉骑情都尽,于越扁舟影更俜"两句诗写柯九思在奎章阁尽心尽职的情怀和外放江南后的孤苦寂寞的情状。颈联"宾客莫询温室树,君王犹问楚江萍",实是劝勉、宽慰之语,言下之意是:朋友们不要再言及朝政之事了,你柯九思也要像汉代的孔光那样,谨言慎行;不管怎样,文宗皇帝还是牵挂你,将你视为有用之才的。诗句中的"温室树",借指宫禁中事,喻为居官谨慎、言语不泄。"楚江萍",典出《孔子家语·致思》,喻吉祥而罕见难得之物。这里似乎应该喻指杰出的人才。结句对柯九思重入朝廷寄予了期望,认为柯九思比汉代的贾谊还年长成熟,一旦起用,会发挥更大的作用。

柯九思流落吴中以后,也有诗作寄赠虞集,原作今已不见,但虞集有《次韵柯丹丘见寄三首》,回忆了柯九思在奎章阁任职时的情景,对这位有当代郑广文之称的真画师流寓吴中的遭遇表示了深广的同情。虞集自己也深感在朝中的危殆,无力帮忙(虞集于柯九思流寓吴中那一年的八月也谢病归临川),只有在诗歌的结尾劝勉柯九思努力加餐饭,颐养天年。

虞集在观赏古画时,有时候会突然想起柯九思,于是赋诗寄赠给他,如他

---

① 王及:《柯九思诗文集》,中国美术学院出版社,2004年,第104页。

有一首《题米友仁长江烟雨图寄柯敬仲》诗,对世上翰墨难存以及物是人非等历史现象发出了深沉的慨叹,并以无奈和略带愤激的语气劝勉柯九思不要沉湎书画了,还是多买山田遗留给子孙。这首诗实际上也含有对柯九思满腹才华而不尽其用遭遇的愤慨之情。

  虞集与柯九思交往甚密,还可以从虞集的诸多关于柯九思的题画诗中可以看出来。翻阅虞集的诗文集,我们看到虞集有《题柯九思九疑秋色图》《题柯敬仲画》(有两首)、《题柯九思为虞悦作墨花》《题柯敬仲墨竹》《敬仲画扇》《柯丹丘画松竹二首》《题柯敬仲画古木疏篁》《题柯九思杂画册十五首》《题柯九思竹树古石图》《题柯敬仲画扇》《题柯敬仲杂画五首》《柯博士竹树古石二首》《柯敬仲杂画》《题欧阳原功少监家藏柯敬仲画二首》《柯博士画二首》《题柯敬仲画》,等等。另外,虞集有关柯九思藏法书名画的题跋也很多,如《初题柯九思藏〈曹娥碑〉》《二题柯九思藏〈曹娥碑〉》《三题柯九思藏〈曹娥碑〉》《四题柯九思藏〈曹娥碑〉》《记柯九思藏定武兰亭五字损本》《题李成寒林采芝图》《记赐柯敬仲鸭头丸帖》,等等。

第二章　别具只眼：柯九思的书画藻鉴

一、鉴藏知识的储备

在中国鉴藏史上，柯九思无疑是一位举足轻重的人物，今天的中国鉴藏史乃至书画史，有不少内容就建立在柯九思的藏品基础上；如果单从有元一代鉴藏史看，柯九思更是一个绕不过去的人物。

柯九思能够成为一代书画鉴藏大家，与他的成长历程、成长环境和交游网络都分不开。

从八岁到十八岁，柯九思基本上是在钱塘度过的。当时杭州的鉴藏文化氛围，对年轻的柯九思产生了深远影响，启蒙了他的文物书画鉴藏意识，并使他储备了一定的鉴藏知识。

宗典先生最早对这个问题作了思考，他说：

> 柯九思是如何积贮这门知识的呢？我想，在他二十岁时候便开始受到熏陶了。当他从父读书钱塘，杭州的大收藏家王芝煊赫一时，这里表一表王芝，对柯九思启蒙不无关系，即使是大胆的推测，也未尝不是可靠的线索。①

宗典先生推测的依据是：当时出入王芝宝墨斋的文人很多，如赵孟頫、李

---

① 宗典：《柯九思史料》，上海人民美术出版社，1985年，第1—2页。

衍、高克恭等,柯九思父亲柯谦以温台检校所大使寓居钱塘,柯九思很有可能随父去会见王芝。

笔者以为,宗典先生的推测虽然找不到直接的根据,但还是有相当的合理性的。但他所说的柯九思到二十岁才受到文物书画鉴藏氛围的熏陶不免晚了一点。我们知道,柯谦开始担任温台检校所大使是在大德元年(1297),即柯九思八岁那年,柯谦为了奉养老母,清约自居,寓居钱塘。中年时期的柯谦就"英爽而辨,著述整修,蔚然有前辈风"。① 柯九思随父迁居杭州时,柯谦已经四十七岁,更是颇负名望,他出入当时杭州的诸多名宦雅士之家是完全有可能的,出入王芝宝墨斋当属情理之中,而且时间不会太晚,绝不会到柯九思二十岁的时候。

柯九思在文物书画知识的熏陶、储备受到王芝的启蒙,毕竟还是属于推测的,缺乏文献资料方面的直接证据。但有一个人,对柯九思书画鉴藏文化的熏陶、养成有着重要的启蒙、引领作用,却有充足的文献证据,这个人就是赵孟頫。

本书第一章已论及,柯九思与赵孟頫有通家之好,有世交之谊,在柯九思随父定居杭州的日子里,他出入于赵孟頫的寓所也是完全有可能的。大德元年(1297),也就是柯九思随父亲迁居杭州那一年,赵孟頫自二月至十二月二十五日都在杭州,二十六日从杭州返吴兴。次年八月到至大二年(1309),也就是柯九思九岁到二十岁期间,赵孟頫在杭州任江浙等处儒学提举。我们完全可以想见,在这段时间里,柯九思或随父或自己一人出入于赵孟頫寓所,耳闻目染,感受赵孟頫与其他文物书画鉴藏家的雅集氛围和他们的文采风流,少不了一起观赏名画法帖,逐渐培养了书画鉴藏的兴趣,积贮了书画鉴藏的知识,为他以后走上鉴藏道路打下了坚实的基础。

在这段时间里,柯九思结识其他一些鉴藏家也是很有可能的。至大元年(1308),郭天锡客杭州,与吾丘衍、石岩、王铎等游。吾丘衍是柯九思好友,在郭天锡居杭的日子里,由于吾丘衍的介绍,柯九思与之相见是不无可能的。

至大三年(1310)柯九思初上京师,赵孟頫也随即奉召赴京,二人又在京师相遇了。赵孟頫带着柯九思,参加了他们一批朝臣、文士举行的胜集,除了诗

---

① 宗典:《柯九思史料》,上海人民美术出版社,1985年,第15页。

酒酬唱,也观览名画书帖,切磋鉴藏心得。此时柯九思已二十一岁,虽是叨陪末座,但也一起观赏到了一些稀世名作,从中也一定学习到不少的鉴藏知识。

之后,柯九思辗转京师江浙之间,交游日广,与诸多名公巨卿、文人雅士多有交往。其间,他也开始书画创作、鉴藏活动,声名渐起。延祐六年(1319),柯九思与朱德润同游京师,以讲说儒家经典事英宗于潜邸,且"咸弄翰而翱翔"。书画鉴藏阅历的积淀,给柯九思的创作以明显的影响,他的墨竹艺术也已经走向成熟,约与朱德润同游京师同期创作的《墨竹图》,已经得到老一辈艺术大师的肯定,赵孟頫即为之题跋。

关于柯九思的书画鉴藏实践,《柯九思史料》记录了以下史实,从中可以了解柯九思在鉴藏知识积淀道路上的诸多行迹:

至治元年(1321),柯九思收藏赵孟頫的真草《千文》。至治二年(1322),九思三十三岁,一旦父丧免除,他就与杜本、王艮、费雄等书画同道赶赴京口(今江苏镇江)郭天锡家同观文同的《水墨此君图》,受益匪浅。至治三年(1323),柯九思三十四岁,因为英宗皇帝遇弑,他与朱德润都感到前路渺茫,于是同归江南。朱德润归吴后杜门读书,不求闻达;柯九思则开始了庋藏书画的活动。朱德润在后来的《祭柯敬仲文》中说:"及至治之末纪,又同归乎江乡。尝与笑谭古今,狎弄杯觞。米家画舫,柯氏秘藏。发缄题于什袭,探古雅于奚囊。"①从祭文中可以看出,柯九思庋藏书画以米家画舫自比,可见他的收藏书画规模品位都不一般。之后不久,柯九思就开始了比较自信的书画鉴定题跋实践。泰定元年(1324),柯九思三十五岁,他为苏轼的《楚颂帖》题跋,许多藏家如郭天锡、张监、牟必胜等人相信柯九思的审定眼光,于是也纷为题跋。

---

① 宗典:《柯九思史料》,上海人民美术出版社,1985年,第1页。

二、奎章阁之魂

　　入职奎章阁是柯九思鉴藏生涯的顶峰。在本书第一章笔者已经讲到，元文宗组建奎章阁学士院与柯九思有着很大的关联。台湾学者姜一涵对元代奎章阁以及奎章阁人物有系统研究，他认为柯九思是奎章阁学士院的象征人物。① 邱江宁女士对此十分赞同，她甚至认为：柯九思是作为奎章阁学士院存在的灵魂人物，他的存在真正影响了奎章阁学士院的命运与意义。②

　　笔者以为，两位学者所论是很有道理的。我们先来简单地回顾一下柯九思入职奎章阁的过程以及受到的眷顾和荣宠。

　　柯九思于泰定二年（1325）在建康受知怀王后，即深受礼遇。他同年入太学学习，可能就是怀王从中起了重要作用。怀王有着较深厚的汉文化修养，他对九思的文学艺术才华以及鉴藏水平十分赏识，同时也为了储蓄人才以备不时之需，所以早在他称帝前的三年，可能有意嘱咐并安置柯九思居于大都。考察怀王即位那一年（1328）柯九思的行迹，我们似乎可以明显地窥见怀王的意图：即让柯九思利用丰富的书画收藏，先在大都悠游岁月，结交朝臣名士。到那一年的正月，柯九思安居大都已经近三年了。正月十日，他以主人的身份愉快地在家中举行了一场书画鉴藏雅集，朝臣虞集、宋本、谢端、宋褧、林同宇等一同观赏了他珍藏的《曹娥碑》，今天还藏于辽宁省博物馆的《曹娥碑》上还留有虞集观赏后的题跋，其欣喜激越的心情见于字里行间。九月，怀王在大都即位，是为文宗，改元天历。果然，文宗即位后的第二个月，即授柯九思为典瑞院都事，秩从七品。天历二年（1329）二月廿七日，文宗在大都建立奎章阁学士院。四月十日，柯九思进呈《曹娥碑》，文宗为了嘉奖他的鉴藏水平，欣然赐还。虞集一再在《曹娥碑》上题跋记载这一雅事。同月，柯九思就被授予文林郎参书，秩从五品。同月二十一日，柯九思与虞集同侍于文宗于便殿，并奉旨往秘书监整理库藏书画。八月九日，文宗复位于上都，八月中旬，即升奎章阁学士

---

　　① 姜一涵：《元代奎章阁及奎章人物》，台湾联经出版事业公司，1981年，第32页。
　　② 邱江宁：《奎章阁学士院与元代文坛》，中国社会科学出版社，2013年，第28页。

院为正二品。至顺元年(1330)正月，柯九思与虞集、李洞等一同参加宫宴，纵论山川形胜。正月十二日，文宗又将王羲之的《鸭头丸帖》赐给柯九思，同一天，柯九思进呈《定武兰亭五字损本》，文宗称善，亲识"天历之宝"还之，虞集奉敕记之。正月二十五日，文宗置奎章阁学士院鉴书博士二人，秩正五品，柯九思被任命为鉴书博士，凡是内府所藏法书名画，都由其鉴定。同一天，文宗又择内府所藏的李成《寒林采芝图》赐给柯九思。

关于鉴书博士这个职位，江邱宁女士有过深入的研究，这里采用她的研究成果，予以介绍。根据元代官吏选拔制度，九品至六品的官员由中书省以敕牒委任，由丞相押字，称"敕授"，五品至一品则由皇帝钦赐命诰委任，称作"宣授"。柯九思的五品鉴书博士的任命绕过了之前的所有选拔制度，几乎是由平民直接擢拔为五品文官。而且，在奎章阁学士院，鉴书博士既非奎章阁学士院的属官，又非学士院下属机构的成员，也不归下辖机构管，它就是一个独立的、特设的官职，专为柯九思而特设，由文宗皇帝任命，只与文宗皇帝一人联系。元文宗交给柯九思的职权是：凡是内府所藏的法书名画，都由他鉴定。我们可以这样理解：文宗设置奎章阁学士院，特别注重法书名画的鉴藏，特设鉴书博士这个职位，都是因为柯九思。柯九思的这种地位和荣宠，历史上只有郑虔可以比拟。元末明初的学者徐显对此有过精到的描述："唐郑虔以才艺遇玄宗，号称三绝，特置广文馆，命虔为博士。……公亦以布衣侍天子左右，特授鉴书博士，其荣宠视虔等矣。"①

柯九思被任命为鉴书博士的第二月，文宗又以李成的《文姬降胡图》赏赐柯九思，柯九思自为题跋，虞集为之四次题跋。② 柯九思在奎章阁期间，深受文宗恩宠，"赐牙章，得通籍禁署。念其父谦善教，锡碑名训忠，敕侍读学士虞集为文以旌之。"③

关于柯九思在奎章阁期间的贡献，台湾学者姜一涵认为：虽然柯九思对于奎章阁之创设有推动、怂恿之功，他协助虞集规划、经营也有一定作用，但事实上"柯九思对奎章阁，尤其是对内府文物之整理、鉴定和保管并没有太多贡

---

① 徐显：《稗史集传》，陈高华《元代画家史料》，上海人民美术出版社，1980年，第199页。
② 姜一涵：《元代奎章阁及奎章人物》，台湾联经出版事业公司，1981年，第30页。
③ 宗典：《柯九思史料》，上海人民美术出版社，1985年，第1页。

献,也没有像《宣和画谱》《石渠宝笈》一类文献留下来"①。笔者认为对这个问题,应该从当时的政治环境和柯九思所处的实际境遇来考察,才能得出比较公允客观的结论。

首先,我们应该了解一下奎章阁学士院组建时的复杂的政治背景。② 奎章阁学士院是元文宗时期著名的文化机构,也是元文宗与元明宗兄弟之间争夺帝位过程中尴尬的政治产物。元文宗在天历元年(1328)九月即位之初,就宣称等兄长和世㻋到来后就让位,后来元明宗即位之初,就希望图帖睦尔组织一批文臣潜心书史,讲论史籍,图帖睦尔善于韬光养晦,顺从元明宗的旨意,在元明宗即位第二个月就组建奎章阁学士院,但规模、格局都不大,甚至稍嫌狭窄、寒酸,只在图帖睦尔听政的西宫兴圣殿的西廊劈出三间使用。这一方面与图帖睦尔当时的尴尬身份有关,一方面也以行动表达自己的顺遂之意。图帖睦尔也明确地将奎章阁学士院定位为帝室王孙与几位文臣读书论道、鉴赏书画器玩之处,他听政的兴圣殿与奎章阁的距离不过在"跬步户庭之间",所以他"非有朝会、祠享、时巡之事,几无一日而不御奉敕视草于斯"③。图帖睦尔的态度换来了元明宗对他防范措施的减弱,最终决定立他为皇太子。

因此,元文宗复位前的奎章阁的组建比较匆促,活动也相对低调,难有大的作为。元文宗于天历二年(1329)八月十五日复位后,才开始了他积极扩建和升格的行动,三天后,即升奎章阁学士院秩正二品,六天后又立艺文监,隶属奎章阁学士院,又立艺林库、广成局,皆隶艺文监。

第二,我们还要了解一下柯九思任职鉴书博士不久所遭遇的从政环境。柯九思在奎章阁设置之后,初任文林郎参书,秩从七品,在他之上的高级官员十一位(大学士五员、侍书学士、承制学士、供奉学士各二员),就职位而言,还是低微的。可是由于文宗皇帝的荣宠,在奎章阁创设后不过半年,又增设鉴书博士司,并特任柯九思为鉴书博士,我们可以想见,许多朝臣必定会心生嫉恨和怨怼。姜一涵先生对此分析道:"阁中高级官员多为兼职或闲差,未必常在阁中,只有柯九思日夕与文宗从容翰墨间,仅鉴定书画自不会为朝臣所注目,

① 姜一涵:《元代奎章阁及奎章人物》,台湾联经出版事业公司,1981年,第30页。
② 按:关于奎章阁组建时的政治背景,邱江宁女士在《奎章阁学士院与元代文坛》一书中,作了扎实而细致的考索,本书的有关这方面的论述即受此启发而展开。
③ 虞集:《奎章阁记》,《虞集全集》,天津古籍出版社,2007年,第603页。

唯日与君王晤对,自为群臣所不容……"①再加上文宗皇帝复位后,奎章阁的级别大幅提升,扩张速度也过于急剧,这使得许多人还一时无法适应。我们知道,蒙元王朝是以武力征服世界的,他们对于深沉博大的汉文化还有一定的疏离和陌生,"所以,我们可以看到元王朝在统一中原辽、金及南宋后,才半信半疑、逐渐地设立一些文化机构"②。据《元史·百官三》载:前期的集贤院从设置到最终定制用了三十余年,"而奎章阁学士院从天历二年(1329)二月开始组建、提名、开阁,到同年八月中旬,又增设群玉内司、艺文监、艺林库、广成局等隶属机构,由三品东宫属官提到二品正阶,所用时间仅仅半年多,这不仅对自元世祖忽必烈立朝以来的祖宗成法是极大的挑战,而且对其他同级机构来说也是极其不公平的"③。还有文宗皇帝对奎章阁这个文化机构的极度重视,对多位南人出身的文臣(如虞集、柯九思、揭傒斯、欧阳玄等)的过分器重,已经引起了凭借武力和杀戮为文宗争得帝位的燕铁木儿等功臣的不解乃至不满,如至顺二年(1331)三月,御史台臣弹劾:"奎章阁参书雅琥,阿媚奸臣,所为不法,宜罢其职。"④六月御史台臣就弹劾到柯九思头上,迫其退职,他们的理由是:"奎章阁鉴书博士柯九思,性非纯良,行极矫谲,挟其末技,趋附权门,请罢黜之。"⑤

  柯九思在奎章阁任职的时间实际上不到五周年,要在这么复杂的政治环境里、这么短暂的岁月里作出多么宏大的事业,真的是有点强人所难了。但考察柯九思在奎章阁的行迹,他实际上还是尽其所能,没有辜负文宗皇帝的期望,作出了积极的贡献的,正如宗典先生所言:"(柯九思)虽然在职不过短促的五载,由于宗室内讧,大臣争权,被撵了出来。但经过他审定的法书名画,流传至今的,为数还是很可观的。应该说,柯九思的才能,在文宗年代,得到了施展;他在内府鉴别古文物方面,作出了不可磨灭的功绩。"⑥

---

① 姜一涵:《元代奎章阁及奎章人物》,台湾联经出版事业公司,1981年,第32页。
② 邱江宁:《奎章阁学士院与元代文坛》,中国社会科学出版社,2013年,第38页。
③ 同上,第39页。
④ (明)宋濂等:《元史》卷三十五《文宗本纪》四,中华书局,1976年,第779页。
⑤ 同上,第791页。
⑥ 宗典:《柯九思史料》,上海人民美术出版社,1985年,第1页。

三、收　　藏

　　柯九思的收藏活动,从目前掌握到的资料看,起始于至治元年(1321),柯九思三十二岁的时候。这一年,他收藏了一幅赵孟頫的真草《千字文》,也许他十分看重这一幅作品,特地请文章名家、翰林直学士元明善为之题跋。但实际上,柯九思应该在此之前就已经开始收藏了。因为柯九思毕竟出身于书香官宦门第,他能够在二十一岁上初上京师,三十岁上又与朱德润同游京师,没有一定的经济基础,是不可想象的。再加上他在三十岁的时候,已经能够成熟地运用书法入画,创作《墨竹图》,得到艺术前辈赵孟頫的肯定,说明在此之前他已经观赏到了不少名画法帖,观赏的同时,如有可能他是会收藏一些的。根据朱德润的《祭柯九思文》中的"及至治之末纪,又同归乎江乡。尝与笑谭古今,狎弄杯觞。米家画舫,柯氏秘藏。发缄题于什袭,探古雅于奚囊"。一段话,我们知道柯九思于至治末纪(1323),庋藏的书画已经能够与米家画舫相比,说明他的收藏资历已经很深了,藏品也已经很丰富。从种种迹象看,柯九思的收藏生涯至少应该起始于二十五岁前后。

　　到了泰定二年(1325),柯九思三十六岁知遇怀王、又入太学的时候,他的收藏应该具有更大的规模和更高的品位。三年以后,他在大都的家中拿出珍藏的《曹娥碑》与一批朝臣共赏,从虞集的题跋中,我们可以感受到,他在鉴藏界已经深得名望。在奎章阁任职期间,柯九思的收藏事业应该达到了鼎盛。虞集《题柯藏苏轼〈天际乌云帖〉》"丹丘柯敬仲多蓄魏晋法书,至宋人书,殆有百十函,随意与人,弗留也"[1]一段文字,写于至顺二年(1331)二月十五日,此时柯九思为奎章阁学士院鉴书博士。

　　柯九思的收藏活动一直延续到他南归后。元统元年(1333),他南归时后,友人甘立在《春日有怀柯博士》(二首)中写道:

　　　　阊阖城外乱莺啼,笠泽春深水满陂。好买扁舟载图画,布帆东下若

————————
[1]　宗典:《柯九思史料》,上海人民美术出版社。1985年,第27页。

耶溪。①

这首诗歌虽然是怀念之作,对柯九思的收藏事业也是想象,但作为同朝为官的好友,甘立对柯九思是了解的,他相信柯九思不会随着仕途的浮沉而消减对收藏的志趣。

因为没有目录传世,今天我们已经无法确定柯九思一生到底收藏了多少书画。我们只知道柯九思在收藏生涯的前期是书画并重,到任职奎章阁的后期,兴趣已经转为侧重于名画的收藏。例证之一是:至顺二年二月十五日,虞集到他家做客时,他几乎已经将魏晋及宋人的法帖全部送给同道好友了,只留下了一幅苏轼的《天际乌云帖》,虞集《题柯藏苏轼〈天际乌云帖〉》即云"他日独见此轴(指《天际乌云帖》)在几格间,甚怪之"②。例证之二是:康里巎巎在奎章阁群玉内司任职时,看到九思家收藏的《定武兰亭五字损本》,叹为精绝,欲以董元的一幅画交换之,柯九思愿意以书换画,康里巎巎曾在题跋中写有:

《定武兰亭》此本尤为精绝……臣以董元画于九思处易得之,何啻获和璧随珠,当永宝藏之,礼部尚书监群玉内司事臣巎巎谨记。③

细细梳理史料,我们发现柯九思还收藏了以下法帖名画:

《曹娥碑》 《曹娥碑》是东汉年间人们为颂扬曹娥的美德、纪念她的孝行而立的石碑,是中国著名碑刻。开始由蔡文姬的父亲蔡邕书写,后散失。相传后又由王羲之书,文字由新安吴茂先镌刻。再后由北宋王安石的女婿蔡卞重新临摹。此碑绢本手迹,卷末左下方有南朝萧梁时代宫廷鉴定家唐怀充、徐僧权、满骞三人题署。四周题满唐代名人的观款,包括韩愈、柳宗直、卢同、怀素、崔护、崔实、冯审、韦皋、杨汉公、王仲纶、薛包等十余人,大多为楷书。到了南宋,此卷为宋高宗内府收藏,卷后拖尾上有赵构题跋,款署"损斋"。此卷后来先后为韩侂胄、贾似道、赵与懃三家收藏。入元先后为郭天赐、乔篑成、柯九思递藏。至明代中期以后,归苏州韩世能收藏,著录于茅维为韩氏所撰的《南阳

---

① 宗典:《柯九思史料》,上海人民美术出版社,1985年,第40页。
② 同上,第27页。
③ 同上,第34页。

书画表》中。万历年后,此卷转归太仓王锡爵、王时敏家族收藏。约康熙十六年以前,又归清宫内府庋藏,后著录于《石渠宝笈初编·养心殿》。民国年间,溥仪私携出宫,后流落于民间。二十世纪五十年代初,归藏于辽宁省博物馆。

《曹娥碑》到了柯九思手里的时候,可谓朝野震动,泰定五年亦即天历元年(1328)正月十日虞集与一批朝臣到柯九思家观赏了之后,以无比兴奋的心情为之题曰:

> 近世书法殆绝,政以不见古人真墨故也。此卷有萧梁李唐诸名士题识,传世可考。宋思陵又亲为鉴赏,于今又二百余年,次第而观,益知古人名世万万不可及。噫,圣贤传心之妙,寄诸文字者,精神极矣。万世之下人得而读之,然犹不足以神诣万一。天台柯敬仲藏此,安得人人而见之,世必有天资超卓,追造往古之遗者,其庶几乎。①

这是虞集与同好者第一次观赏后的题跋,后来的两三年内虞集又与一批朝臣去观览了三次,每次都有题跋,其中在第四次观赏之后,虞集在题跋中感叹道:"敬仲家无此书,何以鉴天下之书耶?"②

《定武兰亭五字损本》 历代流传的《兰亭序》版本很多,有"神龙本"、"天历本"、"米芾诗题本"、"定武本"、"黄绢本"等,"定武本"号称最能体现兰亭风骨,传为唐代大书法家欧阳询的临本,于北宋宣和年间勾勒上石,因于北宋庆历年间发现于河北定武而得名。定武原石久佚,仅有拓本传世。《定武兰亭》为三个著名的原石拓本:一是元吴炳藏本,二是柯九思旧藏本。为五字已损本,现藏台北故宫。三是元代独孤长老藏本,也是五字损本,有元代赵孟頫题跋:"古今言书者以右军为最善,评右军之书者以禊帖为最善,真迹既亡,其刻石者以定武为最善。"后遭火灾,唯存三小片,传已流落日本。柯九思藏的《定武兰亭五字损本》,当时也很有影响,文宗皇帝有一次驾临奎章阁,就命柯九思进呈御览,文宗观赏之后,称善不已,并盖上御印,赐还给柯九思。虞集有奉旨记录的《记柯九思藏定武兰亭五字损本》:

---

① 宗典:《柯九思史料》,上海人民美术出版社,1985年,第21页。
② 同上,第23页。

天历三年正月十二,上御奎章阁,命参书臣柯九思取其家藏定武兰亭五字损本进呈,上览之,称善,亲识斯宝,还以赐之。侍书学士臣虞集奉敕记。①

礼部尚书康里巎巎也善于鉴识,对这一稀世之珍梦寐以求,后以董元的一幅名画从九思手里交换而得,视为和氏之璧、随侯之珠,表示要永远宝藏。此事在康里巎巎的《题定武兰亭五字损本》里记载甚详。

《黄庭内景经》 传东晋王羲之书。小楷,单刻帖,无款。有宋拓传世,又翻刻入《郁冈齐》《玉烟堂》等帖。关于此帖作者,有说是书圣王羲之,也有其他的一些说法,但不论论者是谁,此帖颇有晋人神韵,明焦竑《澹园集》谓此书:"仿钟、王楷法,其法严,其气逸。"据《柯九思史料》,柯九思得藏《黄庭内景经》在至顺元年(1330),他得到这一稀世珍宝,非常欣喜,为了纪念,将自己书斋命名为"玉文堂"②。

《鸭头丸帖》 东晋书法家王献之写在绢上的一件优秀草书作品,也是王献之书法作品中唯一的传世真迹,现藏于上海博物馆,共有两行15字。此帖原藏宋太宗秘阁,宋亡后柯九思所藏,明重入内府,后又从内府散出,万历年间归私人收藏家吴廷,崇祯时藏吴新宇家,清光绪时为徐叔鸿所得。

柯九思曾将这幅名帖进献文宗皇帝,文宗皇帝观赏之后,又赐还给柯九思。虞集在《记赐柯九思〈鸭头丸帖〉》中写道:"天历三年正月十二日敕柯九思。侍书学士臣虞集奉敕记。"③

《虞世南临兰亭序》 唐代虞世南摹,纸本,行书,纵24.8厘米,横57.7厘米,北京故宫博物院藏。此本质地为白麻纸,一些字有明显勾笔痕迹,当属唐人勾摹本。此卷直至明代,一直被认为是褚遂良摹本,后董其昌在题跋中认为"似永兴(虞世南)所临",后世就改称为虞世南摹本。清代梁清标还在卷首题签"唐虞世南临禊帖"。因卷中有元代天历内府藏印,故亦称"天历本"。此卷历经南宋高宗内府、元天历内府、明杨士述、吴治、董其昌、茅止生、杨宛、冯铨,清梁清标、安岐、乾隆内府等处收藏。曾著录于明董其昌《画禅室随笔》、张丑

---

① 宗典:《柯九思史料》,上海人民美术出版社,1985年,第23页。
② 同上,第235页。
③ 同上,第23页。

《真迹日录》《南阳法书表》、汪砢玉《珊瑚网书录》、清吴升《大观录》、安岐《墨绿汇观》、阮元《石渠随笔》及《石渠宝笈·续编》等书。清代刻入"兰亭八柱",列为第一。这一法书曾经柯九思珍藏、审定而入内府。

《四声韵帖》 吴彩鸾楷书作品。吴彩鸾,西山吴真君之女,文萧妻,晚唐书法家。元王恽《玉堂嘉话》卷二载:"吴彩鸾龙鳞楷韵。后柳诚悬题云:'吴彩鸾,世传谪仙也。一夕书《广韵》一部,即鬻于市,人不测其意。稔闻此说,罕见其书,数载勤求,方获斯本。观其神全气古,笔力遒劲,出于自然,非古今学人可及也。时泰和九年九月十五日题。'其册共五十四页,鳞次相积,皆留纸缝。天宝八年制。"①

卞永誉《式古堂书画汇考》卷八载有明项元汴旧藏的彩鸾楷书《四声韵帖》(即孙愐《唐韵》),注云:"徽宗御书签题《韵帖》,共六十叶,每叶面背俱书,帖内小字自注。"

从上述有关资料可以看出,《四声韵帖》曾经宋内府所藏,明代归项元汴收藏。柯九思在《题唐女仙吴彩鸾楷书〈四声韵帖〉》写道:"右女仙吴彩鸾书唐韵真迹,彩鸾之事,备载书史,小字能宽绰,此仙之妙于书也。况得五声俱全,尤为宝也。奎章阁学士院鉴书博士柯九思审定。"②可见,元时,此帖曾经柯九思审定。

《深慰帖》 唐德宗贞元时期著名书法家和文学家林藻所书。林藻,字纬乾,莆田人,唐贞元七年(791)应试《珠还合浦赋》,辞采过人,受到主考官杜黄裳的赏识,认为他"有神助",终得进士及第。初授容州支使,迁殿中侍御史、岭南节度使,终江陵刺史。林藻与其胞弟林蕴都以善书闻名。林藻的书法学颜真卿,尤擅长于行书,极得智永遗法,笔意萧疏古淡,意韵深古,其书作杂于魏晋书法艺林之中,难辨真伪。明初陶宗仪《书史会要》称:"林藻行书,婉约丰妍,出入智永之域。"林藻的书法无虞世南、褚遂良等人的秀妍之气,而近于杨凝式书法,前人书评颇称道他的书法艺术。

据传,林藻《深慰帖》最初藏于宋皇家御府;明代,为奸相严嵩所藏匿,严嵩败,抄家,又为明嘉靖皇帝得之。书法家文徵明、董其昌先后将其帖刊刻于籍,

---

① (元)王恽:《玉堂嘉话》(杨晓春点校本),中华书局,2006年,第68页。
② 宗典:《柯九思史料》,上海人民美术出版社,1985年,第118—119页。

后不知终。据《铁网珊瑚·书品》卷一记载，《深慰帖》在元代时曾为柯九思所珍藏。

《天际乌云帖》 又称《嵩阳帖》，苏轼诗文一章，行书，真迹曾由明代项元汴收藏，清归翁方纲，有翁氏题跋。共三十六行，计三百零七个字。此帖无年款，据清翁方纲所考，约在熙宁十年至元祐丁卯这十余年中所书，时苏东坡四十二至五十二岁间，是苏氏书法艺术比较成熟时期的作品。翁方纲收藏的《天际乌云帖》，在苏轼的寿辰被奉为祭祀苏轼的供品。来中国出使的朝鲜使臣，以在翁方纲府上拜观《天际乌云帖》为文雅盛事。集中于《天际乌云帖》的热潮，在翁方纲去世之后，逐渐消退，翁方纲收藏过的原件，如今下落不明，只有印制本流传。

此帖在元代时曾归柯九思收藏。据《柯九思史料》，柯九思得藏《天际乌云帖》在天历二年（1329）。[①] 柯九思对这件名帖甚为珍爱，据虞集《题柯藏苏轼〈天际乌云帖〉》，柯九思几乎将所有的法书名帖随以与人，独留此帖在几格间。

《动静帖》 北宋黄庭坚行书作品，亦称《荆州帖》《致公蕴知县宣德执事尺牍》，纸本，纵30.4厘米，横43.5厘米，凡10行，132字。书于绍圣二年（1095）三月四日。钤有"缉熙殿宝"、"天历之宝"等印记，后有"臣柯九思进入"题记，清经安岐收藏，现藏台湾故宫博物院。为《御刻三希堂石渠宝笈法帖》《谷园摹古法帖》《宋黄文节公法书》等收录。

《拜中岳命诗》 北宋书画家米芾行书长卷，纸本，纵29.3厘米，横101.8厘米。北京故宫博物院藏。此件经柯九思收藏，上有柯九思鉴藏印。

从目前掌握到的材料看，柯九思收藏的名画更为可观。有关史料有具体记载的如下：

《双骑图》 唐代画家韦偃的画作，绢本，设色，纵31厘米，横44.5厘米。此图表现了两位骑手各乘一马，并辔狂纵的情景。传为韦偃唯一传世真迹。此件曾经柯九思收藏，[②]现藏台北故宫博物院。画中构图、造型、用笔显示了韦偃的艺术风格。

《水石幽禽图》 五代南唐画家董源画作，是柯九思以《定武兰亭五字损

---

① 宗典：《柯九思史料》，上海人民美术出版社，1985年，第234页。
② 万新华：《柯九思》，河北教育出版社，2006年，第125页。

本》从康里巎巎处交换而得,时在至顺元年(1330)。杜本曾在柯九思家观赏过这件名作,他在《题张彦辅〈竹石幽禽图〉》中提到:"余尝见董北苑《水石幽禽图》于鉴书博士家。今子昭所藏,乃彦辅张君墨妙,其意盖相似也。"[1]柯九思的友人杜本在当时画马名家任子昭家看到张彦辅的《棘竹幽禽图》时,就想起柯九思家藏的《水石幽禽图》,可见对这幅作品的印象很深。

《溪岸图》 传为五代董源的作品,绢本,设色,纵 221.5 厘米,横 110 厘米,美国纽约大都会博物馆藏。二十世纪三十年代徐悲鸿得于桂林,1938 年被张大千带回四川,后张大千以金农《风雨归舟图》与之交换。五十年代张大千将画卖给美籍华裔收藏家王己千,1997 年纽约大都会博物馆董事唐先生以不菲的价格购得并捐给了大都会博物馆。此图以立幅构图表现山野水滨的隐居环境,上端绘崇山峻岭,耸立的山口间露出一股溪流蜿蜒而下,山涧又有流泉飞瀑。在山脚下汇聚,山麓筑有竹篱茅舍,岸边水榭中高士闲坐。此画以墨色染出山石体面,溪水波纹以细笔画出,在董源的传世作品中很少见。此画的左下有"北苑副使臣董源画"款识,钤有"天水赵氏"及"柯九思印",及近人张大千、张善孖诸藏印。

《四梅图》 南宋画家扬无咎的存世杰作。此图纸本,水墨,纵 37.2 厘米,横 358.8 厘米。此图是应范端伯之请而画,绘梅花未开、欲开、盛开、将残四种不同形态,纯用水墨绘成。梅干时露飞白,敧侧瘦劲。花瓣白描双勾,以浓墨点出蕊、萼,称"圈花法",为扬无咎始创。卷末自题《柳梢青》词四首和题识一段,署款"乾道元年七夕前一日癸丑,丁丑人扬无咎补之书于预章武宁僧舍",时扬氏六十九岁。尾纸有元柯九思、清笪重光、费念慈、韩崇、黄寿凤等五人题记。钤有柯九思、沈周、文徵明、项元汴等鉴藏印。《铁网珊瑚》《清河书画舫》《大观录》等书著录。现藏故宫博物院。

《溪山行旅图》 北宋山水画名家范宽名作。绢本,水墨,纵 206.3 厘米,横 103.3 厘米。该作品继承荆浩"善写云中山顶,四面峻厚"的传统,图中绘巨峰矗立,气势雄伟,占去画面相当大的位置。明董其昌评此画为"宋画第一"。今藏台北故宫博物院。一直以来,该作品是否为范宽所作,尚存疑惑,近年由台北国立故宫博物院书画处牛性群先生与副院长李霖灿先生在该画右下处,骤

---

[1] 宗典:《柯九思史料》,上海人民美术出版社,1985 年,第 35 页。

队后方树丛中,发现有"范宽"二字,证明董其昌所题:北宋范中立溪山行旅图。至此,溪山行旅图为范宽所绘,殆无疑义。据万新华先生的《柯九思·柯九思的鉴藏活动》,此件名作,元时曾为柯九思所藏。[①] 范宽的溪山行旅曾被明、清两代文人墨士珍藏流传至今,当中不乏著名鉴赏家和多位皇室成员,经手累加的印鉴多达二十二枚,而清高宗的印鉴竟有六枚,可见其珍爱程度之深。

《寒林采芝图》 五代至北宋著名山水画家李成作品。今已佚。元文宗时已经进入内府,至顺元年(1330)正月二十五日,也即柯九思被任命为奎章阁学士院鉴书博士这一天,元文宗择内府所藏的李成《寒林采芝图》赐予他。[②]

《春山瑞松图》 传为宋代著名书法家、画家米芾所作的水墨山水画。纸本,设色,纵35厘米,横44厘米。台北故宫博物院藏。这幅山水名画表现江南烟雨迷蒙的山光水色,构图简洁而精巧,意境清幽而淡雅,是体现"米家山水"中"米点皴"绘画语言的代表作。这幅作品曾经柯九思收藏,上钤"玉堂柯九思私印"。"玉堂"是柯九思任职奎章阁期间在京师的书斋号,命名于至顺元年(1330),从印上有"玉堂"二字,可以推测,这幅作品收藏于至顺元年(1330)至元统元年(1333)之间。

《瑞应图》 又称《中兴瑞应图》,传为南宋画家萧照所作,取宋高宗赵构即位前的种种瑞应传说为内容,根据曹勋辑"瑞应诸事"所写赞文描绘而成,是一幅歌颂赵构重建王朝的作品。目前国内仅有两卷,其中一卷现藏于天津博物馆。画面纵26.7厘米,横397.3厘米,绢本,设色。图分三段,每段前均有楷书赞引。第一段画的是深宫内庭,树木茂盛,建筑规整,氛围肃雅。第二段画面中央是一座楼榭,前后密植松树垂柳。第三段画的是野外军队扎营之景。此画品相完好,画面精美。构图严谨,运笔健劲,色泽明艳。树石建筑画法、人物线描在细缜绵丽之中都蕴含一种遒炼静穆之致。风格苍莽葱郁,气势雄伟,酷似大家李唐画风。这幅作品曾经柯九思收藏,钤有"缊真斋"印。

《秀石疏林图》 赵孟頫以书入画的代表作。纸本,墨笔,纵27.50厘米,横62.80厘米,现藏北京故宫博物院。赵孟頫以飞白之笔法作石,劲挺之笔写竹,

---

① 万新华:《柯九思》,河北教育出版社,2006年,第125页。
② 宗典:《柯九思史料》,上海人民美术出版社,1985年,第234页。

笔墨苍劲简逸，文人秀雅之气蕴于笔端。画幅中署有"子昂"二字款，卷后有赵孟𫖯自题诗云："石如飞白木如籀，写竹还与八法通。若也有人能会此，方知书画本来同。"此画经柯九思收藏，卷后有其题诗，并钤有"柯氏敬仲"之印。

《二马图》 元代画家任仁发作品，绢本，设色，纵28.8厘米，横142.7厘米，北京故宫博物院藏。画家以极其写实的手段，采用勾勒的笔法，描画了马匹的轮廓，线条极富表现力，然后赋以色泽，颇具唐人画马的传统。结合画幅后面作者自己的题记来看，其实它是对当时官场乃至社会的种种腐败黑暗，提出了强烈的批评。此卷卷后有柯九思题跋："自曹韩之后，数百年来，未有舍其法而逾之者，唯宋李眠得其神，本朝赵文敏公得其骨，若秘书监任公，则甚得其形容气韵矣，岂易得哉？丹邱柯九思识。"①并钤"柯氏敬仲"、"缊真斋"、"奎章阁鉴书博士"三印。

《归庄图》 元宫廷画家何澄作品中少见的传世珍本。纸本，水墨，纵41厘米，横723.8厘米，吉林省博物馆藏。《归庄图》取材晋陶渊明《归去来兮辞》，此画以山水为背景，人物穿插其间，在全景式构图中，主题人物连续出现，逐段反映陶渊明辞官归故里的主要情节。山石树木用枯笔焦墨，间以淡墨晕染，劲健中含秀润，苍率中蕴清逸。画风虽有南宋院体遗规，亦开元代逸笔先路。此件经柯九思收藏，拖尾有柯九思题跋。②

从以上的介绍可以看出，柯九思不但收藏魏晋法书，也收藏唐宋法书名画，与他同时代的前辈画家的杰作也在他的收藏范围。由于柯九思具有精深老到的鉴识眼力，他收藏的书画作品多为中国书画史上的名迹精品。柯九思与其他许多大收藏家一样，收藏用印很多，据万新华先生考证、归类，朱文印有"柯九思"、"柯氏敬仲"、"丹丘柯九思章"、"敬仲书印"、"柯氏真赏"、"柯氏秘笈"、"训忠之家"等，白文印有"柯氏私印"、"丹丘生"、"任斋"等，还有葫芦朱文印"玉堂柯九思私印"。③凡钤有柯九思收藏印章的，都是他反复鉴识、定为真品的书画，具有极高的艺术价值。

---

① 宗典：《柯九思史料》，上海人民美术出版社，1985年，第131页。
② 万新华：《柯九思》，河北教育出版社，2006年，第149页。
③ 同上，第134页。

四、鉴　　赏

　　柯九思不但自己收藏了不少的名画法帖,还为内府也进藏了大量的稀世名迹,这与他对书画鉴赏具有极其高超的眼力是分不开的。他自青少年时期起,即游历大江南北,结识文化名流,与当时的许多学者、文士、收藏家都有深层的交往,"他们或彼此交流,评定藏品,或赏奇析疑,砥砺学问,或吟诗作画,感叹人生。这样浓厚的学术空气和良好的人际关系,对其鉴赏水平的提高,无疑是一种极为重要的因素。"[1]他的精到的鉴赏眼光,首先来自他的不断积累的深厚的学养。其次,在不断的游历中,他得见了大量的先贤名画法书,反复比对辨识,积累了丰富的实践经验,再加上他又具有自己的书画创作心得体会,因此,随着岁月的增长,他终于在书画鉴赏领域别具只眼,远超同侪,深为识者佩服。如虞集在《初题〈曹娥碑〉》中写道:"天台柯敬仲藏此,安得人人而见之,世必有天资超卓,追造往古之遗者,其庶几乎。"[2]虞集在《四题〈曹娥碑〉》中又有"敬仲家无此书,何以鉴天下之书耶"之说。文宗皇帝有很高的汉文化修养,对柯九思的鉴藏水平也是非常佩服,为了嘉奖他,特地选择内府所藏的李成《寒林采芝图》赐之,虞集还奉旨为之题记。倪瓒对柯九思的鉴赏才华也由衷赞叹:

　　柯公鉴书奎章阁,吟咏作画亦不恶。图书宝玉尊鼎彝,文采珊瑚光错落。自许才名今独步,身后遗名将谁托? 萧萧烟雨一枝寒,呼尔同游如可作。[3]

　　柯九思在书画鉴赏上虽然没有形成自己的理论体系,但我们若细读他诸多的书画题跋,就会充分感受到他的远见卓识。从现有资料看,他题识过的历代名画法帖达四五十幅之多,他往往善于从笔墨、技法、气韵乃至纸质上辨识

---

[1] 万新华:《柯九思》,河北教育出版社,2006年,第134—135页。
[2] 宗典:《柯九思史料》,上海人民美术出版社,1985年,第21页。
[3] 王及:《柯九思诗文集》,中国美术学院出版社,2004年,第98页。

其真伪;他不盲从前人之说,善于独立思考、细致验审,得出自己的结论。如他在《题唐临〈十七帖〉》中说:

> 右唐人所临王右军司州等三帖,用笔沈著,转折熟圆,自欧阳法中来,至其妙处,从容中道,诚书家所不可无也。吴兴赵翰林补其不足,前人已评之,故不论。平原陆友仁好论书,座中见此帖,谓杨汉公所临,良是。①

《题董源〈夏景山口待渡图〉卷》云:

> 右董源夏景山口待渡图真迹,冈峦清润,林木秀润,渔翁游客出没于其间,有自得之意。真神品也。天历三年正月奎章阁参书臣柯九思鉴定恭跋。②

《题李成〈读碑窠石图〉》云:

> 《读碑窠石图》,李唐宗室成所画也。予谓笔墨备有,神妙两到,于此本见之矣。前人称画山水者必以成为古今第一,信不诬矣,宜乎评者以此本第居神品上上云。成字咸熙,五季艰难之际,避地北海,遂为营丘人,凡画家至不名而归营邱者是也。③

柯九思平生雅好墨竹创作,在创作中善于吸收前贤的笔墨神韵之长,反复披玩,潜心体悟,因此他在鉴赏墨竹画时,往往结合自己的创作感悟,提出独到的见解和体会。如他在《跋苏轼〈枯木疏竹图〉》中说:

> 此图王眉叟真人所藏也。东坡先生用松煤作古木,拙而劲,疏竹老而活,政所谓美人为破颜,恰似腰肢褭,此图亦同此意,真佳作也。高昌正臣

---

① 宗典:《柯九思史料》,上海人民美术出版社,1985年,第119页。
② 同上,第120页。
③ 同上,第120—122页。

旧有墨竹图一轴,与此岂同时作者? 真向背位置,若合壁然。真人因辄此以赠正臣,神物会合各有时,其是之谓乎? 奎章阁学士院鉴书博士柯九思书于锡训堂。①

正因为柯九思有如此的鉴赏眼力,又因为受到文宗的重用,因此,他在元代中后期的鉴藏领域具有相当的权威,也为保存我国的书画文化遗产,作出了不可磨灭的贡献。他鉴藏过的名画法帖无论是种类还是数量都是颇为可观的,现根据万新华先生梳理、研究②,分类介绍如下:

（一）经柯九思鉴定进入元内府的名画

现归藏台北故宫博物院的有:传尉迟乙僧《护国天王像》、关仝《关山行旅图》、传卫贤《闸口盘车图》、传王齐翰《采仙芝图》、宋人《梅竹聚禽图》、宋人《高冠柱石图》、赵佶《腊梅山禽图》《芙蓉锦鸡图》、传李迪《三顾图》、辽人《秋林群鹿图》《丹枫呦鹿图》、金张珪《神龟图》、江参《千里江山图》、李赞华《射骑图》；

现归藏北京故宫博物院的有:宋人《寒汀落雁图》、赵幹《江行初雪图》、赵佶《祥龙石图》、张择端《清明上河图》、金张珪《神龟图》；

现归藏美国波士顿美术馆的有:传范宽的《雪山萧寺图》、赵佶《五色鹦鹉图》、传王振鹏《龙舟图》团扇；

现归藏美国克里夫兰美术馆的有:传赵光辅《蛮王礼佛图》；

现归藏英国大英博物馆的有:传范宽《携琴访友图》；

现归藏辽宁省博物馆的有:传李成《茂林远岫图》、董源的《夏景山口待渡图》；

现归藏日本斋藤悦的有:巨然的《山居图》。

这些名画,或盖有"天历之宝"印,或钤上"天历"之印,或钤有"天历御览之宝"之印,或虽然无印但经柯九思鉴跋,入藏于元内府。

还有不少作品,虞集题画诗里有记载,现已佚失,据傅申先生考证,柯九思

---

① 宗典:《柯九思史料》,上海人民美术出版社,1985 年,第 123 页。
② 万新华:《柯九思》,河北教育出版社,2006 年,第 155—157 页。

鉴定过的文宗奎章阁时的藏画有：韩幹《马图》、曹霸《下槽马图》、陈闳《中宗射鹿图》、滕昌祐《茴香睡鹅图》、周怡《临韩幹明皇出游图》、赵佶《梨花青禽图》、燕文贵《小景图》、赵千里《小景图》《出峡图》、蕴能《罗汉图》、韩滉《土星图》、白乐天《重屏图》、佚名《明皇出游图》、佚名《罗汉图》等。①

另外，还有少数作品，著录记载有"天历之宝"印，今亦不知去向，如许道宁《山居图》(《庚子销夏记》卷三)、刘松年《桃花三兔图》(《江村销夏录》卷一)、米友仁《大姚村作云山图》(《墨缘汇观》卷三)。

（二）柯九思鉴赏过的绘画

有柯九思审定题跋或印款的有：李成、王晓《读碑窠石图》、文同《墨竹图》《竹枝图》、郭熙《树色平远图》《溪山秋霁图》、梵隆《六高僧像》、苏轼《墨竹图》《枯木疏竹图》、宋人《临辋川图》、僧隆茂宗《萧翼赚兰亭图》等。②

另有一幅阎立本《步辇图》，据元人题跋，曾于至治、天历年间进入内府，柯九思当见过此画。③

所幸的是，这些名画，今大部仍保存于世，收藏于北京故宫博物院、日本大阪市立美术馆、台北故宫博物院、美国纽约大都会博物馆、美国华盛顿佛利尔博物馆等。

此外，根据有关著录记载，经柯九思鉴赏过且有题跋、题诗或印款的有：李升《袁安卧雪图》、黄筌《柳塘聚禽图》《鸿蕉十二红图》及《梅花山茶野禽图》、苏轼《凤尾竹图》、赵孟坚《水仙图》和《墨兰图》、米芾《云仙图》、赵令穰《鹅群图》、高克恭《秋山暮霭图》《竹石图》《松石图》、赵孟頫《番马图》《疏林秀石图》《墨竹图》《兰图》《挟弹图》《春山图》《马图》《牧马图》《神驹图》和《秋江秋雨图》、钱选《草虫图》《梨花鸠子图》《梨花图》和《杏花图》、王孤云《角抵图》、吴道子《维摩图》、韩幹《马图》、文同《墨竹图》、李公麟《仙山楼阁图》和《马图》、周昉《荔枝宫女图》、张萱《横笛仕女图》、周文矩《太真攀鞍图》和《熨帛仕女图》、荆浩《匡庐图》、王仁寿《驼图》、郭元方《海棠蛱蝶图》、武洞清《阿罗汉图》、赵昌

---

① 万新华：《柯九思》，河北教育出版社，2006年，第157页。
② 同上。
③ 同上。

《牡丹鹁鸽图》、赵佶《柔条雨燕图》、李时雍《渭川烟雨图》、米友仁《山水》、苏叔党《竹石图》、佚名《平台寒林图》、佚名《雪松图》、佚名《米芾画像》、李衍《墨竹图》、商寿岩《山水图》、尚集贤《山水图》、温日观《葡萄图》、宋好古《绿竹图》、李遵道《春山图》《墨竹图》及《画扇》、赵雍《江山秋霁图》《临凤头骢图》及《桃花马图》、冯子振《荷花图》、王振鹏《山水图》、唐棣《秋江亭子图》、王冕《红梅图》、朱德润《临李营丘寒林图》、倪瓒《良常草堂图》、王蒙《芝兰室图》《惠麓小隐图》《竹石图》及《双松图》、张渥《乘鸾仙图》、边武《苍松图》、释雪窗《兰图》、朱德润、王渊《草堂图》、曹云西《双松图》、方从义《云林图》、陈琳《溪凫图》等唐宋元时的名家名迹。① 这些名画，有的被国内外各类博物院（馆）收藏，有些已经遗失。

（三）柯九思个人收藏的传世画作或已经佚失的画作②

今保存在台北故宫博物院的有：宋人《老子像》、米芾《春山瑞松图》、传赵佶《犊牛图》、萧照《山居图》、方从义《惠方舟行图》、钱选《野芳拳石图》；

今保存在北京故宫博物院的有：阮郜《阆苑女仙图》、扬无咎《四梅图》、赵孟頫《秋郊饮马图》和《秀石疏林图》、任仁发《二马图》；

今保存在美国纽约大都会博物馆的有：董源《溪岸图》、赵孟頫《九歌图》；

今保存在上海博物馆的有：宋人《溪山楼观图》；

今保存在天津博物馆的有：传萧照《瑞应图》；

今保存在辽宁省博物馆的有：赵孟頫《饮马图》；

今保存在吉林省博物馆的有：何澄《归庄图》；

著录于有关史籍的：郑法士《读碑图》、韦偃《双骑图》、戴峄《逸午图》、张萱《明皇出骑图》、黄齐《烟雪图》、赵孟坚《岁寒三友图》、曹知白《远山疏林图》（以上见《墨林拔萃册》）、赵伯驹《汉高祖入关图》(《书画鉴影》卷二)；

已经佚失的有：董源《水石幽禽图》、苏轼《墨竹图》、米友仁《长江烟雨图》、文同《墨竹图》。

---

① 万新华：《柯九思》，河北教育出版社，2006年，第157—161页。
② 同上，第161—162页。

（四）柯九思鉴藏审题的法书名帖[①]

今保存在台北故宫博物院的有：《定武兰亭五字损本》、褚遂良《临王献之飞鸟帖》、苏轼《寒食诗》、黄庭坚《动静帖》；

今保存在北京故宫博物院的有：虞世南《摹兰亭序》、柳公权《兰亭诗》、米芾《研山铭》；

今保存在上海博物馆的有：王羲之《鸭头丸帖》、苏轼《天际乌云帖》；

今保存在日本东京国立博物馆的有：《兰亭独孤本》；

今保存在辽宁省博物馆的有：晋人《曹娥碑》；

记载在有关著录里的有：晋贤《黄庭内景经》、张旭《四诗帖》、颜正卿《书诰》、徐浩《宝林寺诗迹》、林藻《深慰帖》、李郢《七言诗稿》、楼钥《雨润帖》、吴彩鸾《四声诗帖》《唐临十七帖》《唐韵残本》、苏轼《二颂卷》《游虎跑泉》《恕察帖》《橘颂帖》、米芾《拜中岳命诗》《萧闲堂记帖》、黄庭坚《咏马诗帖》、洪咨夔《道场诗并木卷》、范仲淹《韩子伯夷考》、方城范氏《古钟铭》、薛尚功《摹钟鼎彝器款识》、陆继之《摹兰亭序》、赵孟頫《诗稿》《黄庭经》《万寿曲》《真草千字文》及《诗卷》、泰不华《渔庄篆文》等。

[①] 万新华：《柯九思》，河北教育出版社，2006年，第162页。

第三章 志道游艺：柯九思的诗、书、画创作

知名海内外的当代历史学家余英时先生在《从"游于艺"到"心道合一"——〈张充和诗书画选〉序》一文中说：

> 中国传统的"精英文化"(elite culture)是在"士"的手上创造和发展出来的，在艺术方面，它集中地体现在诗、书、画三种形式之中。这是艺坛的共识，至少唐代已然，所以"郑虔三绝"的佳话流传至今。①

笔者深深服膺于这一段话，并且受此启发而想到：假如在元代的艺坛上，要找出这样一位能够称得上诗书画"三绝"的文士，柯九思是当之无愧的。在柯九思生活的时代，人们已经将他比作唐代的郑虔，这有许多史料为证。

最早将柯九思比作郑虔的是虞集。虞集是柯九思的同僚前辈，谊在亦师亦友之间，他对柯九思的才艺十分钦敬。他在《次韵柯丹丘见寄三首》第三首诗里用"今代广文真画师，苏州把笔更题诗"的诗句称许柯九思，他还有《题柯敬仲墨竹》一诗，诗的后半段云："君不见白发天台郑广文，前身画师今更闻。请看翡翠三株树，犹是蓬莱五色云。"②

柯九思的好友王逢对柯九思非常敬仰，他在《投赠柯博士》一首长诗里的开头说："三绝郑虔亲帝许，四愁平子旧谁伦。"③从王逢的诗句里看出，柯九思的诗书画"三绝"是文宗皇帝亲许的，但我们找不到有关的文献资料。也许文

---

① 余英时：《论学会友》（余英时文集第十一卷），广西师范大学出版社，2014年，第153页。
② 王及：《柯九思诗文集》，中国美术学院出版社，2004年，第93页。
③ 同上，第116页。

宗皇帝在奎章阁时确实说过这样的话,也许人们从柯九思以才艺深受文宗皇帝的恩宠后又沦落民间这件事上想到了晚唐的郑虔,否则朝野不会这样无来由地推广的。徐显是柯九思流寓吴中后结识的晚辈好友,他在《柯九思传》中这样写道:

唐郑虔以才艺遇玄宗,号称三绝,特置广文馆,命虔为博士,而晚节流落,君子惜之! 公亦以布衣侍天子左右,特授鉴书博士,其荣宠视虔等矣![1]

以上史料,尽管角度不同,但有一个共同的看法,即认为柯九思无疑是元代艺坛上声名显赫的艺术大家,他在诗书画三个领域都作出了杰出的成就。

---

[1] 宗典:《柯九思史料》,上海人民美术出版社,1985年,第2页。

一、每题诗句世间传

柯九思的诗歌创作在当时即很有名声,虞集在《题柯敬仲画古木疏篁》中有"忆昔画图天上作,每题诗句世间传"①的说法。从"每题诗句世间传"这句诗,我们似乎隐隐感觉到柯九思在诗歌创作上颇为勤奋,作品数量也颇丰。据史料记载,他约在至正元年(1341)曾经刊行《任斋诗集》四卷,虞集、陈旅为之作序,②可惜经过元末及明初的战乱,这本集子到明代时已经佚失。值得庆幸的是,柯九思的好友顾瑛在他编辑的《草堂雅集》里,辑入了柯九思的诗歌一百九十首,且置于全书卷首。估计顾瑛当时编辑时,手里是有《任斋诗集》的。《四库全书提要》称顾瑛的《草堂雅集》是"仿段成式《汉上题襟集》例,编唱和之作为此集","虽以《草堂雅集》为名,实简录其人平生之作",堪称"梗概一代精华"。柯九思的大部诗作幸赖《草堂雅集》得以流传。

当代台州文史学者王及先生对柯九思诗集的编辑、流传情况有详尽的稽考,③今根据他的论述略作介绍。清康熙间,苏州顾嗣立将柯九思的诗作以《丹丘生稿》为名辑入《元诗选》,收诗二百六十四首,然而一部分是伪托柯九思的诗作。咸丰九年(1859),仙居乡贤王魏胜编辑《丹邱集》三卷,由于僻处山乡,难见有关柯九思的文献资料,所收仅七十七首,其中伪托诗倒占了一半,不足为凭。光绪二十八年(1902),武昌柯逢时于南京委托缪荃孙、曹元忠编辑《丹丘生集》,于光绪三十四年刊印,称为适园刻本,这是目前为之搜辑最富的柯九思诗集,但仍多伪托之作。民国年间,仙居李镜渠先生纂辑《仙居丛书》时,仍旧将王魏胜的《丹邱集》辑入。本世纪初,王及先生感觉王魏胜《丹邱集》收录太少,对缪荃孙、曹元忠编辑的《丹丘生集》和宗典《柯九思史料》也心有所憾,于是参阅了大量的元人总集、别集和有关书画综录,编成《柯九思诗文集》。该集底本依次以顾瑛《草堂雅集》、顾嗣立《元诗选》、缪荃孙和曹元忠《丹丘生集》等为主点校,共得柯九思诗二百五十九首、词四首、论曲二则、文三篇、题跋题

---

① 王及:《柯九思诗文集》,中国美术学院出版社,2004年,第105页。
② 宗典:《柯九思史料》,上海人民美术出版社,1985年,第244页。
③ 王及:《柯九思诗文集》,中国美术学院出版社,2004年,第20—24页。

识五十则,附录与柯九思同时或稍后的酬答和韵及题画诗二百三十二首、词二首、题跋题记十一则,伪托柯氏诗文八十五篇,并附汤垕《画鉴》及柯氏有关传记,堪称目前柯九思诗文中最为博洽和完善的一个辑本。

尽管柯九思的诗作代有编辑,流传有绪,但真正研究柯九思诗歌的并不多见,据笔者所知,目前对柯九思诗歌引起关注的还是他的题画诗部分,今人张嘉宇有《柯九思题画诗研究》[1]。考察历来的元代文学史著作,对柯九思的诗歌也几乎只字不提。是柯九思的诗歌艺术水平不够,难入诸多文史学者的法眼,还是另有其他什么原因? 笔者以为:从大的学术背景看,整个二十世纪,学者们的一个普遍印象是,元诗没有成就,[2]更别说元代诗学了,人们对元代诗歌缺乏客观而公允的评价;从人们对柯九思艺术的观照角度看,可能是柯九思在书画鉴藏、书画(特别是墨竹)创作上声名颇盛,掩盖了他的诗名,人们将更多的关注点投入到他的鉴藏业绩和书画艺术上了。

近十几年来,学术界对元诗的研究渐趋客观细致,有学者认为:"元代诗风之盛,超越前代。明清人有言'以诗为性命'者,以此评价元人,可能更合适。在元代,写诗品诗,成了一些文人的心灵寄托,他们自言万事皆废,所不废者,唯读书与作诗。"[3]如果我们细加考察就会发现,和元代许多文人墨客一样,"没有诗,他们不知道自己生命还有什么意义"[4]。柯九思的诗歌创作也是他生命的重要组成部分,他把自己对人生的感悟、南北游历(包括仕宦)的见闻、揽胜溪山的兴叹、交游酬唱的触绪、观赏书画的情味,都诉诸笔端,形诸吟咏。细味他的全部诗歌,我们会认为他也是元代诗坛上的一位名家,无论是题材、体裁、风格、思致、水平都堪称上乘。

(一) 题材内容

柯九思的诗歌从反映的题材内容上看,主要为两方面:一是游历之作,包括体现仕宦、交游、雅集等生活的诗作;二是题画之作,有作品一百二十余首,

---

[1] 张嘉宇:《柯九思题画诗研究》,河北大学硕士学位论文,2013年,指导教师:王素美教授。
[2] 查洪德:《元代诗学通论》,北京大学出版社,2014年,第1页。
[3] 同上,第10页。
[4] 同上,第11页。

占柯九思诗作总数的近半。

1. 游历诗

从柯九思游历方面的诗作看,柯九思的游踪是很广阔的。自至大元年(1308)至泰定四年(1327),即柯九思二十一岁到三十八岁这二十年间,他或居江浙,或游建康、京师,壮游南北两地,结识名流,庋藏书画,笑谈古今,英华发越,为他日后的仕进和艺术道路打下了坚实的基础。可惜不知何故,这时期的作品留存不多,只有少数几首如《俞希声置竹石于几案间名曰小山阴山阴吾之故乡不能无题》《岳王庙》《悼吾衍》《送达兼善赴南台御史》等诗作反映了这一时期的一些生活情状。

柯九思的大部分游历诗作还是写于任职奎章阁期间。如果细分内容,可以归类为奎章阁的值守诗、会朝大典诗及宫词、送别赴任南方官员或返归南方友人的酬赠诗等。奎章阁值守,是柯九思感到荣宠的事情,这方面的作品较多,如《春值宝阁》《春值奎章阁二首》《退值赠月》等。在这些诗作里,柯九思流露出的是春风得意的欢欣之情,如《春值宝阁》写道:

  宝章金钥直承明,袖捧祥云曙色新。亲侍銮舆中道发,旁趋冠剑两街行。洞房夜景摇珠箔,别殿香风度玉筝。万物尽沾忠厚泽,苑花深处听流莺。[1]

尾联两句将奎章阁鼎盛时期朝臣们的感恩之心,用优美灵动的笔调描绘得十分形象。

又如《春值奎章阁二首》:

  旋拆黄封日铸茶,玉泉新汲味幽嘉。殿中今日无宣唤,闲卷珠帘看柳花。

  春来琼岛花如锦,红雾霏霏张九天。底事君王稀幸御,儒臣日日待经筵。[2]

---

[1] 王及:《柯九思诗文集》,中国美术学院出版社,2004年,第13页。
[2] 同上,第20页。

写春值奎章阁的清雅悠闲的情景,也将柯九思等朝臣盼望文宗日日驾临奎章阁的急切心情如实地刻画出来。

又《退值赠月》诗云:

> 西华门外玉骢骄,新赐罗衣退晚朝。绣枕魂清疏雨暮,海棠银烛度春宵。①

描写柯九思春值下班时文宗皇帝新赐罗衣的欢快激动的情景。

在奎章阁期间,柯九思还参加了百官会朝大明宫的盛典,作《元日会朝大明宫》,将其盛况描绘出来:

> 轩冕朝元涌翠埃,中天鸡唱内门开。云飘五凤层楼矗,日绕群龙法驾来。谒者引班联宝带,上公称寿进金杯。撞钟告罢宫花侧,人指儒冠赐宴回。②

在任职奎章阁期间的天历二年(1329)端午节,文宗皇帝赏赐皇姑大长公主甚厚,虞集应制作端午赐大长公主诗,柯九思也作宫词感赋,有《上京宫词》:

> 滦京三伏暑无多,仙乐飘扬落禁坡。翡翠楼高迎晓日,水精殿冷看天河。千官赐宴齐宫锦,万马争标尽宝珂。独有小臣如鹄立,九重闲暇问秋禾。③

这首宫词写了宫中生活的华丽奢靡。柯九思毕竟是一个有良知的士人,"独有小臣如鹄立,九重闲暇问秋禾"一联隐隐透露了他面对奢华场面时对民生的关切和隐忧。

在《柯九思诗文集》里,我们还可以读到《宫词十五首》《宫词十首》《和许彦温宫词》等,思想内容都和《上京宫词》差不多。

---

① 王及:《柯九思诗文集》,中国美术学院出版社,2004年,第20页。
② 同上,第13页。
③ 同上,第17页。

第三章　志道游艺：柯九思的诗、书、画创作 · 251 ·

柯九思也曾参加朝廷的郊祀大典,也应制为之感赋。他在《应制赋郊祀大礼庆成二首》中第一首中写道：

辇路千门喜气浮,太平天子祀圆丘。奉常奏备离温室,尚服陈辞进大裘。云载朱旗飘彩凤,天临玉辂驾苍虬。腐儒谬忝金闺籍,目醉荣光出御楼。①

该诗气势磅礴,辞藻华丽,写出了天子率百官到郊外祭祀天地的盛大场面。

柯九思在京师任职期间的游历诗中,包括了不少的送别酬赠之作。官员离京赴任、省亲到南方,或老友故旧返乡,他每每赋诗酬赠。他的诗集中有《送秘书掾李道济之峡州知事》《送王诚夫赴无锡知州》《送李教授之湖州》《送赵季文之湖州参军与达兼善秘书同赋》《送林彦清归永嘉》,等等,多有感而发,情真意切。在《送林彦清归永嘉》《送王诚夫赴无锡知州》《送赵季文之湖州参军与达兼善秘书同赋》《送尚医林邦献归天台省亲》《明月歌送僧东游》《送陈孟宾归九江省亲》《送赵编修使秦蜀代祠岳渎》《送程鹏翼赴山东运司经历》《送赵虚一还金陵书虞翰林后》等诗歌中,既发抒了依依惜别之情,更表达了对家乡风物人事的深切思忆,也流露出欲一同返乡而不得的无限乡愁。请看下面一些诗句：

肯汲惠山泉见寄,青春煮茗当还乡。(《送王诚夫赴无锡知州》)
野亭日落朱颜酡,早寄书来慰思忆。(《送赵季文之湖州参军与达兼善秘书同赋》)
吾患为有身,南望空长叹。(《送林彦清归永嘉》)
尝药事亲师华扁,玉函方秘得真传。采芝曾研琼台月,煮术时飘碧海烟。几载尚医留帝里,一朝归省上江船。五云阁吏今华发,为报桃花洞里仙。(《送尚医林邦献归天台省亲》)
吴山越峤皆明月,桂树相随渡东浙。烦师问讯吾故居,山近琼台瞰双

---

① 王及：《柯九思诗文集》,中国美术学院出版社,2004年,第10页。

阙。(《明月歌送僧东游》)

上述诗句中的"惠山泉"、"琼台月"、"桃花洞"、"吴山越峤"、"琼台双阙"都是他的故乡江浙乃至天台山一带的著名自然或人文景观，是家山风物的象征。"无双最爱是家山"，他虽居于京师，也深受荣宠，但对地处南方的故乡却是无时不在思念之中。

从诗意看出，《将进酒送九江方叔高南还》《送泽天泉上人》等两首诗歌当作于柯九思已经落职但还暂居京师的时候，前者笔墨酣畅，思致悲愤而狂放，借虞舜南巡不还、屈原忠而见谗的历史典故，向友人倾诉了自古以来怀才不遇者的深广的忧愤。

柯九思的交游诗作，在落职南归后，写得更多了，《送倪仲刚迁浙西》《雪夜冰琴诗为邓静春赋》《送陈玉琳南还二首》《潞阳客舍和储生韵》等都是其中的佳作，这类诗借友朋间的酬赠，既表示了真挚的友情和殷切的期盼，也抒发了落职后人生如梦的感慨。

柯九思的雅集诗，主要见于他寓居吴中参加玉山雅集时的诗酒酬唱活动中。关于文人的雅集，据查洪德先生研究，不外乎两个方面的需求，"一是基于某种社会需要（政治的攀缘、社会地位或声望的攀附）的联谊，二是文人雅趣生活的享受，前者可以说是带有一定功利目的的，后者则不带有任何功利目的，纯粹追求雅集所营造的理想化、艺术化的文人生活情趣"[①]。东晋时期的兰亭雅集是后一种雅集的代表，到了元代中晚期的玉山雅集，无论在参加者的规模和持续时间上都大大超越了兰亭雅集，堪称中国古代文人雅集的高标；玉山雅集在当时几乎吸引了江浙一带全部的文化名流，在中国文学史、文化史上具有独特的价值和地位。玉山雅集的主持者顾瑛，十分仰慕柯九思的人品才华，他邀约柯九思参加玉山雅集的方式也是充满文人的雅趣，用的是诗柬，柯九思有一首《玉山以诗来招予与姚娄东过小隐其诗云溪上东风杨柳丝浅红初上海棠枝载取山公同一醉风流不减习家池用韵先寄》。从诗题看出，顾瑛的邀请诗写得诗意馥郁，丰神摇曳，令人心襟摇荡。

读柯九思的酬答诗，我们感觉不到应有的感激答谢之意，出现在我们眼前

---

① 查洪德：《元代诗学通论》，北京大学出版社，2014年，第103页。

的却是他在春天的大都冶游的镜头,他心里还念念不忘在玉文堂畔临池习字的情景。这似乎有悖常理,但如果我们抱着陈寅恪先生所提出的对历史人物要"理解之同情"的态度,就会感受到:此时柯九思的心情似乎还沉湎于往日京华无比繁华的岁月里,还没有从遭遭落职中自拔出来。

稍后不久,柯九思就积极参加玉山的雅集,并留下大量的诗作,《玉山佳处》《题钓月轩》《题雪泉》《寓题寄玉山》《索阳庄瓜寄玉山》《玉山书画楼口占》《姚娄东往玉山因书以寄》《春日偶成戏简玉山》《予旧为顾长卿作梅竹图明年其弟仲瑛于姚子章席上索题遂成口号云》《题从子伦写生芍药于玉山佳处》《题匡庐山人所藏云松图于玉山书舍》《题雪溪逵上人于玉山草堂》等都是与玉山雅集有关的作品。这些作品,或歌咏玉山佳处的胜景风物,如"神人夜斧开清玉,一片西飞界溪曲。中有桃源小洞天,云锦生香护画屋。"(《玉山佳处》)"寒梅几树近山堂,映雪临流正吐芳。汲得泉归和雪煮,地炉茶熟带清香。"(《题雪泉三首》之三)"隔岸云深相借问,青松望极有桃花。"(《寓题寄玉山》)或反映雅集中的愉悦放旷之情,如"主人意度真神仙,日日醉倒春风前。手挥白玉扇,口诵青苔篇。袖拂剑山云,足蹑蓝田烟。飘飘直向最佳处,漱润含芳擘琪树。世间回首软红尘,不许更向蓬莱去。"(《玉山佳处》)"谈笑从吾乐,相过罢送迎。……轩居总适意,何物更关情。"(《题钓月轩》)或表达对友人的思念,如"见说衡阳南去路,秋深无雁寄书来。""爱君谈笑俱清绝,昨日相逢是几回?"(《春日偶成戏柬玉山人》)或反映雅集时的品书赏画的情景,如"画工点染成生色,说与东君少待归。"(《题从子伦写生芍药于玉山佳处》)"闲居正忆龙头客,喜见秦人小篆文。便到山中看摹勒,已拼十日卧寒云。"(《题达兼善书鱼庄篆文》)

玉山雅集期间,偶尔独处之时,柯九思的心灵难免流露出孤苦而有狂放的情怀,他有一首题为《中秋醉后偶作》的七古长诗,以浪漫主义的手法描绘了自己中秋大醉之后的情状和感慨。诗中的月夜清冷而寂寞,象征着作者昔日高居奎章阁时遭逢权臣弹劾后孤苦无助的心境,也是流寓江南后现实心境的折射。

流寓吴中期间,柯九思与同道好友的另一个雅集之处是荆溪(今江苏宜兴)良常草堂和环庆堂。在荆溪,他与当地富豪、大收藏家王仲德、其弟王子明及名士张天民、张德常、张德机等常相游处,饮酒赋诗,挥毫泼墨,极一时之欢,时在至正二年(1342)秋间。从现有资料看来,柯九思这一时期主要还是与上述文士品鉴文物和创作书画为主,但也留下了一些诗作,作品有《题苏轼天际乌云帖和韵九首》《题倪幻霞良常草堂图》《题朱德润、王渊为张德常合作草堂图》等。《题苏轼天际乌云帖和韵九首》是观照柯九思晚年心路历程的非常重要的作品。柯九思面对自己曾经收藏于大都的法书名帖而起的无限感慨,于是挥毫走笔,一抒长萦心底的"悒郁之气"。这"悒郁之气"中,有恩遇荣宠的感激缅念,有繁华落尽、人生如梦的虚幻,有不堪回首偏又重经的无奈,也有无力回天的幽怨。

柯九思在良常草堂期间,与张德常交游最密,他们在一起谈诗论画,颇为相得。张德常曾收藏有赵孟頫的诗稿,至正二年(1342)九月十六日,柯九思赏阅之后,为之题跋,其中有"观此卷令人叹慕不已,德常其永保之。"柯九思有一首《题赵孟頫诗卷三十韵》估计也是写于这一次题跋之后。该诗是柯九思晚年十分重要的一篇作品,内容丰赡,思想深厚。上半部分,柯九思深情回忆了与赵孟頫的交谊,也对赵孟頫身上具有华夏文明所熏陶的贵族气质和儒士学养而受到上流社会的尊崇和礼遇表达了无限钦敬之情;下半部分歌颂了赵孟頫诗、书、画艺术极具晋唐风韵,也抒发了年华易老而才不得尽用的无限感慨。

2. 题画诗

题诗文于画,是北宋以来文人们的一种高雅的文艺活动,相传有"文画苏题"之说。这一传说,最早的记载恰恰出自柯九思至正二年(1342)《题文湖州竹枝卷》:"此卷文画苏题,遂成全美。"

柯九思、倪瓒是当时两位颇负名望的画家和鉴赏家,两次亲见"文画苏题"的名迹,所记应该是十分可靠的。但苏轼所题,显然不是诗,画上题诗,诗画合璧,始自宋徽宗赵佶的《芙蓉锦鸡图》和《腊梅山禽图》。但题诗于画真正形成风气,而且诗歌成为画面布局中的有机部分,诗、书、画融为一体,妙合无间,则要到元代中晚期。学者周积寅认为:"到了元代,画上题诗才真正兴起并成熟起来……并从画的意境和章法上,认真考虑诗的内容和书写的位置,使之与画浑成一体。"[①]所以真正意义上的题画诗应该成熟于元代。

明人陈继儒说:"先秦、两汉,诗文具备,晋人清谈、书法,六朝人四六,唐人

---

① 周积寅:《中国历代题画诗概说》,《东南文化》,1986年第2期。

诗、小说，宋人诗余，元人画与南北剧，皆自独立一代。"①可见元人画与元杂剧和唐诗、宋词一样，堪称一代之胜，所以查洪德先生认为，题画诗也可以与元画的繁盛相提并论。②

清陈邦彦辑有《历代题画诗类》，收历代题画诗作近九千首，有元一代就有3 798首，占总数的42%。此书收诗在二十首以上的诗人有四十四位，与柯九思有交往的文士名公如赵孟𫖯、虞集、倪瓒、陈基、张雨、郑元佑等都有二十首以上的诗作录入。查洪德先生认为："元代全部题画诗的数量远不止这些。如诗人胡祗遹有大量题画诗，但由于文集不传，未能收入（今传《紫山大全集》二十六卷为清代四库馆臣辑录本）。"③柯九思在当时就有诗作编入《草堂雅集》，诗集也曾刊行，其题画诗却不在《历代题画诗类》诸多元人之列，真是有点匪夷所思。实际上，与《历代题画诗类》所辑录的几位数量较多的元人相比，柯九思留给后人的题画诗数量也甚可观。

王及先生编辑的《柯九思诗文集》收录柯九思题画诗122首，《历代题画诗类》里，元人题画诗数量排名前几位的是：王恽360首，虞集141首，袁桷125首，吴镇110首，程钜夫104首，以此来看，柯九思可排名第四位。

柯九思题画诗为何如此之丰富，从客观条件上看，是与当时题画之风有关，"题画之风的形成，其前提条件是诗与画在精神上的深度结缘，其必要条件是画家诗人或诗书画兼擅之士大量出现，且书画收藏与鉴赏形成风气"④。从他自身条件看，柯九思乃是诗、书、画兼擅之士中的佼佼者，而且精于书画鉴赏，有非凡的赏识水平。

柯九思的题画诗题材广泛，内容丰富，包括山水、花鸟、人物、走兽等多个方面。

柯九思以山水为题材的题画诗有《题宣和书画博士李时雍渭川烟雨图》《题所藏赵仲穆江山秋霁图》《商寿岩山水图》《题马远画虚亭渔笛图》《题王蒙惠麓小隐图》《题倪幻霞良常草堂图》《题赵孟𫖯疏林秀石图》《题王孤云界画山水图》《题荆浩匡庐图》《题李公麟仙山楼阁图》《题米元章海岳庵图》《题米元晖

---

① （明）陈继儒：《太平清话》卷一，明崇祯刻本。
② 查洪德：《元代诗学通论》，北京大学出版社，2014年，第120页。
③ 同上，第119页。
④ 同上，第120页。

山水》《题赵松雪春山图》《题高尚书秋山暮霭图》《题李遵道春山图》《题赵仲穆画》《题商寿岩画山水》《题商集贤画山水》《题黄大痴缥缈仙居图》《题从子伦画南山晓霁图》《题从子伦画雪景便面》《题匡庐山人所藏云松图于玉山书舍》《题姚娄东平台寒林图》《题渔父图》《题风雨泊舟图》等。他笔下的题画诗往往在细致刻画自然山水之美的同时,体悟作画者的内心思绪,更多的是融入自己的人生意趣、理想情怀,画作中的景物成了诗人感情寄托的媒介。如《题李遵道春山图》云:"江上兰桡倚绿波,江头听唱竹枝歌。使君多少伤春意,新画春山作髻螺。"[1]从画作里的一片春山中读出了李士行(字遵道)心头无限的伤春之意。又如《题王蒙惠麓小隐图》,几乎不涉王蒙的画作《惠麓小隐图》的具体景物,全从王蒙的家国遭际着眼,对他的归隐生活深表理解之同情。其《题宣和书画博士李时雍渭川烟雨图》诗对李时雍的渭川烟雨图中的景色作了诗意的描摹,寄寓了向往山家幽静清新而又无忧无虑生活的一种愿望。又如《题赵仲穆江山秋霁图》,不但描摹溪山秋景,还回忆了和赵雍相识于京师的情景,更寄托了隐逸湖山的扁舟之趣。

其《商寿岩山水图》诗云:

老子胸吞几云梦,剩水残山藏妙用。酒酣时把墨濡头,收拾乾坤作清供。粉黛不写儿女颜,秃兔扫尽江南山。孤峰拔地起千尺,凛凛秀色撑虚寒。飞泉一道跃灵窟,古树千株舞烟骨。小桥流水隔红尘,中有幽人卧茅屋。众奇百谲乌可名,笔力到处俱天成。王维久死唤莫起,此画一出疑更生。世人饮食鲜知味,淡里工夫属三昧。屠门大嚼空垂涎,口不能言心自醉。蹇驴驮我春暮时,观山仰面哦新诗。垂杨修竹夹古道,忽有桃杏横纤枝。浴沂风软摇轻袂,两过屏山滴烟翠。数家篱落近横塘,牛背夕阳明远霁。悠然对景心无穷,冥搜直欲收奇功。贪爱眼前闲世界,不知身落画图中。[2]

这首题画诗似乎是柯九思在酣醉中赏读商寿岩的山水图之后所作,所以

---

[1] 宗典:《柯九思史料》,上海人民美术出版社,1985年,第149页。
[2] 同上,第153页。

写得别有怀抱和意趣。诗作不但曲尽其妙，将商寿岩的山水图点化成触手可及的、似在眼前的江南春山，他的身心也都融入江南小桥流水、垂杨修竹的幽静景色中，沉浸在"浴乎沂，风乎舞雩，咏而归"的畅怀惬意的境界中。

又如《题李公麟仙山楼阁图》：

柳边游骑水边船，争向西湖醉管弦。记得当年行乐处，六桥风景尚依然。①

诗作不作画意的描绘，却忆念自己当年在西湖边上的游冶生涯，又暗寓物是人非的深沉感慨。

又如《题米芾海岳庵图》：

我弃朝归海岳庵，千岩万壑绕江南。先生预拟归来计，不待临风雪满簪。②

柯九思看到米芾的海岳庵图，不禁心生归隐之思。

又如《题米元晖山水》：

帝乡春日曾舒卷，溪馆秋风每见之。处处云生山似画，年年老去鬓如丝。③

柯九思看到米芾、米友仁父子的山水画作，不禁心生岁月不居、年华老去的感慨，归隐之思也油然而生。

柯九思以花鸟为题材的题画诗有：《题钱舜举画梨花》《自题晴竹》《题赵孟坚水仙图》《题钱选草虫图》《题芙蓉画眉》《题绿竹》《题竹图》《题画蕙》《墨竹》《题墨竹图卷》《题赵昌画牡丹鹁鸽》《题黄筌梅花茶野禽图》《题文与可画竹》《题郭元方画海棠蛱蝶》《题宋徽宗柔条雨燕图》《题赵令穰群鹅图》《题宋好

---

① 宗典：《柯九思史料》，上海人民美术出版社，1985年，第137页。
② 同上，第138页。
③ 同上，第139页。

古绿竹图》《题温日观画葡萄》《题赵子固画墨兰》《题钱选梨花鸠子图》《题钱舜举画杏花》《题赵承旨墨竹》《题赵子昂画兰》《题高尚书竹石图》《题高尚书松石图》《题李息斋墨竹四首》《题李遵道画竹》《题曹云西双松图》《题陈琳溪凫图》《题冯子振横幅荷花图》《题明雪窗画兰》《题王元章写红梅花》《题黄鹤樵叟竹石》《题从子伦写生芍药于玉山佳处》《题卢益修画水仙花》《题墨兰》《题墨蕙》《题画二首》《题翠屏色梅图》《自题墨梅》等。

花鸟画的意境往往比较含蓄深沉,柯九思以花鸟画为题材的题画诗往往要借助花鸟对象来表现一种主观情感。如《题赵孟坚墨兰图》:

> 王子当时倚玉楼,飘萧翰墨足风流。人间自有清香种,不逐湘累一样愁。①

兰花姿态优美、幽香怡人,有"花中君子"的美称,象征着高洁、质朴,同时也象征着画家本身具有兰花一样的品质。本诗称颂赵孟坚《墨兰图》飘逸流畅,深得当时文人的推崇,也对兰花具有人间那种高洁的情怀表示钦敬,但结尾一句却有自己的独到看法,意思是人间自有不屈服于权贵的人,但也不用像屈原那样愁得投湘水自沉。本诗表达了对赵子固不愿出仕元朝、宁愿选择隐居生活的理解。

在我国传统文化中,竹以其特有的形象常常被视为气节的象征,它虽然比不上牡丹的娇美、松柏的伟岸、桃李的鲜艳,但它坚韧挺拔、岁寒不凋,加之中通外直、不畏逆境的高洁品质一直深受文人们钟爱。因此竹是柯九思题画诗中吟咏最多的植物形象。他的题画诗中的咏竹诗不仅重现了竹的视觉形象,同时也寄寓了诗人高洁的情怀。

他的《自题晴竹》诗云:

> 岁寒有贞姿,孤竹劲且直。虚心足以容,坚节不挠物。可比君子人,穷年交不易。晔晔桃李花,旦暮改颜色。②

---

① 宗典:《柯九思史料》,上海人民美术出版社,1985年,第141页。
② 王及:《柯九思诗文集》,中国美术学院出版社,2004年,第33页。

柯九思在这首自题诗中对竹的特性进行了白描,也礼赞了她虚心包容、坚贞不屈,不被外物所干扰的品格。明代李日华《六研斋笔记》对柯九思该作品评价曰:"柯南宫晴竹一帧,立竿亭亭,不作枯木与坡麓沙砾,只是行枝布叶,合于生竹自然之数,遂觉精彩动人。自题诗一首,书法雄劲,大得鲁公《争座位》三昧。"①谓柯九思的《晴竹》画得自然动人,自题诗与画面融为一体,为画面增色不少。

对于柯九思的题画诗,河北大学硕士张嘉宇有系统的研究,并作出了中肯的评价,认为:"柯九思以花鸟为题材的题画诗,不是简单地将诗歌题写在画面上,更加注重的是通过花鸟所表现出的画家的主观情感与诗人自身的主观情感合二为一的境界,赋予花鸟以人的生命特征,使得画面也生动形象起来。"②此论颇中肯綮。

柯九思以人物画为题材的题画诗,有《题吴道子维摩图》《题张萱画横笛仕女》《题汲水美人图》《题金国瑞箭人马图》《题周昉画荔枝宫女图》《题周文矩画太真攀鞍图》《题周文矩画熨帛仕女》《题武洞清阿罗汉像》《题赵伯驹汉高入关图》《题赵松雪挟弹图》《题张叔厚白描乘鸾仙》《题雪溪遘上人像于玉山草堂》《太白画像》《米元章画像》《赞观音像》等。

柯九思的这类题画诗不对人物进行过细的刻画描摹,多以简洁的语言对画面略加勾勒,重在人物事件的叙述和性格命运的把握,有时也融入自己的人生感触或艺术意趣。如《题周昉画荔枝宫女图》:

骊山宫殿九天开,盘出轻红破玉腮。中使传宣催驿骑,宫娥报道荔枝来。③

诗作将宫中使者传旨催促骑驿递送荔枝以及宫女一接到荔枝到来马上报告的急切情状白描出来,暗讽唐玄宗对杨贵妃的宠溺。又如《题周文矩画太真攀鞍图》:

---

① 王及:《柯九思诗文集》,中国美术学院出版社,2004年,第33页。
② 张嘉宇:《柯九思题画诗研究》,河北大学硕士学位论文,2013年,指导教师:王素美教授。
③ 王及:《柯九思诗文集》,中国美术学院出版社,2004年,第43页。

春风别院奏笙歌,妃子攀鞍转晓波。不信开元太平日,香魂沦落马嵬坡。①

　　诗作前两句对杨贵妃在春风别院中扶鞍上马、晓波嫣然转盼的画面内容略加点染,后两句咏史抒情,诗意落着于杨贵妃香魂消逝于马嵬坡的悲惨结局,与李商隐的《马嵬其二》诗中的"此日六军同驻马,当时七夕笑牵牛"有异曲同工之妙。诗歌也暗含人事无常、繁华难久的人生感慨。

　　又如《米元章画像》诗云:

　　宝晋斋中春日长,旧时宫砚墨痕香。海棠华发黄鹂语,临到兰亭第几行?②

　　诗中"宝晋斋"即米公祠,原名宝晋斋,位于无为县(今属湖北襄阳)城西北隅,为北宋著名书画家米芾知无为军时所建。这首诗由米芾的画像,心思牵连、穿越到前代的时空,仿佛走进宝晋斋中,感受到了春日迟迟、墨痕飘香的气氛。后两句诗更是像长镜头一样向前推进,柯九思仿佛面对着米芾笑问:如今你的窗前海棠花开得好不艳丽,黄鹂也叫得正欢,在这春意盎然的时日里,先生您临摹兰亭序到第几行了?整首诗诗意别具一格,充分体现了柯九思那种慧心独具、妙趣横生的艺术个性。

　　又如《题张萱画横笛仕女》诗云:

　　纤手铿宫徵,纱痕薄暮霞。画眉人去后,深院落梅花。③

　　此诗前两句写横笛仕女纤手弹奏曲调的情景,后两句笔锋一转,写画眉人去后,仕女独自面对落满梅花的深深院落而无限落寞的情怀。很显然,作者由此画面,触动了对自己人生遭际的感慨。

　　柯九思以走兽画为题材的诗作有:《题韩幹马图》《题李伯时马图》《题赵

---

① 王及:《柯九思诗文集》,中国美术学院出版社,2004年,第43页。
② 同上,第61页。
③ 同上,第40页。

松雪画马》《赵松雪画牧马》《题赵仲穆画桃花马图》《题虢国走马图》等。从这些诗题可以看出,柯九思关于走兽画的题诗都集中在画马图上,细味诗作,这类诗的内容或赞叹画家笔下的骏马的神采俊逸、生动形象,如《题赵松雪画马》中的"当日丹青谁第一?为传神骏落人间",《赵松雪画牧马》中的"骏骨雄姿产渥洼,霜蹄蹀躞势堪夸";或由画面联想到历史,体现了柯九思深沉的历史意识和家国情怀。如其《题韩幹马图》云:

  圉人扈从温泉宫,晓汲清波浮落红。骅骝解语意相得,肉鬉振动嘶春风。天子临轩催羯鼓,绣茵檀板登床舞。美人眄睐相辉光,那复临边思报主。潼关夜半烽火明,锦绷儿来坐大庭。此马弃捐何足道,顾影长城厌水腥。①

诗中的"锦绷儿"即安禄山,安禄山以母事杨贵妃,禄山生日,贵妃以"锦绷"(锦制的褓褓)裹禄山,使宫人以彩舆舁之,宫中欢呼动地,事见《资治通鉴·唐玄宗天宝十载》。宋刘克庄《明皇按乐图》诗亦云:"惜哉傍有锦绷儿,蹴破咸秦跳河陇。"柯九思在这首诗作中先扬后抑,描绘了温泉宫中的骅骝扈从唐明皇和杨贵妃一起醉生梦死、春风得意的情景,然后笔调陡转,写安禄山兵破潼关的历史变故,最后对韩幹笔下的骏马大加鞭挞:这种祸国殃民的马,就是丢弃掉又有何不可?因为百姓们已经深恶痛绝战乱了。

(二) 艺术特色

  柯九思的诗歌没有引起前人足够的重视,所见的评论仅寥寥几条,如元顾瑛评:"其《宫词》尤为得体,以予爱其词,故多书焉,议者以为不在王建下。"②明胡应麟言:"柯敬仲'云飘五凤层楼盖,日绕龙鳞法驾来'、'鸳序久陪苍水使,凤池曾赋紫薇郎'……等,句格庄严,词藻瑰丽,上接大历、元和之轨,下开正德、嘉靖之途。"③又如清易顺鼎说:"窃叹先生诗文为画所掩,而其人又为诗画所

---

① 王及:《柯九思诗文集》,中国美术学院出版社,2004年,第33—34页。
② (元)顾瑛:《草堂雅集》,中华书局,2008年,第1页。
③ (明)胡应麟:《诗薮》,中华书局,1958年,第225—226页。

掩,读《城南杂诗》十首,忠爱之忱,直追老杜,而垦田减漕之咏,卓识宏议,尤非一二诗人所及。正不徒以风华典赡、清高拔俗独步一时。"①但仅从这几条,就可以看出,柯九思的诗歌确有不俗的艺术水平。

柯九思诗歌鲜明的艺术特色,可从体裁、风格、语言几方面进行分析。

柯九思的诗歌体裁各体俱备,但七言居多。七言中又以七绝居多。他的题画诗和酬赠之作大部分用七绝。七言绝句的题画诗到元代发展到高峰,这是由于绝句这一短小精悍、活泼灵动、易于发抒性情的形式适合于作为题画诗,也最能体现一个诗人的才情性灵。我们细味柯九思的七言绝句,就会感受到他字里行间流露出来的神妙灵动的思致、真切感人的情怀,也感受到他巧妙高明、举重若轻的艺术技巧。

柯九思的诗歌体裁除了七言绝句,还有五绝、六绝、五律、七律、五古、七古、五言排律等,可谓各体俱备,各尽其妙。在抒发深沉、婉曲、繁复的思想感情时,往往用五古、七古和五言排律,如五古《送林彦清归永嘉》,表达了他对雁荡胜景的思念以及心灵得以自由的希冀;又如《中秋醉后偶作》,颇有诗仙李白的豪放情怀,诗人要抒发的是酩酊大醉后的真情实意,那就是对澄明脱俗理想境界的极度向往;五言排律《题赵子昂诗卷三十韵》,则表达了对赵孟頫荣宠当朝的恩遇的倾慕,对其高超的艺术才华特别是诗歌艺术的赞叹,诗歌同时融入了对赵孟頫晚年及死后的寂寞的感慨,还有作者暗寓其中的家国情怀。

柯九思诗歌的风格也是丰富多样,一是豪放飘逸,气势磅礴。这类风格多见于他的歌行体诗,如《将进酒送九江方叔高南还》《雪夜冰琴诗为邓静春赋》《玉山佳处》等,此类诗句式错落有致,变化多端,运用大胆的夸张和巧妙的比喻突出主观感受,以纵横恣肆的文笔,形成了磅礴的气势,将他诗歌创作的发兴无端、气势壮大的个性特色,展现在我们的面前。

二是清逸潇洒、俊秀爽朗。这类风格多见于他的绝句,如《题荆浩匡庐图》:

岚渍晴熏滴翠浓,苍松绝壁影重重。瀑沫飞下三千尺,写出庐山五老峰。②

---

① 李镜渠:《丹丘生集》(《仙居丛书》影印本),浙江人民美术出版社,2013年,第587页。
② 王及:《柯九思诗文集》,中国美术学院出版社,2004年,第44页。

如《山馆》：

　　山馆无人日日开，岩深林密晓猿哀。移文恐到人间世，羸马春风独自来。①

又如《偶成》：

　　蜀江西来春水平，洲渚萦回春日明。江头儿女唱歌去，风送杨花迷远情。②

这些绝句往往有一种明快的格调，以明白晓畅的语言，表现出无尽的情思韵味，做到既自然又含蓄，既真实简练又内涵丰富，达到了绝句的最高境界。

三是庄严厚重，清雅平和。这种风格的诗歌往往见于柯九思写于任职奎章阁时期的作品，如《应制赋郊祀大礼庆成二首》《上京宫词》《宫词十五首》《宫词十首》《春值宝阁》《元日会朝大明宫》《春直奎章阁二首》《退直赠月》《酬陆友仁城南杂诗十首》等。

如《应制赋郊祀大礼庆成二首》：

　　白茅初奠备韶䕫，月色当坛肃太清。亲祀甘泉除秘祝，受厘宣室问苍生。星垂仙杖神光近，日绕天颜瑞彩明。多少从官齐呼岳，丰年有象乐升平。③

又如《宫词十五首》之一：

　　凤城女乐拥祥烟，梵座春游浃管弦。齐望彩楼呼万岁，祥云只在五云边。④

---

① 王及：《柯九思诗文集》，中国美术学院出版社，2004年，第21页。
② 同上。
③ 同上，第10页。
④ 同上，第27页。

又如《宫词十首》之一：

千岩雨过翠玲珑，太液池边看彩虹。何处蓬莱通弱水，仪天殿在画桥东。①

这类诗，用词典雅瑰丽，写景描物气象壮伟，见出柯九思这段时期平和欣悦而庄重的心态。

四是沉郁顿挫，凄切激愤。这种风格往往见于柯九思流寓吴中时期的一些七律，如《送陈玉琳南还二首》之一：

谢安墩上新亭好，玉斧鸾旌记旧游。五彩已瞻天子气，六龙初起帝王州。元戎谈笑收京阙，阿阁论诗侍冕旒。归卧沧江今白发，鼎湖云断使人愁。②

如《潞阳客舍和储生韵》：

逆旅栖迟笔砚香，柳车底事恋文章。云拖鸿雁生秋色，月冷鱼龙涌夜光。恸哭有谁怜贾谊，形容已老似冯唐。风沙忽遇江南客，佳句犹期万里骧。③

这类诗往往在对景物的描绘中，见出诗人郁积难抒的落寞情感和排遣不尽的羁旅愁思，从中可以揣摩到诗人悲情世界的情感起伏。诗人倾吐的情感不是一览无余的，而是起伏回旋的。

---

① 王及：《柯九思诗文集》，中国美术学院出版社，2004年，第30页。
② 同上，第11页。
③ 同上，第15页。

二、四体八法雅韵多

柯九思的书法成就长期以来也稍为画名所掩,时人对他的绘画多有很高的评价,对其书法却很少正面论及。张雨在《次韵柯敬仲学士见寄(柯时悼亡)》一诗中有"能传米芾书画学"之句;因为柯九思曾自云:"写干用篆法,枝用草书法,写叶用八分法,或用鲁公撇笔法;木石用折钗股、屋漏痕之遗意。"①所以杜本在《题柯敬仲枯木墨竹》诗中赞道:"绝爱鉴书柯博士,能将八法写疏篁。"虞集也在称赞柯九思所画的《墨杏花图》时说:"用笔圆润,有篆籀法,亦恨扬(补之)不能知此也。今鉴书博士丹丘生忽用此法写生,大快人意,存浑厚之意于清真,去衰陋之气为纤弱,所以为佳也。"②假如柯九思在各体书法上不曾下过功夫,未能深刻理解各种笔法的特性,是不可能将书法的笔法自如地运用到写竹中去的。人们对他的书法,时间越往后,好评越多。到了元末明初,比柯九思晚一辈的陶宗仪在《书史会要》中称其"善书"③;明代文学家、书画鉴赏家王世贞在《弇州山人续稿》中言其"亦善书,四体八法,具能起雅去俗"。清代乾隆皇帝曾见过柯九思所临的《九成宫醴泉铭》,题跋道:"欧阳率更楷法于二王外独辟门庭,柯九思临本能得其峭劲之气于雍容揖让间,信神技也。"④清代学者邵平远说他"善楷书,并画竹木,笔势生动……每得意处,辄题诗其上,一时珍贵,称三绝"⑤。清末编的地方志,对其揄扬更甚。

到了当代,学者们对柯九思的书法评价众说纷纭,如万新华先生认为:"尽管柯九思的书法有一定名声,但他终究称不上大家,凭实而论,只能算是一个二三流的名家。"⑥成永兴先生说:"柯九思作为元代复古书派的代表,其书法不仅在赵孟𫖯'复古'的影响下呈现出晋唐古法,又因柯九思身为奎章阁鉴书博

---

① 宗典:《柯九思史料》,上海人民美术出版社,1985年,第2页。
② (元)虞集:《道园遗稿》卷五。
③ (元)陶宗仪:《书史会要》卷七。
④ 见《石渠宝笈续编》第六册《柯九思临欧阳询九成宫醴泉铭》。
⑤ (清)邵平远:《元史类编》卷三十六。
⑥ 万新华:《柯九思》,河北教育出版社,2006年,第90页。

士,除了对部分书画原作收藏外,又从历代诸家的取法中显示出了自己的艺术个性。"①笔者以为,柯九思的书法有自己的艺术个性和艺术造诣,正如黄惇先生所说"柯九思诗文、绘画、书法、鉴赏历代书画古物均享时名,所作墨竹尤为时人赞誉"②。他的书名确实为画名所掩,黄惇持论较为平和公允,认为"柯九思的书法为其画名所掩,虽有特色,然不及其墨竹有名"③。

考察柯九思任职奎章阁期间的书坛情况,我们知道当时在奎章阁担任职务的儒臣很多,如集贤殿大学士赵世延、翰林直学士虞集为奎章阁侍书学士,张景先为奎章阁学士院典签、雅琥为奎章阁学士院参书,李讷、沙剌班为奎章阁供奉学士,揭傒斯为奎章阁授经郎,康里巎巎为奎章阁群玉内司,欧阳玄为奎章阁艺文监少监,柯九思则初为奎章阁参书,后擢拔为鉴书博士,孛术鲁翀任奎章阁校书。这些著名儒臣大多善于书画,其中尤以虞集、柯九思、揭傒斯、康里巎巎书名最大。陶宗仪《南村辍耕录》卷七载:"文宗之御奎章日,学士虞集、博士柯九思常侍从,以讨论法书名画为事。时授经郎揭傒斯亦在列,比之集、九思之承宠眷者则稍疏。"可见柯九思在当时书坛的位置。因此,称柯九思为奎章阁时期书坛的杰出代表,应该是不成问题的。

(一) 书法传世作品

柯九思书法单件作品传世的不是很多,但大量地存在于一些传世的书画题跋中,新中国成立以后,宗典、王及、万新华、范琼伏等先生细加考索,整理出比较可靠的传世作品资料,现综合他们的整理、研究成果,将仍保藏于国内外各类收藏机构的柯九思书法传世作品罗列如下:

《上京宫词》(图一) 书于天历二年到四年(1329—1332)间。④ 行楷,纸本,纵30.9厘米,横53厘米。现藏美国普林斯顿大学美术馆。

《老人星赋》(图二) 至顺三年(1332)柯九思奉敕所书。⑤ 行楷,纸本墨

---

① 成永兴:《从柯九思题跋书看其书学思想》,载《大众文艺》2009年第23期。
② 黄惇:《中国书法史》,江苏教育出版社,2005年,第47页。
③ 同上。
④ 王钦贤:《柯九思"奎章阁"时期的经典——〈上京宫词〉》,硕士学位论文,2014年,第9页。
⑤ 宗典:《柯九思史料》,上海人民美术出版社,1985年,第238页。

迹，纵25厘米，横268厘米，款识："奎章阁鉴书博士臣柯九思稽首顿首奉敕书。"现藏北京荣宝斋。

《题陈氏叟诗》（图三）　据宗典先生初考，陈氏叟，或为葛溪陈渭叟，元代高士，岁来杭城，名士争与之交，著有《紫云编》。① 行书，纸本，纵30.6厘米，横17.1厘米，款识："丹丘柯九思题。"现藏台北故宫博物院。

《柯亭杂咏跋》　虞集《柯亭杂咏》墨迹已佚，柯跋真书甚佳。行书，绢本，纵21.9厘米，横20.2厘米，款识："丹丘柯九思识。"上海唐云藏。

《题兰亭独孤本》（一跋）　书于后至元二年（1336）十月二十六日，行书，纸本，纵24厘米，横53.5厘米，款识："奎章学士院鉴书博士柯九思书于云荣阁。"现藏日本东京国立博物馆。

《重题兰亭独孤本》（二跋）　书于后至元四年（1338）十二月十五日，行书，纸本，纵24厘米，横30.4厘米，款识："柯九思重题。"现藏日本东京国立博物馆。

《题虞集雍公诛蚊赋》　书于后至元元年（1335），行书，纸本，纵36.4厘米，横119厘米。款识："丹丘柯九思赋。"钤有"任斋"、"惟庚寅吾以降"、"柯氏出姬姓吴仲雍四世曰柯相之裔孙"等印。现藏北京故宫博物院。

《跋褚遂良临王献之飞鸟帖》　书于后至元五年（1339），行书，纸本，纵22厘米，横47.4厘米，款识："奎章阁学士院鉴书博士柯九思跋。"现藏台北故宫博物院。

《题扬无咎四梅图和〈柳梢青〉词》　书于至正元年（1341）十一月，行书，纸本，纵37.2厘米，横358.8厘米，款识："丹丘柯九思书于云容阁。"现藏北京故宫博物院。

《跋苏轼等六君子图》　书于至正二年（1342），行书，纸本，纵23.4厘米，横50.9厘米。现藏上海博物馆。

《题苏轼〈天际乌云帖〉诗九首并跋》（图四）　书于至正三年（1343）五月，行书，纸本，尺寸不详，款识："丹丘柯九思书。"现藏上海博物馆。

《跋定武兰亭五字损本》　书于至顺四年（1333）十月，行书，纸本，尺寸不详，款识："柯九思跋。"现藏台北故宫博物院。

---

①　宗典：《柯九思史料》，上海人民美术出版社，1985年，第67页。

柯九思还有一幅作品不得不提，即**《题范文正书韩子〈伯夷颂〉赞》**，见于《高义元世宝》第二册（拓本）。这件作品约书于至顺三年（1332），跋文洋洋洒洒，有四百八十多字，书体用小楷，也是柯九思一件重要的书作。

（二）书法艺术特色

纵观柯九思的传世作品，他最擅长的是行楷，《上京宫词》堪称其书法作品的代表作。这件作品是他在任职奎章阁期间奉敕记载文宗皇帝赏赐皇姑大长公主的情景而题写的诗，后录呈无言大禅师。到明代为大收藏家项元汴所藏，作品末尾钤有"子京父印"、"项墨林鉴赏章"、"檇李项氏世家宝玩"诸印章。入清为康熙雍正年间名将年羹尧收藏，其在作品右下角钤有"年羹尧字亮工别号双峰"之印。清乾隆、嘉庆年间为书法家刘墉收藏，作品上有其题跋。清中期为著名书画家、鉴藏家陈崇本收藏，在作品前部钤有"陈崇本印"。清朝后期为回族书画家马虎臣所有，作品的右下角盖有"碧云仙馆珍藏书画印"。民国时期为收藏家谭敬所藏。作品左上角有"谭氏区斋书画之章"，左下方有"谭敬私印"。根据王钦贤先生考证，新中国成立以后，此件作品经美国私人收藏家艾略特之手流失海外，艾略特去世后，家人根据其生前遗嘱，捐赠给美国普林斯顿大学美术馆。①

清代为《上京宫词》作题跋的还有王文治、翁方纲、铁保、陈嵩本、陈崇本等人。其中王文治题跋可谓深中肯綮：

> 书法至元人别具一种风气，唐之宏伟，宋之险峻，洗涤殆尽，而开中和恬适之致，有独到者。丹邱书体仿效率更父子，力求劲拔，乃一望而知为元人书，时代为之也。然以恬和作欧阳书，自是后世所不能到，此宫词尤为工雅密致，良可宝也。试研斋所收元迹甚多，正不可少此一种。

从王文治的题跋中，我们可以看出，这件书作除了具有元人一般书迹的"中和恬适"之致外，最突出的风格特征是"工雅密致"。

---

① 王钦贤：《柯九思"奎章阁"时期的经典——〈上京宫词〉》，2014年硕士学位论文。未刊。

从《上京宫词》整体布局、气象看,这幅作品庄严规整,疏密有致,隐隐透出雍容华贵、平和典雅的气象。从作品风致笔势看,体态舒朗清健,笔力挺拔峭劲,气韵温婉坦然。从细部结体看,笔势稳重,体态谨严,工巧整齐,纵横走笔恰到好处,气息连贯,点画之态随笔势的节奏而起伏,富有韵律。万新华先生在细观之后,也认为在这幅作品中,"柯九思十分强调字态的外显,运用大量的露锋以求得这一趋势,故笔锋锐利,笔势爽畅,点画承启利落而丰神跃动,可见其秀丽恬媚之韵味"[1]。正如王文治所说的,柯九思的书风整体而言,是中和恬适之中有劲拔之气,温婉秀丽、雍容恬适之中不失劲健清逸之气。

《题兰亭独孤本》也称《独孤僧本兰亭跋》,是柯九思为赵孟頫所珍藏的《独孤僧本兰亭序》(赵曾十三跋)所作的题跋,柯九思谓《独孤僧本兰亭序》"字字飞舞",以为定武石刻足传王羲之真谛。赵孟頫的兰亭十三跋既被火焚残,柯九思之跋当然也是在劫难逃,所幸此跋卷帙在后,焚残的地方不是很多,大概的轮廓还可以看得出来。这幅作品总体风格与《上京宫词》相近,但也有自己的面目气韵。观其用笔坚挺有力,行锋自如流畅,但又稳健庄重;收笔洒脱灵动,又不失恬静和美之气。从笔体细部看,提按变化繁复,线条轻重对比明显,一些字跨度较大;结字尤其能在字形和笔势上讲究新意,字形大小、轻重、疏密各异,字势正欹、纵横、缓急不同,呈较为突出的跳跃性。

《跋褚遂良临王献之飞鸟帖》凡七行,每行字数不一,共五十六字,笔力沉实而浑厚,也富有弹力和灵气。起笔尖锋直入,不予回笔,转折处多不提笔转锋,以求疾劲,收笔处又铺毫重按,有隶法之意。结尾一"耳"字,很明显是吸取了简书率意的流利之笔法,最后一笔,信笔而行,颇有晋人遗韵。观其书体庄严雍容与峭劲挺拔之气互相交融,更透露出清逸灵动的气韵。

《题范文正书韩子〈伯夷颂〉赞》是柯九思书风成熟时期的作品。细观全作,布局整饬严密,用笔沉稳而厚实,而不失顿挫青壮之姿;体态雍和而宽厚,又不失奇险俊拔之趣。万新华先生对这件作品有自己独到的鉴识:

> 虽然,通篇结体和笔法的起笔、收笔形态类似南北朝写经体,力求规整划一而自成一种范型。然而,柯九思变化很大,在势态、字形和用笔各

---

[1] 万新华:《柯九思》,河北教育出版社,2006年,第97页。

方面都表现出大体统一的形式技法规律制约下力求千变万化的创造意境。此书总体上给人以体形扁平、取势略向右上方扬起的感觉,但具体审视中又可发现他常随形变化,有时字形偏长,势态有时向右上方倾侧。而且,随着笔势的起伏,重心有时托起,有时又压下,点画往往纵肥横细,挺劲而富有对比的弯曲。这种用笔的丰富意态、随势处置与写经体的通篇一致、形成惯式的形式表现特征而大异其趣。①

书写时间稍后的《柯亭杂咏跋》,总计七十四字,书风与《上京宫词》相近,但也有自己的态势和韵致。它的字体总体上以方正圆稳为主,扁平之中稍呈左右开张之势;笔势欲开而合,略显摇曳荡漾之姿。书体线条上颇富变化之态,表现出粗细有致、缓急有度、钝锐交错的法度。它给人总体感觉是笔力更为畅爽,而又力求圆润,点画之间饱满娴熟,而处处见出清逸疏朗之致。

书法是表现心灵情感的一种艺术,它蕴含着创作者强烈的思想感情、精神气质和审美感觉,所以西汉著名文学家扬雄在他的《法言·问神》中提出"书为心画"的说法。还是让我们来一读柯九思这篇跋文,也许有助于对其书作风格气韵的进一步体悟。这篇跋文说:

> 此予旧在阁中时所作也,当时每作一画,侍书学士虞公必题咏其上,至累稿数册,名曰《柯亭杂咏》。今偶见旧作,虞公所题宛然。时不可兮再得,聊逍遥兮容与,不能不为之感慨!丹丘柯九思识②。

从跋文中我们可以感觉到,这是柯九思重读《柯亭杂咏》一组诗歌时的回忆、感慨之作,时光流逝,往昔奎章阁的悠游清雅的日子似乎重现眼前,但故友难逢,旧作宛在,柯九思心头或许有一丝的惆怅。从"时不可兮再得,聊逍遥兮容与"一句中,我们读出,柯九思此时虽然流寓吴中,但也不全是愤懑和压抑,他毕竟还有疏旷和豪迈的一面。估计这一篇题跋是写于他游处玉山雅集的时期,因为在那里,他重新找到了君子"志于道"、"游于艺"的人生乐趣,因此《柯

---

① 万新华:《柯九思》,河北教育出版社,2006年,第104页。
② 宗典:《柯九思史料》,上海人民美术出版社,1985年,第67页。

亭杂咏跋》书作里体现的清逸疏朗之致,实际上是与他此时的逍遥容与的心态相一致的。

《题陈氏叟诗》凡六十六字。作品曾受到清乾隆皇帝的赏识,其左上角钤有"乾隆鉴赏"之印。这篇书作的书风与《柯亭杂咏跋》又稍异其趣,它的字体圆稳中更显方正,笔画端庄而劲健,气象雍和而超逸,笔势里透露出的是一种盎然清新的生气。这可能与柯九思书题写这首诗歌时的心境不无关系。细味此诗,我们可以感受到柯九思此时的宁静爽朗中蕴含的青春跃动的活力。诗云:

　　西山有美木,郁郁含春辉。人生本性善,混混原民彝。万古不可泯,外物或蔽之。猗欤陈氏叟,守善乐无涯。板舆奉鹤发,兄弟相愉怡。花朝与月夕,万象亦熙熙。丹丘柯九思题。①

　　落款处连钤三印,依次为"锡训"、"柯氏敬仲"、"缊真斋"。其中"锡训"一印,乃柯九思任鉴书博士时,文宗念其父谦善教,锡碑名训忠,是以九思治"训忠之家"及"锡训"之印以示感念皇恩之情。故由此印可知此作品是作于文宗至顺元年(1330)柯九思任职奎章阁学士院鉴书博士时期。此时柯九思的人生正处于最为理想的状态,因此其书作也呈现出雍容华贵而清健得体的气韵,也因此受到乾隆皇帝的赏识。

　　《老人星赋》也是柯九思在任职奎章阁期间的重要书作。《老人星赋》是北宋名臣范仲淹所作,作者借歌颂老人星,表达了天子只有行善政、泽万民,自能出现老人星这一瑞星,从而达到天下仁寿的美好境界的理念。柯九思奉敕作书,也寄寓了这一美好的祝愿和期盼。《老人星赋》原文文辞典雅,气势磅礴,气象庄严,思致温婉而遒劲,柯九思学问渊博,当然深得此文之深旨。此时的他又正遇荣宠,心境欣悦而恬静,于是他笔下的《老人星赋》书风也隐隐透露出这一信息。细细观瞻,我们就会感觉到它格局严整而阔大,气象瑰玮而庄重;其字体略显修长,而不失方正圆润,恬和雅逸、清雄厚重中见挺拔之秀气。与上述《柯亭杂咏跋》相比,风格气韵明显有不一样的地方。《老人星赋》笔画壮

---

① 宗典:《柯九思史料》,上海人民美术出版社,1985年,第67页。

实粗大,笔势更为饱满圆融。从细部看,其落笔坚挺锐利,运笔婉转自如,收笔顿挫有力。《柯亭杂咏跋》给人的感觉是灵动摇曳之气扑面而来,清新可人,而《老人星赋》则使人如面对端庄老者,肃然起敬。

从柯九思传世的几件行楷书看,由于书写背景、心情的不一而各呈面貌,但其总体书风,则可用一个"雅"字概括。这已经为诸多识者所公认。王文治为《上京宫词》的题跋提出,其书风不但有一般元人所具有的"中和恬适"之致,更有"工雅密致"的特点,实际上,"中和恬适"也好,"工雅密致"也罢,概括整合起来,就是"雅正"的意思,这是元明时期书坛上的一种美学追求,虽然很难企及,但若能臻此境界,则深为识者所称许。柯九思的书法,在他生活的时代,虽也享有一定的时名,似乎没有引起足够的好评,直到明代王世贞出现,才算得到一位异代的知音。

王世贞(1526—1590),字元美,号凤洲,又号弇州山人,南京太仓(今江苏太仓)人。举嘉靖二十六年(1547)进士,累官至刑部尚书。他以诗古文名世,是明朝中期偏后的文坛领袖,他虽然不以书法闻名,但他的书法理论研究在当时却是首屈一指,颇具代表性。"一是因为他作为当时的文化名流,对书法的关注程度之深、发表的议论之多,都是同时代人难以匹敌的,他的见解可以代表那个时代文坛主流人士的书法审美风尚。二是因为王世贞的书法思想中既有反映时代特征的主导倾向,又有丰富多维的理论层面。"[1]王世贞极力推崇魏晋书法风格,将它作为完美的书法典型,由此领会到"古雅"也是书法的重要审美属性,"古雅"这一美感属性始终贯穿在他重要的书法评判标准之中。梳理他的"古雅"书论,我们会领会到,他心目中的"古雅",有两个层面的内涵:一是"古",即古朴,指的是质朴天然的美感;二是"雅",即典正、美好,《诗大序》曰:"雅者,正也。"就书法言,"古雅"指的是端庄自然、古朴含蓄且有深长意趣的审美属性。在他的书论里,"古雅"除了上述的含意外,还包括结构紧密的视觉效果。[2]

王世贞对"古雅"极力推崇、孜孜以求的同时,也竭力去"俗",且常常把"俗"作为"古雅"的对立面而进行讨论批评,他在论赵孟頫的书法时,有"赵吴

---

[1] 甘中流:中国《书法批评史》,人民美术出版社,2016年,第364页。
[2] 同上,第372页。

兴不能脱俗气"①的评判,认为鲜于枢的书法"极圆健而不甚去俗"。然而,在书法雅俗关系的处理上,他对柯九思的书法却有很高的评价,认为他的书法能够"起雅去俗",他的评论是这样的:

柯丹丘敬仲于"四体"、"八法"俱能起雅去俗。②

在王世贞的《艺苑卮言》中,他还用了相当多的笔墨批评明代书坛的"俗",被他列为"俗"的书家多达十位。在王世贞之前还有丰坊等人对"俗"的问题都有所论述,可见在趋雅去俗的问题上,到明代前中期已经达成共识。

能够在二百年多后的异代,得到文坛领袖、书法理论家的高度评赞,柯九思的书法艺术终于有了真正的知音。

(三)学书轨迹及书学思想

柯九思的书法有没有具体的师承,师承于谁,由于文献乏载,我们不得而知,但若考察他所生活时代的书坛背景和他留存于世的题跋、题诗书作,还是能够一窥他学书的轨迹和所受的影响的。

先让我们考察一下元代书坛的背景吧。总体而论,整个元代书坛,由于赵孟頫的积极推动,表现出全面复古的趋势。回顾历史,北宋时期的书法,在"宋四家"的倡导下,"尚意"即文人强烈的写意特征风靡一时,书家们重视个性的张扬和直抒己意的畅达,主张"不践古人",这实际上是一种艺术上的创新追求,本来无可厚非,但若一味强调"己意"来夸饰"以欹为正"这一审美观点,则难免有失偏颇。到了南宋,这种写意的特征却没有得到充分的发展,转而取法于时人,即模拟当代书家之风成为一种风尚。士大夫竞相仿效苏轼、黄庭坚、米芾三家,导致书坛渐趋衰落,虞集曾说:

大抵宋人书自蔡君谟以上,犹有前代意,其后坡、谷出,风靡从之,而

---

① (明)王世贞:《弇州四部稿》卷一百五十三《艺苑卮言附录二》。
② (明)王世贞:《弇州续稿》卷一百六十二《柯敬仲十九首》。

魏晋之法尽矣。米元章、薛绍彭、黄长睿诸公方知古法……米氏父子书最盛行，举世学其奇怪，不惟江南为然。金朝有用其法者，亦以善书得名，而流弊江南特盛……①

面对这一现象，大德延祐年间，赵孟頫、鲜于枢、邓文原辈崛起，他们掀起了一场以"复古"为旗帜的书学审美思潮，他们提出"宗法晋唐"的口号，积极倡导师古，力求晋唐，崇韵尚法，重新确立了晋唐书法的古典传统权威，建立了以晋唐书风为审美标准的严谨法度，一时间，一股师法晋唐的复古潮流占据了整个书坛，扭转了南宋以来学时风、轻法度的书法颓风，从而使得元代书坛走上了一条"尊古"、"复古"的健康轨道。在这条轨道上，赵孟頫是一位承前启后、继往开来的领袖。

赵孟頫的书法观，集中体现在"当则古，无徒取于今人也"这一句话上。"则古"即以晋唐书法为准则，所谓"今人"，显然是指南宋以本朝书家为法的现象。赵孟頫对于书法没有发表过很多的观点，也很少对前朝书法得失有明确的品评。他用自己的艺术实践倡导崇古思想。他在学书的道路上，以晋唐书法为尚，广泛涉猎古代法帖名迹，发愤苦学，于行、楷、今草、章草、隶书、小篆乃至籀书诸体皆潜心临摹，又能深察前贤法书的精妙，得其神趣，兼收并蓄，融会贯通，终于自成一体，享誉书坛，引领了一代书风。到柯九思的青少年时期，普天之下，学赵之风已经蔚然兴起。"由赵入唐，由唐入晋，成为元代中后期大多数书家所共循的书法道路"②。赵孟頫在学书的道路上，有自己独到的体悟，他曾在《兰亭十三跋》中说：

> 昔人得古刻数行，便可名世，况《兰亭》是右军得意书，学之不已，何患不过人耶？

他的感悟深深地影响了无数书家，人们将他的师古方法视为学书道路上的指路明灯，把王羲之名迹作为学书的最高典范，唐楷则视为进入晋书的不二法门，于是纷起寻觅古帖，刻苦临摹，潜心研习，入古出今，多少书家由此而成

---

① （元）虞集：《道园学古录》卷十一《题吴傅朋书并李唐山水跋》。
② 万新华：《柯九思》，河北教育出版社，2006年，第91页。

长、名世。

柯九思就是其中的一个。

柯九思有没有师承于赵孟頫？我们目前还找不到直接的史料证据，但在一些书法名家眼里，已经把他视为赵孟頫的门徒。近代康有为在《广艺舟双楫》中说：

> 元明两朝，言书法者日盛，然元人吴兴首出，惟伯机实于齐价。文原和雅，伯生浑朴，亦其亚也。惟康里子山奇崛独出。其余揭曼硕、柯敬仲、倪元镇，虽有遒媚，皆吴兴门庭也。自是四百年间，文人才子纵横驰骋，莫有出吴兴之范围者。①

康有为这是从赵孟頫书风影响所及之广的角度推测的。

如果从柯九思与赵孟頫的交往角度考察其师承关系，可能更有说服力。本书上文对他们的关系已经作了详细的考察，这里略作申述。柯赵两家有通家之谊，也就是说，他们两家是世交，这已经为有关文献所证实。柯九思自己在《题赵子昂诗卷三十韵》中明确告诉我们："通家怜我慧，对酒慰羁愁。"为了仕进，也为了书画艺术、鉴赏水平的提高，柯九思年轻时曾有好长一段时间羁旅京都，并从游于赵孟頫，赵孟頫也常将自己的诗书新作赠送柯九思观赏，这也可以从《题赵子昂诗卷三十韵》中的"昔滞京都久，时从几杖游。……妙墨时相赠，新篇不厌酬"几句诗里得知。时间上溯到大德二年（1298）至至大二年（1309），这十一年间，也就是柯九思九岁到二十岁之间，赵孟頫在杭州担任江浙等处儒学提举，柯九思绝大部分时间也随父居于杭州，作为世交子弟的柯九思出入于书坛前辈赵孟頫的门庭那是毋庸置疑的。因此，柯九思的书法首先启蒙于赵孟頫是可以肯定的。

元代中期，整个书坛复古主义之风已深入人心，柯九思一方面受时代风尚的熏染，浸润其中，在书法学习上自有自觉的理念支撑。在具体的践行上，又亲炙赵孟頫的教导，热衷于观摩、摹习古帖，晋唐法书，多有临习。作为收藏大家，他在这方面有着得天独厚的条件，虞集说他家"多蓄魏晋法书，至宋人书，

---

① （清）康有为：《广艺舟双楫》卷二《体变第四》。

殆有百十函",因此可以时时玩赏、临摹。他的一些题跋留下了他学书的轨迹。他学书由唐入手,对唐人法帖推崇备至乃至沉迷不已,他在《题唐女仙吴彩鸾楷书〈四声韵帖〉》中说:

> 右女仙吴彩鸾书唐韵真迹,彩鸾之事,备载书史,小字能宽绰,此仙之妙于书也。况得五声俱全,尤为可宝。[1]

这是对唐楷的关注。他对唐贤草书也赏玩不止,在《题张长史〈四诗帖〉》中写道:

> 张颠书法,萦廻恍渺中有挽劲顾石之强,至不易得。是颠史书中第一。余平生所见,无过此帖者,展玩再三,不忍释手。[2]

他对唐贤的鉴赏、临习有自己独到的体会,如他在《题褚河南临〈大令飞鸟帖〉》中说:

> 此唐人所摹,略有元常遗法,足以知字画源流之有自也,况绝无宋人气,是唐无疑耳。[3]

又如他《题唐临〈十七帖〉》:

> 右唐人所临王右军司州第三帖,用笔沉着,转折熟圆,自欧阳法中来,至其妙处,从容中道,诚书家所不可无也。吴兴赵翰林补其不足,前人已评之,故不论。平原陆友仁好论书,座中见此帖谓杨汉公所临,良是。[4]

学书道路上,他又由唐入晋,对晋人法书多有揣摩,他家藏有《定武五字损

---

[1] 宗典:《柯九思史料》,上海人民美术出版社,1985年,第118页。
[2] 同上。
[3] 同上,第119页。
[4] 同上。

第三章 志道游艺：柯九思的诗、书、画创作

本兰亭》，也是他时相临摹的重要法帖，他的《题定武五字损本兰亭》透露了其中的一些信息：

> 世传兰亭石刻甚多，如月印千江，在处可爱。桑世昌考之备矣。此卷五字镌损本，纸精墨妙，又有僧隆茂宗所画《萧翼赚兰亭图》于后，诚为佳玩。①

柯九思在书法上有强烈的追求"古意"的理论和实践自觉，对晋贤十分崇拜，他曾收藏晋人小楷《曹娥碑》，并奉为至宝。他得到《黄帝内景经》真迹，欣喜异常，特名其室曰"玉文堂"以资纪念。他对王羲之无限敬仰，对其作品反复玩赏，叹服不已："右定武禊帖，字字飞舞，具龙凤之势，与造化同功，不容赞美。盖右军为书法之至，禊帖又右军之至者。真迹既入昭陵，惟定武克传其神，惜宝藏于人间者不多。仆平生所见不啻数十（百）本，真者三本耳。"②对这件《兰亭独孤本》，他确实花了不少时间，从容往复，时相含玩，就像面对高人雅士，心赏目悦，终于独有神会，从中"发现"了自己："与高人胜士游，虽曰瞻其容仪，听其论议，不知其厌冗也。观定武禊帖亦然。窃尝论之，艺进乎神者，盖必以我之至精，而造彼之绝域，然后能与天地相终穷。虽圣人之于道，亦如是而已。后世不求其本，而欲以章句文字之末者求知于人，契乎其难矣。学书者能知其本而求之，则庶几进于艺矣。"③柯九思在为《兰亭独孤本》的一再题咏中，表达了自己的学书心得，即"知其本而求之"，这个"本"，就是古贤书法中的高古的法度和内在的神韵，要使书艺"进乎神"，就要以作书者的精微绝妙的心境、眼力，与古贤的神气相接，方可"造彼之绝域"，也就是说，学习书法，欲求"古意"，一定要得古人之神髓，要达到这个目标，非得从容而潜心地把握、神会不可，所以他对当时一些书家盲目而浮躁的临习行为，提出了批评："今之学书者，但知守《定武》刻本之法，宁知茧纸龙跳虎卧之遗意哉！"④他说的"龙跳虎卧之遗意"，语出南朝梁袁昂《古今书评》："萧思话书走墨连绵，字势屈强若龙跳天门，

---

① 宗典：《柯九思史料》，上海人民美术出版社，1985年，第118页。
② 同上，第71页。
③ 同上。
④ （清）张照、梁诗正等：《石渠宝笈法帖》卷二十五，柯九思题陆继之摹《兰亭序》。

虎卧凤阁。"意即古人书法当中内在的纵逸雄健的神气、韵味。

在柯九思生活的时代，书家们对苏轼、米芾、黄庭坚的"尚意"思想多持否定态度，"北宋书家创造的以意为书的经验被否定，北宋书法艺术的价值也在以唐代书法矩度为参照系的评量中基本被否定"①。柯九思对此不是盲目跟从，而是持公允、客观的态度，审慎对待。柯九思身为复古运动的健将，在书法理念和创作实践中，积极以崇尚晋唐为旨归，称："晋人书以韵度胜，六朝书以风神胜，唐人求其风神而不得，故以筋骨胜。"②但他对苏轼、米芾、黄庭坚书法中的神韵和气度还是极为肯定和赞叹的，他在《题苏轼〈天际乌云帖〉和韵九首》的题跋中说："予爱坡翁所书之字，俊拔而清丽，令人持玩不忍释手。"③又如，他在《题苏轼恕察帖》中写道："右宋文忠公苏翰林恕察真迹，言简而意足，忠厚之气蔼然。"④在《题米芾萧闲堂记帖》中说："予每借观，不忍释手。南宫可为翰墨中千载风流。"⑤

柯九思既有鉴赏家的眼力，对传统书家的法度、神韵自多不凡的鉴识，又能遵循学书的健康轨道：先临习赵书，再揣摩唐贤，然后追溯二王，具体学习过程中，讲究法度的严谨，掌握技巧的精熟，追求用笔的规整，同时力求峭劲清逸之气。我们细察柯九思的书法，可以处处体悟到赵孟頫书风的形迹，"特别是撇画的藏露，横画的起止以及字态的外放而不失内敛，到处闪现着赵氏的影子与神韵。"⑥

柯九思青年时代颇出入于唐贤书法，他特别推崇欧阳询，临习以欧阳询为楷模，深得欧阳之法。他一看到唐人所临王右军司州等三帖，即有深刻领会："用笔沈着，转折熟圆，自欧阳法中来。至其妙处，从容中道，诚书家之不可无也。"⑦在学习中，他谨守欧阳书体的基本架势和笔法，又融进自己的书法理念和创造，进而形成自己的风貌，所以乾隆皇帝看到他临习的《九成宫醴泉铭》就赞叹不已："能得其峭劲之气于雍容揖让间。"⑧

---

① 陈方既、雷志雄：《书法美学思想史》，河南美术出版社，1994年，第378页。
② 宗典：《柯九思史料》，上海人民美术出版社，1985年，第129页。
③ 王及：《柯九思诗文集》，中国美术学院出版社，2004年，第76页。
④ 同上，第82页。
⑤ 同上，第83页。
⑥ 万新华：《柯九思》，河北教育出版社，2006年，第95页。
⑦ 宗典：《柯九思史料》，上海人民美术出版社，1985年，第119页。
⑧ 同上，第92页。

三、兴来挥洒出新意

作为诗书画三绝的一代艺术名家，柯九思的绘画成就更为世人称道，无论是当时还是后世，无数的名流胜士乃至帝皇名公纷为赞叹，或题跋，或题咏，或酬赠，诸多诗文留下了他们精彩得体的评点和夸赞。可以说，一部中国绘画史，绕不开柯九思这个名字。

柯九思在绘画上的成就是多方面的。一是他精于创作，擅山水，精花卉，墨竹艺术更为人传颂。二是提出了许多精妙的绘画理论，形成了自己的绘画美学观。

（一）"四家外别竖一帜"：柯九思的山水画艺术

柯九思的山水画作品存世很少，学术界确认为真迹的仅有《寒江独钓图纨扇》（现藏日本大阪市立美术馆）、《溪亭山色图》（现藏台北故宫博物院）、《渭川素影图轴》（原为吴湖帆旧藏，现归香港长风 2009 春 471 号）[①]三幅，另有《夏山欲雨图轴》现藏台北故宫博物院、《林亭秋色图》现为日本鹤田久作所藏，是否真迹，尚存异议。

另外图录所载的还有：

《寒坡晚思图纨扇》（绢本，纵 31.9 厘米，横 32.9 厘米，见于《宋元名流集藻团扇册》等）；

《夏山欲雨图轴》（纸本，纵 137.3 厘米，横 48.2 厘米，有岳榆、弘历题跋，见于《石渠宝笈》卷三十八，宗典疑为伪作，待考）；

《荆溪图轴》（绢本，尺寸不详，见《书画记》卷二）、《松庵图轴》（纸本、尺寸不详，见《书画记》卷二）；

《寒林耸翠图轴》（纸本、尺寸不详，见《书画记》卷三）；

《溪山白云图》（纸本、尺寸不详，见《书画记》卷三）；

---

① 上海博物馆编：《吴湖帆的手与眼》，北京大学出版社，2015 年，第 78 页。

《秋林晓色图轴》(纸本、尺寸不详,见《珊瑚网》卷二十);

《疏林小寺图轴》(纸本、尺寸不详,见《珊瑚网》卷二十);

《嶙峋淹润图》(作于至正三年五月十六日,尺寸不详,见于《珊瑚网画跋》卷十九);

《山水图幅》(尺寸不详,见于《珊瑚网画跋》卷二十);

《山水图轴》(绢本,纵126厘米,横39.9厘米,有梁廷枏题跋,见《藤花亭书画跋》卷四);

《行旅图轴》(纸本、尺寸不详,作于至正四年五月十五,见《书画记》卷三);

《临商琦山水轴》(作于至正元年三月,尺寸不详,有款识,见《平生壮观》卷九);

《水月观音图轴》(纸本,尺寸不详,见《书画记》卷四)。

诸家文集所载的柯九思山水作品的还有:《九疑秋色图》(见《道园学古录》卷三)、《幽涧寒松图》(与张雨合作,见《南田画跋》四十一页)、《秋山图》(见《草堂雅集》卷四郑元祐诗《题达监司所藏柯博士秋山图》)、《山云竹石图》(见《草堂雅集》卷一陈旅诗《题柯氏山云竹石图》)。

柯九思创作的山水作品,肯定不只上述这些,可见柯九思生前还是创作了不少山水画的。

关于柯九思的山水画,前人所论不多,但从零星的题诗和品评中,还是能见出其不凡的风华。柯九思曾作《秋山图》赠好友泰不华(达兼善),好友郑元祐有一次在泰不华家看到这幅《秋山图》,驻足观览,为图中的风物景致所深深吸引;他睹物思人,也为九思的去世而悲痛不已,于是以《题达监司所藏柯博士秋山图》[①]为题,赋七言排律一首,诗中有"笔底江山妙吐吞"、"云涌坐隅岩木动,瀑飞书屋浪花翻"、"公廷未竟东方谑,画史恒推北苑尊"等句,对柯九思《秋山图》笔下的风光意境作了形象地描摹,对他在美术史上的地位作了高度的肯定,认为他堪比五代南唐画家董北苑(即董源,南派山水画开山鼻祖。董源与李成、范宽并称北宋三大家,南唐时曾任北苑副使,故又称"董北苑"),将柯九思比作董源,明显有奖饰溢美之意,但其崇敬之情溢于言表。这种崇敬夸饰之情,非独郑元祐一人所有,当时的文坛前辈、柯九思的挚友虞集也曾表达过同

---

① 王及:《柯九思诗文集》,中国美术学院出版社,2004年,第115页。

样的意思,他在《题柯九思杂画册十五首》①第一首中写道:"北苑今仍在,南宫奈老何。青山解浮动,端为白云多。"虞集不但将柯九思看作活着的董北苑,还比作进入老境的米南宫(即米芾)。

明确从绘画专业角度对柯九思的山水画作客观公允评价的是元代夏文彦的《图绘宝鉴》。夏文彦,生卒年不详,字士良,号兰渚生。吴兴(今浙江湖州)人,居云间(今上海松江)。其家世藏名画,并留心画艺,故精于鉴赏品藻。《图绘宝鉴》编成后,有夏文彦至正二十五年(1365)的自序,著名文学家杨维桢亦为之写序。《图绘宝鉴》系将古代论画名著杂抄成书,因未加考订整理,造成不少谬误和漏,而且编次芜杂混乱,又将识画之诀误为作画之诀,故未被后代学者所重。然因此书之成正如夏文彦自述之"刊其丛脞,补其阙略",仍有一定的资料价值,有些已佚的论著,如陈德辉《续画记》就赖此书而见其大概,至于一千五百余名画家小传,更为历代画史、画传所无。明韩昂有《图绘宝鉴续编》一卷,补录明洪武至正德十四年(1368—1519)的画家一百余人。明清之际,坊间又将上述二书刻成《增补图绘宝鉴》八卷。该书搜罗广博,删节取舍前人著作,不失梗概,是中国最早的一部绘画通史简编。明清两代迭经翻刻,影响甚大。《图绘宝鉴》认为柯九思"山水笔墨苍秀,丘壑不凡"。② 意思是,柯九思的山水画笔墨苍劲而清秀,一丘一壑所体现的意境颇为不凡。这个评价可谓恰如其分,上述郑元祐、虞集的题诗或许有友朋间的溢美成分,但柯九思山水画的不凡的笔墨和境界,乃是毋庸置疑的。如果仔细翻检时人的文献,还是能找到这方面评点的更多信息。元人郏韶有一首题画诗,题为《题柯九思画》,从内容看,题的是柯九思的山水画作,诗云:

溪上青山石径迂,暖云晴嶂锦模糊。行人如隔湘江岸,日暮青林啼鹧鸪。③

元人曹文《题柯丹丘溪亭山色图》诗云:

---

① 王及:《柯九思诗文集》,中国美术学院出版社,2004年,第116页。
② 宗典:《柯九思史料》,上海人民美术出版社,1985年,第5页。
③ 王及:《柯九思诗文集》,中国美术学院出版社,2004年,第138页。

结茅占断一溪云,水色山光隔座分。心远竟忘尘外事,卷帘闲坐对炉熏。①

从这两首题画诗我们感觉到,柯九思的山水画作,确实意境清新脱俗,"丘壑不凡"。

到了明清时期,柯九思的山水画还有不少留世,许多画家、鉴赏家都曾给予不俗的评价。

柯九思有一幅《山水图幅》,今已佚。明初画家王绂见过此图,曾有题诗,结尾两句说:"绝怜意匠经营处,都在风烟惨澹中。"可见柯九思的山水画作构思布局也是自然精妙,笔墨非凡。

柯九思与张雨合作的《幽涧寒松图》,清初曾入恽寿平的法眼,并有题跋云:

幽涧寒松,丹邱生与句曲外史合作,笔趣不凡,得荒寒之致。②

他的意思是柯九思的这幅山水图画,笔墨中所蕴含的意态情趣不凡,而且颇得"荒寒"的意境和韵味。这个评价可不一般!

关于山水画中的"荒寒"的审美取向,有学者作过细致入微而又精到的研究,认为它"在中国画中不是个别人的爱好,而是普遍的美学追求;不是某些画家荒怪乖僻的趣味,而是构成中国画的基本特点之一;不是一般的创作倾向,而是在一定程度上代表着中国画的最高境界"③,是文人画审美趣味的集中体现。"荒寒一境为画坛所重,与水墨山水的流布密相关涉。在唐代,除王维之外,水墨山水的几位创始人都力图以水墨这一新形式来表现磊落、玄深而又冷寒的境界。"④"五代之时,随着水墨山水的流行,荒寒趣味越来越为许多画家所接受。北方的荆关和南方的董巨激其波而扬其流,立意创造荒寒画境,以寄托

---

① 王及:《柯九思诗文集》,中国美术学院出版社,2004年,第138页。
② 宗典:《柯九思史料》,上海人民美术出版社,1985年,第103页。
③ 朱良志:《论中国画的荒寒境界》,《文艺研究》1997年第4期。
④ 同上。

自己幽远飘逸的用思。"①"实际上,到了五代的荆关董巨,荒寒已经相融于艺术家的哲学、艺术观念中,成了山水家的自觉审美追求了。在题材上,李成更追求荒寒境界,确立了荒寒在中国画中的正宗位置,画史上多有人论及。但他画中的寒境不似关仝那样阴冷几至可怖,他把荒寒和平远相融为一体,出之于惜墨如金的淡笔,使荒寒伴着萧疏、宁静、空灵、悠远,这样就更接近于文人欣赏趣味,故在宋时被目为第一。"②如果我们明了"荒寒"这一美学境界的内涵和历史脉络以及在画史上的重要地位,我们就会更深层地理解柯九思山水画作的成就。

《藤花亭书画跋》卷四存录柯九思的一幅《山水图轴》,绢本,纵126厘米,横39.9厘米。此轴今未见,晚清梁廷枏曾为之题跋。梁廷枏(1796—1861),字章,号藤花亭主人,广东顺德人。清代学者、史学家。出生于书香世家。由于受父亲的影响,自少就对书画金石之道甚嗜好。其后由于屡次参加科举考试均落第,遂转而致力于训诂、金石、书画的考据,撰写了《金石称例》等十多部著述,涉及文学、书画、历史、词章、戏剧、音律等领域,其中不乏振聋发聩之见,颇为时人所推崇。他为柯九思《山水图轴》的题跋是这样的:

四家外别竖一帜,景界层积,用笔极犀利。③

跋文中的"四家"指的是元代四个突出的山水画家黄公望、倪瓒、吴镇和王蒙,他们的山水画代表了中国山水画史上的一个高峰。梁廷枏作为一个颇有识见的鉴赏家,其评价不可小视。这段话的意思是,柯九思的山水画作,境界繁复深沉,用笔极为犀利老到,是"元四家"外别竖一帜、别具一格的一位山水画家。

让我们一起来观赏一下他的几幅传世的山水画佳作。

《溪亭山色图》(图五)　此图为水墨山水画,描绘隐逸之士的溪山栖居的情景。画作上方山峦层叠,草木苍翠,烟云氤氲;下方溪流荡漾,莎草披拂,两座茅亭掩映在溪岸的树荫之下,近相观望,隔座可呼。整个画面自然清新,不

---

① 朱良志:《论中国画的荒寒境界》,《文艺研究》1997年第4期。
② 同上。
③ 宗典:《柯九思史料》,上海人民美术出版社,1985年,第86页。

加雕饰,显示了元人脱离了南宋院画后的美学追求。画作峰峦溪面、堤岸林木,茅亭板桥浑然一体,水光山色交相辉映。画中人物,只有两个,且较细小,茅亭板桥也只占很小的画面,更显示出溪山的空灵阔远和幽静舒爽。整幅画面境界空旷悠远,气象清寒阔大,意境苍茫深秀,清逸潇洒之气扑面而来。该画作山峦草木、溪流亭台布置得宜,落墨不重不轻,把握有度,清润自然;上下烟云轻逸澹荡,笔有尽而意无穷。柯九思曾收藏有文宗皇帝钦赐的李成《寒林采芝图》,也审定题跋过他的《读碑窠石图》,对他的《山水诀》也当有体悟,因此其山水画也颇得"神妙两到"的笔墨神韵。

柯九思的《溪亭山色图》,在用墨上,用董源首创的"长披麻皴法",此法善于表现江南土山平缓细密的纹理,中锋用笔,圆而无圭角,弯曲如同画兰草,一气到底,线条遒劲,能最佳地体现出江南山峦土木苍茂的特点。柯九思曾收藏有董源的《溪岸图》,也审定过他的《夏景山口待渡图》,并在题跋中交口称赞:"冈峦清润,林木秀密,渔翁游客出没于其间,有自得之意,真神品也。"①可见其山水画作的笔墨、技巧受董源影响之深。

《寒江独钓图》纨扇(图六)　此图也为水墨山水画,描写高士在清冷的溪边独自把竿垂钓的情景。整个画面烟云暖暖,水气苍茫,画作上方远天空阔,中上部远山连绵,近峰叠翠,左下方苔石斑驳,松树蓊郁,右下角一叶小舟停泊溪边,头戴箬笠的高士,微小如豆,垂纶细长如丝,更显示了寒江山峦的空旷寂静。画作意境苍茫而幽远,表达了高士孤寂而又宁静悠远的心境。画面中远山、近峰、苔石、老树、溪岸、小舟、高士布置得错落有致,层次分明;笔墨浓淡得宜,笔墨浓处,老树的苍劲、苔石的青碧,凸显眼前,笔墨淡处,远岫近山笼罩在一片淡远的云雾之中。特别是画作的左下方,三棵松树似乎有意被作者拔高,空间也占了相当的一部分,而稍远的林麓溪岸也似乎有意压低了些许,这种焦点透视的做法,似乎受了元四家之一吴镇的《双桧平远图》的影响。画作中特意拔高凸显的三棵松树,挺拔矫健,喻示了作画者孤傲倔强的人格精神。

《渭川素影图》(图七)　这幅作品为立轴水墨纸本,纵 36 厘米,横 46 厘米。为吴湖帆先生旧藏,2005 年春季,在上海工美拍卖有限公司举行的艺术品

---

① 宗典:《柯九思史料》,上海人民美术出版社,1985 年,第 120 页。

拍卖会上拍卖,成交价1 705万元。① 此图有柯九思题款:

> 甲申人日,过白雪窗观雪,坐中可如道人征画,遂试绣儿笔为之。丹丘柯九思。

钤印:柯氏敬仲(朱);藏印:金文鼎印(朱)、湖帆鉴赏(白)、梅景书屋秘籍(朱)、吴湖帆潘静淑珍藏印(白)。

这幅作品最早著录于《珊瑚网》卷四十四《胜国十二名家》第十五,又见于《式古堂书画汇考》卷之四《元季十二名家册》,②注曰:山水间疏林小寺,殊简旷。从著录中可以看出,这幅画原为二十联册中的一幅,这二十幅作品曾由金文鼎收藏,并连缀成册,中间经过徐同美、黄越石、汪砢玉等人收藏,后有金文鼎的二跋、沈周、董其昌、汪砢玉等人的总跋,流传有序,当为真迹。金文鼎,即元末明初书画家金铉(1361—1436)。《东里续集》卷三十二《封从仕郎中书舍人金君墓表》:"文鼎讳铉,文鼎其字,尚素其别字也。……书画皆极造诣。……文鼎卒正统元年闰六月廿四日也,享年七十有六。"《续书史会要》:"金铉,字文鼎,号尚素,松江人,书工章草,画仿王叔明。"可见金文鼎是一位精于书画的文士,他于永乐十一年(1413)十一月二十七日跋称"柯敬仲二纸,笔墨超轶,潇洒天然"③,跋文中所称的"二纸",指的是上文所说的二十联册中,柯九思有两幅作品(另一幅为《秋林晓色图》)。金文鼎又于永乐十二年(1414)五月四日跋称"曩同俞乐泉过武林,获赵松雪、柯丹丘画。……此册选元季十二名家,自余生平宝爱之"④。沈周(1427—1509),明代杰出书画家。字启南,号石田、白石翁、玉田生、有竹居主人等。长洲(今江苏苏州)人。不应科举,专事诗文、书画,是明代中期文人画"吴派"的开创者,与文徵明、唐寅、仇英并称"明四家",他的跋文称:"金文鼎先生,淞江人,永乐中以绘事名海内,风流博古,高尚不群,尝见先生图画,大得元人笔意,余亦宗之。此册先生所选凡十二家二十幅,各各品定,无不臻妙,先生目力高也。今为御史徐同美所藏,同美乃先生

---

① 王力春:《柯九思卒年新考》,载《山东文学》,2011年第8期。
② (清)卞永誉:《式古堂书画汇考》,浙江人民美术出版社影印本,2012年,第1417页。
③ 同上,第1418页。
④ 同上,第1418、1419页。

郎君礼部之婿，携来见示，可为胜国名家一时之赏会，良足快也。"董其昌（1555—1636），字玄宰，号思白、香光居士。汉族，松江华亭（今上海闵行区马桥）人，明代书画家。万历十七年进士，授翰林院编修，官至南京礼部尚书，卒后谥"文敏"。董其昌擅画山水，师法董源、巨然、黄公望、倪瓒，笔致清秀中和，恬静疏旷。以佛家禅宗喻画，倡"南北宗"论，为"华亭画派"杰出代表，兼有"颜骨赵姿"之美。其画及画论对明末清初画坛影响甚大。董其昌的跋文是："画册以元季四大家为难，……今又见此册，原为吾乡金文鼎所藏。文鼎画入能品，宜其具择法眼，差觉盛子昭、柯丹丘未能作诸公把臂入林侣耳，然已海内不再得矣。"他对柯九思的画作略有微词，但确认是海内不可多得的佳作。

此件作品到了民国时期，为大收藏家吴湖帆先生所藏。他陆续钤印三枚收藏私章，还欣喜不已地题了一首《西江月》小词：

　　千亩渭川素影，墨歌笔舞横飞。放情山水浅深宜，还道五云阁吏。　　餐助王孙秀色，妙微博士新机，绣儿双绝孰名齐，艳煞文房清网。

词后题：

　　柯博山（士）画竹名盛，山水不经见，此小帧为可如道人作。试绣儿笔，曾见松雪用绣儿墨，绣儿未详姓与时，松雪、丹丘皆着其名，知非等闲女子，偶获佳迹，戏制小词，乙未长夏识于梅景书屋，吴湖帆。

　　下角有金文鼎印，文鼎名铉，松江人，生于元末，画宗吴仲圭，此帧盖其所藏也。

此件作品装裱后，吴湖帆还黏贴上一张签条，上题：

　　元柯丹丘为可如观雪作真迹。梅景书屋珍藏。

综上所述，柯九思的这幅作品历经元末明初直至民国诸多书画鉴赏家的收藏、鉴赏，更何况金文鼎藏画的时间离柯九思生活的年代不远，因此定为真迹不成问题。

这幅图上方,远岫高耸而连绵,下部则林麓攒簇,道观隐现,风轻水静,整个画面空无一人,表现的是:渭水之畔,月影清寒,此时小雪清晴,山川银装素裹,一片清丽而又寂静的景象。从吴湖帆先生的题识中,可以看出,这幅作品是应一位道号叫"可如"的道士所请而作的,因此其意境冲虚简旷,一派道家气象。

整幅画作整体感强,不事雕饰,一任自然,体现了元人脱离开南宋画院后的绘画追求。你看这远岫近岗、林木宫观、江面山麓和小雪月影浑然一体,旷放自如,笔法清健,气韵浑厚。柯九思在创作这幅画作时,初试"绣儿笔",开始时笔墨可能不免拘谨,但到后来,即疏放自如,他画树木以细点为主,细密中不无松弛,淡点上复着浓点,层次井然;坡石山峦,也是小笔细皴,上实下虚,未渲染,便有清烟淡岚之趣,这是元代山水画的一个特点,柯九思将墨法寓于笔法之中,也是元人本色。还有他善以笔线的起伏、笔画的深浅来描摹景色、营造画境、抒发情感,笔墨既率直旷放,又处法度之中,体现了文人山水画的本色,难怪吴湖帆得此图后,大为兴奋,在《西江月》词中极力夸赞柯九思,认为从他的"千亩渭川素影"中可以感受到"墨歌笔舞",意气飞动,体现了山水画艺术上的微妙的创意。

《夏山欲雨图轴》(图八) 纸本,水墨,款识为:"丹丘柯九思画。"画作左上角有岳榆题识:

予自无锡倪元镇萧闲馆与丹丘柯先生同载至义兴大溪口,时雨新霁,指南山谓予曰:我昔留京时,于李平章家观董北苑画,正与此山相似,若船中有纸,我亦仿佛其万一。遂至显亲寺主大方丈丈数日宴,里人王子明同同轩临《夏山欲雨图》归,忆前言,即索纸临写。同席者吴下卢淙小山京口张经德常。画竟潘子素后至,先生笑曰:并为我记中原士大夫姓名,时至正甲申六月八日。岳榆识。

宗典先生根据岳榆的题识,认为"岳榆题识纪年至正甲申(1344)六月八日,距九思死后八个半月,显属伪作。"①万新华先生在《柯九思》一书里也判为伪作,笔者以为这样的判断还是值得商榷的。这里的关键问题,还是柯九思的

---

① 宗典:《柯九思史料》,上海人民美术出版社,1985年,第62页。

卒年,包括宗典、万新华先生在内的一些学者视"柯九思卒于至正三年(1343)"为学术定论,殊不知近年来学术界许多学者对柯九思的卒年还有不同的看法,笔者与徐三见先生等都认为当在至正十八年(1358)前后,上文已有考论,此不赘述。因此,笔者认为这一幅《夏山欲雨图轴》不一定就是伪作。还有《夏山欲雨图》的题识者岳榆,为元末明初江南名士,字季坚,义兴(今江苏宜兴)人,根据谷春侠的考证,[①]他于至正十二年(1352)至二十年(1360),多次赴玉山与顾瑛等名士雅集,在雅集中与倪瓒、张德常、王子明、潘纯(字子素)等人交游已是不争的事实。因此这一篇题识是经得起史实的检验的。还有这幅画作左上角钤有"乾隆御览之宝"的印章,乾隆皇帝弘历还曾为此作题诗:

苍岫出奇云,乔柯吟微风。未雨雨意来,湿润含穹窿。对此迷茫景,益觉忧思忡。拟鞭痴龙起,沛然洒长空。乾隆甲子三月既望御题。[②]

乾隆皇帝既钤印,又题诗,更证实了柯九思这件作品不宜草率地定为伪作。

这是一幅描绘夏日溪山将雨未雨时的情景。其上首留有一大片空间,表示长空的高远。中部苍岫起伏,洲渚回环,似有淡淡的烟霭飘移,山峦洲渚间的溪面平缓,水波不兴。下方溪岸几棵杂树及洲渚上的杂草,在微风的吹拂下,轻轻拂动。整个画面呈现了山雨欲来之前的一种雨意,给人的感觉就好像乾隆的题诗里写的:长空、山色、溪面、洲渚、杂树、岸草等景物一片湿润。雨意有了,但终归是还未下雨,作者的心情也与山色溪光一样渐渐迷茫起来。这幅画创作于柯九思流寓吴中时期,其心境有时难免忧郁迷茫,那么,这幅作品或许也可理解为柯九思心境外化的结果。还是几百年后的乾隆皇帝深知柯九思的心境,他题诗的结句"拟鞭痴龙起,沛然洒长空"表达了作画者的期盼:希望来一场充盛的好雨,从万里长空播撒而下,给迷茫的人间带来一片清新。

这幅《夏山欲雨图轴》,艺术技法上与《溪亭山色图》不同,它的构图朴实简洁,似乎受倪瓒"三段式"结构的影响,又有自己的创意。画面以上、中、下分为

---

① 谷春侠:《袁华与元明之际名士交游考》,《厦门教育学院学报》第12卷第4期。
② 宗典:《柯九思史料》,上海人民美术出版社,1985年,第62页。

三段,上段为远景,以大片空白表示高天和远山,中段为中景,三五座山峦远近错落平缓地展开,山峦下方位置,不着一笔,以虚为实,权作渺阔平静的溪面;下段为近景,溪岸上数棵杂树,参差错落,枝叶疏朗;溪中的汀渚青草葾郁,风姿绰约。整幅画不见飞鸟,不见舟影,也不见人迹,一片空旷孤寂之境。此图山峦坡丘上的树木用重墨点染,溪岸、汀渚上的草树用中锋勾勒,又显示了夏日溪山间的蓬勃的生机,似乎暗喻作者虽然已至老境,但内心并不颓唐,还是充满对生活的某种希冀。

《**林亭秋色图**》(图九)　万新华先生在《柯九思》一书中,将这幅画作判为伪作,他的理由正是题识上表明的作画时间为至正五年,而此时柯九思已经谢世了。我们先来看画面右上方的柯九思题识:

> 至正五年春三月,余归自惠山,值闲居,高士过访,且征余画,情不可辞,遂写林亭秋色图,并赋诗于上:天风起长林,万影弄秋色。幽人期不来,空亭倚萝薜。丹丘柯九思。①

笔者同样以为,此图为伪作的看法也是值得商榷的。首先,如同上文所论述的,柯九思至正五年春三月未必就已经去世。第二,细细考察右上方柯九思的题识,其书法风格韵味,与柯九思的并无二致。第三,题识中提到的"惠山"(今属江苏无锡),位于吴中之西,离柯九思寓居的吴中不远,柯九思在京都时,就对被唐代"茶圣"陆羽称为"天下第二"的惠山泉渴慕已久,曾在《送王诚夫赴无锡知州》一诗中写道:"肯汲惠山泉见寄,青春煮茗当还乡。"他流寓吴中后,常往惠山访游,是很自然的事情。

《林亭秋色图》描绘旷野平林中的秋色图景。画卷上方,空白一片,见出高天远大的境界。画作中下部,林木连绵,天风吹拂,疏枝摇曳,中置空亭一座,空亭四周,也留白一片,以虚带实。柯九思此卷中空亭的设置,似乎颇受倪瓒晚年画风的影响。空亭可以说是倪氏晚年绘画中独有的景物,是他绘画的母题。对其在构图意义上的美学价值宗白华先生有过精彩的分析:"中国人爱在山水中设置空亭一所。戴醇士说:'群山郁苍,群木荟蔚,空亭翼然,吐纳云

---

① 万新华:《柯九思》,河北教育出版社,2006年,第73页。

气。'一座空亭竟成为山川灵气动荡吐纳的交点和山川精神聚积的处所。"①倪云林每画山水,多置空亭,他有"亭下不逢人,夕阳澹秋影"的名句。楚默在研究倪云林的构图思想和技巧时指出:倪氏绘画中的空亭有着象征的意义。以亭的空无一物,象征人的胸无一尘;以亭的吐纳山川灵气,象征心物的交流融合,它实际上是画家主体生命的化身。②柯九思画作中的"空亭"除了含有上述的审美追求,似乎还别有意蕴,他在题诗中告诉我们:"幽人期不来,空亭倚萝薜。"所谓"幽人",就是隐逸之士,或者是作者理想中的高士,诗人的意思是,那座空置的亭子,就是期待着高士的到来,可是久候不至,亭子只能爬满女萝和薜荔等攀援的蔓生植物。

此卷笔墨率意简约,似乎也受了倪瓒用笔技法的影响。钱杜云:"云林惜墨如金,用笔轻而松,燥锋多,润笔少,以皴擦胜渲染耳。"③王原祁说:"学画至云林,用不着一点工力,有意无意之间,与古人气韵相为合撰而已。"④柯九思在此卷中也是用笔轻松,不用湿笔、重笔;枝头树叶、坡石草木略带点染,用笔似乎率性而为,有意无意之间,呈现出秋色的萧闲疏旷之趣。

综上所述,柯九思在山水画的创作上,能够广泛吸取诸多前贤和当代名家的所长,又融进自己的创思,虽然比不上"元四家",但也具有自己的特色和面貌,笔墨或苍劲清秀,或简约淡远,意境神韵皆清超脱俗,非同凡响,取得了斐然的成就,今有学者认为柯九思"间作山水,亦精妙"⑤。因此,称许他为元代山水画名家并不为过。历来中国美术史在这方面没有很好地挖掘,一是柯九思的山水画传世很少,可资研究的资料不是很丰富;二是可能研究时只着眼于大家,对柯九思的史料挖掘、考察得不够;三是可能柯九思的山水画名声为墨竹画名声所掩盖。

(二)"不减湖州古墨君":柯九思的墨竹艺术

柯九思精于花卉题材的创作,梅、兰、竹、菊都曾涉猎,然墨竹最多,也最有

---

① 宗白华:《美学散步》(插图典藏本),上海人民出版社,2015年,第95页。
② 蒋逸:《丹青妙笔绘逸品——倪瓒绘画风格浅述》,载《文物鉴定与鉴赏》,2012年第5期。
③ 俞剑华:《中国画论类编》,人民美术出版社,1986年,第727页。
④ 同上,第934页。
⑤ 段国强主编:《中国文物收藏百科全书》(绘画卷),山东美术出版社,2015年,第142页。

成就、最擅声名。

墨菊、兰花题材，柯九思偶有涉及，也颇受时人好评，黄镇城《题墨菊》一诗中有"江南九月秋风凉，秋菊采采金衣黄。近时丹丘出新意，却洒淡墨传秋香"①的诗句。钱惟善有《题柯敬仲博士明雪窗长老兰竹石合景各一首》，其中题写兰花的诗为："适从楚畹来，邂逅此君子。乃知岩壑姿，风致颇相似。"②

柯九思的墨梅画作，稍多于菊花、兰花的画作。柯九思也是元代中后期一位写梅的名家，有学者这样说："宋元之间，以画梅著称于世的尚有茅汝元、邹复雷、柯九思、周密等。"③然其传世作品仅有一幅，而见之于元人的题画诗的则有：顾瑛的《题柯敬仲的梅花竹枝》、杜本的《题柯敬仲梅》、郑元祐的《题柯敬仲梅竹图》、郭翼的《题柯敬仲梅花竹石图》、释良琦的《题柯丹丘梅竹》、倪瓒的《题柯博士梅竹图》《题柯敬仲梅竹图》、剡韶的《题柯敬仲梅花竹石图》，柯九思自己也有《自题墨梅》，可见其对墨梅创作的喜好。柯九思笔下的墨梅往往和竹石合在一起，因为三者都象征着坚贞挺拔的人格精神。

柯九思的墨竹创作最为丰富，画作之名或称"墨竹"，或称"竹石"、"竹木"、"古木竹石"、"墨竹坡石"、"古木幽篁"、"枯木竹石"等，元明时期的无数文人墨客乃至名公巨卿，或题赠，或感赋，据王及先生的《柯九思诗文集》，这类题材的题画诗计有七十六首之多。

柯九思的墨竹艺术在当时就享有盛名。他以写竹受知于怀王。赵孟頫作为一代艺术宗师对他的写竹作了高度的肯定，其《题柯九思墨竹图》云："石如飞白木如籀，写竹应须八法通。若也有人能会此，须知书画本来同。"④对柯九思墨竹艺术作了高度概括。

虞集也有《跋柯九思墨竹图》，云："柯九思善写竹石，尝自谓写干用篆法，枝用草书法，写叶用八分或用鲁公撇笔法；木石用金钗股、屋漏痕之遗意。"⑤

元人常将柯九思的墨竹艺术与文同相比，认为他的技法堪与文同相匹敌。

---

① 王及：《柯九思诗文集》，中国美术学院出版社，2004年，第97页。
② 同上，第119页。
③ 俞剑华：《中国画论类稿》，人民美术出版社，1986年，第1128—1129页。
④ 王及：《柯九思诗文集》，中国美术学院出版社，2004年，第122页。
⑤ （元）赵孟頫：《赵孟頫集》（钱伟强点校本），浙江古籍出版社，2016年，第432页。又见《御定佩文斋书画谱》卷八。

虞集说："用文法作竹木,而坡石过之。"①倪瓒评价说："谁能写竹复尽善,高赵之前文与苏……奎章博士生最晚,耽诗爱画同所趋。兴来挥洒出新意,孰谓高赵先乎吾。"②不但比作文同,还认为柯九思的墨竹挥洒自如,多有新意,于是干脆把柯九思与高克恭、赵孟頫相提并论。

王冕的评价更高,他说：

> 湖州老文久已矣,近来墨竹夸二李。纷纷后学争夺真,画竹岂能知竹意。奎章学士丹丘生,力能与文相抗衡。长缣大楮尽挥扫,高堂六月惊秋声。人传学士手有竹,我知学士琅玕腹。去年长歌下溪谷,见我忘形笑淇澳。为我爱竹足不闲,十年走遍江南山。今日披图见新画,乃知爱竹亦如我。何当置我于其下,竹冠草衣相对坐,坐啸清风过长夏。③

认为柯九思的墨竹笔力能与文同相抗衡,二李（李衍、李倜）不在话下,因为柯九思爱竹、知竹,心中更有竹,能得"竹意",所以面对柯九思的新作,顿觉"高堂六月惊秋声"。

关于柯九思的取法自然,"腹有琅玕",王冕一再强调和夸赞,他还有一首《题柯博士竹图》云：

> 先生原是丹丘仙,迎风一笑春翩翩。琅玕满腹造化足,须臾笔底开渭川……今朝看画心茫茫,坐久不觉生清凉。④

胡助也认为柯九思的墨竹颇有潇洒出尘的清新之意,笔墨不减文同,他的《题柯敬仲枯木竹石图》诗云：

> 潇洒幽篁不受尘,千年枯木篆书文。挥毫鹊落清新意,不减湖州古

---

① 王及：《柯九思诗文集》,中国美术学院出版社,2004年,第93页。
② 同上,第98页。
③ 同上,第97页。
④ 同上,第98页。

墨君。①

从诸多时人及后人的题画诗可以看出,柯九思曾创作了大量墨竹画和少量墨梅画,但岁月沧桑,今留存于世的仅是其中很少的一部分,根据万新华先生的考证,目前珍藏在国内外各类收藏机构的共有十五幅。② 其中藏于北京故宫博物院的有《清閟阁墨竹图》;藏于台北故宫博物院的有《晚香高节图》《竹石图纨扇》《古木竹石图》《墨梅图》《三友清标图册》;藏于上海博物馆的有《双竹图》《墨竹图卷》;藏于苏州博物馆的有《临文同墨竹图卷》《墨竹图卷》;藏于日本大阪市立美术馆的有《横竿晴翠图》;藏于火奴鲁鲁美术学院的有《墨竹图》;藏于美国王己千的有《临文同倒挂墨竹图》,收藏者不详的有《竹谱册》《苔石烟筠图》等。

下面让我们一起来欣赏一下他的几幅传世代表作,以此来感受他的墨竹艺术特色。

《清閟阁墨竹图》(图十) 立轴,纸本,墨笔,纵132.8厘,横58.5厘米。这幅作品先经倪瓒收藏,明代归项元汴收藏,清代经安歧收藏,后又归清内府。经《墨缘汇观》《石渠宝笈》《虚斋名画录》《式古堂书画汇考》著录,现藏北京故宫博物院。后有款识:"至元后戊寅十二月十三日,留清閟阁,因作此卷。丹丘生题。"

至元后戊寅年,即1338年,这一年的十二月十三日,柯九思带着王子猷雪夜访戴一般的兴致,不怕山川阻隔,踏着积雪,前来探望正养疴枯守于山林中的倪瓒,还赋诗慰问,倪瓒感此深情,也作《戊寅十二月丹丘柯博士过林下有赋次韵答之》。那天晚上倪瓒留宿柯九思于清閟阁。我们知道,倪瓒性情孤傲,是一位颇有洁癖的高士,相传他的清閟阁,泛泛者是不许进去的。倪瓒不但热情接待了柯九思,而且还请他留宿清閟阁,并赋诗酬答,可见他对柯九思的看重和倾慕。我们来看倪瓒的酬答之诗,诗云:

积雪被长坂,卧疴守中林。山川虽云阻,舟楫肯见寻。倾盖何必旧,相知亦已深。惊风飘枯条,清池冒重阴。联翩双黄鹄,飞鸣绿水浔。顾望

---

① 王及:《柯九思诗文集》,中国美术学院出版社,2004年,第126页。
② 万新华:《柯九思》,河北教育出版社,2006年,第199页。

思郁纡,徘徊发悲吟。愿言齐羽翼,金石固其心。欢乐胡由替,白发期满簪。①

倪瓒在诗中对柯九思一路舟楫,履迹深雪,寻访而来的举动致以无限的感激,也表达了他们相遇甚得、相知甚深的知己之情。这次会晤,他们更是互吐衷肠,这衷肠来自他们晚年的共同心境,这心境体现在诗中的"顾望思郁纡,徘徊发悲吟"两句,我们如果联系到倪瓒、柯九思的平生遭际,似乎可以体味到两位艺术大家内心的郁塞悲凉的意绪。出身富家的倪瓒,过着"门车常自满,尊酒无时空"的优裕生活,但此时他的家道已露败落的迹象,1336年,江浙地区发生大旱,1338年又多次发生地震,统治阶级内部的斗争又异常激烈,他的心绪已经渐趋悲凉,他的内心时常处于内外交困之中。此时的柯九思呢? 他离开大都、流落江南已经五年,虽然总体上的生活也是清雅而充实,但毕竟经历了宦海的沉浮,且渐入老境,前路迷茫,其内心深处的悲凉凄苦的情绪时时泛起。雪漫空林,时届年尾,一对清高孤绝的贫士相遇,自会发出"同是天涯沦落人"的感慨。

倪瓒毕竟也是疏阔豁达的人,他在诗歌结尾向柯九思表达了这样的期盼:尘世污浊不堪,愿我们安贫乐道,一起永葆金石般的节操;像我们这样一起志于道而游于艺的人生乐趣是没有什么可以代替的,互祝两人寿如南山,一直到白发满簪!

有感于倪瓒的满怀深情,柯九思也意绪飞扬,不禁饱蘸笔墨,尽兴挥洒,为倪瓒创作了堪称柯九思绘画艺术代表作的《清闷阁墨竹图》。

这幅墨竹图写竹两竿,一竿繁盛,一竿疏朗,但枝竿都坚挺遒劲,竹叶都朴茂潇洒,焕发出一片充盈的生机。两竿墨竹,似乎就象征着倪瓒诗中所说的"愿言齐羽翼,金石固其心"的君子安贫乐道的精神风采。

此图下端绘以几方山石,苍苔隐现,两枝竹竿依岩石挺拔而立,石旁缀以几簇幼竹小草。如果再细细观赏这图中的两枝墨竹,它们交叉而立:一枝挺拔圆浑,新发的竹芽奋力向上生长,稚叶初长,充满生机和活力;另一枝墨竹稍微倾斜,竹节劲健,枝叶茂密,生气蓬勃。此图中的竹节都不作勾勒,而是先用

---

① (元)倪瓒:《清闷阁集》(江兴祐点校),西泠印社出版社,2010年,第13页。

淡墨晕染,再复以重墨晕染竹节的两端,使其各自独立却又连属自然。竹叶以书法之撇笔法写成,以浓墨画叶面,以淡墨画叶背,墨色浓润,浓淡相间,极具立体感。从中可见柯九思写竹叶师法文同的气象。岩石以"披麻长皴法"描摹,圆润浑厚,有董源、巨然一派余韵。整幅作品,构图独特,用笔沉着劲健,物象刻画形神兼备,画风于苍老中见俊秀;画面清雅秀美,神足韵高,一股劲挺拔俗的清新之气扑面而来,在元代的画竹大家中自成高格。

这幅画作下钤"柯氏敬仲"朱文方印,四角均有柯九思印记,左上角为"敬仲画印"朱文方印,左下角为"锡训堂章"白文方印。右上角为"奎章阁鉴书博士"白文方印,右下角为"训忠之家"白文方印。此画的中下部有倪瓒的收藏印两方:"倪瓒之印"白文方印、"经钽斋"朱文方印。在《清閟阁墨竹图》中,我们还能见到项元汴、安岐、乾隆皇帝的鉴藏印。更为珍贵的是,此作还有"三希堂精鉴玺"、"石渠宝笈"印。这说明,此画在清内府的收藏中也算是精品。这件作品归入清内府后,曾经乾隆皇帝鉴赏,并有御题诗:"抹月披烟迥出尘,横椮倚石蠹新筠。为思爱竹洋川老,一写精神便逼真。"①

乾隆皇帝也是一位收藏、鉴赏大家,从他的题画诗中的"抹月披烟迥出尘"、"一写精神便逼真"两句,即可见出他鉴赏柯九思墨竹识力的不凡!

《晚香高节图》(图十一)　立轴,纸本,墨笔,纵126.3厘米,横75.2厘米。至顺二年(1331)为高昌正臣作于缊真斋,款识为:五云阁吏为正臣作,钤有"缊真之斋,图书之府。吾存其中,游戏古今。松窗棐几,万钟为轻。聊寓意于物,适有涯之生"三十四字朱文印。

此图下方绘以溪岸一带,怪石一叠。溪岸平坦湿润,莎草簇簇;石上苍苔青蒲斑驳秀润;怪石左右各缀以荆棘两枝、菊花一朵。怪石间几簇细竹旁逸斜出,怪石中间偏左处,一竿修竹坚挺俊拔,枝叶纷披,生意潇洒。

柯九思传世的墨竹图比较可靠的约有七八幅,图中多为墨竹一竿,或添山石一块,而《晚香高节图》不但有竹有石,还绘有荆棘和菊花,在构图和创意上十分独特。关于这幅作品所蕴含的深意,笔者在第二章已经详加考论,这里不再展开申述,总的意思就是:此图中的荆棘比喻"进谗的小人",菊花、修竹则是君子的象征。柯九思似乎借此图向朋友高昌正臣乃至世人吐露自己遭到谗

---

① 宗典:《柯九思史料》,上海人民美术出版社,1985年,第52页。

臣打击的痛苦心情和志向。尽管处境艰险,但他的本心却如竹子那样的高洁。图中的菊花,明显是表示自己淡泊明志的志向。他当然留恋与文宗在一起的奎章阁的日子,但现实环境已经越来越明显地告诉他,奎章阁很有可能容纳不了他,如果真有那么一天到来,那么,他也愿意像陶渊明那样过着"采菊东篱下,悠然见南山"的隐逸生活。

此图在画面的处理上,采取逐层推进的办法,先是怪石,再修竹,然后荆棘、菊花,最后勾勒溪岸,这样就增强了画面的层次感。构图布局上,画面左侧弯曲的荆棘与挺拔的竹竿在视觉上形成强烈的对比,右侧一枝傲然挺立的野菊实为竹竿的正面衬托,有意无意之间显示了作品的深沉意蕴。

在具体技法上,画面中的怪石用淡墨皴擦出明暗效果,而后用重墨点湿,再缀以杂草,造型古雅朴拙,其皴法颇有苏东坡的韵味,但运笔似乎更加自如爽利,给人的感觉也更加厚重丰润。具体写竹时,竹竿以中锋运笔,以"重节法"为之,即两笔淡竿之间,用浓墨在两端重复一下,使节端加重分量,把中间的白痕衬托得格外清楚,中间无勾勒,①这与《清閟阁墨竹图》不同。此图竹竿节节明显,挺拔秀劲,竹根至竹梢粗细有致;竹叶以"八分法"写之,疏密得当;以或浓或淡的不同墨色表现出竹叶的阴阳向背。一枝一叶皆见出笔力的爽健和洒脱,姿态摇曳,丰神迥秀。难怪柯九思的挚友虞集观赏了之后,赞叹不已,在作品右上方题曰:"敬仲此幅,清楚出尘,真平日合作也。奎章阁侍书学士虞集题。"

这幅作品清代曾归藏清内府,乾隆皇帝赏爱有加,在作品左上角题诗一首:

绿筠挺出苏卿节,黄菊喷来陶令香。何必其间论世代,忘年交合石渠藏。庚寅秋日御题。

《双竹图》(图十二)　纸本,水墨,纵 86 厘米,横 43.9 厘米。款识:"敬仲。"钤"锡训"、"柯氏敬仲"、"敬仲画印"、"缊真堂"等印,可见柯九思对这件作品的自爱程度。此图不设山石,也不点缀其他花草,只写竹两竿,自图左下方斜逸

---

① 具体参见李霖灿《李坡凤竹图》,载《中国名画研究》,台湾艺文印书馆,1973 年。

而出,然后坚挺向上。两竿竹枝,一竿稍直,一竿稍斜,姿态各异,但都顿挫有节、劲挺娟秀,生机盎然。竹枝饱含一种弹性的张力,竹节实中带虚,竹叶以淡浓之墨表现阴阳向背之姿,虚实相间,疏密有致。嫩叶生长于竹节间,活脱而富有生趣。关于竹叶的技法,万新华先生认为"这种竹叶开张成组推出的画法,很明显脱胎于文同的格局,但略显程式化"。与《清閟阁墨竹图》不同,《双竹图》没用花卉、坡石作映衬,画面简洁明净,布局清朗,形态端详,笔墨秀润,给人以清风拂面、秀逸洒脱之感。为了使画面平衡,右下角不但题款,还钤印四枚,用以压角,并与左上方交叉倾斜式构图相呼应,也达到书画印自然一体的融合。

《横竿晴翠图》(图十三) 立轴,纸本,水墨,纵 50.2 厘米,横 29 厘米。此图构图、笔法别具一格,竹枝一竿,自图右倾斜而下,给人突兀而奇崛之感,旋又翻展而上,颇富腾挪洒脱之姿。用笔苍劲饱满,除主干用墨稍淡外,枝叶皆以浓墨为之,显示出坚韧顽强的精神力量,实是作者寄情笔墨的用心之作。其艺术表现手法乃效拟宋人文同,而较之更老辣,也富有书法笔意。对这幅作品的创作甘苦,柯九思也深有体悟,他在画面右上角上题款曰:"此法极难,非积学之久不能也。"

这里的"此法",参照柯九思的《竹谱》,当是"晴叶破墨法"。关于这幅画的构图,识者认为是取法于文同,"竹干的处理与常法不同,一笔为之,不点节,竹叶以书法写之,用锋的藏露、取舍较为合理,而画面气息较为清新飘逸,当为柯九思的学文变体之作。"[①]

乾隆皇帝也对这幅作品以及柯九思的创作体会深表赞许,题诗曰:

竹身似屈竹节直,自识原积法极难。垂叶恰如锦鳞上,天然无饵钓鱼竿。甲辰仲夏月御题。

《竹石图》(图十四) 纨扇,绢本,纵 27.3 厘米,横 24 厘米。款识:"敬仲。"图中绘怪石一叠,丛竹一片,石上缀以苔痕杂草。竹竿以淡墨点染,竹叶用浓墨撇笔法写之,笔墨浓淡相间,突出了竹叶的视觉冲击,意在表现丛竹的盎然生机。怪石泼墨法涂染,圆润浑厚,清新自然。"此图皴、擦、破、醒、干、湿技法

---

① 万新华:《柯九思》,河北教育出版社,2006 年,第 57 页。

完备,工用分明,当为柯氏竹石画中的精品。"①

柯九思在墨竹艺术上的成就,一方面是源于元代是一个墨竹画十分兴盛的时代。与"梅、兰、菊"相比,墨竹画何以特别盛行?从思想根源说,汉族文人士大夫在异族统治之下,思想上大多感到压抑,而竹号称"全德君子",画竹则成了高洁之士表达自己思想节操、人生情趣的最合适的主题。从墨竹画自身发展情况来说,墨竹画始于唐代,到北宋已经发展成专门科目。到宋金对质时期,墨竹画技法渐趋完备。元初随着文人画的兴起,墨竹画广受文人士大夫青睐,人们积极地用它来作为"书画同源"的创作实践。另一方面,柯九思的墨竹画不但远绍文同,而且还近法赵、李。画竹师法文同,是元代的普遍现象,柯九思也不例外,元人多次在题画诗里提到柯九思的墨竹艺术不减文同,他的好友王逢还在《柯博士临文湖州墨竹为顿悟寺坚席石上人题》一诗中说:"官罢奎章阁,竹临文使君。"柯九思在学习、揣摩文同的墨竹画上确实是下了苦功的,他在《题文湖州竹枝卷》中说:

> 仆平生笃好文笔,所至必求披玩,所见不啻数百卷,真者仅十馀耳。……此卷文画苏题,遂成全美。予旧尝见之,每往来胸中未忘,今复于益清亭中披阅,令人不忍释手,故为之识。②

柯九思不但披阅、体悟,还积极临摹,这有他的传世作品《临文同倒挂墨竹图》为证,他在这幅图上题款道:"熙宁乙酉冬至日,巴郡文同与可。至正癸未端阳节,丹丘柯九思临。"

这里还有一个例证,柯九思有一则题为《补与可墨竹一枝》的题跋,全文是这样的:

> 右石室先生文公所画古木,笔意简古,破墨清润,天趣飞动,真逸品也。又有元章、至能鉴赏于上,可为宝玩。但欠墨竹一枝,故为补于其后。后学柯九思题。③

---

① 万新华:《柯九思》,河北教育出版社,2006年,第57页。
② 宗典:《柯九思史料》,上海人民美术出版社,1985年,第125页。
③ 同上,第87页。

第三章　志道游艺：柯九思的诗、书、画创作　　·299·

　　我们说柯九思墨竹画近师赵、李，这里的赵、李，指的就是赵孟頫、李衎。万新华先生指出，柯九思是否直接向赵、李两人学过画，现已无从查考，而其受赵、李二人的影响，却是无疑的。① 柯九思对赵孟頫的诗书画艺术是十分倾慕的，评其画则曰："当日丹青谁第一？为传神骏落人间。"②柯九思有多首题画诗，都涉及赵孟頫的墨竹，如其中一首《题赵鸥波古木竹石图》，诗云：

　　　水晶宫里人如玉，窗瞰鸥波可钓鱼。秀石疏林秋色满，时将键笔试行书。③

又如《题赵承旨墨竹》，诗云：

　　　阊阖风来玉珮珊，洞庭秋入泪痕斑。至元朝士今谁在？翰墨风流满世间。④

　　从这些诗作，柯九思于赵孟頫的画作浸润之深可见一斑。
　　至于李衎，柯九思受其影响则更为明显。李衎长期在江浙一带任职，柯谦曾为他的《竹谱》作序，可见关系非同一般，万新华先生认为"柯、李两家为世交，柯九思受前辈李衎指点，极有可能"。这个推理是有一定道理的，我们看柯九思的题画诗，就有四首涉及李衎，而且都是题咏画竹题材的，这四首诗以《题李息斋画竹四首》⑤，其中有句："笔端随意长清标，疏叶生风剪剪飘。"对李衎的墨竹艺术感悟很深，极表敬佩，受其影响那是很有可能的。所以张光宾先生也认为，李衎作为湖州竹派的中兴者，柯九思应该是直接受李息斋影响的人之一，柯氏竹谱与李氏竹谱是互通声息的。
　　关于柯九思墨竹艺术的师承，宗典先生认为是师法苏轼，⑥对此，万新华先生认为值得商榷："从苏轼的《古木竹石图》来看，我们就会发现，柯九思的墨竹

---

① 万新华：《柯九思》，河北教育出版社，2006年，第47页。
② 宗典：《柯九思史料》，上海人民美术出版社，第146页。
③ 同上，第145页。
④ 王及：《柯九思诗文集》，中国美术学院出版社，2004年，第49页。
⑤ 张光宾：《李衎——湖州竹派的中兴者》，载《元朝书画艺术研究集》，台北故宫博物院，1979年。
⑥ 宗典：《柯九思史料》，上海人民美术出版社，1985年，第3页。

与苏轼的墨竹显然没有相通之处,无论用笔、用墨、构图、程式等方面,都没有相似点。江宏、邵琦先生在《中国画心性论》中认为,苏轼的墨竹存在着不经意的特点,故较为难学。所以后人并没有把他作为取法的对象。柯九思亦然。"①

对此问题,笔者认为,柯九思的墨竹与苏轼的墨竹无论用笔、用墨、构图、程式等方面,确实都有很大不同。那柯九思有否曾经师法于苏轼呢?答案是肯定的。我们来看柯九思的两则题跋,一是《跋苏轼枯木疏竹图》:

此图王眉叟真人所藏也。东坡先生用松煤作古木,拙而劲,疏竹老而活,政所谓"美人为破颜,恰似腰肢袅"。此图亦同此意,真佳作也。②

另一则是《题苏轼墨竹图》:

右东坡先生苏文忠公墨竹图,墨竹圣于文湖州,文忠亲得其传。故湖州尝云:吾竹一派近在彭城,然文忠亦少变其法。文忠云:竹何尝节节而生。故其墨竹自下一笔而上,然后点缀而成节,自为得造化之生意。今此图政合此论。余家亦藏苏竹一幅,临摹数百过,虽得其仿佛,终莫能及也。观此图令人起敬。奎章阁学士院鉴书博士柯九思识于高昌正臣之芳云轩。③

从两则题跋中看出,柯九思也是十分心仪苏轼的墨竹艺术的,而且对苏轼那种"自下一笔而上,然后点缀而成节,自为得造化之生意"的竹节技法有较深的体认和感悟。作为通才式的艺术大师,苏轼的写竹不拘泥于细节的形似,他曾提出"论画以形似,见与儿童邻"的绘画理论,主张"得造化之生意",柯九思对此是深为服膺的,因此临摹自家收藏的苏竹"数百过",毕竟这种率意而为但又不离法度的写竹艺术,是难臻妙境的,柯九思就是无限地辛勤临摹,也自叹"虽得其仿佛,终莫能及也"。但不可否认,柯九思从苏轼身上是较深地体悟到写竹要"得造化之生意"之妙谛的,他为写好墨竹,像王冕一样"十年走遍江南

---

① 万新华:《柯九思》,河北教育出版社,2006 年,第 51 页。
② 宗典:《柯九思史料》,上海人民美术出版社,1985 年,第 123 页。
③ 同上,第 124 页。

北",积极感受竹之形态、生意,因而他笔下的墨竹,生意潇洒,倪瓒叹为"狂逸有高海岳之风"。由此,我们也可以感悟到,所谓的柯九思的墨竹与苏轼的墨竹"无论用笔、用墨、构图、程式等方面,都没有相似点",是由于柯九思重在师法苏轼写竹的精神,而不拘泥于具体构图、程式等技法的学习。

柯九思的墨竹艺术不论是师法文苏还是赵李,实际上都离不开遵循赵孟頫所倡导的"复古"主张或"古意"理论。万新华先生认为,"古意"的表现,是柯九思墨竹画的一大特点。① "古意"是一种十分独特的文化精神,它不是泥古不化,而是随着历史的长期积淀而形成的一种文化品性。元代的"古意",有两种原则,一是集前代之大成,二是返璞归真,即复古不一定要拘泥于某一种风格,不一定要师承某一家,因为艺术最终极的标准是"无味之味,无迹之迹",因此返归自然便是复古。② 在中国艺术领域,"古意"这一概念,出现较早,南朝姚最《续画录》中曾有"质沿古意,而文变今情"之说,在唐代更有许多诗人以"古意"为题作诗,直到元代赵孟頫将其作为艺术创作的主旋律提出来,并进行了最大限度地美学拓展,"古意"才成为真正意义上的艺术哲学。赵孟頫以"古意"为旗帜,倡导绘画革新,反对浮华、躁动,崇尚宁静、和谐、简约、质朴,用笔讲究浑厚、简率、天真。柯九思作为赵孟頫倡导的复古运动的中间分子,积极践行"古意"理论,反复体悟、探索,终臻化境。他的绘画作品,特别是墨竹画,用笔浑厚,毫无纤弱浓艳之气,却有无穷之力,深受时人好评。揭傒斯观赏了柯九思为友人画的墨竹,以《题柯博士为方叔高所画墨竹》为题,赋诗赞叹:"苍苍四君子,意气侵云端。六月不敢近,萧萧风露寒。"③又如释大䜣在《题柯敬仲墨竹二首》诗中,也形象地描绘了他笔下的墨竹的磅礴的气势:"老龙夜奋千年蛰,彩凤朝翔五色云"、"何处龙吟百丈泓,骤惊风雨助纵横"④。柯九思也讲求简率天真的笔法,力求使作品达到"质朴"的美学标准,他的墨竹画,不事雕饰,却天趣盎然,生机一片,这些符合"古意"内涵的做派,也赢得时人的一致夸赞,如杜本在《题柯敬仲竹》中说:"翠雨娟娟带润,清风细细生香"⑤,泰不华在《题柯敬仲竹二首》中写道:"娟娟惟有窗前竹,长是清阴伴夕晖"、"记得九霄秋月上,满庭

---

① 万新华:《柯九思》,河北教育出版社,2006年,第64页。
② 同上。
③ 王及:《柯九思诗文集》,中国美术学院出版社,2004年,第118页。
④ 同上,第108—109页。
⑤ 同上,第121页。

清影覆苍苔"。①

(三)"用意精到,悉有据依":柯九思的绘画思想

柯九思不但是湖州竹派的一个中兴者、元代文人画领域的重要一员,而且也是赵孟頫倡导的复古运动中的一个中坚分子,在中国绘画史上无疑有着重要的地位。他在几十年的绘画实践中,积极探索,潜心体悟,提出了许多精妙的绘画理论,形成了自己的绘画美学观。他的这些绘画思想体现在两个地方,一是汤垕的《画鉴》一书里,二是绘画题跋上。

《画鉴》的署名作者汤垕,字君载,号采真子,山阳(今江苏淮安)人,元代著名的书画理论家和鉴定家。他是柯九思的长辈,天历元年(1328),汤垕在京师与柯九思论画。交谈中,柯九思在绘画艺术上的一些远见卓识催发了汤垕编著《画鉴》一书的兴致。《画鉴》卷首张雨序云:

> 采真子妙于考古,在京师时,与今鉴书博士柯君敬仲论画,遂著此书。用意精到,悉有据依。惜乎尚多疏略,乃为删补编次成帙,名曰《画鉴》,后有高识,赏其知言。采真子,东楚汤垕君载之自号也。句曲外史题。

张雨之序明确告诉我们,《画鉴》之著,汤垕或吸取了柯九思的画论思想。但据赵盼超先生考证,《画鉴》一书中提到很多当朝画家,比如赵孟頫、鲜于枢、龚开、陈琳等,却通篇不见柯九思之名;遍查柯九思诗文集,亦未见汤垕之名,可见即使是汤垕与柯九思有过交往,也是交往不深。纵观《画鉴》中所列书画作品,与有记载的柯九思题跋书画作品多不相符,观点也不甚相合,但与赵孟頫所题跋作品及周密所撰的《云烟过眼录》中所列书画作品却符合甚多。由此,赵盼超先生推定,汤垕在京师时,有可能通过赵孟頫与柯九思有过交往,谈论过书画,但交往不深,汤垕的《画鉴》并非受柯九思影响所写。至于序文中所言"鉴书博士柯君敬仲",只是编者为表示尊敬而称之,以致后人误会了编者的

---

① 王及:《柯九思诗文集》,中国美术学院出版社,2004年,第132页。

意思①。

　　笔者赞同赵盼超先生所考证的"汤垕在京师时,有可能通过赵孟頫与柯九思有过交往,谈论过书画,但交往不深"的观点,但对他认为的"《画鉴》并非受柯九思影响所写"以及"序文中所言'鉴书博士柯君敬仲',只是编者为表示尊敬而称之,以致后人误会了编者的意思"的观点,不予苟同。

　　根据《四库全书总目提要》考论,《画鉴》一书实际上是汤垕所撰,句曲外史即张雨删补编次成帙的。② 张雨是柯九思的好友,对柯九思的人生履迹及书画上的成就应该非常了解,他在编辑《画鉴》一书时所作的序言,应该是据实而写的,并不是为了客套,虚与委蛇地点上"鉴书博士柯君敬仲"的名字。其序对柯九思与汤垕画论的评说,优劣分明,优者即评为"用意精到,悉有据依",劣者即"尚多疏略",持论可谓严谨中肯。

　　笔者以为,汤垕的《画鉴》受柯九思画论影响不多也许是事实,但说"并非受柯九思影响所写"也是有失公允的。实际上《画鉴》中的好多关于画作的鉴赏理论,与柯九思的鉴赏理论有相似的地方,其受到柯九思理论的一定的影响也是很有可能的。如《画鉴》从鉴赏的角度,对自吴至元的一百二十多位画家进行了评价,有选择地对人物、山水、花鸟禽兽等画科进行了品评,注重画面的"生动"、"传神",以有"古意"、画面"高古"、"不求形似",但"以意写之"作为画面优劣的标准,这与柯九思在《补与可墨竹一枝》《题苏轼墨竹图》《题赵孟頫秋郊饮马图》《题饶自然山水家法》等题跋中所提到的"笔意简古"、"林木活动、笔意飞舞"、"造化生意""梦想古人"等美学追求十分相似。

　　柯九思的绘画思想更多的是体现在他对古今绘画名作的题跋上。这些题跋虽然零散,但细加梳理、探究,从中不难发现柯九思的理论追求和审美取向:

　　一是注重绘画作品的气韵、意趣。宋人在画学上多着眼于"理"字,讲神趣而不失物理,在笔墨形似之外也讲求神韵。元代的画学更追求境界高逸而气韵生动,更重视画作的生意灵动和天机盎然,柯九思和赵孟頫、钱选、汤垕、杨维桢等人都是积极的主张者。柯九思在《题任仁发二马图》中对任仁发笔下的二马图极力夸赞,因为它"甚得其形容气韵矣"③;他在《题宋人临辋川图》中褒

---

① 赵盼超:《元代画学研究》,中央民族大学出版社,2014年,第52页。
② (清)纪昀总纂:《四库全书总目提要》(第3册),河北人民出版社,2000年,第2896页。
③ 宗典:《柯九思史料》,上海人民美术出版社,1985年,第131页。

扬其"辋川图出自摩诘,一一点染,其台榭景物,无不可游、可玩、可忘世。……披阅一过,不胜神往"①。如果宋人临摹的《辋川图》,没有高逸的境界和生动的气韵,其台榭景物怎会可以游玩、忘世,他也不会"不胜神往"的。柯九思曾为文同的一幅古木图补上墨竹一枝,然后加以题跋,在这篇题为《补与可墨竹一枝》的跋文中,对其笔下古木的"天趣飞动",赞不绝口。柯九思这种注重画作的气韵、生意和天机的理念,也可以从他的许多题画诗中感受得到。他有一首《题文与可画竹》的题画诗,诗云:

湖州放笔夺造化,此事世人哪得知。跫然何处见生气,仿佛空亭落月时。②

他对文同取法自然、笔夺造化而又富有生气的墨竹画十分推崇,从中也体现了他的美学追求。后人对柯九思在这首诗中体现出的这种绘画理论,也多有体悟很深的识者,如《元诗选》三集卷五《丹丘生稿》诗末有"按:敬仲善画竹石,得笔法于文同。……然其生意飞动,有龙翔凤翥之状。此诗所谓生气,非敬仲不能道也"③。

柯九思在《题钱舜举画梨花》一诗中,夸赞其梨花"苕溪居士获天趣,造化潜移不知处。"对钱选潜移造化而笔获天趣的画境十分倾慕。不论是山水,还是花鸟,但凡富有生气、天机的作品,柯九思总是不遗余力的为之高歌赞叹,如他看到李士行的竹画,就题诗道:"秋风满纸老黄华,元气淋漓欹复斜。"④从子伦芍药画得好,他也题诗歌咏:"九十春光事已非,翻阶红叶尚天机。"⑤

二是倡导以书入画、笔墨兼备。元代美术史上,历来认为是赵孟頫首先明确提出"以书入画"的主张,这种观点可视为元代画家自觉地将书法融入绘画用笔的代表。赵孟頫以书画相通的理论独步画坛,影响后世也极深。不过,对赵孟頫的这一理论,陈振濂先生考证认为,乃是缘于柯九思的主张,柯九思才

---

① 宗典:《柯九思史料》,上海人民美术出版社,1985年,第127页。
② 王及:《柯九思诗文集》,中国美术学院出版社,2004年,第46页。
③ 同上,第47页。
④ 同上,第53页。
⑤ 同上,第57页。

是元代最早提出这一较为系统的理论主张的。① 陈振濂先生认为赵孟𫖯诗后的题跋是转述柯九思的话,柯九思的原话出自于他编写的《竹谱》：

> 凡踢枝当用行书法为之,古人之能事者,惟文、苏二公,北方王子端得其法,今代高彦敬、王澹游、赵子昂其庶几。前辈已矣,独走也解其趣耳。②

柯九思一直视赵孟𫖯为前辈,对他极为尊崇,但在艺术面前,柯九思也有那种"我爱我师,我更爱真理"的勇气和胆识。他认为,真正能以书法笔墨写竹的,古人里面文同、苏轼才称得上,当代只有王庭筠(金代文学家、书画家。字子端,号黄华山主,又号黄华老人。米芾之甥。擅画山水、枯木竹石,存画尚有《幽竹古槎图》等)得其法度。在柯九思眼里,赵孟𫖯只能得到"庶几"的评价,也就是说,还算马马虎虎过得去,显然还没能入柯九思的"法眼"。

陈振濂先生从柯九思在《竹谱》里那一段话中看出："赵孟𫖯的'石如飞白木如籀'一诗及以下的一段转述,其实皆是出于柯九思的启迪。亦即是说,是因为柯九思已经有了'写干用篆法……'的论述,赵孟𫖯豁然开朗,于是才有了'石如飞白木如籀'一诗并跋,于是,始作俑的资格应当归于柯九思而不是赵孟𫖯。只不过柯九思影响未及赵孟𫖯之大而已。"③

柯九思对自己的以书入画的创作成就,是颇为自许的。他曾在自己写的墨竹图卷上题诗道：

> 熙宁乙酉湖州笔,清事遗踪二百年。人说丹丘柯道者,独能挥毫继其传。④

当然这不是他的自夸,他在诗中也说了这是"人说"的。确实时人对他继承文、苏以书入画的笔法,是公认的,如于立在《题顾仲渊临柯丹丘竹》中说："湖州去后丹丘老,见此风枝露叶新。"杜本在《题柯敬仲枯木墨竹》一诗中写

---

① 陈振濂：《中国书画篆刻品鉴》,中华书局,1997 年,第 548 页。
② 同上,第 69 页。
③ 同上,第 548 页。
④ 王及：《柯九思诗文集》,中国美术学院出版社,2004 年,第 71 页。

道:"绝爱鉴书柯博士,能将八法写幽篁。"

柯九思不但主张以书入画,还强调笔墨兼备。从创作方法上讲,"笔"和"墨",是两个概念,用笔主要是通过线条体现,用墨主要是通过色彩体现。"笔"和"墨"两字连起来的"笔墨",其概念又不一样,即线条与色彩不但不分开,还被糅合成一个有机的整体,是对线条所蕴含的书法韵味的发现与发展。笔墨兼备,即笔墨结合,注意线条与墨色浑然一体的融合,注意通过墨色的浓淡干湿和线条的虚实表现画面景物的叠压和空间关系,使写意的韵味更加浓厚,表现形式更加自由。柯九思无论在古画名迹的鉴赏上,还是创作实践上,都强调笔墨兼备。他在《题李成读碑窠石图》中对唐代李成的这幅名作赞誉有加:"予谓笔墨备有,神妙两到,于此本见之矣。前人称画山水者,必以成为古今第一,信不诬矣。"[1]他在好些画作题跋里,都出现"笔"、"墨"两个字,从中也可窥见他对笔墨兼备的重视。如《补与可墨竹一枝》中有"笔意简古,破墨清润"的提法,《临商琦山水》中有"雨窗试张可鸥笔、郭忠厚墨临商琦画"。[2]

这里笔者不得不提到柯九思特别注重笔墨"清润"的审美标准。柯九思的画作题跋里,多次出现"清润"一词,这是他对山水、墨竹作品中笔墨运用的一种审美追求。他在《题董源夏景山口待渡图》中赞美"岗峦清润,林木秀密,渔翁游客,出没于其间,有自得之意",在《补与可墨竹一枝》中有"笔意简古,破墨清润"的提法,在《题良常张氏遗卷》出现"仲穆使君之篆,笔力遒劲;泽民、若水之画清润,张教授之诗流丽,皆令人敛衽"的句子。所谓"清润",即清新圆润,要求笔墨清雅而不落俗套,线条墨色圆融浑厚、滋润而不干枯单薄,这样的山水、墨竹作品自有天趣和境界,柯九思在诸多题跋里反复提出这一概念,可见他对笔墨兼备所产生的艺术效果的理想追求。

三是评论绘画注重品位。他继承了唐宋绘画品评的审美理论,注重作品的"逸、神、妙"的品位要求,凡是达到他心目中的品位理想的,即冠以"逸品"、"神品"、"妙品",如他评文同的墨竹"笔意简古,破墨清润,天趣飞动,真逸品也",评董源的《夏景山口待渡图》为"岗峦清润,林木秀密,渔翁游客,出没于其间,有自得之意,真神品也",评李成的《读碑窠石图》为"宜乎评者以此本第居

---

[1] 宗典:《柯九思史料》,上海人民美术出版社,1985年,第120页。
[2] 王及:《柯九思诗文集》,中国美术学院出版社,2004年,第77页。

神品上上云",而对梵隆的《六高僧像》则有"笔法出李伯时,而性情实宗阎立本也,可入妙品"之评。①

四是推崇师法古人和自然。柯九思也像许多前辈画家和同时代画家一样,提倡师法古人,说自己"平生亦尝寄兴毫楮,梦想古人"②,对宋人临的《辋川图》,表示"辋川图出自摩诘……五百馀年来,画家如林,鲜有与之并驾者。披阅一过,不胜神往"③。他对文同的墨竹,"所至必求披玩",而且对他的笔法有自己独到的感悟,认为"石室先生墨竹之法,与雪堂先生之书同有钟王妙趣"④。他在绘画创作上,还注重师法造化,流寓江南时,他曾返乡,山中老道要请他作画,他说"山不入目不能画,水未入怀不能吟",婉言谢绝。至正甲申年(1344),他与岳榆自无锡同返,到宜兴大溪口,"时雨新霁,指南山谓予(笔者按:指岳榆)曰:我昔留京时,于李平章家观董北苑画,正与此山相似,若船中有纸,我亦仿佛其万一"。这个情节也体现了柯九思作画取法自然的思想。他观赏古今绘画,凡是得造化之气者,都极力揄扬,如在《题钱舜举画梨花》一诗中,他夸赞"苕溪居士获天趣,造化潜移不知处",在《题苏轼墨竹图》中又有"……自为得造化生意。今此图政合此论。……观此图令人起敬"⑤之语。

---

① 宗典:《柯九思史料》,上海人民美术出版社,1985年,第128页。
② 王及:《柯九思诗文集》,中国美术学院出版社,2004年,第87页。
③ 同上,第84页。
④ 同上,第83页。
⑤ 同上,第82页。

参 考 文 献

一、史　　籍

宋濂等：《元史》，中华书局点校本，1976年。
柯劭忞：《新元史》，中国书店影印本，1998年。
苏天爵：《国朝文类》，《四库全书》文渊阁影印本。
北京师范大学古籍研究所：《全元文》，凤凰出版社，2005年。
《元典章》，台湾故宫博物院影印本，1972年。
《庙学典礼》，永乐大典本。
赵孟頫：《赵孟頫集》，浙江古籍出版社点校本，2016年。
戴表元：《剡源文集》，《四库全书》文渊阁影印本。
郭畀：《客杭日记》，光绪七年钱塘丁氏刊行。
马祖常：《石田文集》，《四库全书》文渊阁影印本。
宋褧：《燕石集》，《四库全书》文渊阁影印本。
谢枋得：《叠山集》，《四部丛刊》续集影印瞿氏铁琴铜剑楼藏明刊本。
杨士奇等：《历代名臣奏议》，台湾学生书局影印明永乐刊本。
王世贞：《读书后》，天随堂刊本。
叶子奇：《草木子》，中华书局点校本，1959年。
王祎：《王忠文公集》，明嘉靖元年张齐刻本。
杨维桢：《贡氏三家集》，吉林文史出版社点校本，2010年。
陈邦瞻：《元史纪事本末》，中华书局，2015年。
黄庚：《月屋漫稿》，清抄本。
《光绪仙居县志》，同济大学出版社标注本，1990年。

仙居县淡竹乡下郑村藏《翁氏宗谱》。

王及：《柯九思诗文集》，中国美术学院出版社，2004年。

张峋：《翁森集校注》，现代出版社，2016年。

桂栖鹏、楼毅生等：《浙江通史》（元代卷），浙江人民出版社，2005年。

陈耆卿：《嘉定赤城志》，上海古籍出版社点校本，2013年。

二、参考论著与论文

陈垣：《元西域人华化考》，上海古籍出版社，2008年。

［法］勒内·格鲁塞：《草原帝国》，江苏人民出版社，2011年。

陈高华：《元史研究论稿》，中华书局，1991年。

蔡镇楚：《中国诗话史》，湖南文艺出版社，1988年。

洪再辛编：《海外中国画研究文选（1950—1987）》，上海人民美术出版社，1992年。

《第二届宋史学术研讨会论文集》，台北文化大学，1996年。

方豪：《中西交通史》，岳麓书社，1987年。

杨镰：《元诗史》，人民文学出版社，2003年。

桂栖鹏、楼毅生等：《浙江通史》（元代卷），浙江人民出版社，2005年。

邱江宁：《中国学术编年》（元代卷），华东师范大学出版社，2013年。

宗典：《柯九思史料》，上海人民美术出版社，1985年。

王德毅等：《元人传记资料索引》，台北新文丰出版社，1980年。

黄贞燕等：《中国美术备忘录》，台北石头出版社，1997年。

黄惇：《中国书法史》（元明卷），江苏教育出版社，2005年。

后　　记

　　碧云缥缈,晴峦如染;金风细细,桂子飘香。窗外,又是一派明丽的秋光。几度春秋,几易寒暑,《翰墨飘萧——柯九思的艺术世界》终于到了付梓之期。轻抚书稿,百端感慨,油然而生。

　　研究艺术大家柯九思,是我几十年的夙愿。从不敢轻易启动,到橐笔案头,走过了几多艰难的历程。从累积资料,到实地勘察;从积淀知识,到丰富学养;从细读文本,到体悟心灵;从板凳苦坐,到书稿初成,其间的冷暖莫我能知。闲暇时光,我当然也喜欢绿道漫步、席上把盏、雅室啜茗,但既然接此研究课题,仔肩之重,不敢稍息。古人为学有"三余"之说,即"冬者岁之余,夜者日之余,阴雨者时之余",思及此典故,辄有感奋之志。宋人黄庭坚《登快阁》诗云"痴儿了却公家事,快阁东西倚晚晴",写的是他理政之余优游岁月的快意舒适生活,我在下班之后的漫漫长夜里,则是独坐芸窗,勤击键盘;大年除夕、新春元日,窗外爆竹声声,歌笑荡漾,我除了偶尔陪家人一道吃饭、散步,更多的,却是面对一缕檀香,书斋盘桓,案头静思,不敢浪掷寸阴。一日,正是正月初一近午时分,我在笔耕之余,与妻子同登小区附近的名胜汤公岩,权作休息,下山途中看见山麓下的田亩里,有母女二人,挥锄不已,汗出如浆,我上前笑问道:尔等为何如此辛勤？母答曰:做人,做人,就要做,不做,吃什么？此语朴素至极,却也道出人生哲理,我肃然起敬,彬彬而退,旋返书斋,也继续笔耕不辍……

　　在研究、写作柯九思的日子里,我逐渐感悟到他的艺术世界的丰富多姿,感悟到他为恢复和弘扬汉文化所付出的艰辛努力,从中也汲取了几许发奋学海的力量。我想,我们所处的时代与柯九思的时代相比,当然社会性质各异,我们有更多的优越条件,但在复兴中华优秀传统文化上,也同样需要不息的努力。所以，这一力量的汲取，对我，对一切有志于弘扬中华优秀传统文化的人士来说，都是重要的。如果本书能让读者在感悟柯九思的心路历程、人格魅力以及艺术风采上有所裨益，如果能在一定程度上促进同好的努力，则我几年来无论多么辛劳，都是值得的。

　　本书的出版，不能忘怀诸多师友积极而有益的助力，没有他们的帮衬，本书的学术质量、出版时间，都将受到影响。感谢台州文化研究中心主任周琦先生、台州文献丛书文化研究编辑部副主编严振非先生、台州著名学者王及先生审读了书稿，并提出不少中肯的意见。尤其是已经年逾七旬的王及先生，他以深厚的文史功底和细致耐心的审阅，给拙著以充分的肯定，也提出了很多需要完善的细节，包括注释、错字，其所耗费的心力和对学术事业的负责精神，令人动容，也勉励我这个后学小子在学术道路上继续谦虚谨慎、奋力前行！王及先生同时又是知名的书法家，他在拙著书稿上的阅改意见，以蝇头小字的面目出现，飘逸洒脱，天机一片。周琦先生幽默笑道：批注稿是墨宝，要珍藏，待价而沽！我当然不想待价而沽，但足堪视之为珍宝，今已庋诸高阁。感谢南京博物院艺术研究所副所长、研究馆员万新华先生，他是新时期国内最早系统研究柯九思的专家，素为我所景仰。我与他仅通过几次电话，至今尚未谋面，但因为拙著配图所需，当我提出要他提供部分柯九思书画作品照片时，他慨然应允，迅速发送，其高义隆情，使人不胜感佩！在这里，我更要花费一点笔墨，感谢仙居籍儒商李立中先生。他是柯九思故里蓼溪之畔李宅村人，初中一毕业，即闯荡商海于无锡。他为人诚信，尊奉仙居乡贤王相法先生的"真诚待人，无往而不胜"的教诲，艰苦创业，终于有成。搏击商潮之余，他雅好古典文学，晨昏把卷，乐此不疲，文史功底扎实。他更爱诗词吟咏，得名家熏陶，渐露头角，至今已是名闻全国的诗词家。他主动提出为我的书稿进行校对，也确实校对出了许多应该校正的文字。翻阅他寄回的书稿，看着他工整遒劲的红色楷字，您很难相信，这是一个没有更高学历的中年道兄的校改意见！

　　在这里，我还要感谢台州市文化广电新闻出版局局长吕振兴先生、中共仙居县委书记林虹女士、台州市文化广电新闻出版局党组成员陈波先生、原政协仙居县委员会副主席朱寿龙先生、政协临海市委员会文史委副主任任林豪先生、中共仙居县田市镇党委书记马敏娅女士、田市镇宣统委员任安先生、业师蒋文韵先生以及文友潘卫青、王学斌、周天勇、高旭彬等先生,他们在我研究、写作柯九思的过程中,不时给予关心、鼓励和支持,诸多情怀,不敢或忘!

张　岣
2017 年 10 月 30 日于安洲清水山庄筠居堂